ANDREA PERRONE

Il diritto del mercato dei capitali

Terza edizione

GIUFFRÈ FRANCIS LEFEBVRE

ISBN 9788828819455

Via Busto Arsizio, 40 - 20151 MILANO - www.giuffrefrancislefebvre.it

---

Stampato da L.E.G.O. S.p.A. - Lavis (TN)

INDICE SOMMARIO

PARTE I
IL MERCATO DEI CAPITALI E LA SUA DISCIPLINA GIURIDICA

CAPITOLO I
IL MERCATO DEI CAPITALI

Capitolo II

LA DISCIPLINA GIURIDICA DEL MERCATO DEI CAPITALI

Capitolo III

LE CARATTERISTICHE DEL DIRITTO DEL MERCATO DEI CAPITALI

PARTE II
LA DISCIPLINA DEGLI EMITTENTI

Capitolo I
RICORSO AL MERCATO DEI CAPITALI E STRATEGIE NORMATIVE

Capitolo II
LA DISCIPLINA DI TRASPARENZA

Capitolo III

LE REGOLE DI GOVERNO SOCIETARIO

PARTE III
LA DISCIPLINA DEGLI INTERMEDIARI

Capitolo I
LA DISCIPLINA GENERALE DELL'INTERMEDIAZIONE

CAPITOLO II
I SERVIZI DI INVESTIMENTO

CAPITOLO III
IL RISPARMIO GESTITO

PARTE IV
LA DISCIPLINA DEI MERCATI

Capitolo I
IL MERCATO SECONDARIO

Capitolo II
LE INFRASTRUTTURE DI MERCATO

Capitolo III
LA DISCIPLINA DEGLI ABUSI DI MERCATO

PRESENTAZIONE

Wise parents do not hesitate to learn from their children. La famosa osservazione di Guido Calabresi vale, analogicamente, anche per gli insegnanti: le domande degli studenti, le discussioni in classe, le sorprese che alcune spiegazioni possono riservare, sono una formidabile compagnia per chiarire le idee e approfondire la conoscenza. Così, bastano poche lezioni in un'aula universitaria per capire che un'adeguata comprensione del diritto del mercato dei capitali non può prescindere da una realistica percezione dei problemi regolati e delle dinamiche da cui originano le scelte normative. Allo stesso modo, sono sufficienti pochi minuti con una platea di operatori del settore per realizzare come sia urgente che le regole, spesso troppo analitiche e in continua evoluzione, siano costantemente ordinate a sistema.

Le pagine che seguono provano a fare tesoro di oltre un decennio di insegnamento, in un momento di particolare delicatezza per il diritto europeo del mercato dei capitali. Le crisi economiche di inizio millennio hanno dimostrato con chiarezza l'insufficienza di una disciplina di mercato non accompagnata da regole giuridiche che realizzino un equilibrato contemperamento degli interessi in gioco. Nondimeno, il relativo processo normativo è ancora ampiamente *in progress*. Nel massiccio intervento regolamentare che ha caratterizzato le recenti politiche dell'Unione europea è, certo, rinvenibile la volontà di superare le rigidità del finanziamento bancario alle imprese e di consentire una remunerazione del risparmio idonea a soddisfare le crescenti esigenze previdenziali. L'effettiva capacità della disciplina armonizzata nel realizzare gli scopi perseguiti non pare, tuttavia, affatto sicura: la persistente difficoltà della ripresa economica e l'esito della recente consultazione referendaria nel Regno Unito sono indici drammatici di un assetto ancora incompiuto. Di qui l'utilità di un approccio critico e sistematico alle regole sul mercato dei capitali: che consideri con realismo il processo politico sottostante le norme e, nel contempo, discuta la conformità della disciplina vigente a canoni di efficienza e di giustizia.

Concepito come testo di riferimento per lo studio universitario, questo libro vorrebbe essere utile anche a quanti lavorano nel settore: a chi lo fa quotidianamente, come i responsabili delle funzioni di controllo negli intermediari finanziari, i funzionari delle autorità di vigilanza e i professionisti specializzati; e a chi si avvicina al diritto del mercato dei capitali in modo più occasionale, come spesso accade per giudici e avvocati. L'aggiornamento dei riferimenti normativi è al 30 giugno 2016, quando già si annunciano ulteriori mutamenti delle regole primarie e secondarie. Per la natura delle cose, il lavoro per la seconda edizione incomincia, quindi, il giorno dopo aver licenziato la prima. Commenti e segnalazioni di errori saranno di aiuto alle edizioni che verranno.

***

Il doveroso ringraziamento a chi ha reso possibile questo libro coincide con il riconoscimento di una lunga storia di amicizia: con i miei maestri, Francesco Realmonte, Giuseppe Portale, Pietro Abbadessa e Aldo Dolmetta; e con i miei studenti che, da laureati, hanno contribuito al lavoro di redazione: Danilo Semeghini, Stefano Valente, Edoardo Grossule, Edoardo D'Ippolito, Matteo Musitelli, Virgilio Sollima, Francesca Canzani, Andrea Guadagnino, Enrico Restelli, Luca Astorri e Matteo Arrigoni. Il libro è dedicato a loro e a tutti gli studenti incontrati in questi anni.

Milano, 4 luglio 2016

PRESENTAZIONE DELLA SECONDA EDIZIONE

Nei due anni trascorsi dalla prima edizione la disciplina italiana del mercato dei capitali è significativamente cambiata. Accanto a interventi di portata più ridotta, l'adeguamento del TUF ai regolamenti sui depositari centrali e sui prodotti di investimento pre-assemblati, l'introduzione della norma "anti-scorrerie" nella disciplina delle partecipazioni rilevanti e, soprattutto, il recepimento della MiFID II hanno dato al TUF e alla normativa secondaria una configurazione assai diversa da quella esaminata nella prima edizione. Il quadro delle novità è completato da alcune importanti decisioni giurisprudenziali, mancando ancora, invece, in materia di abusi di mercato, il recepimento della MAD II e l'adeguamento al MAR della disciplina contenuta nel TUF. Nell'auspicio che l'*unfinished business* venga presto completato, la trattazione del tema è svolta con esclusivo riguardo alle norme europee. Per i restanti riferimenti normativi l'aggiornamento è al 30 aprile 2018.

Nel contempo, la crescente diffusione della tecnologia digitale applicata alla finanza — il *Fintech*, come si usa dire con parola ormai corrente — suggerisce un ripensamento di alcune categorie tradizionali di analisi del fenomeno economico, sollecitando, per conseguenza, la riflessione sul corrispondente paradigma giuridico. Nell'attesa di uno svolgimento più compiuto quando la materia sarà maggiormente assestata, il tema viene brevemente affrontato in un nuovo paragrafo della parte generale.

***

Anche per la seconda edizione, il volume non sarebbe stato possibile senza il contributo di chi mi ha aiutato. Grazie, quindi, a Stefano Valente, Enrico Restelli e Matteo Arrigoni, insieme ai molti amici che — con sorprendente gratuità — continuano ad accompagnare il nostro lavoro.

Milano, 30 maggio 2018

PRESENTAZIONE DELLA TERZA EDIZIONE

Le modifiche normative intervenute nel biennio trascorso dalla edizione precedente confermano la progressiva erosione della centralità del TUF sotto la crescente spinta della disciplina uniforme proveniente dall'Unione europea. Con la sola eccezione delle regole introdotte per recepire la SHRD II, le novità principali si configurano come interventi per coordinare il TUF con i regolamenti europei in materia di abusi di mercato, prospetto e *benchmark*. Anche la normativa secondaria delle autorità di vigilanza domestica cede progressivamente il passo alle regole europee di secondo e terzo livello.

Lo scenario economico di riferimento appare segnato da un consolidamento del *FinTech*, da un marcato orientamento verso gli investimenti sostenibili sotto la spinta dei principali investitori istituzionali e, negli ultimi mesi, dal rischio di una nuova crisi economica a livello globale innescata dall'emergenza sanitaria. Registrati solo in parte dalla disciplina positiva, tali fenomeni lasciano intravedere ulteriori mutamenti delle regole e già preparano il terreno per la prossima edizione. Fatto salvo qualche accenno al possibile futuro, l'aggiornamento dei riferimenti normativi è al 30 aprile 2020.

***

Come per le precedenti, anche la terza edizione non sarebbe stata possibile senza il contributo di chi mi ha aiutato. Enrico Restelli e Matteo Arrigoni sono ormai dei veterani. A loro si sono uniti, come nuovi compagni di squadra e di strada, Isacco Girardi, Giovanni Re Garbagnati e Andrea Cardani. Giulia Zanzottera ha contribuito a coordinare il testo con le novità normative. Gli ultimi mesi di lavoro sono stati segnati dall'emergenza sanitaria e dalla prova che l'epidemia ha portato con sé. Questa edizione del manuale è dedicata a tutti coloro che, in questo tempo così particolare, hanno sofferto e hanno costruito.

Milano, 10 giugno 2020

ELENCO DELLE ABBREVIAZIONI

ABF	= Arbitro Bancario Finanziario
ACF	= Arbitro per le Controversie Finanziarie
AIFMD	= Direttiva 2011/61/UE
BRRD	= Direttiva 2014/59/UE
CCP	= *Central Counterparty* o *Clearing House*
CMU	= *Capital Markets Union*
Cod. ass.	= D.lgs. 7 settembre 2005, n. 209 - Codice delle assicurazioni private
Cod. cons.	= D.lgs. 6 settembre 2005, n. 206 - Codice del consumo
Codice di Autodisciplina	= Codice di Autodisciplina promosso da Borsa Italiana s.p.a.
Consob	= Commissione Nazionale per le Società e la Borsa
CRD IV	= Direttiva 2013/36/UE
CSD	= *Central Securities Depositary*
CSDR	= Regolamento (UE) n. 909/2014
D. lgs. 180/15	= D.lgs. 16 novembre 2015, n. 180
D. lgs. 39/10	= D.lgs. 27 gennaio 2010, n. 39
D.M. 30/15	= D.M. 5 marzo 2015, n. 30
D.M. 468/98	= D.M. 11 novembre 1998, n. 468
D.M. 469/98	= D.M. 11 novembre 1998, n. 469
D.M. 485/97	= D.M. 14 novembre 1997, n. 485
Direttiva *Takeover*	= Direttiva 2004/25/CE
Direttiva *Trasparency*	= Direttiva 2004/109/CE
Direttiva UCITS	= Direttiva 2009/65/CE
EBA	= *European Banking Authority*
EIOPA	= *European Insurance and Occupational Pensions Authority*
EMIR	= Regolamento (UE) n. 648/2012
ESMA	= *European Securities and Market Authority*
ETF	= *Exchange Traded Fund*

EuSEF	= *European Social Entrepreneurship Funds*
EuVECA	= *European Venture Capital Funds*
FIA	= Fondi comuni di investimento alternativi
Fondi UCITS	= Fondi armonizzati
FSAP	= *Financial Service Action Plan*
GEFIA non UE	= Società di gestione non appartenenti all'Unione europea e che gestiscano Oicr non regolati dalla Direttiva UCITS
GEFIA UE	= Società di gestione di Oicr non regolati dalla Direttiva UCITS
IDD	= Direttiva (UE) 2016/97
IPO	= *Initial Public Offering*
ISD	= Direttiva 93/22/CEE
Istruzioni di Vigilanza per le banche	= Circolare Banca d'Italia, 17 dicembre 2013, n. 285
Istruzioni di Vigilanza per le SIM	= Provvedimento Banca d'Italia, 4 agosto 2000
ITS	= *Implementing Technical Standards*
KID	= *Key Information Document*
KIID	= *Key Investor Information Document*
L. 262/05	= L. 28 dicembre 2005, n. 262
MAD	= Direttiva 2003/6/CE
MAD II	= Direttiva 2014/57/UE
MAR	= Regolamento (UE) n. 596/2014
MiFID	= Direttiva 2004/39/CE
MiFID II	= Direttiva 2014/65/UE
MiFIR	= Regolamento (UE) n. 600/2014
Modifiche alla Direttiva *Trasparency*	= Direttiva 2013/50/UE
MTF	= *Multilateral Trading Facilities*
O.p.a.	= Offerta pubblica di acquisto
Oicr	= Organismo di investimento collettivo del risparmio
OICVM	= Organismi d'investimento collettivo in valori mobiliari
OTF	= *Organized Trading Facility*
PMI	= Piccole e medie imprese
PRIIPs	= *Packaged Retail and Insurance-Based Investment Products*
Regolamento ACF	= Regolamento Consob, 4 maggio 2016, n. 19602

Regolamento Assetti Organizzativi	= Provvedimento Banca d'Italia 5 dicembre 2019
Regolamento CRA	= Regolamento (CE) n. 1060/2009
Regolamento Delegato AIFMD	= Regolamento delegato (UE) n. 231/2013
Regolamento Delegato MAR	= Regolamento delegato (UE) 2016/958
Regolamento Delegato MiFID II	= Regolamento delegato (UE) 2017/565
Regolamento Delegato MiFIR	= Regolamento delegato (UE) 2017/567
Regolamento Emittenti	= Regolamento Consob, 14 maggio 1999, n. 11971
Regolamento ESMA	= Regolamento (UE) n. 1095/2010
Regolamento Intermediari	= Regolamento Consob, 29 ottobre 2007, n. 16190
Regolamento Mercati	= Regolamento Consob, 28 dicembre 2017, n. 20249
Regolamento OPC	= Regolamento Consob, 12 marzo 2010, n. 17221
Regolamento PRIIPs	= Regolamento (UE) 1286/2014
Regolamento Prospetto	= Regolamento (UE) n. 2017/1129
Regolamento sulla gestione collettiva	= Provvedimento Banca d'Italia, 19 gennaio 2015
RTS	= *Regulatory Technical Standards*
SDIR	= Sistemi di diffusione delle informazioni regolamentate
SGR	= Società di gestione del risparmio
SHRD	= Direttiva 2007/36/CE
Sicaf	= Società di investimento a capitale fisso
Sicav	= Società di investimento a capitale variabile
SIM	= Società di intermediazione mobiliare
Società di gestione UE	= Società di gestione di Oicr regolati dalla Direttiva UCITS
SSR	= Regolamento (UE) n. 236/2012
T2S	= TARGET2 - Securities
TFUE	= Trattato sul funzionamento dell'Unione europea
TUB	= D.lgs. 1 settembre 1993, n. 385 - Testo Unico delle leggi in materia bancaria e creditizia
TUE	= Trattato sull'Unione europea

TUF = D.lgs. 24 febbraio 1998, n. 58 - Testo unico delle disposizioni in materia di intermediazione finanziaria

PARTE I
IL MERCATO DEI CAPITALI E LA SUA DISCIPLINA GIURIDICA

Capitolo I

IL MERCATO DEI CAPITALI

1. Il sistema finanziario

Nel mondo in cui viviamo nessun agente economico provvede autonomamente al soddisfacimento dei propri bisogni. Al contrario, famiglie, imprese ed enti pubblici concentrano le risorse di cui dispongono nello svolgimento di una specifica attività e conseguono quel che serve al soddisfacimento dei propri bisogni mediante lo scambio delle utilità da loro prodotte con le utilità prodotte da altri consociati.

1.1. *Le caratteristiche fondamentali dell'economia di mercato*

La vita quotidiana è costantemente segnata da tale dinamica. I professori di diritto, per esempio, non dedicano le proprie risorse alla produzione del caffè con il quale cominciano la giornata; piuttosto, si concentrano nello studio e nell'insegnamento della materia di propria competenza, scambiano con altri il loro *expertise* e utilizzano i proventi che ne derivano per un ulteriore scambio con l'impresa che gestisce il bar o il supermercato dal quale acquistano il caffè. Con espressioni di maggior rigore tecnico, gli attuali sistemi economici risultano caratterizzati da *specializzazione produttiva* e *meccanismo di mercato.*

Per il buon funzionamento del meccanismo di mercato è decisivo poter comparare le utilità oggetto dello scambio e disporre di un adeguato mezzo di pagamento. La difficoltà di identificare a quante tazzine di caffè può corrispondere una lezione di diritto e la circostanza che il gestore di un bar può non avere interesse alcuno alla materia giuridica costituiscono un ostacolo allo scambio che nella maggioranza dei casi sarebbe insormontabile senza la presenza di uno strumento di semplificazione. Consentendo di misurare il valore dei beni e, nel contempo, di fungere da mezzo universale di scambio, la *moneta* permette di conseguire una simile semplificazione. La maggiore diffusione degli scambi in denaro rispetto a quelli in natura segna il passaggio da un'economia primitiva fondata sul baratto all'odierna economia di mercato. In un tale sistema ciascun agente economico si specializza nella produzione di una determinata utilità — tipicamente: un bene o un servizio — e la scambia con una somma in denaro capace di misurarne il valore e di essere immediatamente impiegata per un ulteriore scambio.

La disponibilità di moneta in capo a ciascun agente economico può, peraltro, essere assai diversa. Per alcuni la quantità di denaro conseguito dallo scambio può eccedere quella che occorre per soddisfare i propri bisogni. Per altri, invece, il denaro a disposizione può essere inferiore al necessario. Con un certo grado di astrazione, si possono, pertanto, distinguere *unità in surplus* e *unità in deficit*: le prime hanno più di quanto spendono; le seconde hanno meno di quanto serve loro. In quest'ultima condizione si trovano tipicamente le imprese e gli enti pubblici; tra la produzione di utilità e il conseguimento del corrispettivo derivante dal loro scambio intercorre, infatti, normalmente, un intervallo temporale che impedisce l'immediata disponibilità delle somme richieste dall'attività produttiva. In modo altrettanto tipico, le unità in *surplus* sono identificabili nelle famiglie, il cui impiego di risorse monetarie è, di regola, inferiore al denaro conseguito, così da poter accantonare come risparmio una quota del proprio reddito. Non mancano, naturalmente, le eccezioni: un'impresa o un ente pubblico, il cui bilancio presenti utili di gestione, è un'unità in *surplus*; così come è un'unità in *deficit* una giovane famiglia, che debba acquistare la prima casa.

1.2. *La circolazione del denaro*

Il trasferimento dalle unità in *surplus* alle unità in *deficit* consente l'efficiente allocazione delle risorse monetarie in eccesso, permettendo la crescita e lo sviluppo economico. Proprio in ragione della loro specializzazione produttiva, imprese ed enti pubblici sono nelle condizioni migliori per utilizzare le risorse in eccesso secondo modalità idonee a generare ulteriore ricchezza da dividere con le famiglie. Nel contempo, un aumento della capacità produttiva di imprese ed enti pubblici favorisce l'occupazione e aumenta i consumi, così da innescare il circolo virtuoso della crescita e dello sviluppo economico. Si immagini, per esempio, che il risparmio delle famiglie, anziché essere tenuto "sotto il materasso", venga utilizzato per finanziare una *start up* innovativa nella produzione di componentistica per auto elettriche. Se l'impresa ha buon fine, i ricavi generati dalla *start up* tornano a vantaggio di tutti i soggetti coinvolti: delle unità in *surplus*, che ottengono la restituzione del capitale affidato con un'ulteriore remunerazione altrimenti non conseguibile; delle unità in *deficit*, che percepiscono gli utili dell'attività imprenditoriale come corrispettivo del rischio imprenditoriale assunto; della società nel suo complesso, che beneficia di maggiore occupazione e di aumento dei consumi, a loro volta capaci di generare ulteriore ricchezza.

Nel trasferimento di risorse monetarie dalle unità in *surplus* alle unità in *deficit* l'elemento temporale svolge un ruolo di particolare rilevanza. Per un verso, la disponibilità immediata di una somma di denaro presenta un'utilità maggiore della medesima disponibilità tra un anno. Pertanto, quando un'unità in *surplus* trasferisce una somma di denaro a un'unità in *deficit* con l'accordo di una restituzione in un momento successivo, la prima si priva dell'utilità di una disponibilità attuale, mentre la seconda beneficia di un'utilità immediata che, altrimenti, non avrebbe avuto. Sotto un diverso profilo, l'intervallo temporale tra il trasferimento del denaro e la sua restituzione espone al rischio che quest'ultima possa mancare, per il comportamento doloso del debitore o — più normalmente — per il rischio che strutturalmente connota l'attività produttiva in cui le risorse finanziarie sono impiegate (c.d. *rischio di impresa*). Per tali ragioni, l'utilità immediata di cui l'unità in *surplus* si priva e il rischio di mancata restituzione dell'importo trasferito giustificano una remunerazione adeguata che, nella sua forma più semplice, è costituita dall'*interesse*. Maggiore è il costo per l'unità in *surplus* della temporanea rinuncia all'immediata disponibilità del denaro (c.d. *liquidità*) e maggiore è il rischio della mancata restituzione, maggiore sarà il tasso di interesse. Tra utilità della liquidità e costo del denaro, così come tra il rischio di un trasferimento di moneta e il suo rendimento, sussiste, in altri termini, un rapporto di proporzionalità diretta.

Alla luce delle osservazioni sin qui svolte è, quindi, possibile comprendere che cosa sia il *sistema finanziario* nel contesto di un'economia di mercato: l'insieme di istituzioni e strumenti che consentono il trasferimento delle risorse monetarie dalle unità in *surplus* alle unità in *deficit*, al fine di consentirne un'allocazione efficiente e permettere la crescita e lo sviluppo economico, secondo una pluralità di meccanismi che consentono di remunerare la disponibilità di denaro offerta dalle unità in *surplus* alle unità in *deficit*.

2. Gli ostacoli alla circolazione del denaro

Nel mondo reale, tuttavia, il sistema finanziario si deve misurare con alcuni ostacoli che ne possono compromettere, anche in modo grave, il funzionamento. Tradizionalmente la scienza economica sintetizza tali ostacoli nei concetti di costi di transazione, asimmetrie informative e diversità nelle preferenze.

2.1. *I costi di transazione*

I costi di transazione identificano un fenomeno facilmente riscontrabile nell'esperienza comune. Al pari di qualsiasi altra attività umana, ogni scambio di utilità economiche — "transazione", secondo una traduzione letterale e giuridicamente non appropriata dell'espressione inglese "*transaction*" — comporta un insieme di costi necessari alla sua realizzazione. Così, per esempio, l'acquisto di un vestito comporta il costo connesso al tempo impiegato per raggiungere il negozio e identificare il vestito adeguato, il costo derivante dall'impossibilità di svolgere un'altra attività, in alcuni casi il costo di un paziente ascolto dei consigli poco discreti dei commessi. Identificati come categoria concettuale da Ronald H. Coase (1910-2013), premio Nobel per l'economia nel 1991, i costi di transazione costituiscono l'equivalente economico dell'attrito nel mondo fisico: ampiamente pervasivi, possono essere così alti da ridurre convenienza e frequenza degli scambi economici.

Nel sistema finanziario i costi di transazione necessari per lo scambio tra unità in *surplus* e unità in *deficit* sono tradizionalmente identificati secondo una tassonomia che distingue: *costi di ricerca della controparte*, necessari al fine di identificare l'interlocutore disposto a concludere lo scambio; *costi di negoziazione*, richiesti per la definizione tra le parti dei termini dell'operazione; *costi di redazione del contratto*, sottesi all'opportunità, specialmente urgente nei rapporti di durata, di fissare il contenuto dell'accordo raggiunto; *costi di monitoraggio*, funzionali al controllo sull'esatta esecuzione del contratto. La peculiarità degli scambi del sistema finanziario — in particolare: la loro tendenziale prospettiva di durata e la complessità nel valutare rischio e rendimento del trasferimento di denaro — comporta che tali costi siano, di regola, particolarmente elevati, sino al punto di eccedere i benefici derivanti dallo scambio e di farne venir meno la convenienza per le parti, nonché, come conseguenza, il vantaggio per l'intero sistema economico. Si ipotizzi, per esempio, una società di medie dimensioni che necessiti di alcuni milioni di euro per una campagna pubblicitaria funzionale al lancio di un nuovo prodotto: l'identificazione delle unità in *surplus* a cui rivolgersi, le singole negoziazioni, l'assistenza legale necessaria per un'adeguata redazione del contratto, il monitoraggio sull'utilizzo delle somme trasferite comportano costi pecuniari e dispendio di tempo tali da suggerire a entrambe le parti di rinunciare all'operazione.

2.2. *Le asimmetrie informative*

Come si è visto in precedenza (*supra*, n. 1.2.), gli scambi del mercato finanziario sono esposti al rischio che le unità in *deficit* non restituiscano alle unità in *surplus* il denaro ricevuto. La puntuale identificazione di questo rischio e la conseguente definizione del rendimento idoneo a remunerarlo dipendono da un complesso di informazioni relative all'unità in *deficit*, alle caratteristiche dell'impiego a cui sono destinate le risorse finanziarie e a numerosi altri fattori di contesto (per esempio, la congiuntura economica o la stabilità della situazione politica di riferimento). La distribuzione di tali informazioni tra unità in *deficit* e unità in *surplus* non è, tuttavia, uniforme; soprattutto con riguardo alle informazioni che concernono l'utilizzo delle risorse monetarie, le unità in *deficit* godono, infatti, abitualmente di una posizione di superiorità informativa rispetto alle unità in *surplus*. Secondo una classica espressione della scienza economica, tra di loro sussiste una situazione di *asimmetria informativa*.

Comune a numerosi altri contesti economici (si pensi, per esempio, al mercato delle assicurazioni o a quello delle auto usate), nel sistema finanziario la presenza di asimmetrie informative può comportare conseguenze particolarmente gravi.

2.2.1. *L'azzardo morale.* — Facile da intuire è, in primo luogo, la possibilità che l'unità in *deficit* approfitti dell'asimmetria informativa a detrimento dell'unità in *surplus* (c.d. *comportamento opportunistico*): giocando sull'inferiorità informativa di quest'ultima, la prima può riuscire a ottenere risorse monetarie che altrimenti non sarebbero state trasferite. Ben noto alla storia universale del commercio, dove da sempre il venditore scaltro cerca di ingannare il compratore inesperto, e al diritto penale, che riconduce la fattispecie al delitto di truffa (art. 640 c.p.), un simile comportamento viene identificato dal gergo degli economisti con la locuzione "*moral hazard*", abitualmente tradotta in italiano con l'espressione — invero non del tutto propria — di "azzardo morale".

Oltre a essere riprovevole da un punto di vista etico, l'azzardo morale realizzato abusando della propria posizione di superiorità informativa produce — in una prospettiva economica — effetti di rilevante inefficienza. Così, per esempio, l'amministratore di una società decotta, che convince un gruppo di risparmiatori a finanziare un progetto di rilancio senza dichiarare l'effettiva situazione in cui versa la società, determina con il suo comportamento un'inefficiente allocazione delle risorse; in mancanza dell'azzardo morale, il risparmio delle unità in *surplus* sarebbe stato destinato a un impiego caratterizzato da effettive finalità produttive, così da comportare un aumento di benessere per tutti i soggetti coinvolti.

2.2.2. *Gli* agency problem. — Il problema del *moral hazard* assume un carattere specifico quando il soggetto in posizione di superiorità informativa sia nelle condizioni di influire sulla realizzazione degli interessi del contraente. Tale situazione trova il suo archetipo nel contratto di mandato (nella terminologia del diritto anglosassone: *agency*), nel quale, appunto, il mandatario (*agent*) è chiamato a realizzare con il suo comportamento l'interesse del mandante (*principal*) mediante il compimento di uno o più atti giuridici rispetto ai quali dispone di maggiori informazioni. Generalizzando il concetto, la scienza economica identifica come *agency relationships* le ipotesi connotate dalle caratteristiche appena descritte e incentra la propria analisi sul possibile incentivo che sussiste per l'*agent* di approfittare dell'asimmetria informativa a suo favore perseguendo il proprio interesse, anziché quello del *principal*.

Tradizionalmente denominate *agency problem*, tali situazioni sono foriere di numerosi costi (c.d. *agency cost*) e possono, pertanto, determinare un'allocazione delle risorse non efficiente. Come è, infatti, facile intuire, il timore di un azzardo morale da parte dell'*agent* può indurre il *principal* a sostenere dei costi per controllare la condotta del primo (c.d. costi di monitoraggio o *monitoring cost*). Nel contempo, anticipando il possibile sospetto del *principal*, l'*agent* può investire risorse per assicurare l'effettiva corrispondenza del proprio comportamento agli interessi del *principal* (c.d. costi di garanzia o *bonding cost*). Di qui la possibilità che gli *agency cost* complessivi superino i benefici attesi dall'*agency relationship* e che, come conseguenza, un'attività capace di generare benessere non venga intrapresa perché eccessivamente onerosa.

Il problema risulta di particolare rilievo nel sistema finanziario. Ipotizzando un trasferimento di denaro da un'unità in *surplus* a un'unità in *deficit* che prenda le forme di una partecipazione azionaria, il modello *principal-agent* ben si attaglia, per esempio, al rapporto tra azionisti e amministratori e a quello tra azionisti di minoranza e azionisti di maggioranza. Tanto gli amministratori rispetto ai soci quanto gli azionisti di maggioranza rispetto a quelli di minoranza sono, infatti, configurabili come *agents* chiamati a realizzare gli interessi del *principal*, con la conseguente possibilità che da tale *agency problem* discendano costi così elevati da far venir meno per il *principal* — e, quando i costi di garanzia sono troppo alti, anche per l'*agent* — la convenienza economica del rapporto.

2.2.3. *La selezione avversa.* — La possibilità che l'unità in *deficit* possa sfruttare la propria superiorità informativa per tenere un comportamento di azzardo morale e la difficoltà per l'unità in *surplus* - proprio in ragione della distribuzione asimmetrica dell'informazione — di stimare la relativa probabilità, possono determinare, da ultimo, il fenomeno che il gergo degli economisti denomina "selezione avversa" (*adverse selection*).

In conformità a un modello elaborato con riferimento al mercato delle auto usate da George A. Akerlof (1940), premio Nobel per l'economia nel 2001, nell'impossibilità di distinguere tra unità in *deficit* "buone" e unità in *deficit* "cattive", le unità in *surplus* hanno come unica forma di difesa contro il rischio di comportamenti opportunistici il ricorso a un generalizzato aumento del corrispettivo richiesto per l'operazione. Chi trasferisce risorse monetarie, in altri termini, si "protegge con il prezzo", secondo una strategia che, proprio in ragione delle asimmetrie informative, riguarda tutte le unità in *deficit* in modo indistinto. Un simile atteggiamento da parte delle unità in *surplus* favorisce, tuttavia, l'uscita dal mercato delle unità in *deficit* "buone": per queste l'aumento del corrispettivo è ingiustificato e rende l'operazione non più conveniente. Nel contempo, la medesima condotta delle unità in *surplus* induce la prevalenza di unità in *deficit* "cattive" che — proprio per il progettato uso opportunistico delle risorse finanziarie — non si curano dell'aumento del corrispettivo. Il conseguente abbassamento della qualità media delle unità in *deficit* ripropone, a sua volta, la dinamica appena descritta, secondo una spirale che, invertendo la funzione selettiva del mercato, comporta la sempre più marcata diffusione delle offerte peggiori, in luogo delle migliori, sino a giungere all'esito finale di un completo collasso degli scambi.

2.3. *La diversità nelle preferenze*

Un'ulteriore asimmetria si oppone, infine, all'incontro tra unità in *surplus* e unità in *deficit*: le prime hanno una propensione al rischio e un orizzonte temporale che, di regola, sono assai differenti rispetto a quelli propri delle seconde. Chi è disposto a trasferire risorse monetarie tende, infatti, a preferire un basso rischio e un trasferimento a breve termine, così da poter ritornare rapidamente in una situazione di liquidità; le unità in *deficit*, all'opposto, sono abitualmente in cerca di risorse monetarie da destinare ad attività con un grado di rischio elevato e da restituire nel medio-lungo termine.

Tale diversità nelle preferenze costituisce, all'evidenza, un rilevante ostacolo alla stessa realizzabilità di un sistema finanziario. Oltre ad aumentare i costi di transazione per la ricerca della controparte e la negoziazione del contratto, la differenza nella propensione al rischio e nell'orizzonte temporale è in grado di costituire una barriera in molti casi insuperabile anche dalla più volenterosa delle negoziazioni. Si pensi, per esempio, al trasferimento di risorse monetarie richiesto da una famiglia che intende acquistare la prima casa o a quello cercato da una *start up* intenzionata a sviluppare una tecnologia innovativa: in assenza di una soluzione al problema, sarebbe assai difficile, se non addirittura impossibile, trovare unità in *surplus* disposte al trasferimento delle proprie risorse monetarie per periodi così lunghi e con rischi tanto elevati.

3. L'intermediazione bancaria e il mercato dei capitali

L'attuale struttura del sistema finanziario costituisce l'esito del tentativo di superare in modo efficace gli ostacoli che possono impedire la circolazione del denaro. Secondo un'articolazione determinata da fattori storici, culturali ed economici, l'odierno sistema finanziario realizza il collegamento tra unità in *surplus* e unità in *deficit* attraverso l'intermediazione bancaria e il mercato dei capitali (o, con espressione tradizionale nella cultura giuridica italiana, mercato mobiliare).

3.1. *L'intermediazione bancaria*

L'intermediazione bancaria è l'attività per la quale le banche si interpongono tra le unità in *surplus* e le unità in *deficit*, in qualità di debitrici delle prime e creditrici delle seconde. Più in particolare, nello svolgimento dell'attività bancaria, le banche offrono alle unità in *surplus* di ricevere le risorse monetarie in eccesso, obbligandosi a restituirle nei termini stabiliti dal contratto di *deposito bancario*. Nel contempo, le banche offrono alle unità in *deficit* di concedere credito, attraverso il trasferimento a quest'ultime delle somme raccolte dalle unità in *surplus*, secondo forme di restituzione e remunerazione che variano a seconda delle specifiche caratteristiche dei singoli *contratti di credito* (in particolare: mutuo, apertura di credito, sconto bancario). Nelle parole dell'art. 10, co. 1, d. lgs. 1° settembre 1993, n. 385 — Testo Unico delle leggi in materia bancaria e creditizia (d'ora in poi, "TUB"), l'*attività bancaria* è, in altri termini, costituita dalla « raccolta di risparmio tra il pubblico » e dall'« esercizio del credito ».

3.1.1. *L'interposizione della banca come controparte centrale.* — Tale forma di intermediazione — che dal punto di vista giuridico esclude il rapporto diretto tra unità in *surplus* e unità in *deficit* e si caratterizza, pertanto, come "intermediazione forte" — consente di gestire in modo adeguato gli ostacoli alla circolazione del denaro poc'anzi descritti. La specializzazione nella raccolta del risparmio e nell'erogazione del credito permette, anzitutto, *economie di scala* che abbattono in modo significativo i costi di transazione: il porsi della banca come intermediario che svolge professionalmente un'attività specializzata e la marcata standardizzazione di processi e contratti comportano una drastica riduzione dei costi medi unitari necessari per la ricerca della controparte, la negoziazione, la redazione del contratto e il monitoraggio sulla sua esecuzione.

3.1.2. *L'eliminazione del rapporto diretto tra unità in* surplus *e unità in* deficit. — L'intervento sulle asimmetrie informative è, per certi aspetti, ancor più radicale. L'interposizione della banca come *controparte centrale* tra le unità in *surplus* e le unità in *deficit* altera, infatti, i termini stessi del problema. In virtù dell'interposizione della banca e avendo, pertanto, quest'ultima come controparte, le unità in *surplus* sono rese immuni dal rischio di comportamenti opportunistici delle unità in *deficit* e possono beneficiare delle numerose tutele — legali e di mercato — che proteggono i clienti delle banche (per esempio, il controllo da parte di un'autorità di vigilanza, la previsione legale di una garanzia dei depositi, l'interesse delle banche a mantenere una buona reputazione così da avere una maggiore competitività sul mercato).

Per altro verso, le economie di scala e il potere contrattuale di cui la banca beneficia consentono una migliore gestione delle asimmetrie informative nei confronti delle unità in *deficit*: la facilità per la banca di accedere alle informazioni e l'incentivo delle unità in *deficit* a condividere le informazioni rilevanti al fine di mantenere il rapporto di finanziamento riducono, in maniera assai significativa, la possibilità di comportamenti opportunistici.

3.1.3. *La trasformazione dei rischi e delle scadenze.* — Tipica dell'interposizione bancaria è, da ultimo, la gestione delle diversità nelle preferenze. Nelle espressioni proprie della scienza economica, la banca realizza, infatti, una trasformazione dei rischi e delle scadenze: si indebita con i depositanti sulla base di contratti a basso livello di rischio e con un breve termine di restituzione; concede credito alle unità in *deficit* secondo contratti con un più elevato livello di rischio e un maggiore termine di durata. Tale trasformazione è resa possibile dalle economie di scala proprie della banca. Da un lato, la dimensione di massa della raccolta del risparmio consente il ragionevole affidamento sul fatto che i depositanti, pur avendo il diritto a una restituzione immediata o a breve termine, non lo esercitino tutti e contemporaneamente, così da lasciare la maggior parte del denaro depositata presso la banca e consentire un'erogazione del credito con termini più lunghi di restituzione. Per altro verso, l'elevato volume del risparmio raccolto e la maggiore capacità di valutare il rischio che conseguono alla specializzazione produttiva della banca permettono di diversificare l'erogazione del credito tra impieghi con diverso livello di rischio. In tal modo la banca può fare ragionevole affidamento sull'ipotesi che solo una parte degli importi dati a credito non verrà restituita, secondo una considerazione del rischio che riguarda l'intera attività creditizia, anziché il singolo rapporto, e che, pertanto, consente di presentarsi alle unità in *surplus* come un debitore con livelli di rischio molto più contenuti. Come è facile intuire, la trasformazione dei rischi e delle scadenze realizzata dall'attività bancaria costituisce, nel contempo, una fonte strutturale di instabilità dell'intermediario, potendosi paventare la possibilità di una contemporanea richiesta di restituzione dei depositi (c.d. corsa agli sportelli o *bank run*) da parte dei clienti o un'erogazione del credito concentrata su specifiche categorie di unità in *deficit*. Tale peculiare vulnerabilità è all'origine degli stringenti requisiti prudenziali previsti dal diritto bancario.

Il servizio offerto dalla banca nella gestione degli ostacoli alla circolazione del denaro ne giustifica la remunerazione che, nella sua forma più elementare, assume i tratti della differenza tra il tasso di interesse richiesto alle unità in *deficit* prenditrici di credito e il tasso di interesse corrisposto sui depositi alle unità in *surplus* (c.d. *margine di interesse*). Per converso, il margine di interesse lucrato dalla banca costituisce il costo sopportato da unità in *surplus* e unità in *deficit*, rispettivamente per l'investimento del proprio risparmio e l'approvvigionamento del necessario capitale.

3.2. *Il mercato dei capitali*

Quest'ultima considerazione consente di introdurre l'ulteriore modalità con cui il sistema finanziario può funzionare. Si immagini di eliminare l'intermediazione bancaria e di consentire un incontro diretto tra unità in *surplus* e unità in *deficit*. In un simile scenario, il costo del servizio prestato dalla banca verrebbe eliminato, con la conseguenza di un aumento nel rendimento del risparmio e, nel contempo, una diminuzione nel costo del capitale. Così, per esempio, ipotizzando che una banca remuneri i depositi con un interesse dell'1% annuo ed eroghi credito con un tasso del 5% annuo, un collegamento diretto tra unità in *surplus* e unità in *deficit* potrebbe condurre a un accordo per un prestito a un tasso del 3% annuo. Naturalmente, l'eliminazione dell'intermediazione bancaria fa emergere di nuovo gli ostacoli alla circolazione del denaro che quest'ultima consentiva di rimuovere. Il mercato dei capitali assolve propriamente alla funzione di consentire una soluzione alternativa, assicurando, nel contempo, i benefici di un contatto diretto tra unità in *surplus* e unità in *deficit*.

3.2.1. *Servizi di investimento e gestione collettiva del risparmio.* — Il superamento dell'ostacolo rappresentato dai costi di transazione è affidato, anche in questo caso, alla presenza di intermediari specializzati, le cui economie di scala consentono di ridurre i costi medi unitari di ricerca della controparte, negoziazione, redazione del contratto e monitoraggio sulla sua esecuzione. Il servizio prestato da tali intermediari è, tuttavia, diverso dall'attività bancaria: anziché interporsi come controparte centrale, nel mercato dei capitali gli intermediari si limitano a favorire il collegamento tra unità in *surplus*

e unità in *deficit*, secondo modalità che, pur nella molteplicità delle forme, lasciano permanere un rapporto diretto tra di loro. Sotto questo profilo, nel mercato dei capitali l'attività di intermediazione si connota come "debole".

Più nel dettaglio, gli intermediari possono operare tanto a livello del rapporto individuale tra singola unità in *deficit* e singola unità in *surplus* — per esempio, provvedendo a identificare i risparmiatori disponibili a finanziare un'impresa — quanto in una dimensione collettiva, in particolare raccogliendo dalle unità in *surplus* il risparmio destinato a essere investito dall'intermediario nel loro interesse. Secondo le espressioni del d. lgs. 24 febbraio 1998, n. 58 — Testo unico delle disposizioni in materia di intermediazione finanziaria (d'ora in poi, "TUF"), nel primo caso si parla di « *servizi e attività di investimento* » (art. 1, co. 5, TUF), nel secondo di « *gestione collettiva del risparmio* » (art. 1, co. 1, lett. *n*, TUF). Assai diversi dall'attività bancaria, i servizi e le attività di investimento (d'ora in poi, "servizi di investimento") sono esercitati da intermediari specializzati — che il diritto europeo denomina « imprese di investimento » (art. 4, par. 1, n. 1, Direttiva 2014/65/UE: d'ora in poi, "MiFID II") e il diritto italiano « *società di intermediazione mobiliare* » (d'ora in poi, "SIM": art. 1, co. 1, lett. *e*, TUF) -, ma possono essere prestati, insieme all'attività bancaria, anche dalle banche (art. 18, co. 1, TUF). Tale scelta — che caratterizza la vigente disciplina europea e statunitense — viene usualmente identificata come orientata a favore di un modello di "banca universale". Di contro, la gestione collettiva del risparmio può essere svolta esclusivamente da intermediari specializzati in tale attività, che il diritto italiano chiama « *società di gestione del risparmio* » (d'ora in poi, "SGR": art. 1, co. 1, lett. *o*, TUF).

3.2.2. *Il ruolo degli intermediari reputazionali e la disciplina legale di trasparenza.* — A fronte del rapporto diretto tra unità in *surplus* e unità in *deficit* e, quindi, dei problemi che conseguono alle relative asimmetrie informative, il mercato dei capitali si caratterizza per una pluralità di possibili risposte.

Per un verso, la presenza di un *intermediario* può assolvere un ruolo decisivo. Secondo un'indicazione che emerge anche nella vita comune, una modalità assai frequente per affrontare le situazioni di asimmetrie informativa è il ricorso a intermediari che godono di buona *reputazione*, nei quali fare affidamento. Così, per esempio, è normale che lo studente universitario alla ricerca di un ristorante adeguato per un invito alla ragazza di cui è innamorato consulti un buon sito specializzato in recensioni di ristoranti: la reputazione del sito e la conseguente fiducia dello studente nelle indicazioni che vi sono contenute consentirà di fare bella figura, senza la necessità di dover sostenere i costi di una verifica preventiva. Analogamente, un'unità in *surplus* deciderà più facilmente un determinato impiego delle proprie risorse monetarie se l'investimento le sarà presentato da un intermediario notoriamente affidabile. Ma la stessa dinamica vale anche — in senso inverso — per le unità in *deficit*: la *start up* innovativa che voglia raccogliere denaro tra il pubblico dei risparmiatori sarà molto avvantaggiata dall'essere introdotta alle unità in *surplus* da un intermediario altamente stimato: "prendendo a prestito" la reputazione di quest'ultimo, le unità in *deficit* riescono a superare asimmetrie informative che, altrimenti, potrebbero determinare fenomeni di selezione avversa da parte delle unità in *surplus*. Di qui la giustificazione del corrispettivo per il servizio prestato dagli intermediari, che, in linea generale, prende le forme di una commissione e, quindi, di una prestazione che remunera il servizio reso, ma non include — come invece accade nell'intermediazione bancaria — l'assunzione in tutto o in parte del rischio dell'investimento.

Accanto al ruolo degli intermediari, un vincolo di *trasparenza* è previsto da tutti gli ordinamenti giuridici del mercato dei capitali. Proprio per la gravità delle conseguenze che derivano dalle asimmetrie informative, sin dagli inizi della regolamentazione giuridica del fenomeno è parso, infatti, necessario imporre alla parte con maggiori informazioni un obbligo di trasparenza (*disclosure*) nei confronti del soggetto meno informato. Rispetto al meccanismo di mercato proprio del ricorso a intermediari reputazionali, la disciplina legale di trasparenza si connota diversamente a seconda degli ordinamenti di riferimento. Comune è, tuttavia, la giustificazione sottostante: l'imposizione di un dovere di parlare in capo al soggetto in posizione di superiorità informativa riduce la possibilità di azzardo morale e previene la selezione avversa.

3.2.3. *Mercato secondario e diversificazione*. — Nell'assenza di un intermediario capace di trasformare le scadenze e i rischi, infine, il problema della diversità nelle preferenze trova la sua risposta nel ricorso al mercato secondario e nella diversificazione.

La discrepanza nell'orizzonte temporale viene superata mediante la possibilità per le unità in *surplus* di trasferire a un'altra unità in *surplus* la posizione contrattuale originariamente negoziata con l'unità in *deficit*. In tal modo, infatti, l'unità in *surplus* può uscire dall'investimento prima del termine fissato nell'originario contratto con l'unità in *deficit*, conseguendo la necessaria liquidità mediante il prezzo corrisposto per la cessione della propria posizione contrattuale da un'altra unità in *surplus*. Nella terminologia della scienza economica, quest'ultimo scambio forma oggetto di un *mercato secondario*, riguardando una posizione contrattuale costituita in un momento precedente (c.d. *mercato primario*). Il funzionamento del mercato secondario è favorito dalla presenza di due elementi che consentono di ridurre i costi di transazione inevitabilmente connessi a una dinamica di scambio e in tal modo fondano la possibilità di entrare e uscire facilmente dall'investimento (nel gergo degli economisti: la *liquidità* del mercato secondario). Da un lato, secondo la tecnica propria dei titoli di credito, l'incorporazione della posizione contrattuale in una "cosa" con caratteristiche standardizzate (per esempio, un'obbligazione o un'azione) consente di ridurre i costi di negoziazione e di redazione del contratto di cessione. Per altro verso, la creazione di "luoghi" nei quali concentrare lo scambio di tali "cose" riduce i costi di ricerca della controparte e, per conseguenza, aumenta il volume degli scambi. Tradizionalmente identificati in luoghi fisici chiamati "borse valori" o, più genericamente, "mercati", tali "luoghi" sono oggi prevalentemente virtuali e vengono indicati dal diritto vigente con una pluralità di locuzioni (« mercato regolamentato », « sistema multilaterale di negoziazione », « sistema organizzato di negoziazione »): rispettivamente, art. 1, co. 1, lett. *w-ter*; art. 1, co. 5-*octies*, lett. *a* e *b*, TUF), che il gergo del mercato dei capitali riconduce alla categoria unitaria di *strutture di trading* (*trading venues*) e il diritto vigente chiama « *sedi di negoziazione* » (art. 1, co. 5-*octies*, lett. *c*, TUF). Il loro funzionamento è accompagnato da attività di supporto che favoriscono sicurezza e velocità nell'esecuzione degli scambi — la disciplina vigente parla di « servizi di compensazione » (art. 79-*sexies*, co. 1, TUF) e di « attività di regolamento e di gestione accentrata » (così la rubrica del titolo II-*bis*, parte III, TUF) — prestate da piattaforme sinteticamente identificate con l'espressione « *strutture di post trading* ». Un buon funzionamento del mercato secondario contribuisce, peraltro, anche al superamento delle asimmetrie informative: soprattutto in presenza di un elevato volume di scambi, i prezzi che emergono nel mercato secondario segnalano, infatti, la qualità dell'investimento, così indirettamente veicolando informazioni sulle unità in *deficit*.

Sul versante delle diversità nelle preferenze rispetto al rischio, la *diversificazione* — intesa come la distribuzione delle risorse finanziarie tra una pluralità di unità in *deficit* — consente una riduzione del rischio complessivo del trasferimento di risorse monetarie. L'intuizione del proverbio, che suggerisce di « non mettere tutte le uova nello stesso paniere », è precisata dalla scienza economica con l'indicazione in favore di un portafoglio di investimenti nel quale i rendimenti non siano correlati tra di loro, per esempio perché con scadenze, caratteristiche di rischio, settori merceologici di riferimento diversi. In tal modo, la probabilità di una perdita relativa a un singolo investimento viene "compensata" dalla probabilità di un guadagno con riguardo a un altro singolo investimento, con la conseguenza che il livello complessivo di rischio del portafoglio risulta più ridotto di quanto accadrebbe se le risorse monetarie fossero concentrate in capo a un'unica unità in *deficit*. La diversificazione richiede, peraltro, un'adeguata disponibilità di risorse monetarie, dal momento che, in caso contrario, i costi di transazione per la costruzione di un portafoglio diversificato potrebbero risultare superiori ai relativi benefici. In questa prospettiva, un ruolo di particolare importanza viene assolto dal servizio di gestione collettiva del risparmio. La raccolta di risorse monetarie da una pluralità di unità in *surplus* e la loro successiva gestione unitaria nell'interesse comune consente, infatti, anche ai piccoli risparmiatori di accedere *pro quota* ai benefici della diversificazione.

3.2.4. *Innovazione digitale e* Fintech. — In tempi recenti, lo sviluppo tecnologico e l'innovazione digitale hanno introdotto nel sistema finanziario ulteriori strumenti (c.d. *financial technology* o, con una crasi di uso frequente, "*FinTech*") per la gestione dei problemi connessi ai costi di transazione, alle asimmetrie informative e alla diversità nelle preferenze.

Più in particolare, piattaforme elettroniche, accessibili mediante *internet*, consentono l'incontro tra unità in *surplus* e unità in *deficit*, secondo una forma intermediazione alternativa all'attività prestata dalle banche e dalle imprese di investimento, che riguarda tanto l'esercizio del credito (*peer-to-peer lending*) quanto la raccolta di capitali fra il pubblico (*equity crowdfunding*: *infra*, parte II, cap. II, n. 1.2.). Per altro verso, l'elaborazione elettronica dei dati provenienti da *database* strutturati (per esempio, registri anagrafici o andamento dei conti correnti bancari) o non strutturati (per esempio, motori di ricerca, *social network*, siti *internet* di commercio elettronico), sinteticamente identificati con l'espressione "*big data*", offre una disponibilità di informazioni, prima sconosciuta, su unità in *surplus* e unità in *deficit*. Una tecnologia informatica che consente di realizzare un registro pubblico decentralizzato, contenente tutte le operazioni poste in essere dagli aderenti al sistema e aggiornabile da ciascuno indipendentemente dall'altro (*distributed ledger technology*, più conosciuta con l'espressione "*blockchain*"), si pone, infine, come possibile alternativa alle infrastrutture che assicurano il funzionamento del mercato secondario, altresì consentendo, con l'ausilio di un *software* capace di dare esecuzione automatica agli accordi tra le parti (c.d. *smart contract*), una modalità alternativa per raccogliere capitale tra il pubblico (*infra*, parte II, cap. II, n. 1.2.).

Pur presentando una dimensione ancora ridotta, il *FinTech* presenta potenzialità di grande rilievo, che giustificano, insieme a un andamento esponenziale degli investimenti nel settore, la crescente attenzione del legislatore domestico e internazionale.

3.3. *Esiste un modello preferibile di intermediazione?*

L'intermediazione bancaria costituisce la forma di collegamento tra unità in *surplus* e unità in *deficit* tradizionalmente impiegata nell'Europa continentale. Negli Stati Uniti e nel Regno Unito il modello del mercato dei capitali ha, invece, grande diffusione. La differenza può essere spiegata in ragione di fattori storici, culturali ed economici. Impossibile è, invece, affermare in termini assoluti la preferibilità di un modello all'altro, presentando ciascuno punti di forza e punti di debolezza. Per tale ragione, l'intermediazione bancaria e il mercato dei capitali funzionano più o meno bene a seconda del contesto in cui si trovano a operare.

Sul versante dell'erogazione del credito, l'attività bancaria tende a sviluppare un rapporto di lungo periodo con le unità in *deficit*, durante il quale le informazioni relative al soggetto finanziato rimangono riservate. Di qui la possibilità per la banca di esercitare su quest'ultimo un potere "monopolistico" e l'ulteriore possibilità che il costo del denaro, quale espresso dal tasso di interesse, rifletta fattori diversi dalla mera valutazione del rischio relativo all'attività finanziata (per esempio, la volontà della banca di mantenere il rapporto o di estrarre una rendita di posizione dal proprio cliente). Per tale ragione, un simile modello — comunemente identificato come "basato sulla relazione" (*relationship-based*) — consente una potenziale tenuta nel tempo, capace di assorbire meglio l'impatto di eventuali difficoltà del soggetto finanziato, così funzionando in modo particolarmente adeguato con riferimento a imprese di dimensioni contenute e in un contesto economico in via di sviluppo. Nel contempo, l'intermediazione bancaria può costituire una barriera all'accesso al credito nella misura in cui la costituzione di un rapporto stabile con la banca richieda "entrature" o, quantomeno, un investimento di tempo. Ridotta è, inoltre, la capacità di sostenere l'innovazione produttiva più "rivoluzionaria": in ragione della posizione "monopolistica" della banca nei confronti dell'unità in *deficit*, sussiste, infatti, la possibilità che la prima — in forza della propria posizione — applichi un tasso di interesse che le consenta di appropriarsi, in tutto o in parte, dei rendimenti spettanti alla seconda e così ne scoraggi l'intrapresa.

Il modello del mercato dei capitali presenta, per certi versi, caratteristiche opposte. Nel rapporto tra unità in *surplus* e unità in *deficit* vengono, infatti, "tenute le distanze" — si parla, al riguardo, di un sistema "a distanza di braccio" (*arm's length*) — e le informazioni relative al soggetto finanziato sono pubbliche, in ragione del regime di trasparenza che l'ordinamento giuridico prevede a rimedio della situazione di asimmetria informativa. Per tale motivo, non c'è spazio per condotte monopolistiche e il costo del denaro svolge una funzione segnaletica della effettiva qualità dell'attività finanziata. Di qui la maggiore possibilità di accesso alle risorse monetarie e il potenziale sostegno all'innovazione con maggiore grado di rischio. Per converso, la vulnerabilità dell'unità in *deficit* che debba affrontare una situazione di difficoltà risulta più marcata e una forte tutela giuridica si rende necessaria per garantire alle parti la certezza degli accordi contrattuali. Per tali ragioni, il modello del mercato dei capitali funziona particolarmente bene con le imprese di grandi dimensioni e nel contesto di economie avanzate, in cui il sistema giuridico sia evoluto e presenti un elevato grado di effettività.

Né vanno dimenticate le implicazioni che la preferenza per l'uno o l'altro modello può comportare con riguardo all'allocazione del potere politico ed economico. L'intermediazione bancaria funziona, tradizionalmente, come "cinghia di trasmissione" della politica economica, consentendo un'azione pubblica dal più ridotto grado di visibilità — e, pertanto, più facilmente praticabile — rispetto a un intervento direttamente indirizzato nei confronti dei partecipanti al mercato dei capitali. Per altro verso, il maggiore accesso al credito permesso dal mercato dei capitali è potenzialmente in grado di favorire la concorrenza e, per conseguenza, indebolire le imprese che nel mercato occupano una posizione di forza (c.d. *incumbents*). Nel contempo, il ruolo cruciale che nei sistemi "a distanza di braccio" è svolto dagli intermediari ne aumenta significativamente il potere, secondo una conseguenza tanto più rilevante in presenza di un massiccio ricorso al mercato dei capitali da parte degli enti pubblici e delle imprese strategiche di un determinato Paese.

4. Gli strumenti finanziari

Nel mercato dei capitali il trasferimento delle risorse monetarie da unità in *surplus* a unità in *deficit* avviene mediante una pluralità di strumenti. In una prospettiva giuridica, tali strumenti sono tutti riconducibili a contratti, la cui specifica disciplina incide sul rischio proprio di ciascuno. Nella loro forma più elementare, si possono, così, distinguere fattispecie fondate sul contratto di mutuo (c.d. *strumenti di debito*), strumenti collegati al contratto di società (c.d. *strumenti di capitale*) e accordi che realizzano un trasferimento di rischi (c.d. *strumenti derivati*). In alcune ipotesi i diritti derivanti dal rapporto contrattuale sono incorporati in titoli di credito. Né mancano fattispecie più complesse, che ibridano le caratteristiche dei diversi strumenti o risultano dalla partecipazione a un organismo di investimento collettivo del risparmio (« Oicr »: art. 1, co. 1, lett. *k*, TUF) che investe in una pluralità di strumenti.

4.1. *Strumenti di debito e strumenti di capitale*

La forma più semplice di trasferimento di risorse monetarie è costituita dagli strumenti di debito, in virtù dei quali le unità in *deficit* si obbligano e restituire la somma ricevuta dalle unità in *surplus*, remunerando la relativa disponibilità con il pagamento di un interesse. I diritti che discendono dal contratto di mutuo sottostante sono abitualmente incorporati in titoli di credito, come accade nelle due fattispecie di maggiore importanza: le *obbligazioni* emesse dalle società per azioni e i *titoli del debito pubblico* emessi dagli Stati sovrani.

L'intervallo temporale tra conclusione del contratto e restituzione delle somme concesse in prestito che caratterizza il mutuo è all'origine del rischio specifico di tali strumenti. L'unità in *surplus* creditrice è, infatti, esposta alla possibilità che l'unità in *deficit* debitrice non esegua, in tutto o in parte, la prestazione dovuta (c.d. *rischio di credito*). Come già accennato in precedenza (*supra*, n. 1.2.), la remunerazione di tale rischio è costituita dall'interesse corrisposto dal debitore al creditore, che è, quindi, tanto più elevato quanto maggiore è il rischio di credito.

Assai più complessa risulta la struttura propria degli strumenti di capitale. In tale ipotesi, infatti, il trasferimento del denaro si caratterizza sul modello del conferimento in società: le unità in *surplus* trasferiscono alle unità in *deficit* risorse monetarie « per l'esercizio in comune di una attività economica allo scopo di dividerne gli utili » (art. 2247 c.c.) e, pertanto, acquistano la qualità di soci. Come noto, tale qualità non comporta il diritto alla restituzione delle somme trasferite; piuttosto, il socio è titolare di un complesso di diritti a contenuto patrimoniale (per esempio, il diritto di partecipare agli utili) e amministrativo (in particolare: il diritto di voto nell'assemblea dei soci), che, nella forma più elementare e diffusa, è rappresentato da *azioni*. Le azioni espongono l'unità in *surplus* al rischio connesso all'andamento economico dell'unità in *deficit*. Gli utili sono percepibili quando nell'esercizio di riferimento i ricavi eccedono i costi; mentre, per altro verso, il corrispettivo conseguibile con la cessione delle azioni sul mercato secondario dipende dai dati di bilancio e dalle prospettive dell'unità in *deficit*: in presenza di utili attesi, il prezzo è maggiore; nel caso di perdite, il prezzo è minore. L'andamento economico di un'unità in *deficit*, peraltro, è conseguenza di fattori che solo in parte sono nella disponibilità di quest'ultima. Un esercizio in perdita, per esempio, può dipendere da una scelta imprenditoriale sbagliata (c.d. *rischio endogeno*), ma può, altresì, derivare da un mutamento delle condizioni di mercato che riduce la domanda del bene o del servizio prodotto (c.d. *rischio esogeno*). In questa prospettiva, si comprende, pertanto, come gli strumenti di capitale presentino un grado di rischio più elevato rispetto agli strumenti di debito, cui corrisponde, naturalmente, la possibilità di un maggiore rendimento.

Come accennato, obbligazioni e azioni sono forme elementari. In anni recenti la prassi finanziaria — riconosciuta dall'ordinamento giuridico italiano con la riforma del diritto societario nel 2003 — ha sviluppato strumenti più complessi, che presentano caratteristiche proprie di entrambe le tipologie. Così, per esempio, è stata introdotta la possibilità di emettere azioni privilegiate nella distribuzione degli utili o con un diverso grado di incidenza delle perdite (art. 2348, co. 2, c.c.), obbligazioni nelle quali il diritto alla restituzione del capitale è « subordinato alla soddisfazione dei diritti di altri creditori della società » (art. 2411, co. 1, c.c.; nel gergo del mercato dei capitali si parla di *obbligazioni subordinate*) ovvero obbligazioni in cui « i tempi e l'entità del pagamento degli interessi possono variare in dipendenza di parametri oggettivi anche relativi all'andamento economico della società » (art. 2411, co. 2, c.c.).

4.2. *Gli strumenti derivati*

Gli *strumenti derivati* sono contratti che realizzano l'allocazione tra le parti di un determinato rischio. Tale rischio può esistere prima della conclusione del derivato o essere artificialmente creato; mentre la sua allocazione può rispondere a un interesse di copertura o di speculazione, a seconda delle aspettative e dell'interesse di ciascun contraente. Così, per esempio, mediante uno strumento derivato l'unità in *deficit* indebitata a tasso varabile nei confronti di una banca può trasferire il relativo rischio all'altro contraente, in tal modo proteggendosi dall'aumento del tasso di interesse e, nel contempo, consentendo all'altra parte di conseguire un profitto nel caso di una sua diminuzione; mentre due unità in *surplus* possono concludere un derivato riferito al rischio di *default* di uno Stato sovrano sulla base di aspettative eterogenee e all'unico fine di lucrare un'utilità patrimoniale dall'avveramento delle proprie previsioni.

4.2.1. *Strumenti derivati e mercato dei capitali.* — In questa prospettiva, gli strumenti derivati non attengono direttamente al trasferimento di risorse monetarie da unità in *surplus* a unità in *deficit*, ma sono, piuttosto, *strumenti di "secondo livello"*. Secondo la medesima logica che presiede al contratto di assicurazione, gli strumenti derivati consentono, infatti, a unità in *surplus*, unità in *deficit* e intermediari di spostare, a un soggetto diverso e capace di gestirlo, il rischio connesso a un trasferimento di risorse monetarie precedentemente intervenuto. Così, per esempio, mediante uno strumento derivato un'unità in *surplus* può trasferire a un terzo il rischio di credito derivante da un'obbligazione; ovvero un'unità in *deficit* può spostare su altri il rischio di cambio a cui è esposta quando il proprio debito è denominato in una valuta straniera. In una prospettiva di sistema, gli strumenti derivati svolgono un ruolo di particolare importanza. Da un lato, il meccanismo di mercato che determina le condizioni economiche di uno strumento derivato (*pricing*) può contribuire a una migliore identificazione del valore fondamentale da attribuire al parametro dedotto nel contratto (c.d. *price discovery*): proprio perché ne trasferisce il relativo rischio, il prezzo di uno strumento derivato "segnala" le caratteristiche del parametro a cui si riferisce. Per altro verso, un'ampia diffusione di strumenti derivati può favorire la distribuzione e, quindi, la riduzione del rischio dedotto nei relativi contratti.

Queste ultime considerazioni e l'elementare rilievo, per il quale non è possibile trasferire un rischio senza un soggetto disponibile ad assumerlo, inducono a riconoscere nella *speculazione* una condizione necessaria per il buon funzionamento del mercato degli strumenti derivati. La presenza di soggetti interessati a ricavare un profitto dall'esposizione al rischio contribuisce, infatti, alla liquidità del mercato, così aumentando la possibilità di operazioni di copertura, nonché favorendo *price discovery* e diversificazione del rischio.

4.2.2. *Struttura e funzione degli strumenti derivati.* — La funzione economica degli strumenti derivati è realizzata mediante due fondamentali strutture contrattuali: il contratto a termine (*forward*) e l'opzione (*option*). Nel *contratto a termine*, entrambe le parti si obbligano reciprocamente a eseguire, a una data futura, una prestazione, di regola monetaria, determinata con riferimento a un parametro (per esempio, il prezzo di una merce, un tasso di interesse, l'inadempimento di un debitore) che esprime il rischio dedotto in contratto. A questa stregua, l'esposizione al rischio dei contraenti è simmetrica e illimitata: al profitto di una parte corrisponde la perdita dell'altra e, teoricamente, profitti e perdite tendono all'infinito. Così, per esempio, per la SIM che compra a termine dollari da una banca per coprirsi dal rischio di cambio relativo ai propri debiti espressi in valuta statunitense, il successivo apprezzamento del dollaro comporta un profitto — pari alla differenza tra il tasso di cambio convenuto e quello di mercato alla scadenza, moltiplicata per la quantità di dollari comprata — a cui corrisponde una simmetrica perdita per la banca venditrice. Nell'*opzione*, invece, una parte, verso il corrispettivo di un premio, concede all'altra la possibilità di conseguire, a una data futura, una prestazione, ugualmente determinata con riguardo a un parametro che esprime il rischio dedotto in contratto. Pertanto, i contraenti sono esposti a tale rischio in modo asimmetrico: mentre chi concede l'opzione ne sopporta il peso in modo tendenzialmente illimitato, il beneficiario è esposto unicamente alla perdita del premio. Così, per esempio, per la banca che abbia concesso a una SGR un'opzione all'acquisto di yen il successivo apprezzamento comporta una perdita — pari alla differenza tra il tasso di cambio convenuto e quello di mercato al momento fissato per l'esercizio dell'opzione, moltiplicata per l'importo nominale di riferimento — a cui corrisponde un simmetrico profitto per il beneficiario dell'opzione. Nell'ipotesi contraria, tuttavia, la perdita per la società di gestione non è simmetrica: limitandosi a non esercitare l'opzione, il beneficiario contiene la perdita nei confini del premio pagato al momento della conclusione del contratto.

Come emerge da tali rilievi, tanto nel contratto a termine quanto nell'opzione, il valore del contratto per ciascuna delle parti deriva dal parametro dedotto nell'accordo; di qui la denominazione di strumenti derivati (*derivatives*). La prassi conosce numerose varianti delle fattispecie contrattuali fondamentali. Gli strumenti derivati possono essere standardizzati e negoziati su mercati regolamentati; oppure "su misura" e conclusi direttamente tra "utilizzatori finali" (c.d. *end-users*) e intermediari disponibili alla stipulazione delle operazioni richieste dal cliente (c.d. *dealers*). In quest'ultimo caso, sono identificati con l'espressione "*over the counter*" e comprendono contratti a termine (*forwards*), opzioni (*options*), combinazioni di *forwards* (*swaps*), di opzioni (*caps*, *floors* e *collars*) o di entrambi (*exotic derivatives*). Il volume degli strumenti derivati *over the counter* risulta largamente eccedere quello degli strumenti derivati negoziati su mercati regolamentati, con netta prevalenza degli strumenti derivati in tassi di interesse (in particolare: *interest rate swaps*), valuta e rischio di inadempimento (*credit default swaps*).

Se confrontati con gli strumenti di debito e di capitale, gli strumenti derivati utilizzati con funzione speculativa presentano un grado di rischio particolarmente elevato. La complessità della struttura contrattuale, la dipendenza del loro valore da un parametro normalmente estraneo alla disponibilità delle parti e la potenziale ampiezza delle perdite sono elementi che amplificano i rischi connessi agli strumenti derivati non solo per le parti, ma per l'intero sistema finanziario. Soprattutto con riguardo agli strumenti derivati *over the counter*, gli esiti disastrosi della crisi finanziaria globale del 2008 ne costituiscono un'illustrazione di drammatica evidenza.

4.3. *Le quote di Oicr*

Come osservato in precedenza (*supra*, n. 3.2.1.), la gestione collettiva del risparmio permette un'importante riduzione dei costi di transazione relativi al collegamento tra unità in *surplus* e unità in *deficit*, nel contempo consentendo l'accesso ai benefici della diversificazione anche ai piccoli risparmiatori. Tale servizio è tipicamente prestato dalle SGR mediante l'istituzione e la gestione di fondi comuni di investimento. Un *fondo comune di investimento* è un insieme di risorse monetarie raccolte tra una pluralità di unità in *surplus* e destinate a essere impiegate sulla base di una predeterminata politica di investimento. Tale patrimonio viene gestito dalla SGR unitariamente (nella terminologia del diritto vigente, « in monte »: art. 1, co. 1, lett. *k*, TUF), « nell'interesse degli investitori e in autonomia dai medesimi » (art. 1, co. 1, lett. *k*, TUF), ed è diviso in quote spettanti a ciascuna unità in *surplus* in proporzione all'importo conferito.

A seconda della politica di investimento perseguita, i fondi comuni possono ricorrere a strumenti di debito, di capitale e derivati, secondo il livello preferito di rischio, rendimento e diversificazione. Il diritto vigente consente, peraltro, di impiegare le risorse monetarie anche per l'investimento in crediti, beni mobili diversi dagli strumenti finanziari e immobili (art. 1, co. 1, lett. *k*, TUF). In tal caso il trasferimento di risorse monetarie non ha, necessariamente, come destinatario un'unità in *deficit*, ma può riguardare l'acquisto di un bene (per esempio, un immobile o un'opera d'arte). Anche in tal caso il trasferimento del denaro dalle unità in *surplus* presenta, tuttavia, effetti positivi: aumentando il volume degli scambi, consente un incremento della specializzazione produttiva con riguardo ai beni oggetto di scambio, nel contempo permettendo un maggior benessere dei partecipanti al fondo quando la successiva rivendita dei beni oggetto dell'investimento avvenga verso il corrispettivo di un prezzo più elevato.

La medesima funzione dei fondi comuni di investimento è assolta dalle società di investimento a capitale variabile (*Sicav*) e dalle società di investimento a capitale variabile fisso (*Sicaf*), che il diritto vigente definisce come società per azioni a capitale, rispettivamente, variabile o fisso, aventi per oggetto esclusivo « l'investimento collettivo del patrimonio raccolto mediante l'offerta di proprie azioni » (art. 1, co. 1, lett. *i* e *i*-bis, TUF). Rispetto ai fondi comuni di investimento, nelle Sicav e nelle Sicaf sussiste una coincidenza tra fondo comune di investimento e gestore del medesimo, con la conseguente possibilità per le unità in *surplus* di esercitare, in quanto soci, il diritto di voto nella scelta dei soggetti preposti alla gestione delle risorse investite. La frequenza con la quale le Sicav hanno tradizionalmente utilizzato la possibilità di delegare la gestione dell'intero patrimonio a un gestore esterno (regolata, nel nostro ordinamento, dall'art. 38, co. 1, TUF) svuota, tuttavia, di fatto la differenza, lasciando alle Sicav — con l'unica eccezione degli ordinamenti di origine: Francia e, soprattutto, Lussemburgo — un ruolo nel complesso residuale.

4.4. *Strumenti finanziari, valori mobiliari e prodotti finanziari*

Nella loro struttura essenziale, alcuni strumenti finanziari — le azioni, le obbligazioni e determinate tipologie intermedie, come le obbligazioni subordinate — sono regolati dal codice civile. Le medesime fattispecie, insieme a molte altre, sono disciplinate, altresì, dal diritto del mercato dei capitali, secondo una logica che, tuttavia, è assai differente. In tale contesto, gli strumenti finanziari sono, infatti, considerati in quanto oggetto di un'attività capace di incidere sull'allocazione delle risorse monetarie delle unità in *surplus*. L'attenzione della disciplina, pertanto, non è concentrata né sulla struttura del rapporto contrattuale in cui si realizza il trasferimento delle risorse monetarie tra le parti, come accade nel diritto dei contratti e dei titoli di credito; né sulle implicazioni rispetto all'organizzazione dell'unità in *deficit*, come avviene nel diritto delle società. Decisiva è, piuttosto, la rilevanza di una determinata attività rispetto al trasferimento delle risorse monetarie dalle unità in *surplus* a quelle in *deficit* e, quindi, all'allocazione del risparmio.

In questa prospettiva, la categoria di riferimento fondamentale è costituita dagli « *strumenti finanziari* » identificati dall'art. 1, co. 2, TUF mediante il rinvio all'Allegato I, sez. C, TUF, che, a sua volta, riproduce l'Allegato I, sez. C, MiFID II. Secondo l'elenco contenuto in tali norme, sono strumenti finanziari: (1) gli strumenti di debito, anche nelle forme degli « strumenti del mercato monetario » (buoni del tesoro, certificati di deposito e carte commerciali: art. 1, co. 1-*ter*, TUF), nonché qualsiasi titolo che permette di acquistare o vendere tali strumenti; (2) gli strumenti di capitale, nonché qualsiasi titolo che permette di acquistare o vendere tali strumenti; (3) le quote di Oicr; (4) gli strumenti derivati, analiticamente indicati dall'Allegato I, sez. C, nn. 4-10, TUF (art. 1, co. 2-*ter*, lett. *a*, TUF), anche quando incorporati in un titolo di credito (c.d. *covered warrant*), secondo quanto previsto dall'art. 1, co. 1-*bis*, lett. *c*, TUF. Tale categoria consente di identificare alcune tra le principali attività disciplinate dal diritto dei mercati finanziari: quanto alle attività degli intermediari, la prestazione di servizi di investimento (art. 1, co. 5, TUF); quanto ai servizi di *trading* e *post trading*, la gestione di mercati regolamentati (art. 1, co. 1, lett. *w*-ter, TUF), la compensazione (art. 2, n. 3, Regolamento (UE) 648/2012: d'ora in poi, "EMIR") e la gestione accentrata (art. 79-*decies*, lett. *b*, TUF). Ulteriori categorie consentono di estendere o restringere l'ambito delle attività rilevanti, al fine, rispettivamente, di ottenere una più diffusa tutela delle unità in *surplus* o, all'opposto, di conseguire una più specifica applicazione della disciplina. Così, la nozione di « *prodotti finanziari* » — identificati come « gli strumenti finanziari e ogni altra forma di investimento di natura finanziaria », con l'espressa esclusione dei « depositi bancari o postali non rappresentati da strumenti finanziari » (art. 1, co. 1, lett. *u*, TUF) — permette, per esempio, di allargare il perimetro della disciplina dell'offerta al pubblico e dell'offerta pubblica di acquisto e di scambio (art. 1, co. 1, lett. *t* e *v*, TUF) ad altre forme di trasferimento monetario funzionali al conseguimento di un rendimento, come quello, per esempio, derivante dalle registrazioni digitali su *blockchain* rappresentative di uno o più diritti relativi a un progetto imprenditoriale (cc.dd. *cripto-attività*). Di contro, la categoria di « *valori mobiliari* » — che include soltanto gli strumenti di debito, gli strumento di capitale, i titoli che permettono di acquistare o vendere tali due tipologie di strumenti e i *covered warrant* (art. 1, co. 1-*bis*, TUF) — comporta, per esempio, un più ridotto ambito di applicazione della disciplina europea sul prospetto (artt. 1, par. 1, e 2, lett. *a*, Regolamento (UE) 2017/1129: d'ora in poi, "Regolamento Prospetto") o la necessaria dematerializzazione ai fini della gestione accentrata (art. 83-*bis*, co. 1, TUF).

La funzione assolta dalle categorie previste dalla disciplina vigente consente di comprenderne la strutturale flessibilità, confermata — oltre che dai numerosi interventi di modifica apportati al TUF nel corso degli anni — dal potere riconosciuto al Ministero dell'economia e delle finanze di individuare con regolamento nuove categorie di strumenti finanziari « al fine di tener conto dell'evoluzione dei mercati finanziari » (art. 18, co. 5, lett. *a*, TUF) e dalla qualificazione come strumenti finanziari di fattispecie previste in altre leggi (per esempio, i titoli emessi nel contesto di un'operazione di cartolarizzazione dei crediti: art. 2, co. 1, l. 30 aprile 1999, n. 130).

Capitolo II

LA DISCIPLINA GIURIDICA DEL MERCATO DEI CAPITALI

1. Perché il diritto disciplina il mercato dei capitali?

Come descritto nel capitolo precedente, il mercato dei capitali è un sistema di rapporti contrattuali che — con il decisivo contributo di intermediari e strutture di *trading* e *post trading* — consente un'efficiente allocazione del risparmio. Che cosa giustifica, in un simile contesto, l'intervento del diritto?

In una prospettiva esclusivamente concentrata sull'efficiente funzionamento del sistema, si potrebbe, infatti, ritenere sufficiente il coordinamento realizzato dal meccanismo di mercato. Accordi contrattuali conclusi da controparti libere e capaci — da sé o grazie all'intervento di intermediari — di valutare rischio e rendimento dell'investimento potrebbero bastare per un'efficiente allocazione del risparmio. Del pari, il perseguimento del proprio interesse da parte di unità in *deficit*, unità in *surplus* e intermediari potrebbe fungere da limite a comportamenti impropri: poiché nessuno è disposto a concludere contratti sfavorevoli e con controparti non affidabili, il perseguimento del proprio interesse individuale potrebbe portare a sanzionare la violazione degli accordi e, per converso, incentivare il loro rispetto. In altri termini, la c.d. *disciplina di mercato* (*market discipline*) potrebbe sostituire l'ordinamento giuridico positivo nell'assicurare il rispetto dei vincoli contrattuali.

Un simile approccio risulterebbe, tuttavia, largamente incompleto. Per un verso, è pacifica nella scienza economica la convinzione che il meccanismo di mercato permette un'ottimale allocazione delle risorse solo nel ricorrere di una pluralità di condizioni difficilmente riscontrabili, in modo compiuto, nel mondo reale. Del tutto normale è, piuttosto, rinvenire nel sistema degli scambi una pluralità di imperfezioni, che, con una metafora, la terminologia degli economisti abitualmente identifica come "*fallimenti del mercato*" (*market failures*). Di qui la necessità di un intervento correttivo delle dinamiche di mercato e, quindi, la possibilità di utilizzare il diritto come strumento per favorire soluzioni efficienti. Sotto un diverso profilo, il funzionamento del mercato è inserito in un contesto sociale più ampio, caratterizzato da preferenze individuali e valori condivisi. L'intervento del diritto consente di considerare entrambi gli aspetti: da un lato, riflettendo i singoli interessi particolari convolti nel processo di mercato; per altro verso, conformando la materia economica secondo i valori del contesto sociale di riferimento, tra i quali assumono particolare rilievo la giustizia negli scambi e l'equità nella distribuzione delle risorse.

L'intervento del diritto nel mercato dei capitali può, pertanto, giustificarsi alla stregua di ciascuna di queste prospettive: come rimedio ai fallimenti del mercato, così da conseguire un'efficiente allocazione delle risorse che, altrimenti, non sarebbe realizzata; in quanto esito di una dinamica politica volta a soddisfare interessi particolari; come tentativo di conformare il meccanismo di mercato secondo un criterio normativo che rifletta valori condivisi nel contesto sociale di riferimento.

2. L'approccio economico

Il mercato dei capitali risulta caratterizzato da numerose imperfezioni. Ampio spazio sussiste, pertanto, per un intervento normativo diretto a ristabilire le condizioni necessarie perché il meccanismo di mercato consenta un'efficiente allocazione delle risorse disponibili. Nel contempo, anche le regole giuridiche presentano, a loro volta, delle imperfezioni. L'intervento del diritto è, infatti, sempre costoso: la redazione e l'attuazione coattiva delle norme, le condotte che i consociati devono adottare per la loro osservanza, i vincoli e, per conseguenza, le opportunità che le regole precludono, sono alcuni dei molti costi derivanti dall'introduzione di una disciplina giuridica del mercato. Possibile è, pertanto, che nel loro insieme i costi delle regole ne eccedano i benefici. Al pari del mercato, in altri termini, anche il legislatore può "fallire" (c.d. *regulatory failure*), ponendosi, pertanto, il problema delle condizioni alle quali l'intervento del diritto risulta efficiente.

2.1. *Le imperfezioni del mercato dei capitali*

La scienza economica identifica tradizionalmente quattro ipotesi di *market failures*, tutte ricorrenti — sia pur in misura diversa — nel mercato dei capitali. Il linguaggio degli economisti parla di esternalità negative, beni pubblici, asimmetrie informative e situazioni di mercato non competitivo.

2.1.1. *Esternalità negative e beni pubblici.* — Come evocato dalla previsione dell'art. 1372, co. 2, c.c. (« il contratto non produce effetto rispetto ai terzi che nei casi previsti dalla legge »), normalmente i contratti di scambio esauriscono i loro effetti tra le parti. Quando ciò accade, l'interesse individuale di ciascun contraente e l'interesse generale a un'ottimale allocazione delle risorse vengono a coincidere, secondo l'esito di efficienza che caratterizza il sistema economico di mercato. Così, se uno studente che ha due tranci di pizza ne scambia uno con un compagno che ha due lattine di birra, il contratto realizza, nel contempo, l'interesse di ciascuno studente a un pasto equilibrato e un'allocazione delle risorse migliore di quella precedente lo scambio.

In alcune ipotesi, tuttavia, lo scambio può generare conseguenze nei confronti di soggetti estranei al contratto tra le parti, così determinando una dissociazione tra interesse individuale delle singole parti e interesse generale. Si immagini, per esempio, un ristorante che offra ai propri clienti un gustoso piatto a base di verze, ma le cui cucine diffondano esalazioni che finiscono per invadere una limitrofa pasticceria. Assai conveniente per le parti, lo scambio tra il ristoratore e i suoi clienti produce, di contro, un pregiudizio per il titolare della pasticceria. In una prospettiva di interesse generale, alla soddisfazione dell'interesse dei singoli contraenti corrisponde, in tal modo, una diminuzione di benessere per il terzo, interessato dalle conseguenze pregiudizievoli dello scambio, ma a questo estraneo. All'opposto, si ipotizzi un imprenditore che organizzi, come misura promozionale della propria attività, uno spettacolo di fuochi d'artificio destinato ai propri clienti, ma che può essere goduto, per le caratteristiche dell'evento, anche da chiunque si trovi nelle vicinanze. Oltre a essere favorevole per le parti, lo scambio tra l'imprenditore e i suoi clienti produce un beneficio anche per tutti gli spettatori "non paganti". In una prospettiva di interesse generale, alla soddisfazione di questi ultimi non corrisponde, in tal modo, per l'imprenditore una soddisfazione altrettanto adeguata: pur conseguendo il "corrispettivo" di una fidelizzazione dei propri clienti, quest'ultimo non riesce a recuperare il costo dello spettacolo dai terzi che pur ne hanno beneficiato. In entrambi i casi, il mercato lasciato a sé stesso non riesce a raggiungere un'allocazione ottimale delle risorse. Perseguendo il proprio interesse individuale, il ristoratore aumenterà, infatti, la produzione della propria specialità, senza curarsi degli effetti pregiudizievoli per la pasticceria. Del pari, nell'impossibilità di recuperare i costi dello spettacolo pirotecnico dagli spettatori "non paganti", l'imprenditore preferirà un'altra forma di spettacolo promozionale, in tal modo privando di un'importante opportunità di lavoro l'organizzatore dei fuochi d'artificio.

La scienza economica identifica entrambe le ipotesi con il termine "esternalità". Nel primo caso, si è in presenza di un'*esternalità negativa*, conseguente alle caratteristiche del bene prodotto; nel secondo, ricorre un'*esternalità positiva*, parimenti derivante dalle caratteristiche del bene (c.d. *bene pubblico*) e, più in particolare, dalla possibilità di un godimento contestuale da parte di più soggetti (c.d. *consumo non rivale*) e dai costi esorbitanti necessari per escludere taluno dal relativo accesso (c.d. *non escludibilità*). Lasciato a se stesso, nel primo caso il meccanismo di mercato ha come esito un eccesso di offerta del bene (*overproduction*): non considerando i costi "sociali" dell'attività, l'offerta risulta dipendere unicamente dai costi "privati" necessari per la produzione; di conseguenza, l'equilibrio di mercato si attesta su di un'offerta di quantità superiore al livello che sarebbe ottimale tenendo conto anche dei costi "sociali". Nel secondo caso viene a determinarsi, all'opposto, un difetto di offerta del bene (*underproduction*): non essendo possibile recuperare i costi per la produzione del bene da quanti ne beneficiano "senza pagare" (c.d. *free riders*), l'offerta risulta inferiore al livello che sarebbe ottimale.

Al fallimento del mercato, che consegue alle esternalità, il diritto può porre rimedio in diversi modi. Nel caso di esternalità negative, può introdurre misure che impongano di considerare — nel gergo degli economisti: "internalizzare" — gli effetti determinati dalla propria attività nei confronti dei terzi, come accade, nel diritto privato, con le regole di responsabilità civile o, nel diritto pubblico, con l'imposizione di un'accisa. In presenza di un bene pubblico, l'intervento del diritto può assumere le forme di strumenti giuridici che sostituiscano un'offerta pubblica del bene a quella privata e limitino il comportamento dei *free rider* (come avviene, per esempio, con un provvedimento di nazionalizzazione dell'esercito accompagnato da una corrispondente imposizione fiscale).

L'insolvenza di Lehman Brothers nel settembre 2008 e la conseguente crisi a livello mondiale dimostrano drammaticamente come nel mercato dei capitali le esternalità negative costituiscano una possibilità assai reale. Un'eccessiva assunzione di rischio da parte di un intermediario e la sua conseguente incapacità di far fronte ai propri debiti può determinare un effetto negativo nei confronti dell'intero sistema finanziario: l'insolvenza di un intermediario mina, infatti, la fiducia nella solvibilità di tutti gli altri, con la possibile conseguenza di un'interruzione del credito che li renda, a loro volta, insolventi (c.d. *rischio sistemico*). La previsione legale di *requisiti prudenziali* (per esempio, l'imposizione di un determinato rapporto tra capitale sociale e volumi di attività) e, più in generale, la *disciplina di stabilità* costituiscono il tradizionale rimedio giuridico a un tale tipo di rischio. Poiché l'intensità dei requisiti di legge tende a crescere con l'aumentare dell'attività, l'intervento del diritto consente di internalizzare i costi da rischio sistemico, che, altrimenti, finirebbero per essere traslati sui terzi: in presenza di requisiti prudenziali, l'intermediario può, infatti, aumentare la produzione di un determinato bene (per esempio, la conclusione di contratti derivati con elevato grado di rischio) soltanto a condizione di vincolare risorse monetarie proprie "a garanzia" dei rischi assunti e, quindi, di sostenere il costo connesso all'impossibilità di impiegare tali risorse per altre finalità produttive.

Analoghe considerazioni valgono con riferimento alle esternalità positive. Nel mercato dei capitali, l'informazione presenta la caratteristica di non escludibilità propria del bene pubblico. Così, per esempio, le indicazioni di investimento contenute nei *reports* dagli analisti finanziari possono circolare all'esterno della cerchia degli utilizzatori "paganti". Di qui un'insufficiente remunerazione dei costi sopportati per la raccolta dei dati necessari e, pertanto, una *underproduction* di informazioni di qualità che, al contrario, sarebbero assai importanti per il buon funzionamento del mercato dei capitali. La previsione di una disciplina legale di trasparenza può consentire il superamento del problema. L'imposizione alle unità in *deficit* di un obbligo di comunicazione al pubblico delle informazioni rilevanti consente, infatti, un abbattimento dei costi necessari per la raccolta delle informazioni, in tal modo "compensando" gli analisti finanziari della minore remunerazione conseguente all'uso dei *reports* da parte di *free riders*.

Anche la *fiducia* di unità in *surplus* e unità in *deficit* negli intermediari partecipa delle caratteristiche dei beni pubblici. Alimentata dagli investimenti in reputazione posti in essere dai singoli intermediari, a livello di sistema la fiducia consente comportamenti di *free riding* in ragione del suo carattere di non escludibilità: come è facile intuire, un intermediario potrebbe approfittare del generale contesto di fiducia per porre in essere comportamenti di azzardo morale, potenzialmente destinati a generare esternalità negative nei confronti di tutti i partecipanti al sistema. Un intervento giuridico, che consenta lo svolgimento dell'attività di intermediazione soltanto a soggetti autorizzati e successivamente controllati da un'autorità pubblica di vigilanza, può permettere di mantenere la fiducia nel sistema: l'introduzione per via legale di una riserva di attività "privatizza" il beneficio della fiducia, in tal modo attribuendolo ai soli intermediari che concorrono a generarla.

2.1.2. *Asimmetrie informative e situazioni di mercato non competitivo.* — Le imperfezioni nel funzionamento del mercato che conseguono alle asimmetrie informative sono già state illustrate nel capitolo precedente (*supra*, cap. I, n. 2.2.). In questa sede occorre solo aggiungere che, in alcuni casi, i problemi conseguenti alla diffusione asimmetrica dell'informazione possono combinarsi con altri *market failure*. Il riferimento è, in particolare, ai comportamenti di azzardo morale, che originano da una situazione di asimmetria informativa, ma possono ulteriormente risolversi in un problema di esternalità. Così, per esempio, l'intermediario che, approfittando della sua superiorità informativa nei confronti dei clienti, collochi presso le unità in *surplus* strumenti finanziari con eccessivo grado di rischio per lucrare ingenti commissioni genera un rischio di selezione avversa che, determinando un'indistinta perdita di fiducia nell'insieme degli intermediari, può essere considerato, nel contempo, un'esternalità negativa a detrimento dell'intero sistema.

Rimane, infine, da considerare l'ultima fonte di *market failure*, costituita dal ridotto livello di concorrenza che può caratterizzare un determinato mercato. L'allocazione ottimale delle risorse realizzata dal meccanismo di mercato presuppone, infatti, condizioni di concorrenza c.d. perfetta. Tali condizioni ricorrono quando nessun partecipante — né dal lato della domanda né da quello dell'offerta — può influenzare con il proprio comportamento il prezzo di equilibrio. Se, invece, per le caratteristiche del bene o altri fattori esterni un simile presupposto risulti mancare, in tutto o in parte, l'equilibrio di mercato si attesta su livelli non ottimali, propri, rispettivamente, delle situazioni di *monopolio* e di *oligopolio*. In tali casi, il perseguimento dell'interesse individuale da parte del monopolista o dell'oligopolista determina livelli di prezzo e di quantità prodotte che non corrispondono all'interesse generale.

La tradizionale risposta giuridica al problema è costituita dai rimedi previsti dal *diritto della concorrenza*. Nondimeno, anche il diritto del mercato dei capitali può contribuire a limitare le inefficienze che conseguono a situazioni di concorrenza imperfetta. Pur presentando, in linea generale, un maggior livello di concorrenza, il mercato dei capitali conosce, infatti, situazioni di oligopolio specificamente affrontate dalla relativa disciplina. Si pensi, per esempio, alle problematiche connesse alla presenza di intermediari di grandi dimensioni che hanno adottato il modello di banca universale (*supra*, cap. I, n. 3.2.1.); ovvero al mercato della valutazione sul merito di credito (*rating*) degli strumenti di debito emessi dalle unità in *deficit*, che, imponendo ai fornitori del servizio (c.d. agenzie di *rating*) un rilevante investimento in « capitale reputazionale », presenta significative barriere all'ingresso e, per conseguenza, un marcato carattere oligopolistico. Specifica del diritto del mercato dei capitali è, in tali casi, l'attenzione ai *conflitti di interesse*: in mancanza di un'adeguata disciplina, l'assenza di un elevato livello di concorrenza potrebbe, infatti, comportare abusi a detrimento delle unità in *surplus* e, quindi, perdite di efficienza rispetto alla situazione che sarebbe ottimale.

2.2. *I costi dell'intervento del diritto*

Per giustificare in termini di efficienza la regolamentazione del mercato dei capitali, la presenza di *market failures* è condizione necessaria, ma non sufficiente. A meno di ipotizzare un intervento del diritto privo di costi — un "*Nirvana approach*", nelle polemiche espressioni del noto economista Harold Demsetz (1930-2019) —, il beneficio apportato dalla disciplina giuridica del mercato deve essere comparato con i suoi costi. In questa prospettiva, una regolamentazione che comportasse costi maggiori rispetto a quelli che discendono dalle imperfezioni del mercato sarebbe un rimedio peggiore del male.

I costi collegati alla disciplina giuridica della materia economica non sono, peraltro, difficili da identificare. Per un verso, alle norme che impongono un determinato comportamento consegue, anzitutto, il costo necessario per il rispetto delle relative previsioni da parte dei destinatari (c.d. *costi di compliance*). Così, per esempio, le regole di trasparenza, a cui si è più volte fatto cenno, impongono alle unità in *deficit* i costi derivanti dalle spese necessarie per un'adeguata comunicazione delle informazioni al pubblico (personale dedicato, consulenze esterne, diffusione in forma cartacea ed elettronica). Da un altro angolo visuale, l'imposizione di un obbligo o di un divieto genera il costo dell'impossibilità di un comportamento alternativo (c.d. *costi opportunità*). Si ipotizzi, per esempio, che una norma vieti in modo assoluto la negoziazione di strumenti derivati a elevato grado di rischio al fine di evitare possibili ricadute dal punto di vista del rischio sistemico. Accanto al beneficio offerto dalla riduzione di possibili esternalità negative, un simile divieto rende, nel contempo, impossibile il trasferimento del rischio che tali strumenti derivati consentirebbero e, quindi, il beneficio di operazioni di copertura. Le sanzioni giuridiche possono, da ultimo, comportare costi connessi alla loro applicazione e all'eccesso di deterrenza (*overdeterrence*) che possono comportare. Così, per esempio, una norma che punisca la diffusione di false informazioni da parte degli amministratori con numerosi anni di reclusione può, certamente, prevenire condotte illecite, ma comporta, nel contempo, numerosi costi collaterali: il costo amministrativo del processo necessario per l'applicazione della sanzione; il costo delle strutture detentive; il costo opportunità, che discende dalla scelta di numerose persone, pur capaci e corrette, di rinunciare alla carica di amministratore per timore di incorrere in un procedimento penale o, ancor peggio, in una sanzione detentiva conseguente a un errore giudiziario.

2.3. *Le condizioni di efficienza della disciplina giuridica*

La considerazione dei costi connessi alla disciplina giuridica del mercato dei capitali solleva, pertanto, la questione delle condizioni alle quali l'intervento del diritto può essere considerato efficiente.

2.3.1. *Il teorema di Coase.* — La risposta a un simile problema costituisce l'oggetto di un celebre articolo di Ronald Coase, il cui contenuto è stato nel tempo sintetizzato con l'espressione "teorema di Coase". L'idea fondamentale può essere compendiata nell'osservazione che, in assenza di costi di transazione, le parti interessate a risolvere un problema della vita sociale potrebbero sempre raggiungere la soluzione più efficiente mediante un accordo tra di loro, indipendentemente dalla regola giuridica applicabile. Si ipotizzi, per esempio, il caso precedentemente illustrato della pasticceria che patisce le esalazioni provenienti dal vicino ristorante e si immagini, altresì, che la soluzione al problema, dal quale deriva per la pasticceria un pregiudizio economico pari a 10.000 euro, possa essere realizzata, alternativamente, dotando la cucina del ristorante di una cappa adeguata ad assorbire le esalazioni per un costo di 3.000 euro, ovvero installando un apposito sistema di condizionamento nella pasticceria per un costo di 5.000 euro. In assenza di costi di transazione, la soluzione più efficiente sarà raggiunta, indipendentemente dalla disciplina giuridica del fenomeno. Qualora, infatti, l'ordinamento giuridico vieti le immissioni che pregiudicano i terzi, il ristoratore provvederà a installare la cappa, in tal modo risolvendo il problema a un costo minore rispetto a quello proprio della soluzione alternativa e del risarcimento del danno. Nel caso in cui, al contrario, il diritto applicabile consideri tollerabili le esalazioni derivanti dallo svolgimento di un'attività produttiva, il pasticcere negozierà con il vicino l'installazione della cappa a sue spese; una simile soluzione è, infatti, la più efficiente rispetto alla più costosa realizzazione del sistema di condizionamento o al pregiudizio economico che, altrimenti, la pasticceria finirebbe per sopportare.

Nel mondo reale, tuttavia, i costi di transazione sono pervasivi e possono, pertanto, comportare soluzioni inefficienti del problema. Si immagini che — per la particolare litigiosità del ristoratore o per la complessità connessa al reperimento della cappa da parte del pasticcere — i costi di transazione relativi all'accordo tra le parti siano particolarmente elevati, per esempio ammontando a 4.000 euro. Mentre in presenza di una norma che vieti le immissioni il risultato efficiente viene raggiunto, nel caso di un ordinamento che le consenta liberamente i costi di transazione inducono a scegliere la soluzione non efficiente: piuttosto che spendere 3.000 euro per l'installazione della cappa e sopportare costi di transizione per 4.000 euro, il pasticcere preferirà realizzare l'impianto di condizionamento per una spesa di 5.000 euro, secondo un esito che non coincide, tuttavia, con la soluzione efficiente del problema.

Di qui la formulazione conclusiva del teorema di Coase: l'intervento del diritto è efficiente nella misura in cui elevati costi di transazione impediscano una negoziazione tra le parti capace di raggiungere la soluzione al problema. In caso contrario, invece, risulta preferibile una soluzione rimessa alla negoziazione tra le parti, capace di rimediare ai *market failure* senza incorrere nei costi connessi all'intervento della regolamentazione.

2.3.2. *Alcune importanti precisazioni.* — Una simile conclusione può, peraltro, essere precisata in una duplice direzione.

Da un lato, la disciplina giuridica può assumere caratteristiche diverse a seconda del livello dei costi di transazione. In presenza di costi di transazione proibitivamente alti, la soluzione efficiente potrà essere raggiunta mediante *norme imperative* che precludano la stessa possibilità di una negoziazione. Così, per esempio, in una prospettiva di efficienza il divieto penale di utilizzare informazioni riservate nelle contrattazioni in un mercato regolamentato (c.d. *insider trading*) può essere giustificato, da un lato, per le esternalità negative che *l'insider trading* comporta in termini di riduzione della confidenza nella correttezza del mercato; e, dall'altro, per gli esorbitanti costi di transazione che accompagnerebbero una soluzione al problema raggiunta per il tramite di una negoziazione tra l'*insider* e tutti gli altri partecipanti al mercato. Nel ricorrere di costi di transazione meno elevati, la soluzione efficiente potrà essere conseguita, invece, introducendo *norme dispositive*, tendenzialmente configurate replicando la soluzione alla quale giungerebbero le parti se fossero nelle condizioni di contrattare senza difficoltà. In tal modo, infatti, l'ordinamento consente alle parti di risparmiare i costi di transazione connessi alla negoziazione, impregiudicata la possibilità di un accordo in deroga, se per le parti i relativi costi sono più bassi del beneficio che ne deriva, così da conseguire una soluzione più efficiente di quella delineata in via generale dalla norma giuridica. Nell'ordinamento italiano, tale impostazione caratterizza, per esempio, la riforma del diritto societario introdotta nel 2003.

Per altro verso, il teorema di Coase presuppone un agente economico sempre capace di identificare la soluzione più idonea a massimizzare il proprio interesse personale e altrettanto capace di agire in coerenza con tale soluzione. Un simile modello di agente economico "razionale" non trova, tuttavia, rispondenza nel mondo reale, dove, al contrario, le scelte economiche — secondo le indicazioni della c.d. economia del comportamento (*behavioral economics*) — sono sistematicamente influenzate da limiti cognitivi e comportamentali. Come dimostrato dagli studi di Richard H. Thaler (1945), premio Nobel per l'economia nel 2017, e secondo quanto confermato da numerosi episodi della storia recente — per esempio, la diffusione tra i risparmiatori italiani dei titoli di debito pubblico emessi dalla Repubblica Argentina sul finire del secolo scorso, considerati a basso rischio nonostante il loro elevato rendimento; oppure, l'eccessiva assunzione di rischio che ha caratterizzato il comportamento di molte sofisticate unità in *surplus* sino alla crisi finanziaria globale del 2008 —, gli scambi che hanno luogo nel mercato dei capitali possono presentare significativi ambiti di "irrazionalità". Considerando i limiti cognitivi e comportamentali alla stregua di costi di transazione, in questa prospettiva possono essere configurate come efficienti anche soluzioni giuridiche che determinino l'esito desiderato andando oltre — e, se del caso, anche contro — la volontà delle parti (c.d. *paternalismo giuridico*). Così, per esempio, la considerazione dei limiti comportamentali delle unità in *surplus* prive di una particolare competenza finanziaria potrebbe portare a vietare investimenti in strumenti finanziari, il cui grado di rischio superi una soglia determinata. Modalità e intensità di un simile approccio sono oggetto di un ampio dibattito. Nessun dubbio sembra, tuttavia, potersi nutrire in ordine all'ingresso di tale prospettiva nella riflessione economica sul diritto del mercato dei capitali e, come si vedrà (*infra*, parte III, cap. II, nn. 2.4. e 2.5.), nelle strategie normative in concreto adottate dall'ordinamento giuridico.

3. La teoria delle scelte pubbliche

Le conclusioni del teorema di Coase e le indicazioni di *behavioral economics* considerano soltanto il profilo dell'efficienza, deliberatamente ignorando, di contro, gli *effetti distributivi* prodotti dalle specifiche scelte giuridiche. Così, mentre è possibile affermare che, in assenza di costi di transazione, la soluzione efficiente può essere raggiunta indipendentemente dalla regola giuridica applicabile, la medesima conclusione non vale in ordine alla distribuzione della ricchezza: nell'esempio precedente, a seconda della regola giuridica applicabile, il costo per l'installazione della cappa graverà, alternativamente, sul ristoratore o sul pasticcere.

La capacità delle norme giuridiche di incidere sugli interessi individuali dei destinatari apre, pertanto, la possibilità che questi ultimi provino a condizionare l'intervento del diritto. Da quest'angolo visuale, la risposta alla domanda sulla giustificazione della disciplina giuridica del mercato dei capitali cambia completamente di segno: in luogo di una soluzione a un problema di interesse generale, le regole appaiono come l'esito di un processo volto a realizzare l'interesse particolare di chi è più capace di influire sul relativo svolgimento.

3.1. *Processo politico e gruppi di interesse*

Un simile approccio alla disciplina del fenomeno economico e, più in particolare, del mercato dei capitali è stato sviluppato — a partire da un famoso articolo di George J. Stigler (1911-1991), premio Nobel per l'economia nel 1982 — dalla c.d. teoria delle scelte pubbliche (*public choice theory*). In questa prospettiva, i portatori organizzati di interessi particolari (*interest groups*) sono identificati come attori di un processo volto a influenzare la formazione e l'applicazione delle norme giuridiche. Tale processo si avvale delle possibili vulnerabilità dei soggetti istituzionalmente preposti all'esercizio del potere pubblico e funziona soltanto se la distribuzione della capacità di condizionamento è asimmetrica. Così, per esempio, il sostegno a una campagna elettorale può essere "scambiato" con un impegno al perseguimento di uno specifico interesse; o, in modo più sofisticato, l'eventualità di una futura offerta di lavoro da parte di un soggetto regolato può suggerire al funzionario di un'autorità di vigilanza atteggiamenti "benevoli", così da non precludersi futuri sviluppi di carriera. Nel contempo, se il sostegno alla campagna elettorale è offerto da molti portatori di interessi diversi o se numerose ed economicamente comparabili sono le possibilità di lavoro futuro per i funzionari di un'autorità di vigilanza, un meccanismo simile a quello del mercato a concorrenza perfetta tenderà a consentire soluzioni più equilibrate.

Nelle sue forme più radicali, la teoria delle scelte pubbliche giunge a prospettare la c.d. cattura del regolatore (*regulatory capture*) e, quindi, la subordinazione delle scelte normative agli interessi particolari dei soggetti regolati: soprattutto nei settori caratterizzati dalla presenza di rilevanti centri di potere economico, la disciplina giuridica e la sua applicazione rispondono, pertanto, a dinamiche rovesciate rispetto a quanto ci si potrebbe aspettare.

3.2. *Le scelte pubbliche nel diritto del mercato dei capitali*

Applicato al mercato dei capitali l'approccio di *public choice* spiega in termini assai diversi scelte normative altrimenti giustificabili in termini di efficienza. Si considerino, per esempio, la riserva nell'esercizio dell'attività di intermediazione e i costi connessi alla disciplina di stabilità. Nella permanente validità delle considerazioni svolte in precedenza in una logica di rimedio alle imperfezioni del mercato (*supra*, n. 2.1.1.), non può, tuttavia, negarsi che simili misure giuridiche costituiscono una barriera all'ingresso capace di limitare la concorrenza e, come tali, sono più gradite agli *incumbents* di quanto lo siano a chi vorrebbe entrare nel settore (*newcomers*).

Ciò non significa, naturalmente, che il contenuto della disciplina sia determinato *tout court* dagli *incumbents*. La corrispondenza tra effetto economico delle norme e preferenze individuali può, tuttavia, consentire una più consapevole percezione del problema oggetto del processo di formazione e applicazione delle norme. Così, per esempio, il modello di banca universale, la cui adozione è abitualmente giustificata in ragione delle economie di scala e, per conseguenza, della maggiore efficienza che consente, risponde, nel contempo, all'interesse degli intermediari di più grandi dimensioni a beneficiare di *rendite di posizione*. Di qui la facile spiegazione delle rilevanti resistenze incontrate dalle proposte di ripristino della separazione tra attività bancaria e servizi di investimento, pur fortemente emerse, a livello mondiale, in ragione delle gravi criticità mostrate dal modello nella crisi finanziaria globale del 2008.

4. La prospettiva della giustizia

Un fenomeno economico incentrato sulla circolazione del denaro e caratterizzato da un meccanismo di mercato sembrerebbe intrinsecamente estraneo a istanze di giustizia. La centralità del modello del contratto e, per conseguenza, l'attribuzione alle parti della valutazione sulla congruità dello scambio contrattuale porterebbero, infatti, a escludere la possibilità di sindacare l'accordo raggiunto dai partecipanti al mercato alla stregua di un criterio normativo diverso da quello della volontà libera e consapevolmente formata. In questa logica, per altro verso, un eventuale intervento per un'equa distribuzione delle risorse tra i consociati dovrebbe essere affidato ad altri strumenti del potere pubblico e, in particolare, al prelievo fiscale e alle politiche di *welfare*; un'azione direttamente incentrata sulla disciplina dei rapporti tra privati, di contro, altererebbe il funzionamento del mercato, determinando distorsioni controproducenti per l'intera collettività. Né possono essere ignorati approcci ancora più crudi: smaliziati teorici di *public choice* aggiungerebbero che il riferimento alla giustizia è assai spesso strumento retorico per accreditare soluzioni normative funzionali, nella realtà, al perseguimento di interessi particolari.

4.1. *Giustizia commutativa e distributiva nel diritto del mercato dei capitali*

Istanze di giustizia affiorano, tuttavia, in modo ripetuto nel diritto positivo e nella sua applicazione giurisprudenziale, tanto nella prospettiva di un rapporto di proporzionalità nello scambio (c.d. *giustizia commutativa*), quanto in una logica di adeguata attribuzione delle risorse (c.d. *giustizia distributiva*). Così, per esempio, la disciplina europea in materia di sanzioni amministrative è costantemente ispirata al principio di proporzionalità; o, nel diritto giurisprudenziale italiano, i rimedi privatistici accordati dalle Corti per la violazione delle regole di comportamento da parte degli intermediari nella prestazione dei servizi di investimento tendono a parametrare la tutela delle unità in *surplus* al loro grado di vulnerabilità.

Altrettanto rilevanti sono gli esempi sul versante della giustizia distributiva. La disciplina dell'offerta pubblica di acquisto obbligatoria, diretta a far partecipare tutti gli azionisti al valore di una società quotata della quale sia ceduto il pacchetto di controllo (art. 106 TUF: *infra*, parte II, cap. III, n. 5.2.); la norma che, nei giudizi di risarcimento dei danni cagionati alle unità in *surplus* nello svolgimento dei servizi di investimento, pone in capo agli intermediari l'onere della prova di aver agito con la specifica diligenza richiesta (art. 23, co. 6, TUF: *infra*, parte

III, cap. II, n. 5); e, più in generale, la disciplina dei contratti tra intermediari e unità in *surplus* con ridotta esperienza (*infra*, parte III, cap. II, n. 2.4.): tutte dimostrano un intervento del diritto volto a riequilibrare situazioni di marcata disparità tra i soggetti coinvolti e nelle quali l'esercizio libero e consapevole della libertà contrattuale può non essere sufficiente per tutelare la parte debole ed economicamente più vulnerabile. Né mancano orientamenti di diritto applicato che lasciano trasparire un'opzione distributiva in favore delle unità in *surplus*, non sempre controllata alla stregua del diritto applicabile: alcune decisioni successive al *default* della Repubblica Argentina e di importanti società italiane (c.d. giurisprudenza sul "risparmio tradito": *infra*, parte III, cap. II, n. 5.2.1.), alcune sentenze nell'ambito del rilevante contenzioso in materia di strumenti derivati, nonché i più recenti orientamenti dell'Arbitro per le Controversie Finanziarie (*infra*, parte III, cap. II, n. 5.3.) in talune questioni relative alla risoluzione delle quattro banche dell'Italia centrale intervenuta nel 2015, costituiscono gli esempi di maggiore evidenza. Va, infine, ricordata la recente enfasi sulla necessità che il trasferimento delle risorse da unità in *surplus* a unità in *deficit* risponda a criteri di sostenibilità, con particolare riguardo alle implicazioni ambientali e sociali dell'investimento. Pur potendo essere interpretata, in una logica di *public choice*, anche come strumento per consentire agli amministratori una maggiore autonomia di azione gestoria nel rapporto di *agency* con i loro azionisti (*supra*, cap. I, n. 2.2.2.), la sottolineatura dei fattori ambientali, sociali e di *governance* (*environmental, social and governance* o, con un diffuso acronimo, "*ESG*") lascia intendere, infatti, la necessità di considerare le conseguenze distributive dell'investimento con riferimento a tutti i portatori di interesse (*stakeholder*) coinvolti. Urgenza questa tanto più rilevante in un momento storico nel quale la politica e, in particolare, le tradizionali dinamiche democratiche, non sembrano in grado di gestire in modo adeguato le crescenti disuguaglianze.

4.2. *Uno sguardo di sintesi*

Se appare, quindi, meritevole di considerazione in quanto tale, nel confronto con il tradizionale approccio economico e l'impostazione di *public choice* la prospettiva della giustizia appare, altresì, maggiormente capace di consentire soluzioni equilibrate alle problematiche che il diritto del mercato dei capitali è chiamato ad affrontare. Tanto un'attenzione unilaterale alle soluzioni efficienti, quanto *a fortiori* un'esclusiva sottolineatura degli interessi particolari, si pongono, infatti, in contraddizione con la coesione sociale e le adeguate forme di relazionalità di cui il mercato necessita per poter funzionare. Nelle acute espressioni di un economista, pur controverso, come Lawrence H. Summers (1954), « l'ironia del sistema di mercato sta nel fatto che, mentre il suo successo dipende dalla capacità di imbrigliare il potere dell'interesse egoistico, la sua sostenibilità dipende dalla disponibilità delle persone a porre in essere comportamenti che non sono egoistici ».

In punto di diritto positivo, tale impostazione trova conferma nelle opzioni fondamentali del diritto europeo, nel cui contesto, come si vedrà (*infra*, cap. III, n. 4), si colloca la gran parte della disciplina vigente. Accanto al tradizionale vincolo per gli Stati membri e per l'Unione europea di « agire nel rispetto dei principi di un'economia di mercato aperta e in regime di libera concorrenza, favorendo l'efficiente allocazione delle risorse » (art. 120 Trattato sul funzionamento dell'Unione europea: d'ora in poi, "TFUE"), le modifiche apportate dal Trattato di Lisbona hanno, infatti, introdotto l'ulteriore paradigma di uno « sviluppo sostenibile dell'Europa, basato su una crescita economica equilibrata » e « su un'economia sociale di mercato fortemente competitiva, che mira alla piena occupazione e al progresso sociale » (art. 3, par. 3, Trattato sull'Unione europea: d'ora in poi, "TUE").

Di qui l'indicazione per il giurista nel senso di una ricostruzione del sistema che coniughi il necessario rispetto dei vincoli di efficienza con le istanze di giustizia commutativa e distributiva che informano l'ordinamento positivo, nella realistica consapevolezza delle dinamiche politiche che presiedono al processo di formazione e applicazione delle norme. A tale indicazione di metodo farà riferimento, nelle pagine che seguono, la presentazione del diritto vigente.

Capitolo III

LE CARATTERISTICHE DEL DIRITTO DEL MERCATO DEI CAPITALI

1. Il diritto del mercato dei capitali

Il mercato dei capitali è oggetto di una disciplina giuridica assai articolata. Il rapporto tra unità in *surplus* e unità in *deficit* — che l'ordinamento vigente identifica, rispettivamente, come *investitori* ed *emittenti* — è, in quanto tale, regolato da norme di *diritto privato*: diritto delle obbligazioni, con riferimento ai profili contrattuali e di responsabilità; diritto societario con riguardo agli assetti organizzativi degli emittenti, le cui azioni siano oggetto di investimento e, per conseguenza, quotate in mercati regolamentati. Nel contempo, la possibilità che i rapporti tra privati generino esternalità negative a detrimento dell'intero sistema finanziario giustifica un complesso apparato di *regole pubblicistiche*, talora immediatamente riferite alle medesime fattispecie regolate dalle previsioni privatistiche. Così, norme di diritto amministrativo disciplinano l'autorizzazione all'esercizio di attività rilevanti per la stabilità e il buon funzionamento del sistema finanziario, la vigilanza pubblica su intermediari, emittenti e società preposte alla gestione delle strutture di *trading* e *post trading*, le sanzioni per la violazione delle norme primarie; mentre disposizioni penali presidiano i comportamenti di particolare gravità e rilevanza.

Il complesso di disposizioni così descritto presenta alcune caratteristiche comuni. Il diritto del mercato dei capitali si configura, anzitutto, con un marcato tratto di *specialità* rispetto al diritto comune — civile, societario e amministrativo — di riferimento. Al pari di altre branche del diritto dell'economia — e, in particolare, del diritto bancario e assicurativo —, si connota, altresì, per la presenza di autorità di vigilanza, alle quali è affidato un complesso di poteri sullo svolgimento delle attività proprie del mercato dei capitali, nonché la predisposizione per via regolamentare della analitica disciplina che dettaglia le norme primarie, secondo una scelta di *delegificazione* delle disposizioni di settore. Il vigente diritto del mercato dei capitali è, infine, un diritto di *derivazione europea.*

Per l'importanza che rivestono per comprendere e interpretare le norme positive, a ciascuna di tali caratteristiche occorre dedicare un breve approfondimento.

2. Un diritto speciale

Essendo destinate a regolare fattispecie di carattere generale, le norme di diritto comune possono risultare non adeguate alle peculiarità del mercato dei capitali. Si pensi, per esempio, al rapporto tra intermediario e investitore che precede la decisione di investimento da parte di quest'ultimo: se certamente la fattispecie può essere ricondotta alla disciplina delle trattative precedenti la conclusione del contratto *ex* art. 1337 c.c., assai chiara appare, nel contempo, la possibile sproporzione tra l'essenzialità della previsione codicistica e la complessità della situazione da regolare.

Un primo aspetto di tale sproporzione è collegato, più in particolare, alla possibile difficoltà di declinare la norma di diritto comune nelle specificità della fattispecie concreta. Utilizzando una categoria propria della scienza economica, ciò equivale a dire che il diritto comune è "incompleto": le relative norme non identificano *ex ante* in modo univoco la regola da valere nelle singole fattispecie concrete che potrebbero essere ricondotte alla sua fattispecie astratta. Per altro verso, l'assetto di interessi sottostante la previsione del diritto comune può non coincidere con quello della situazione da regolare. Si consideri, ancora una volta, l'esempio del rapporto precontrattuale tra investitore e intermediario: accanto all'interesse di ciascuna parte alla correttezza nella fase precontrattuale, presidiato dalla norma codicistica, nel mercato dei capitali sussiste l'ulteriore interesse a evitare le esternalità negative a detrimento dell'intero sistema che il comportamento scorretto di un intermediario può determinare. In tale ipotesi, una norma di diritto comune capace di presidiare gli specifici interessi coinvolti nel mercato dei capitali può mancare *tout court* o, pur esistendo, può prevedere soluzioni non adeguate al problema da risolvere, con la conseguenza di potersi configurare, in entrambi i casi, l'esistenza di una lacuna.

2.1. *La necessità di norme che rimedino alle insufficienze del diritto comune*

La disciplina speciale del mercato dei capitali è diretta a rispondere a entrambi i problemi. Sotto un primo profilo, le norme possono essere funzionali a colmare le lacune del diritto comune mediante la previsione di istituti *ad hoc*. Si è già visto (*supra*, cap. II, n. 2.1.1.), per esempio, come la disciplina sui requisiti prudenziali o la riserva di attività rispondano al problema generato dalle esternalità che tipicamente caratterizzano l'intermediazione finanziaria; in mancanza di norme specifiche, tale problema rimarrebbe insoluto.

Alla medesima logica rispondono le norme che disciplinano in modo più adeguato alle urgenze del mercato dei capitali fattispecie alle quali pur sarebbe applicabile il diritto comune. Si pensi, per esempio, alla norma che, come si vedrà (*infra*, parte II, cap. II, n. 3.1.1.), subordina l'offerta al pubblico di strumenti finanziari al previo controllo del bilancio dell'emittente da parte di una società di revisione. Al problema connesso alla falsità delle informazioni diffuse risponderebbero, di per sé, la disciplina civilistica della responsabilità civile e le previsioni penali in materia di truffa. La circostanza, tuttavia, che in tal caso l'intervento normativo approntì soltanto un rimedio *ex post* può rendere preferibile una strategia normativa *ex ante* diretta a interdire la condotta illecita: nella prospettiva di salvaguardare la fiducia degli investitori nel buon funzionamento del mercato dei capitali, un intervento preventivo risulta, infatti, assai più adeguato di un rimedio destinato a operare dopo che il fatto pregiudizievole sia già avvenuto.

2.2. Standard *e* rule *nella disciplina del mercato dei capitali*

In altri casi il diritto speciale del mercato dei capitali rimedia all'"incompletezza" del diritto comune.

A fronte delle numerose peculiarità che connotano il mercato dei capitali, il diritto comune applicabile tende a coincidere con le norme di portata più generale, che un diffuso approccio di teoria generale sinteticamente identifica come "*standard*": solo disposizioni di portata generale sono in grado di ricomprendere ipotesi concrete caratterizzate da un elevato grado di specificità. Così, nell'esempio del rapporto tra intermediario e investitore precedente la decisione di investimento, la possibilità di sussumere le numerose variabili del caso concreto nella previsione dell'art. 1337 c.c. dipende dall'ampiezza dalla fattispecie prevista dalla norma (= lo svolgimento delle trattative e la formazione del contratto) e dalla presenza di un precetto formulato in termini di clausola generale (= il dovere di comportarsi secondo buona fede). In un simile contesto, la determinazione della regola da valere nel caso concreto è, di necessità, rimessa al soggetto chiamato ad applicare la norma e, quindi, normalmente, al giudice e alla sua discrezionalità. Proprio tale momento di discrezionalità può, tuttavia, diventare problematico: precomprensioni, errori nella percezione del sostrato economico, argomentazioni basate sul "senno di poi" — se non addirittura abusi — sono possibilità che una realistica considerazione del fenomeno non consente di escludere, così rendendo manifesti i limiti strutturalmente propri di una disciplina per *standard.*

La necessità di limitare l'*incertezza* che discende dalla "incompletezza" degli *standard* del diritto comune, la possibilità di ridurre i *costi di applicazione* delle norme — tanto nella prospettiva "privata" della *compliance* con la disciplina vigente quanto sotto il profilo "amministrativo" della sua attuazione coattiva -, nonché l'influenza di una concezione liberale di matrice anglosassone, che tende a ritenere giuridicamente dovuto soltanto ciò che è specificamente disciplinato, contribuiscono, pertanto, a spiegare la diffusa scelta di regolare il mercato dei capitali con norme specifiche dirette a "completare" un diritto comune altrimenti "incompleto". Nella terminologia di teoria generale norme dettagliate nella descrizione della fattispecie e del conseguente effetto giuridico sono identificate come "*rule*". Così, per esempio, in luogo della generale previsione dell'art. 1337 c.c., al rapporto tra intermediario e investitore precedente la decisione di investimento l'ordinamento dedica un nutrito complesso di disposizioni (artt. 44-56 Regolamento delegato (UE) 2017/565; d'ora in poi, "Regolamento Delegato MiFID II"): in tal modo, per i destinatari della disciplina è più facile identificare la condotta dovuta; per il giudicante è più agevole applicare le previsioni vigenti; per il sistema nel suo complesso è meno costoso l'intervento, pur necessario, del diritto.

Una strategia fondata sulle *rule* presenta, nel contempo, alcuni limiti. Per loro stessa natura, le *rule* possono, infatti, precludere la considerazione di circostanze destinate, invece, a rilevare per un'ottimale definizione della fattispecie, che può apparire, pertanto, non adeguatamente calibrata: ora dimostrandosi eccessivamente "stretta", così da consentire condotte indesiderabili (*underinclusion*); ora, per converso, risultando troppo "larga", così da ostacolare comportamenti desiderabili (*overinclusion*), con effetti tanto più rilevanti quanto più sia elevato il costo o, rispettivamente, il valore sociale che tali condotte sono in grado di generare. In generale, si consideri, per esempio, la previsione che impone il limite di velocità in autostrada pari a 130km/h. Benché presenti i vantaggi della certezza e della facile applicazione rispetto a uno *standard* che imponga semplicemente di "guidare con prudenza", una simile previsione è, in quanto tale, potenzialmente troppo "stretta" e troppo "larga": troppo "stretta", quando consente di guidare a 130km/h in una giornata di traffico caratterizzata da un violento temporale; troppo "larga", quando vieta di superare il limite a un pilota professionista in una bella giornata di sole e senza traffico. Nell'esperienza applicata del mercato dei capitali i possibili limiti di una strategia fondata su *rule* sono apparsi in modo drammatico negli scandali finanziari di inizio secolo. La colossale frode che ha condotto al fallimento di Enron alla fine del 2001 è stata realizzata abusando delle lacune delle regole contabili statunitensi, appunto costruite come un insieme di *rule*: a un formale rispetto delle norme, se ne è accompagnata una sostanziale elusione approfittando del difetto di inclusività strutturalmente connesso a una scelta normativa in favore delle *rule*.

Comprensibile risulta, pertanto, perché il diritto speciale del mercato dei capitali tenda ad adottare una disciplina che nel regolare la medesima materia combini *standard* e *rule*, nel tentativo di minimizzare incertezze e costi di applicazione della disciplina e, nel contempo, di limitare possibili problemi di eccesso o difetto di inclusività. Si consideri, ancora una volta, il rapporto tra intermediario e investitore precedente la decisione di investimento: alla disciplina regolamentare ricordata in precedenza, l'ordinamento italiano accompagna un primo *standard* di carattere estremamente generale, per il quale gli intermediari devono « comportarsi con diligenza, correttezza e trasparenza, per servire al meglio l'interesse dei clienti » (art. 21, co. 1, lett. *a*, TUF) e un'ulteriore previsione — più circoscritta, ma parimenti riconducibile alla nozione di *standard* — secondo cui gli intermediari devono, altresì, « acquisire le informazioni necessarie dai clienti e operare in modo che essi siano sempre adeguatamente informati » (art. 21, co. 1, lett. *b*, TUF).

2.3. *Alcuni profili problematici*

La scelta di regolare una determinata fattispecie con la contemporanea presenza di *standard* e *rule* pone, naturalmente, un problema teorico di antinomia, tanto più rilevante quando si considerino le implicazioni delle due tecniche normative nella prospettiva della giustizia: mentre, infatti, le *rule* tendono a conservare lo *status quo*, gli *standard* possono favorire, nel momento della loro applicazione, scelte di tipo distributivo a beneficio di una delle parti del rapporto rilevante. L'esperienza giurisprudenziale è ricca di illustrazioni in tal senso. A seguito, per esempio, del *default* della Repubblica Argentina nel 2001 e in considerazione delle rilevanti conseguenze per migliaia di piccoli investitori, in più occasioni le Corti hanno valorizzato gli *standard* di « diligenza, correttezza e trasparenza » (art. 21, co. 1, lett. *a*, TUF) per fondare obblighi di comportamento ulteriori rispetto a quelli previsti dalle *rule* — pur rispettate dagli intermediari — e così pervenire a una decisione di condanna al risarcimento del danno patito dai piccoli investitori.

Un'adeguata soluzione del problema sollevato dalla scelta del legislatore di regolare la medesima fattispecie con la contemporanea previsione di *standard* e *rule* non sembra poter prescindere, tuttavia, dalle indicazioni che proprio da tale scelta immediatamente discendono. Se il legislatore ha previsto entrambe le tipologie di norme, infatti, non sono praticabili approcci unilaterali che neghino l'una in nome dell'altra; di contro, sono da ricercare soluzioni in grado di contemperare, nei limiti del possibile, i vantaggi di entrambe. Si consideri, per esempio, la tematica dell'informazione all'investitore successiva alla singola operazione di investimento, contemporaneamente coperta, come si vedrà (*infra*, parte III, cap. II, n. 2.3.), dalle previsioni che limitano l'obbligo di informazione dell'intermediario ad alcuni casi specifici (art. 62 Regolamento Delegato MiFID II) e dal già ricordato *standard* che impone agli intermediari di operare in modo che i clienti « siano sempre adeguatamente informati » (art. 21, co. 1, lett. *b*, TUF), nonché, a livello di diritto comune, la clausola generale di buona fede nell'esecuzione del contratto (art. 1375 c.c.). Nell'impostazione prospettata, la contemporanea presenza di *standard* e *rule* impedisce tanto la libera creazione di nuovi obblighi di informazione quanto la delimitazione dell'obbligo di informazione ai soli casi previsti dalla *rule*: in entrambe le ipotesi si finirebbe per negare l'una norma in nome dell'altra. Preferibile pare, piuttosto, un approccio che — nel necessario rispetto delle scelte fondamentali operate dall'ordinamento — valorizzi lo *standard* come criterio interpretativo della *rule*, sia nel senso di una lettura della *rule* orientata dallo scopo sotteso allo *standard* che nella prospettiva di consentire un'applicazione per analogia della *rule* propriamente giustificata dalla contemporanea previsione dello *standard*.

3. Il ruolo delle autorità di vigilanza

Oltre a giustificare la specialità della disciplina, le specifiche caratteristiche del mercato dei capitali consentono di spiegare l'importante ruolo attribuito dall'ordinamento giuridico alle autorità di vigilanza e il conferimento a queste ultime del potere di dettagliare in modo analitico le norme primarie di carattere generale contenute nella legge.

A fronte dell'"incompletezza" del diritto comune, il processo ordinario di formazione della legge e il tradizionale sistema delle tutele giurisdizionali non sempre consentono una risposta adeguata alla realtà del mercato dei capitali e alle relative problematiche giuridiche. La lunghezza del procedimento parlamentare e la mancanza di competenze specialistiche mal si conciliano con un contesto economico caratterizzato da una rapida evoluzione e da un'elevata complessità tecnica dei rapporti che si svolgono al suo interno. Del pari, un intervento giurisdizionale *ex post*, in gran parte subordinato all'iniziativa di una parte privata, risulta poco proporzionato alle problematiche di interesse generale sollevate dai *market failure* che connotano il mercato dei capitali.

Per tali ragioni, è da tempo diffuso, negli ordinamenti delle economie avanzate, un modello di intervento del diritto che attribuisce ampi poteri di tipo legislativo e poteri amministrativi di tipo "proattivo" ad *autorità di vigilanza*: autorità amministrative "specializzate", abitualmente connotate, come ulteriore caratteristica, dal requisito dell'indipendenza rispetto al potere politico.

3.1. *Le autorità di vigilanza*

La necessità di consentire un'adeguata risposta alle specifiche problematiche del mercato dei capitali comporta una configurazione delle autorità di vigilanza assai anomala rispetto alla tradizionale separazione dei poteri che caratterizza i moderni Stati di diritto. Pur appartenendo all'amministrazione dello Stato, le autorità di vigilanza presentano un rilevante grado di indipendenza rispetto al Governo, sono frequentemente destinatarie di una delega del potere legislativo da parte del Parlamento (c.d. *poteri regolamentari*: art. 6 TUF) e dispongono di un ampio spettro di *poteri "proattivi"* sullo svolgimento delle attività proprie del mercato dei capitali al fine di prevenire possibili esternalità negative a detrimento del mercato nel suo complesso (per esempio, il potere di autorizzazione alla prestazione dei servizi di investimento e dell'attività di gestione collettiva del risparmio: artt. 19 e 34 TUF; il potere di richiesta e ispezione nei confronti di intermediari ed emittenti: rispettivamente, artt. 6-*bis*, 6-*ter* e 115 TUF; il potere di sospendere gli organi amministrativi di SIM, SGR e Sicav: art. 7-*sexies* TUF; il potere di sospendere offerte pubbliche relative a strumenti finanziari: artt. 99 e 102, co. 6, TUF). Né mancano competenze "para-giurisdizionali", spettando alle autorità l'irrogazione delle sanzioni conseguenti alla violazione di norme primarie e regolamentari (art. 195 TUF).

Tale complesso di poteri comporta, altresì, un particolare posizionamento delle autorità di vigilanza rispetto agli operatori del mercato. Un soggetto istituzionalmente preposto a dettare, applicare e far rispettare la disciplina è, per sua natura, destinato a diventare un interlocutore stabile dei soggetti vigilati, con la conseguente possibilità che l'attività di vigilanza avvenga anche per il tramite di contatti informali (c.d. *moral suasion*) o di orientamenti interpretativi, così da incrementare tempestività e agilità della disciplina. Altrettanto importante è il ruolo che le autorità di vigilanza possono svolgere con riguardo all'innovazione tecnologica e al *FinTech*, in particolare mediante l'istituzione di "ambienti protetti" sotto il controllo della competente autorità, nei quali è consentito sperimentare modelli di *business* innovativi senza i vincoli normativi altrimenti applicabili (cc.dd. *regulatory sandbox*). Consentendo alle *start up* di limitare i costi di *compliance*, viene in tal modo uniformato il "terreno di gioco" rispetto agli *incumbent*, senza pregiudicare la necessaria tutela degli investitori.

3.2. Quis custodiet ipsos custodes?

La peculiare configurazione dei poteri attribuiti alle autorità di vigilanza pone, naturalmente, il problema di garantire che il relativo esercizio avvenga in modo equilibrato e corretto. Accanto all'anomalia di istituzioni contemporaneamente titolari di poteri legislativi, esecutivi e giurisdizionali, la garanzia di indipendenza e l'ambito specialistico del loro intervento comportano, infatti, ampi margini di autonomia. Di qui la possibilità di scelte che, pur primariamente di natura tecnica, hanno un'inevitabile discrezionalità e, quindi, un carattere politico, senza il bilanciamento derivante della responsabilità verso il corpo elettorale (c.d. responsabilità politica) che tipicamente si accompagna all'esercizio del potere politico. Comprensibile, pertanto, l'eventualità — prospettata dalla teoria delle scelte pubbliche — di una "cattura del regolatore".

Con riferimento all'esercizio dei poteri "proattivi" di vigilanza, il presidio contro il rischio di atti arbitrari è assicurato da molteplici disposizioni: da un lato, i principi generali sul procedimento amministrativo (così come precisati dall'art. 24 l. 28 dicembre 2005, n. 262: d'ora in poi, "l. 262/05") e sull'impugnazione degli atti illegittimi; per altro verso, le specifiche previsioni di legge che: identificano le finalità della vigilanza con riferimento all'attività di intermediari ed emittenti (rispettivamente, artt. 5 e 91 TUF); impongono lo svolgimento della relativa attività « in armonia con le disposizioni dell'Unione europea » (art. 2, co. 1, TUF); consentono il ricorso all'autorità giudiziaria ordinaria contro i provvedimenti sanzionatori (artt. 187-*septies*, co. 4, e 195, co. 4, TUF).

Più delicato risulta il tema del controllo sui provvedimenti normativi di portata generale. Benché, infatti, la legge vincoli l'esercizio del potere dell'autorità di vigilanza a criteri procedurali (= motivazione con riferimento alle scelte di regolazione e di vigilanza; illustrazione delle conseguenze sull'attività dei soggetti interessati; consultazione preventiva con questi ultimi; revisione periodica, a cadenza almeno triennale:

art. 23, co. 1, 2 e 3, l. 262/05) e sostanziali (= rispetto del « principio di proporzionalità, inteso come criterio di esercizio del potere adeguato al raggiungimento del fine, con il minore sacrificio degli interessi dei destinatari »: art. 23, co. 2, l. 262/05), il controllo *ex post* sull'esercizio della delega ricevuta dal legislatore è assai problematico. Nell'assenza di responsabilità politica, l'unica strada percorribile risulta, infatti, l'impugnazione avanti al giudice amministrativo, che, tuttavia, può mancare delle competenze adeguate rispetto alla specifica materia tecnica o, in altri casi, risultare esposto al rischio di precomprensioni. In questa prospettiva, nell'esperienza recente la procedura di consultazione preventiva con i destinatari della disciplina e con il pubblico è emersa, pertanto, come la forma di garanzia più adeguata, pur connotandosi — per la sua stessa natura — come la sede di elezione per l'attività dei gruppi di interesse.

3.3. *La ripartizione delle competenze di vigilanza*

Con la rilevante eccezione dell'attribuzione al Ministro dell'economia e delle finanze e, più limitatamente, al Ministro della giustizia, dei provvedimenti che comportano scelte discrezionali di carattere più marcatamente politico (per esempio, la determinazione dei requisiti di professionalità, onorabilità e indipendenza degli esponenti aziendali degli intermediari: art. 13, co. 3, TUF) e che, pertanto, rendono opportuno l'intervento di un organo amministrativo politicamente responsabile, nell'ordinamento italiano le competenze di vigilanza sono ripartite tra due distinte autorità.

Secondo la generale previsione dell'art. 5, co. 2 e 3, TUF, « la Banca d'Italia è competente per quanto riguarda il contenimento del rischio, la stabilità patrimoniale e la sana e prudente gestione degli intermediari », mentre la Commissione Nazionale per le Società e la Borsa (d'ora in poi, "Consob") « è competente per quanto riguarda la trasparenza e la correttezza dei comportamenti ». Disposizioni particolari distribuiscono le competenze in ambiti più specifici (per esempio, assegnando alla Consob la vigilanza sulle agenzie di *rating* e sulle sedi di negoziazione: rispettivamente, artt. 4-*bis*, co. 1, e 73, co. 1, TUF; e alla Banca d'Italia la vigilanza sulle sedi di negoziazione all'ingrosso di titoli di Stato: art. 62-*ter*, co. 1, TUF).

La distinzione nella titolarità delle competenze di vigilanza prudenziale e di correttezza dei comportamenti (c.d. *twin peaks model*), a prescindere dalle caratteristiche del soggetto che esercita l'attività vigilata (c.d. *approccio funzionale* o *vigilanza per finalità*), presenta, nel contempo, vantaggi e inconvenienti. Per un verso, il modello *twin peaks* evita eccessive concentrazioni del potere — così da rendere più complessa la "cattura del regolatore" e assicurare maggiore indipendenza — e può favorire un'adeguata valorizzazione delle singole finalità di vigilanza che, non essendo sempre compatibili tra di loro, potrebbero essere, almeno in parte, vanificate dalla presenza di un'unica autorità. Del tutto chiari, per converso, i possibili conflitti di competenze e, per conseguenza, il rischio di duplicazioni nei costi di *compliance*, a cui il modello espone i destinatari della disciplina. Di qui l'espressa previsione di un generale dovere di collaborazione tra le autorità e del collegato divieto di opporsi reciprocamente il segreto d'ufficio (art. 4, co. 1, TUF), nonché l'imposizione alla Banca d'Italia e alla Consob di operare « in modo coordinato anche al fine di ridurre al minimo gli oneri gravanti sui soggetti abilitati » (art. 5, co. 5, TUF).

4. La dimensione europea

In ragione della sua struttura "a distanza di braccio", il mercato dei capitali presenta una naturale dimensione internazionale, che giustifica, in termini generali, un intervento del diritto eccedente i limiti dell'ordinamento dei singoli Stati. Nel contesto europeo, un'ulteriore ragione consente, tuttavia, di spiegare la diffusa presenza della disciplina che deriva dall'Unione europea. Pur mancando nel Trattato istitutivo della Comunità economica una specifica previsione in materia, sin dalla fine degli anni '60 del secolo scorso le istituzioni dell'odierna Unione europea hanno sempre considerato la creazione di un mercato dei capitali europeo come aspetto di particolare rilievo nel processo per l'instaurazione del « mercato interno » (art. 3, par. 3, TUE) e, quindi, di « uno spazio senza frontiere interne, nel quale è assicurata la libera circolazione delle merci, delle persone, dei servizi e dei capitali » (art. 26, par. 2, TFUE).

4.1. *Il fondamento e l'ambito di intervento*

In conformità al principio di attribuzione, per il quale, nell'odierna formulazione, « l'Unione agisce esclusivamente nei limiti delle competenze che le sono attribuite dagli Stati membri nei trattati per realizzare gli obiettivi da questi stabiliti » (art. 5, par. 2, TUE), i singoli interventi trovano il loro fondamento giustificativo in specifiche disposizioni del TFUE. Le norme richiamate sono molteplici: la generale previsione che consente l'adozione di « misure relative al ravvicinamento delle disposizioni legislative, regolamentari ed amministrative degli Stati membri che hanno per oggetto l'instaurazione ed il funzionamento del mercato interno » (nell'attuale formulazione, art. 114, par. 1, TFUE); la disposizione, in tema di libertà di stabilimento, per la quale le istituzioni dell'Unione europea possono coordinare le garanzie previste dalle legislazioni nazionali in materia societaria a tutela di soci e terzi (nell'attuale formulazione, art. 50, par. 2, lett. *g*, TFUE), così da evitare che la legittima protezione dei relativi interessi possa determinare una barriera normativa all'ingresso e, pertanto, comportare costi di transazione capaci di ostacolare il mercato unico; la norma diretta a consentire il coordinamento delle legislazioni per un più agevole accesso alle attività di lavoro autonomo e al relativo esercizio (nell'attuale formulazione, art. 53, par. 1, TFUE).

Prevalentemente realizzato mediante direttive, ma con un crescente ricorso, in tempi recenti, al più penetrante strumento del regolamento, nel torno di poche decadi l'intervento del diritto europeo è giunto a coprire la disciplina di intermediari e agenzie di *rating*, i servizi di investimento e la gestione collettiva del risparmio, le strutture di *trading* e *post trading*, la tutela contro gli abusi di mercato, nonché numerosi aspetti dell'attività delle società che ricorrono al mercato dei capitali. Come risposta alle problematiche emerse con la crisi finanziaria globale del 2008, in tempi recenti l'intervento si è esteso dall'armonizzazione della disciplina alla c.d. architettura di vigilanza, con l'istituzione della *European Securities and Market Authority* (d'ora in poi, "ESMA") con il Regolamento (UE) n. 1095/2010 (d'ora in poi, "Regolamento ESMA") nel più generale contesto della creazione di un *European System of Financial Supervision*, comprensivo, accanto all'ESMA, di un'autorità europea in ambito bancario (*European Banking Authority*: d'ora in poi, "EBA") e di un'autorità europea nel settore assicurativo e dei fondi pensioni (*European Insurance and Occupational Pensions Authority*, d'ora in poi, "EIOPA").

4.2. *L'evoluzione della disciplina*

Accompagnata, nei suoi momenti di svolta, da *reports* di impostazione teorica predisposti da autorevoli esperti (il rapporto Segré, nel 1966; il rapporto Lamfalussy, nel 2001; il rapporto de Larosière, nel 2009), la disciplina europea del mercato dei capitali presenta uno sviluppo caratterizzato da numerose discontinuità.

Le prime fasi dell'intervento — dedicato all'ammissione a quotazione su mercati regolamentati e al regime di trasparenza degli emittenti quotati (Direttiva 79/279/CEE; Direttiva 80/30/CEE; Direttiva 82/121/CEE) — si connotano per il tentativo di introdurre una disciplina armonizzata assai puntuale e per la modestia dei relativi risultati: nell'impossibilità di raggiungere un accordo su ogni dettaglio, l'esito paradossale di un simile approccio fu l'attribuzione agli Stati membri del potere di introdurre deroghe alle norme comuni e, quindi, l'impossibilità pratica di un'armonizzazione reale.

In concomitanza con il riconoscimento del ruolo decisivo svolto dalla liberalizzazione dei servizi finanziari per la creazione del mercato interno contenuto nel Libro Bianco *Completing the Internal Market* (1985), il processo per l'introduzione di una disciplina europea registrò un cambio di passo. Sulla scorta del principio affermato nel 1979 dalla Corte di Giustizia delle Comunità europee nel caso *Cassis de Dijon*, venne, infatti, adottata una tecnica di integrazione imperniata sul *mutuo riconoscimento* tra le legislazioni degli Stati membri e sull'armonizzazione minima dei requisiti a tutela dell'interesse pubblico (nell'attuale formulazione, art. 52, par. 1, TFUE). La disciplina dei servizi di investimento e degli Oicr (rispettivamente: Direttiva 93/22/CEE, d'ora in poi, "ISD", e Direttiva 85/611/CEE) sono gli esempi più importanti di un approccio rivolto a eliminare le barriere derivanti dalle singole normative nazionali e, per conseguenza, a favorire rilevanti dinamiche concorrenziali.

L'introduzione dell'euro nel 1999, l'avvento della comunicazione via *internet* e, quindi, l'incremento dell'attività transfrontaliera fecero, tuttavia, emergere i limiti anche di questa impostazione: lentezza nel processo di accordo politico e conseguente obsolescenza delle norme adottate rispetto alle evoluzioni del contesto economico; difetto o insufficienza di armonizzazione in alcuni ambiti del fenomeno regolato, con la conseguente possibilità — secondo le dinamiche proprie della "cattura del regolatore" — di un utilizzo delle lacune per introdurre una disciplina diretta a favorire gli operatori domestici (c.d. *protezionismo regolamentare*); mancata chiarezza nella definizione degli scopi dell'intervento normativo. Di qui un ambizioso e assai corposo programma di riforme, introdotto nel 1999 sotto il nome di *Financial Service Action Plan* (d'ora in poi, "FSAP") con un duplice obiettivo: conseguire una maggiore concorrenza mediante una più effettiva armonizzazione delle discipline nazionali; e, nel contempo, dotare il mercato europeo di un impianto normativo più adeguato al nuovo contesto economico. In questa prospettiva, il FSAP supera l'approccio orientato all'armonizzazione, favorendo, piuttosto, un modello di regolamentazione "centralizzata", assai problematico nella sua compatibilità con il principio di sussidiarietà (art. 5, par. 3, TUE), ma, nondimeno, insistentemente sostenuto dalla Commissione. Delle 42 misure previste dal FSAP, le direttive quadro in materia di abusi di mercato (Direttiva 2003/6/CE: d'ora in poi, "MAD"), prospetto informativo per l'offerta al pubblico di strumenti finanziari e l'ammissione a quotazione (Direttiva 2003/71/CE), servizi di investimento e mercati regolamentati (Direttiva 2004/39/CE: d'ora in poi, "MiFID"), nonché requisiti di trasparenza per gli emittenti quotati (Direttiva 2004/109/CE: d'ora in poi, "Direttiva *Transparency*"), sono gli esempi di maggiore importanza.

4.3. *Il diritto europeo del mercato dei capitali dopo la crisi*

Dopo una breve stagione connotata da un approccio di consolidamento dei risultati raggiunti con il FSAP in una logica di semplificazione normativa, riduzione dei costi di *compliance* e analisi di impatto economico (c.d. *better regulation*), la crisi finanziaria globale del 2008 segna un ulteriore momento di discontinuità nell'evoluzione della disciplina europea del mercato dei capitali. A fronte delle insufficienze riscontrate nell'attività di vigilanza e sulla scorta delle proposte formulate nel rapporto de Larosière (2009), prende, infatti, avvio un processo di centralizzazione europea della vigilanza su intermediari e mercati, del quale la costituzione dell'ESMA costituisce, pur nell'evidente carattere di compromesso delle sue competenze, un primo passo.

Importanti provvedimenti normativi vengono, inoltre, a disciplinare alcune fattispecie identificate tra le cause delle crisi finanziaria globale del 2008 e della successiva crisi del debito sovrano: la valutazione del merito di credito da parte delle agenzie di *rating* (Regolamento (CE) n. 1060/2009: d'ora in poi, "Regolamento CRA"), le vendite allo scoperto e i *credit default swaps* speculativi sugli Stati sovrani (Regolamento (UE) n. 236/2012) e, soprattutto, gli strumenti derivati *over the counter*, destinatari dell'articolata disciplina contenuta nell'EMIR e diretta a ricondurre la loro esecuzione in strutture multilaterali di *post trading* al fine di una migliore gestione del relativo rischio di credito e di una maggiore trasparenza. A ciò si accompagna un processo di revisione, al momento ancora in corso, delle principali direttive quadro emanate in attuazione del FSAP (al momento risultano emanate la Direttiva 2013/50/UE, che modifica la Direttiva *Transparency*; la Direttiva 2014/57/UE: d'ora in poi, "MAD II"; il collegato Regolamento (UE) n. 596/2014: d'ora in poi, "MAR"; la MiFID II; il collegato Regolamento (UE) n. 600/2014: d'ora in poi, "MiFIR"; il Regolamento Prospetti).

A fronte delle difficoltà dimostrate dal tradizionale canale bancario a finanziare le imprese europee e, nel contempo, per la necessità di offrire alle famiglie opportunità di investimento capaci di fronteggiare le urgenze previdenziali conseguenti al progressivo arretramento dei sistemi pubblici di *welfare*, nel settembre 2015 la Commissione ha adottato un piano di riforme strutturali del sistema finanziario europeo, denominato *Capital Markets Union* (d'ora in poi, "CMU"). Articolata in un rilevante numero di interventi, la CMU è diretta a conseguire un duplice obiettivo: collegare il risparmio privato con le necessità di finanziamento delle imprese e dei progetti infrastrutturali, e, per altro verso, realizzare una maggiore integrazione dei mercati finanziari europei, così da ridurre il costo del capitale e, in tal modo, incrementare la competitività dello spazio economico europeo. *Focus* particolare delle misure predisposte dalla Commissione: il finanziamento alle piccole e medie imprese, il *Fintech*, gli investimenti infrastrutturali e sostenibili, la protezione degli investitori al dettaglio. In un contesto politico ed economico caratterizzato dall'uscita del Regno Unito dall'Unione europea (c.d. *Brexit*) e da una più intensa attenzione delle istituzioni europee al settore bancario e assicurativo, l'effettiva realizzazione degli obiettivi della CMU rimane, tuttavia, ancora da verificare.

4.4. *La procedura Lamfalussy e il ruolo dell'ESMA*

In conformità alle indicazioni contenute nel rapporto Lamfalussy (2001) e fatte proprie dal Consiglio europeo di Stoccolma del 23 marzo 2001, a partire dal 2002 il procedimento di formazione del diritto europeo del mercato dei capitali risulta strutturato secondo un modello — originariamente denominato "procedura Lamfalussy" — finalizzato a combinare l'urgenza di un processo decisionale più rapido di quello ordinario con l'elevato carattere tecnico della materia e la consueta necessità di rispettare gli interessi di tutti i soggetti coinvolti: Unione europea, Stati membri, cittadini europei. In questa prospettiva, il modello realizza un'articolata allocazione del potere decisionale tra le diverse istituzioni dell'Unione europea, in costante dialettica, nel contempo, con soggetti tecnici, che, a loro volta, interloquiscono con gli *stakeholders* di riferimento, soprattutto intermediari e associazioni di consumatori.

Nella versione che risulta dall'entrata in vigore del Trattato di Lisbona e dalla costituzione dell'ESMA, la procedura Lamfalussy si struttura su quattro livelli. Abitualmente indicato con la locuzione "Livello 1", il primo momento è rappresentato dall'emanazione — di regola secondo l'ordinaria procedura di co-decisione (artt. 294 ss. TFUE) e, quindi, con il pieno coinvolgimento di Commissione, Consiglio e Parlamento — di un provvedimento quadro, nella forma della direttiva o del regolamento, come tale contenente i principi fondanti della disciplina. In questo modo, viene assicurato, a livello di vertice, l'accordo politico tra i soggetti istituzionali chiamati a rappresentare i diversi interessi.

Le previsioni dei provvedimenti quadro sono precisate da interventi normativi di "Livello 2", che la Commissione adotta nelle forme di « atti non legislativi di portata generale » sulla base di una specifica delega (art. 290 TFUE) ovvero di « condizioni uniformi di esecuzione » (art. 291 TFUE). I provvedimenti di "Livello 2" hanno carattere tecnico, non implicano decisioni strategiche o scelte politiche e il loro contenuto e` limitato dagli atti legislativi sui quali sono fondate. Nel predisporre le relative disposizioni, la Commissione si avvale della collaborazione dell'ESMA, che elabora a tal fine progetti di « norme tecniche di regolamentazione » (*regulatory technical standard*: art. 10 Regolamento ESMA; d'ora in poi, "RTS") e « norme tecniche di attuazione » (*implementing technical standard*: art. 15 Regolamento ESMA; d'ora in poi, "ITS"), destinati a essere recepiti in un regolamento o in una decisione della Commissione. Il Consiglio e il Parlamento sono tenuti costantemente informati, possono intervenire qualora le misure adottate dalla Commissione eccedano i poteri delegati e, nel caso di atti non legislativi di portata generale, sono titolari sia del diritto di veto (art. 13 Regolamento ESMA) che, più radicalmente, del potere di revocare la delega attribuita alla Commissione (art. 12 Regolamento ESMA).

Gli ultimi due momenti riguardano la fase di attuazione delle discipline emanate nelle fasi precedenti. Il "Livello 3" attiene alla predisposizione, da parte dell'ESMA, di orientamenti e raccomandazioni non vincolanti, volte a favorire un'interpretazione uniforme delle disposizioni di legge (art. 16 Regolamento ESMA). Il "Livello 4" affida all'ESMA e, per ragioni istituzionali, alla Commissione, il monitoraggio sul livello di attuazione nei singoli Stati della disciplina così emanata, con specifica possibilità di intervenire per far rispettare il diritto dell'Unione europea in presenza di eventuali violazioni (art. 17 Regolamento ESMA).

La procedura Lamfalussy e, in misura maggiore, il Regolamento ESMA segnano un significativo passaggio verso la centralizzazione a livello europeo del procedimento di formazione della legge (c.d. *single rulebook*) e dell'attività di vigilanza. Pur nel formale rispetto dei limiti segnati dalla giurisprudenza della Corte di Giustizia dell'Unione europea (d'ora in poi, "Corte di Giustizia"), che escludono la possibilità di delegare l'esercizio di competenze dell'Unione europea a soggetti non previsti dal TUE e dal TFUE (c.d. dottrina *Meroni*), le previsioni del Regolamento ESMA attribuiscono, infatti, all'ESMA un rilevante potere *de facto*, con riguardo sia al processo di formazione della legge che alla vigilanza. Secondo un approccio analogo a quello adottato con EBA e EIOPA, più in particolare: le proposte di RTS e ITS presentate dall'ESMA alla Commissione possono essere respinte o modificate da quest'ultima solo nel rispetto di procedure ben definite (artt. 10 e 15 Regolamento ESMA); le autorità di vigilanza nazionali sono tenute a compiere « ogni sforzo per conformarsi » ai provvedimenti di Livello 3 emanati dall'ESMA, potendosene distaccare solo in base a una decisione motivata, comunicata all'ESMA e soggetta a pubblicità (art. 16 Regolamento ESMA); l'ESMA può esercitare poteri di coordinamento delle attività delle autorità di vigilanza nazionali e, in casi di particolare gravità, può intervenire direttamente (art. 18 Regolamento ESMA).

Favorita dal momento politico-istituzionale successivo alla crisi finanziaria globale del 2008 e alla successiva crisi del debito sovrano del 2011, tale centralizzazione dell'attività regolamentare e di vigilanza risulta preordinata ad assicurare una maggiore stabilità al sistema, così da contenere il rischio di un aumento della spesa pubblica (c.d. *rischio fiscale*) conseguente alla necessità di rimediare a situazioni di crisi maturate in un determinato Stato membro per insufficiente controllo sugli intermediari. Al pari delle analoghe scelte operate con riferimento al mercato bancario e al mercato assicurativo, una simile impostazione presenta, tuttavia, non pochi inconvenienti: il rischio di errori nell'attività regolamentare capaci di assumere valenza sistemica; un problematico rapporto con i principi di sussidiarietà, proporzionalità e attribuzione; i costi-opportunità connessi all'impossibilità di una disciplina locale a carattere sperimentale o di soluzioni di mercato innovative. Di immediata percezione è, infine, l'ipertrofia della disciplina, che — unitamente a una tecnica normativa di qualità discutibile e alla mancanza di adeguate categorie sistematiche — rende il vigente diritto del mercato dei capitali difficilmente accessibile e assai complesso nella relativa *compliance*. La risposta al problema da parte dell'innovazione tecnologica è l'utilizzo di strumenti informatici per una *compliance* efficiente (c.d. *RegTech*), quando non addirittura la predisposizione di un *software* regolamentare, leggibile dalle macchine e destinato a essere inserito nei sistemi di *compliance* nelle medesime forme con le quali si aggiornano gli ordinari *software*. La possibile alternativa a un tale approccio è un intervento di *semplificazione*: nelle forme di una disciplina per *standard* connotata da ampi margini di discrezionalità per l'autorità di vigilanza (c.d. *adaptive regulation*), a sua volta soggetta da adeguate forme di controllo; ovvero riconducendo la disciplina vigente a un numero limitato di categorie dogmatiche capaci di ordinare le singole disposizioni di dettaglio.

PARTE II
LA DISCIPLINA DEGLI EMITTENTI

Capitolo I

RICORSO AL MERCATO DEI CAPITALI E STRATEGIE NORMATIVE

1. Asimmetrie informative, *agency problem* e modelli giuridici

Il ricorso di un emittente al mercato dei capitali dipende, in modo cruciale, dal superamento delle asimmetrie informative che strutturalmente sussistono tra unità in *deficit* e unità in *surplus*. Come già discusso in termini generali (*supra*, parte I, cap. I. n. 2.2.), rischi di azzardo morale, fenomeni di selezione avversa e *agency problem* possono, infatti, distorcere, se non addirittura impedire, l'incontro tra domanda e offerta di capitale.

A fronte del fallimento del mercato determinato dalla presenza di asimmetrie informative, l'intervento del diritto contribuisce a rimediare al problema, secondo una strategia normativa che si orienta in una duplice direzione. Per un verso, il diritto può imporre agli emittenti un obbligo di informazione, così da colmare o, quantomeno, ridurre l'asimmetria informativa patita dagli investitori e, in tal modo, consentire a questi ultimi scelte di investimento informate. Tale strategia normativa viene sinteticamente identificata con l'espressione disciplina di *trasparenza* (o *disclosure*) e per molto tempo è stata considerata la chiave di volta per la disciplina giuridica del mercato dei capitali. Nelle parole del famoso aforisma di Louis Brandeis (1856-1941), giudice della Corte Suprema degli Stati Uniti, « la luce del sole è il miglior disinfettante; la luce elettrica è il poliziotto più efficiente ».

Sotto un diverso profilo, l'intervento del diritto può contribuire a mitigare gli *agency problem* che affliggono l'investimento nell'emittente, così da ridurne i relativi costi. A tal fine, norme giuridiche possono regolare direttamente il rapporto tra *principal* e *agent* (per esempio, imponendo all'*agent* un determinato obbligo di comportamento) oppure realizzare una particolare allocazione del potere, attribuendo al *principal* specifiche prerogative (per esempio, il diritto di revocare l'*agent*) o incentivando una determinata condotta da parte dell'*agent* (per esempio, mediante la correlazione della sua remunerazione all'utilità generata per il *principal*). Poiché la gran parte degli emittenti sono imprese organizzate in forma societaria, la disciplina degli *agency problem* nel contesto del mercato dei capitali è tradizionalmente identificata con l'espressione *governo societario* (o *corporate governance*).

La vigente disciplina degli emittenti può essere ricondotta, ultimamente, a regole di trasparenza o di governo societario. Come già ricordato nella prima parte, la finalità di efficienza, che pur consente di fondare le singole soluzioni normative, non è, tuttavia, in grado di esaurire la giustificazione delle disposizioni: soprattutto con riguardo alle norme di *corporate governance*, le esigenze di efficienza si accompagnano alle istanze di giustizia commutativa e distributiva che informano l'ordinamento positivo, in un contesto particolarmente sensibile alle dinamiche politiche che caratterizzano il processo di formazione e applicazione delle norme.

2. La disciplina di trasparenza

La presenza di asimmetrie informative in ordine alle caratteristiche dell'emittente e dei prodotti finanziari oggetto di investimento comporta effetti differenti a seconda che si consideri il mercato primario o quello secondario.

Nel mercato primario la principale conseguenza della presenza di asimmetrie informative sono fenomeni di selezione avversa. Nell'impossibilità di identificare con precisione rischio e rendimento di un determinato strumento finanziario, gli investitori tendono, infatti, a richiedere un corrispettivo più elevato, comprensivo anche della remunerazione per tale incertezza. Per conseguenza, l'emittente si trova costretto ad aumentare gli interessi promessi sugli strumenti di debito o a diminuire il "prezzo" degli strumenti di capitale sottoscritti (*underpricing*). Così, il costo del capitale risulta maggiore rispetto a quello che sarebbe corretto e come tale eccessivo rispetto al progetto imprenditoriale da finanziare.

Il fenomeno è più complesso nel mercato secondario. In tale contesto, l'asimmetria informativa tra emittente e investitori incide sulle dinamiche negoziali tra gli investitori che partecipano al mercato. A fronte della possibilità che la controparte disponga di maggiori informazioni sullo strumento finanziario oggetto di negoziazione, così da conseguire un profitto più elevato a scapito del suo *partner* contrattuale, ciascun investitore può essere indotto a proteggersi da tale rischio diminuendo (o aumentando) il prezzo al quale è disposto a comprare (o a vendere). Tale strategia di negoziazione, tuttavia, allarga la forbice tra il prezzo offerto e quello domandato (*bid-ask spread*) e riduce il numero di negoziazioni. Di qui una diminuzione della liquidità del mercato e, pertanto, una richiesta di maggior remunerazione del capitale da parte degli investitori. Ancora una volta, quindi, il costo del capitale per l'emittente risulta più elevato di quanto sarebbe necessario e progetti imprenditoriali altrimenti efficienti rischiano di essere abbandonati perché troppo onerosi.

2.1. *L'informazione al mercato dei capitali*

Al fallimento del mercato così descritto consente di porre rimedio la disciplina di trasparenza. La diffusione di informazioni relative all'emittente e allo strumento finanziario oggetto di investimento permette, infatti, di mitigare, se non addirittura eliminare, gli effetti dell'asimmetria informativa e in tal modo ridurre il costo del capitale per l'emittente. Nel mercato primario la disciplina di trasparenza favorisce l'ottimale allocazione delle risorse; nel mercato secondario, "livella il campo di gioco" per gli investitori, così da aumentare la liquidità del mercato e ridurre il costo del capitale.

Sotto un ulteriore profilo, la diffusione di informazioni sull'emittente e sullo strumento finanziario oggetto di investimento produce effetti positivi sulle decisioni dei soggetti preposti alla gestione dell'impresa: in un contesto trasparente, i *manager* sono indotti a scelte gestionali più meditate e dispongono di spazi assai minori per eventuali comportamenti opportunistici. Pertanto, il rischio di condotte improprie tende a diminuire, con una conseguente riduzione del costo del capitale.

Naturalmente, la disciplina di trasparenza non è priva di svantaggi. Dalle regole di *disclosure* discendono, infatti, costi diretti (per esempio, costi di preparazione, verifica e diffusione delle informazioni, ovvero costi opportunità per gli adempimenti richiesti dalla *disclosure*) e costi indiretti (per esempio, la potenziale perdita di un vantaggio competitivo conseguente alla diffusione di informazioni rilevanti per i concorrenti). Per elementari considerazioni di economie di scala, tali costi sono particolarmente onerosi per gli emittenti di minori dimensioni.

2.2. *È necessario un obbligo legale di trasparenza?*

La considerazione dei benefici offerti agli emittenti dalla trasparenza e, nel contempo, la consapevolezza dei relativi costi sollevano la questione sulla necessità di un obbligo legale di trasparenza. Se la diffusione delle informazioni è decisiva per evitare fenomeni di selezione avversa e per ridurre il costo del capitale, non potrebbe essere sufficiente lasciare agli emittenti la decisione sul livello di trasparenza da adottare? Un incentivo di mercato potrebbe assolvere alla medesima funzione di un generale obbligo legale di informazione, ogni qual volta il beneficio della *disclosure* per l'emittente risultasse superiore al relativo costo. Tanto più che i costi di *compliance* costituiscono una barriera all'ingresso e, pertanto, la relativa disciplina favorisce gli *incumbents* a detrimento dei *newcomers*.

La risposta al problema può essere ricavata applicando le indicazioni del teorema di Coase (*supra*, parte I, cap. II, n. 2.3.1.) e considerando, quindi, il livello dei costi di transazione rilevanti. In linea generale, un meccanismo di *disclosure* affidato al mercato presenta costi di transazione assai ingenti: soprattutto in presenza di un elevato numero di investitori, un accordo su quantità e qualità delle informazioni da diffondere, modalità della *disclosure* ed eventuali sanzioni per un difetto di informazione adeguata risulta così costoso da rendere impraticabile la negoziazione. Per altro verso, i limiti cognitivi degli investitori, soprattutto se non qualificati, costituiscono, a loro volta, un rilevante costo di transazione che si oppone a una pura soluzione di mercato. Non possono, tuttavia, essere escluse ipotesi nelle quali i costi di transazione siano più ridotti. Si consideri, per esempio, un prestito obbligazionario offerto in sottoscrizione esclusivamente a un numero ridotto di SGR specializzate: in tal caso, l'autonoma capacità di tali investitori di valutare la proposta dell'emittente potrebbe rendere superfluo l'adempimento degli obblighi legali di informazione al mercato primario, che, in tal caso, si rivelerebbero un costo inutile e, quindi, non efficiente.

Di qui la necessità di una valutazione nel caso concreto e, in una prospettiva di indicazione normativa, l'opportunità di soluzioni gradate, in considerazione delle caratteristiche delle diverse fattispecie.

2.3. *La funzione dell'informazione al mercato dei capitali*

L'affermazione della decisiva importanza rivestita dalla disciplina di trasparenza richiede, per la sua esatta comprensione, un'ulteriore considerazione. Il processo di raccolta, elaborazione e verifica delle informazioni, necessario per giungere a un *pricing* adeguato degli strumenti finanziari, è complesso e, pertanto, costoso. A fronte di elevati costi di transazione è, quindi, impensabile che ogni singolo investitore sia nelle condizioni di sostenere un simile impegno. Il « mito dell'uomo della strada informato » evocato oltre quarant'anni fa nella letteratura statunitense identifica, in modo icastico, il problema. Chi è, dunque, il destinatario dell'informazione richiesta dalla disciplina di trasparenza? E in che modo la diffusione delle informazioni, che l'intervento del diritto è chiamato ad assicurare, consente di superare il problema determinato dalle asimmetrie informative?

Con riguardo ad azioni e obbligazioni, la risposta a queste domande sconta il confronto con una controversa impostazione teorica — che ha il suo esponente più noto in Eugene Fama (1939), premio Nobel per l'economia nel 2013 — per lungo tempo considerata indiscutibile, ma messa successivamente in questione dagli scandali finanziari di inizio millennio e dalla crisi finanziaria globale. Identificata dalla scienza economica con l'espressione "ipotesi dell'efficienza informativa del mercato dei capitali" (*efficient capital markets hypothesis*), tale impostazione individua nel prezzo corrente il corrispettivo che i partecipanti al mercato considerano "giusto" in ragione delle informazioni diffuse dall'emittente. Il gergo della *efficient capital markets hypothesis* esprime questa idea con l'affermazione che i prezzi di mercato riflettono tutte le informazioni disponibili. Una simile caratteristica del mercato dei capitali dipende dalla presenza di operatori professionali specializzati nella raccolta, elaborazione e verifica delle informazioni relative a uno o più emittenti (analisti finanziari, SGR, banche di investimento: c.d. *information traders*), capaci di movimentare volumi rilevanti di un determinato strumento finanziario, così da incidere sulla formazione del relativo prezzo in virtù delle scelte di investimento praticate sulla base delle informazioni disponibili. Nel ricorrere di queste condizioni, l'informazione resa pubblica viene elaborata da uno o più *information trader* e ne determina la scelta di investimento. Riguardando una significativa quantità dello strumento finanziario interessato, tale scelta comporta una modifica del prezzo che, pertanto, risulta riflettere le informazioni disponibili.

In questa prospettiva, effettivi fruitori delle informazioni diffuse sul mercato dagli emittenti sono soltanto gli *information trader*, che le utilizzano — per così dire — a vantaggio di tutti: anziché elaborare in proprio le informazioni disponibili, per ogni altro investitore, risulta, infatti, più efficiente negoziare sulla base del prezzo di mercato determinato dall'azione degli *information trader*. Non è difficile, a questa stregua, comprendere la funzione assolta dalla disciplina di trasparenza: non fornire a ciascun investitore l'informazione di cui necessita per la specifica scelta di investimento; quanto, piuttosto, consentire un'adeguata azione da parte degli *information trader*, capace di condurre al superamento delle asimmetrie informative mediante una corretta formazione dei prezzi. Le regole di trasparenza non sono, in altri termini, incentrate sulla logica tradizionale dell'obbligo, proprio del rapporto bilaterale; di contro, trovano spiegazione adeguata nella dimensione "pubblica" dell'informazione, decisiva per il corretto funzionamento delle dinamiche di mercato.

Tale conclusione risulta reggere anche in presenza delle numerose critiche avanzate nei confronti della *efficient capital markets hypothesis*, per le quali alla formazione dei prezzi di mercato concorrono non solo le informazioni disponibili, ma anche fattori "irrazionali" connessi ai limiti cognitivi degli investitori (per esempio, la tendenza ad adottare comportamenti gregari: c.d. *herd effect*) o conflitti di interesse che possono affliggere il comportamento degli *information trader*. Se inducono a temperare taluni eccessi nell'utilizzo delle indicazioni della *efficient capital markets hypothesis* e suggeriscono molta cautela nel ricorso alla disciplina di mercato come alternativa all'intervento di diritto positivo, simili obiezioni non spostano, infatti, la funzione della disciplina di trasparenza: contribuire, mediante l'azione degli *information trader* alla corretta formazione dei prezzi, in favore di tutti i partecipanti al mercato.

3. Le regole di governo societario

Accanto ai problemi derivanti dalla distribuzione asimmetrica dell'informazione tra unità in *deficit* e investitori, la disciplina degli emittenti affronta, ulteriormente, gli *agency problem* che ne caratterizzano il comportamento economico (*supra*, parte I, cap. I. n. 2.2.2.). Soprattutto in presenza di strumenti di capitale, gli investitori sono, di regola, *principal* di un rapporto che vede come *agent* gli amministratori o i soci di maggioranza della società. Di qui una pluralità di possibili *agency cost* che l'intervento del diritto può contribuire a contenere, favorendo gli investimenti e, quindi, ancora una volta, riducendo il costo del capitale.

3.1. Agency problem *e assetti proprietari dell'impresa*

La configurazione degli *agency problem* dipende, in misura significativa, dalle caratteristiche dell'impresa e, in particolare, dai suoi assetti proprietari.

Nel ricorrere di una *società ad azionariato diffuso* (c.d. *public company*), in cui nessun azionista può esercitare il controllo sull'impresa, l'*agency problem* di maggior rilievo riguarda il rapporto tra i soci e gli amministratori. Le vistose asimmetrie informative e la capacità dei *manager* di influire con la loro azione sulla realizzazione degli interessi degli azionisti pone, infatti, il problema di un possibile comportamento degli amministratori che, approfittando della propria superiorità informativa, perseguano i propri interessi a detrimento degli azionisti (per esempio, assumendo rischi eccessivi per aumentare nel breve termine il valore di mercato delle azioni, al cui andamento è parametrata la loro remunerazione).

In presenza, invece, di un socio di controllo, che, come tale, è nella condizione di nominare la maggioranza degli amministratori, così da evitare in radice il conflitto con questi ultimi (c.d. *società a proprietà concentrata*), l'*agency problem* tende a porsi tra soci di maggioranza e soci di minoranza. Per la possibilità di orientare le decisioni dell'impresa e in virtù della propria posizione di superiorità informativa i soci di controllo sono, infatti, potenzialmente nelle condizioni di "drenare" a loro vantaggio risorse economiche della società (per esempio, mediante operazioni che trasferiscano beni sociali a soggetti collegati al socio di controllo senza un corrispettivo proporzionato). Il gergo della scienza economica identifica il fenomeno come "*estrazione di benefici privati del controllo*".

Tradizionalmente, la prima tipologia di *agency problem* caratterizza le imprese di contesto anglosassone e, in particolare, di Stati Uniti e Regno Unito, dove il modello della *public company* è maggiormente diffuso. Nelle imprese dell'Europa continentale è, invece, più ricorrente la presenza di un socio di controllo e, per conseguenza, di *agency problem* con gli azionisti di minoranza. Diverse sono, pertanto, nei vari ordinamenti di riferimento, le regole di governo societario maggiormente rilevanti.

3.2. *Funzione e struttura delle regole di* corporate governance

Nel perseguire lo scopo di contenere gli *agency problem*, gli interventi di governo societario possono ricorrere a differenti strategie normative. Unico è, nel contempo, il tratto caratterizzante: proteggere indirettamente il *principal* mediante l'attribuzione di una posizione di potere nei confronti dell'*agent* o incentivando quest'ultimo a una determinata condotta allineata agli interessi del *principal*.

Così, per esempio, nelle società ad azionariato diffuso, l'*agency problem* tra amministratori e soci può essere mitigato attribuendo ai soci il diritto di nomina e revoca degli amministratori, distribuendo le competenze gestorie tra gli amministratori e l'assemblea, introducendo regole che favoriscano la partecipazione all'assemblea (per esempio, mediante una disciplina del voto a distanza) o, come già ricordato, correlando la remunerazione degli amministratori alla *performance* della società. Del pari, nelle società a proprietà concentrata, la posizione dei soci di minoranza può essere tutelata attribuendo a questi ultimi speciali diritti di nomina, subordinando alla loro approvazione le operazioni con soggetti collegati ai soci di maggioranza ovvero prevedendo imperativamente la presenza di amministratori indipendenti.

Trovando la sua origine nell'assetto proprietario dell'impresa, il problema del governo societario, per la verità, non si pone solo per le imprese che ricorrono al mercato dei capitali, potendosi considerare questione relativa alle società di capitali *tout court* e, come tale, propriamente rientrante nell'ambito del diritto societario, piuttosto che in quello del diritto del mercato dei capitali. Che nel nostro ordinamento la riforma del diritto societario del 2003 abbia in buona parte generalizzato regole di *corporate governance* originariamente previste dal TUF per le sole società quotate conferma l'osservazione. Nondimeno, il problema mantiene le sue specificità di disciplina del mercato dei capitali soprattutto se lo si guarda nella prospettiva dell'effettiva attuazione delle norme (*enforcement*). Nelle società che ricorrono al mercato dei capitali, la presenza di un elevato numero di investitori e la conseguente necessità di un'azione coordinata per l'effettiva rilevanza dell'impianto normativo rende decisiva l'azione di soggetti adeguatamente capaci di esercitare i poteri attribuiti dalla legge al *principal*. Tradizionalmente, tale ruolo è assunto dagli intermediari specializzati nella gestione collettiva del risparmio (c.d. *investitori istituzionali*), secondo modalità di azione che variano a seconda del contesto economico di riferimento. A un'iniziale stagione di "attivismo" moderato, ha fatto seguito, in tempi più recenti, un crescente esercizio dei poteri di *governance* da parte di gestori collettivi del risparmio caratterizzati da strategie di investimento particolarmente aggressive (c.d. *hedge funds*), che spesso utilizzano le regole di governo societario per finalità "egoistiche", non sempre allineate con l'interesse della società.

Va, infine, ricordato il recente ricorso alla disciplina di *corporate governance* per rispondere a istanze diverse da quelle di un'adeguata gestione degli *agency problem*. L'esempio più evidente è costituito dalle disposizioni in materia di quote di genere (c.d. *quote rosa*), per le quali nelle società quotate in un mercato regolamentato il riparto degli amministratori e dei sindaci da eleggere va effettuato « in base a un criterio che assicuri l'equilibrio tra i generi », così che « il genere meno rappresentato » ottenga « almeno due quinti degli amministratori eletti » (art. 147-*ter*, co. 1-*ter*, TUF, applicabile al sistema monistico e al sistema dualistico, in quest'ultimo caso qualora il consiglio di gestione abbia un numero di membri non inferiore a tre: art. 147-*quater*, co. 1-*bis*, TUF) e « almeno due quinti dei membri effettivi del collegio sindacale » (art. 148, co. 1-*bis*, TUF). Ad analoga funzione risponde la previsione che richiede di indicare nella relazione sul governo societario « una descrizione delle politiche in materia di diversità applicate in relazione alla composizione degli organi di amministrazione, gestione e controllo relativamente ad aspetti quali l'età, la composizione di genere e il percorso formativo e professionale » (art. 123-*bis*, co. 2, lett. *d*-bis, TUF).

Capitolo II
LA DISCIPLINA DI TRASPARENZA

1. L'informazione al mercato primario

Secondo quanto fatto palese dalla tradizionale espressione « appello al pubblico risparmio », utilizzata nella rubrica del Titolo II, Parte IV, TUF dedicato alla disciplina dell'informazione al mercato primario, l'accesso al mercato dei capitali costituisce un'operazione "di massa", con la quale un emittente si rivolge indistintamente al pubblico dei potenziali investitori. Come ripetutamente sottolineato nelle pagine precedenti, tale operazione risulta connotata da una significativa asimmetria informativa tra emittente e investitore, che la disciplina vigente è orientata a ridurre.

Le norme positive di rango primario e secondario sono in gran parte di derivazione europea, trovando la loro fonte principale nel Regolamento Prospetto, nonché, a Livello 2 (*supra*, parte I, cap. III, n. 4.4.), nel Regolamento delegato (UE) 2019/980 (d'ora in poi, "Regolamento Delegato Prospetto") e nel Regolamento delegato (UE) 2019/997. Allo stato l'adeguamento della disciplina nazionale alle regole europee non è, tuttavia, ancora completato, con la conseguente presenza di sovrapposizioni e difetti di coordinamento.

1.1. *L'offerta al pubblico di sottoscrizione e di vendita*

La disciplina dell'informazione al mercato primario ha come propria fattispecie di riferimento il fenomeno che il diritto vigente identifica con la nozione di « offerta al pubblico di prodotti finanziari » (art. 1, co. 1, lett. *t*, TUF).

Nella prospettiva di una maggiore tutela dell'investitore, la fattispecie normativa italiana è formulata ricorrendo a *standard* con un forte carattere di inclusività. Da un lato, infatti, in luogo della abituale categoria dello « strumento finanziario », l'*oggetto* dell'offerta è identificato con « prodotti finanziari », che, come già ricordato (*supra*, parte I, cap. I, n. 4.4.), comprendono gli strumenti finanziari e « ogni altra forma di investimento di natura finanziaria, [esclusi] i depositi bancari o postali non rappresentati da strumenti finanziari » (art. 1, co. 1, lett. *u*, TUF: per esempio, le cripto-attività: *supra*, parte I, cap. I, n. 4.4.). Per altro verso, l'*offerta* è definita come « ogni comunicazione rivolta a persone, in qualsiasi forma e con qualsiasi mezzo, che presenti sufficienti informazioni sulle condizioni dell'offerta e dei prodotti finanziari offerti, così da mettere un investitore in grado di decidere di acquistare o di sottoscrivere tali prodotti finanziari, incluso il collocamento tramite soggetti abilitati » (art. 1, co. 1, lett. *t*, TUF). Più contenuto è, invece, l'ambito di applicazione della disciplina europea: a fronte di una nozione di offerta identica a quella domestica (art. 2, lett. *d*, Regolamento Prospetto), la fattispecie rilevante è limitata ai « titoli », identificati con riferimento ai « valori mobiliari » (*supra*, parte I, cap. I, n. 4.4.), a l'eccezione degli strumenti del mercato monetario « aventi una scadenza inferiore a 12 mesi » (art. 2, lett. *a*, Regolamento Prospetto). Secondo una scelta effettuata anche nel vigore della precedente disciplina europea sul prospetto, l'ordinamento italiano estende, tuttavia, le disposizioni del Regolamento Prospetto anche alle quote o azioni di Oicr chiusi, includendo nella definizione di « titoli » anche queste ultime categorie di strumenti finanziari (art. 93-*bis*, co. 1, lett. *c*, TUF; art. 3, co. 1, lett. *b*, Regolamento Consob, 14 marzo 1999, n. 11971: d'ora in poi, "Regolamento Emittenti").

Nella legge manca, di contro, una puntuale identificazione degli elementi che conferiscano *carattere pubblico* all'offerta. Per opinione diffusa, un'offerta può essere considerata pubblica quando è indirizzata a una pluralità di destinatari non identificabili *ex ante* e sia, pertanto, nelle tradizionali espressioni del diritto civile, *ad incertam personam*. Una simile nozione non pare, tuttavia, particolarmente dirimente: è, infatti, possibile, identificare ipotesi (per esempio, un'offerta in opzione di azioni di nuova emissione agli azionisti di una determinata società), nelle quali i destinatari dell'offerta sono già determinati, sia pure *per relationem*, e, tuttavia, permangono le esigenze di tutela degli investitori che giustificano la disciplina di trasparenza. Più persuasivo appare, pertanto, l'approccio delle autorità di vigilanza che identifica come essenziale la presenza di condizioni contrattuali standardizzate e la connessa impossibilità, da parte del potenziale aderente, di pattuire condizioni diverse da quelle originariamente previste. La possibilità per l'oblato di negoziare un differente assetto contrattuale implica, infatti, un'autonoma capacità dell'investitore di valutare la proposta dell'emittente, così da rendere meno necessario un obbligo legale di informazione.

Da ultimo, l'offerta al pubblico ha normalmente per oggetto prodotti finanziari di nuova emissione. Si parla, in tal caso, di *offerta pubblica di sottoscrizione*. Anche prodotti finanziari già emessi possono, tuttavia, formare oggetto di offerta pubblica, così da essere assoggettati alla disciplina dell'informazione al mercato primario. Come si ricava *a contrario* dalla norma che esenta dalla disciplina in esame i prodotti finanziari negoziati in un mercato secondario destinatario di una disciplina di trasparenza orientata alla corretta formazione dei prezzi (art. 205 TUF) e come è confermato dal riferimento della definizione di offerta pubblica alla decisione dell'investitore di « acquistare o di sottoscrivere » (art. 1, co. 1, lett. *t*, TUF; art. 2, lett. *d*, Regolamento Prospetto), il medesimo problema di superamento delle asimmetrie informative sollevato dall'offerta pubblica di sottoscrizione si pone quando prodotti finanziari già emessi siano offerti sul mercato dei capitali "per la prima volta" (si pensi, per esempio, all'offerta pubblica di vendita avente per oggetto azioni di una società in mano pubblica che viene privatizzata). All'identità delle norme corrisponde, tuttavia, una terminologia differente, che riflette le peculiarità della fattispecie: anziché di offerta al pubblico di sottoscrizione, si parla di *offerta al pubblico di vendita* (così la rubrica del Capo I, Titolo II, Parte IV, TUF); invece che come emittente, il destinatario della disciplina è individuato come *offerente*.

1.2. *Il procedimento di offerta al pubblico di valori mobiliari*

Il ricorso al pubblico degli investitori comporta costi di transazione e rischi di selezione avversa particolarmente elevati. Soprattutto nel caso di offerta al pubblico di azioni e obbligazioni, il gran numero di controparti da ricercare e i costi necessari per elaborare le informazioni diffuse in adempimento della disciplina di trasparenza rendono decisiva per il buon fine dell'offerta al pubblico la presenza di uno o più intermediari, tradizionalmente identificati come sottoscrittori dello strumento finanziario offerto. Mediante la prestazione di uno specifico servizio di investimento, denominato *collocamento* (art. 1, co. 5, lett. *c* e *c*-bis, TUF), l'intermediario assolve a una pluralità di funzioni: assiste l'emittente o l'offerente nella definizione di tempi e modalità dell'offerta; come intermediario reputazionale, segnala con la sua presenza la qualità del prodotto finanziario offerto; provvede al *marketing* dell'offerta, in particolare reperendo gli investitori di maggiore rilevanza.

Qualora l'offerta al pubblico si svolga — come è tipico nel caso di offerta al pubblico funzionale alla quotazione in una sede di negoziazione (c.d. *initial public offering* o "*IPO*") — "a prezzo aperto" (*open price*) e, quindi, senza la preventiva determinazione del "prezzo" dello strumento finanziario offerto, l'intermediario che presiede al collocamento (c.d. *responsabile del collocamento*) concorre, altresì, in maniera determinante alla fissazione del prezzo. A tal fine il responsabile del collocamento utilizza normalmente il c.d. metodo del *bookbuilding*. Individuato, d'intesa con l'emittente o l'offerente, un iniziale intervallo di valori (c.d. "forchetta"), il responsabile del collocamento provvede a raccogliere le manifestazioni di interesse a carattere non vincolante degli investitori istituzionali, ai quali è di regola riservata una parte consistente dell'offerta al pubblico. In ragione delle indicazioni di quantità e prezzo ricevute dagli investitori istituzionali, il responsabile del collocamento è, così, in grado di identificare il prezzo che riscuote il consenso del mercato e, su questa base, indicare all'emittente il prezzo definitivo dell'offerta al pubblico.

Ulteriormente, il responsabile del collocamento assicura la diffusione degli strumenti finanziari tra il pubblico, normalmente attraverso l'organizzazione di un gruppo coordinato di intermediari (c.d. *consorzio di collocamento*). Gli intermediari che prestano il servizio di collocamento possono impegnarsi ad "assorbire" gli strumenti finanziari offerti: sottoscrivendo o acquistando in proprio nella prospettiva di una successiva "rivendita" al pubblico (c.d. *assunzione a fermo*: art. 1, co. 5, lett. *c*, TUF); ovvero prestando una garanzia di sottoscrizione o acquisto degli strumenti finanziari non collocati (c.d. *assunzione di garanzia*; nella terminologia dell'art. 1, co. 5, lett. *c*, TUF: « impegno irrevocabile nei confronti dell'emittente »). In caso contrario, il collocamento è realizzato con esclusive finalità di distribuzione (nella terminologia dell'art. 1, co. 5, lett. *c*-bis, TUF: « senza impegno irrevocabile »).

1.3. *Offerta al pubblico e* FinTech

La presenza di intermediari preposti al collocamento risulta mancare nelle forme innovative sviluppate dal *Fintech*. In particolare, quando la raccolta di capitale è effettuata mediante *crowdfunding* (*supra*, parte I, cap. I, n. 3.2.4.), il superamento dei costi di transazione è realizzato per il tramite di un portale gestito da un soggetto abilitato (artt. 1, co. 5-*novies*, 50-*quinquies* e 190, co. 1-*bis*.1, TUF; artt. 7-23 Regolamento Consob, 26 giugno 2013, n. 18592: d'ora in poi, "Regolamento Crowdfunding") e liberamente accessibile via *internet*. Limitata agli « strumenti finanziari emessi dalle piccole e medie imprese » (d'ora in poi, "PMI"), dalle imprese sociali e dagli Oicr « che investono prevalentemente » in PMI (art. 100-*ter*, co. 1, TUF), tale forma di offerta al pubblico è soggetta a numerosi vincoli di legge: un ammontare non superiore a 8 milioni di euro; la possibilità di sottoscrivere strumenti di debito limitata ai soli investitori professionali; la tutela degli investitori non professionali realizzata mediante la necessaria sottoscrizione di una quota degli strumenti di capitale offerti da parte di investitori professionali e la previsione nello statuto della PMI di un diritto di recesso o di un diritto di co-vendita qualora successivamente all'offerta i soci di controllo della PMI cedano la propria partecipazione a terzi (art. 100-*ter*, co. 1-*ter* e 2, TUF; art. 24 Regolamento Crowdfunding).

In alternativa, oggetto di offerta possono essere *smart contract* (*supra*, parte I, cap. I, n. 3.2.4.), parimenti accessibili via *internet*, che come corrispettivo del capitale apportato — di regola con l'utilizzo di cc.d.d. *criptovalute* — attribuiscono uno o più benefici "incorporati" in singole unità (c.d. *token*) iscritte un registro decentralizzato (*blockchain*). Come già ricordato (*supra*, parte I, cap. I, n. 3.2.4.), in scoperto parallelismo con le IPOs si parla, in tal caso di *initial coin offerings* (ICOs).

2. Il prospetto informativo e la disciplina dell'offerta

Lo strumento tradizionalmente utilizzato per l'informazione al mercato primario è il prospetto informativo. Come si vedrà (*infra*, n. 2.1.1.), tuttavia, tale strumento non è né l'unico né, probabilmente, il più importante per assicurare la corretta formazione dei prezzi e un'adeguata tutela degli investitori.

2.1. *Il prospetto informativo*

Secondo una prescrizione comune alla disciplina europea e domestica, per un'offerta al pubblico è necessaria la «previa pubblicazione di un prospetto» (art. 3, par. 1, Regolamento Prospetto; analogamente, artt. 94, co. 3, e 94-*bis*, co. 1, TUF). Il prospetto « contiene le informazioni necessarie che siano rilevanti per un investitore affinché possa procedere a una valutazione con cognizione di causa: *a*) della situazione patrimoniale, dei risultati economici, della situazione finanziaria e delle prospettive dell'emittente e degli eventuali garanti; *b*) dei diritti connessi ai titoli; e *c*) delle ragioni dell'emissione e del suo impatto sull'emittente. Le informazioni possono variare in funzione » di una pluralità di fattori — la « natura » e la « situazione » dell'emittente », la « tipologia dei titoli », il loro "taglio", quando pari almeno a € 100.000, e la loro destinazione a « investitori qualificati » — e sono « presentate in forma facilmente analizzabile, succinta e comprensibile » (art. 6, parr. 1 e 2, Regolamento Prospetto). Il prospetto contiene, infine, « una nota di sintesi che fornisce le informazioni chiave di cui gli investitori necessitano per comprendere la natura e i rischi dell'emittente, del garante e dei titoli che sono offerti », redatta in modo tale da « agevolarne la lettura » e con un « linguaggio » che sia « chiaro, non tecnico, succinto e comprensibili », così da « facilitare » la comprensione delle informazioni (art. 7, parr. 1 e 3, Regolamento Prospetto).

Simili previsioni sollevano, anche a una prima lettura, non poche perplessità. Da un lato, il tenore letterale delle disposizioni pare dimenticare il costo di elaborazione delle informazioni e riprodurre il mito dell'uomo della strada informato che, come si è visto (*supra*, cap. I, n. 2.3), una realistica considerazione dei costi di transazione consente facilmente di superare. Per altro verso, tale considerazione sembra, invece, presente nella previsione di una nota di sintesi, capace di facilitare la comprensione delle informazioni chiave. Da ultimo, la norma non si applica, come si vedrà (*infra*, n. 2.3.2.), alle offerte al pubblico rivolte esclusivamente agli investitori istituzionali (art. 1, par. 4, lett. *a*, Regolamento Prospetto; art. 100, co. 1, lett. *a*, TUF), che sono, in generale, i soggetti più capaci di elaborare le informazioni contenute nel prospetto e, nel caso più particolare delle offerte al pubblico di valori mobiliari, i protagonisti decisivi nella formazione del prezzo dello strumento finanziario offerto (*supra*, n. 1.2.). Quale è, quindi, il significato da attribuire a tali disposizioni? E, più radicalmente, quale è la funzione da riconoscere al prospetto?

2.1.1. *La funzione del prospetto.* — Non senza qualche forzatura, ma rimanendo, tuttavia, nei limiti segnati dal tenore letterale delle norme in esame, il generico riferimento agli investitori consente, per la verità, un'interpretazione più aderente al dato reale. Se, infatti, si intende il termine « investitori » nel senso di "partecipanti al mercato del prodotto finanziario offerto" e, con riguardo ai valori mobiliari, si sostituisce alla « valutazione con cognizione di causa » (art. 6, par. 1 Regolamento Prospetto) il comune consenso del mercato sul prezzo "giusto", le disposizioni poc'anzi ricordate possono essere riformulate nel senso di attribuire al prospetto la funzione di consentire al mercato un investimento consapevole, pervenendo alla formulazione di un prezzo corretto.

Come appena richiamato, nel caso di strumenti finanziari oggetto di collocamento tramite *bookbuilding* la formazione del prezzo avviene, peraltro, secondo un procedimento non soggetto all'obbligo di prospetto, nel quale rilevano anche altri fattori: le informazioni diffuse dagli intermediari incaricati del collocamento per le vie brevi, mediante un prospetto "informale" denominato *offering circular*, nonché, soprattutto, la reputazione e il potere contrattuale del responsabile del collocamento. In questo contesto, il prospetto informativo sembra assolvere una funzione diversa da quella di strumento per la diffusione di informazioni: l'obbligo di trasparenza verso il mercato appare, piuttosto, come una modalità per consentire a chiunque di verificare *ex post* l'esito che ha condotto alla formazione del prezzo, vincolando, in tal modo, l'emittente a quanto dichiarato. Utilizzando un'immagine diffusa nella letteratura statunitense, il prospetto funziona come una nassa per aragoste: una volta che ci si entra, diventa assai difficile uscirne. Per tale ragione, la pubblicazione del prospetto segnala al mercato che l'emittente "fa sul serio" e che il suo impegno nei confronti del pubblico degli investitori è, pertanto, credibile. Di qui la specifica funzione del prospetto: consentire all'emittente di segnalare la credibilità del suo impegno e, in tal modo, incrementare il rapporto di fiducia con il mercato, Né tale impostazione pare del tutto estranea al legislatore europeo, per il quale la comunicazione al pubblico degli elementi necessari per « assumere decisioni di investimento informate » costituisce, « inoltre », uno « strumento efficace per accrescere la fiducia nei titoli e contribuire quindi al corretto funzionamento e allo sviluppo del mercato » (così il considerando n. 7 del Regolamento Prospetto).

Da un diverso angolo visuale, va poi ricordato che il riferimento alla nozione di prodotto finanziario per individuare l'ambito di applicazione della disciplina domestica comporta che a questa siano soggetti anche strumenti finanziari — in particolare: Oicr — emessi non già da unità in *deficit*, che ricorrono al mercato dei capitale per le loro esigenze di finanziamento, quanto, piuttosto, da intermediari, che utilizzano l'emissione come modalità per raccogliere capitale destinato alla gestione collettiva del risparmio. Anche in tal caso, l'elaborazione delle informazioni contenute nel prospetto comporta per l'investitore finale rilevantissimi costi di transazione, che, tuttavia, non possono essere superati con il sistema di formazione del prezzo mediante *bookbuilding*, all'evidenza incompatibile con le caratteristiche della fattispecie. Piuttosto, il problema viene risolto mediante l'intervento dell'intermediario collocatore, che, nella prestazione di un servizio di investimento normalmente connotato da caratteristiche fiduciarie, media le caratteristiche dello strumento o del prodotto finanziario con le esigenze del suo cliente. In un simile contesto, il prospetto informativo si configura come strumento destinato, in via immediata, all'intermediario collocatore per un'adeguata prestazione del servizio di investimento al cliente. Non viene meno, nel contempo, il vincolo per l'emittente alle dichiarazioni rese e, quindi, la funzione di strumento per segnalare l'assunzione di un vincolo credibile; in tal caso, tuttavia, cambia il relativo *focus*: più concentrato sulle modalità di prestazione del servizio di gestione collettiva (e, quindi, sul prodotto finanziario) che sulle specifiche caratteristiche dell'emittente.

Di qui una possibile conclusione di carattere generale. In ragione dei costi di transazione collegati all'elaborazione delle informazioni, il prospetto non assolve alla propria funzione di tutela trasferendo all'investitore finale gli elementi necessari per colmare l'asimmetria informativa rispetto all'emittente. Secondo un approccio più sofisticato e, nel contempo, più realistico, l'obbligo legale di prospetto consente, piuttosto, un'adeguata valutazione dell'investimento da parte di soggetti dotati delle economie di scala necessarie per un'efficiente elaborazione delle informazioni. Tale valutazione raggiungerà gli investitori finali solo in un momento successivo, per il tramite del prezzo espresso dal mercato all'esito del processo di *bookbuilding* ovvero del servizio di investimento prestato dall'intermediario. In entrambi i casi, il prospetto comporta un vincolo per l'emittente che, in tal modo, è messo nelle condizioni di segnalare l'assunzione di un impegno credibile e così incrementare la fiducia del mercato nei suoi confronti.

Nel contesto di una simile ricostruzione rimane da chiarire il senso della previsione che impone di accompagnare al prospetto una nota di sintesi, che il legislatore europeo — entrando analiticamente nel dettaglio delle modalità con le quali la nota deve presentare le informazioni (art. 7, parr. 3-11 Regolamento Prospetto) — configura come « un'utile fonte di informazioni per gli investitori, in particolare gli investitori al dettaglio », così abilitati a « decidere quali offerte ... intendono esaminare ulteriormente, mediante un'analisi dell'intero prospetto » (così il considerando 28 del Regolamento Prospetto). Analoghi documenti sono previsti con riguardo alle emissioni dirette a raccogliere capitale per la gestione collettiva del risparmio. Con riferimento alle quote di Oicr destinate al mercato degli investitori al dettaglio (« organismi di investimento collettivo in valori mobiliari »: d'ora in poi, "OICVM") e regolate dalla Direttiva 2009/65/CE (d'ora in poi, "Direttiva UCITS"), il prospetto è accompagnato da un « documento contenente le informazioni chiave per gli investitori » (art. 98-*ter*, co. 1, TUF), abitualmente identificato con l'acronimo "KIID" (*key investor information document*). Del pari, con riguardo ai prodotti di investimento al dettaglio e assicurativi preassemblati, come, per esempio, obbligazioni strutturate e polizze assicurative a contenuto finanziario (*packaged retail and insurance-based investment products* » o "PRIIPs": art. 1, co. 1, lett. *w*-bis.1, TUF) la disciplina europea richiede di predisporre un « documento contenente le informazioni chiave » (art. 5, par. 1, Regolamento (UE) 1286/2014: d'ora in poi, "Regolamento PRIIPs"), normalmente individuato con il diverso acronimo "KID" (*key information document*), con riferimento al quale i *regulatory technical standard* contenuti nel Regolamento delegato (UE) 2017/653 (d'ora in poi, "RTS PRIIPS") giungono sino a richiedere « informazioni chiare » sulle « stime dei rendimenti » (considerando n. 9 dei

RTS PRIIPS), secondo un approccio basato su « scenari di *performance* » dettagliatamente regolati nel metodo di calcolo e di presentazione (art. 3, par. 3, Allegato IV e Allegato V, RTS PRIIPS). Evidentemente diretti a consentire un ruolo attivo dell'investitore finale, tali documenti sembrano, tuttavia, anche in questo caso, più funzionali a segnalare l'assunzione di un vincolo credibile da parte dell'emittente che a fornire un efficace strumento di tutela. Da un lato, pare, infatti, ragionevolmente prevedibile che l'investitore al dettaglio non sia in grado di pervenire a una valutazione dell'investimento più adeguata di quella raggiunta dal mercato o dall'intermediario che gli presta un servizio di investimento; mentre, per altro verso, non paiono trascurabili i possibili effetti collaterali derivanti dai limiti cognitivi degli investitori e, in particolare, da un eccesso di confidenza (*overconfidence*) che nota di sintesi, KIID e KID potrebbero favorire.

2.1.2. *Contenuto e struttura del prospetto.* — Il contenuto del prospetto è dettagliatamente definito dall'ordinamento, che appronta a tal fine appositi schemi distinti a seconda dell'emittente e del prodotto finanziario interessato. Più nel dettaglio, il Regolamento Prospetto stabilisce il contenuto minimo del prospetto relativo ai titoli, sia in termini generali (artt. 13 e 16-19 Regolamento Prospetto), che con riguardo a fattispecie particolari: le offerte al pubblico da parte di emittenti quotati su un mercato regolamentato o su mercato per la crescita delle PMI aventi per oggetto strumenti di debito o strumenti di capitale fungibili con titoli già emessi (c.d. *emissioni secondarie*: art. 14 Regolamento Prospetto); e le offerte pubbliche promosse da PMI (c.d. *prospetto UE della crescita*: art. 15 Regolamento Prospetto). Il Regolamento Delegato Prospetto, richiamato anche dalla disciplina domestica (art. 94, co. 1, TUF) dettaglia analiticamente gli schemi di prospetto a seconda delle diverse tipologie. L'Allegato 1 del Regolamento Emittenti contiene gli schemi per la redazione dei prospetti non direttamente regolati dalla disciplina europea e, in particolare, degli OICVM (artt. 95, co. 1, lett. *b*, e 98-*quater*, co. 1, lett. *a*, TUF); in ogni altro caso, il contenuto del prospetto è stabilito dalla Consob (art. 94-*bis*, co. 2, TUF).

Dall'esame del contenuto analitico degli schemi, emerge come oggetto dell'obbligo di *disclosure* siano le *performance* dell'emittente nei precedenti esercizi, dati previsionali sull'andamento futuro e un complesso di ulteriori informazioni, che, nel caso di azioni e obbligazioni, riguardano, per esempio, il delicato profilo dei fattori di rischio propri dell'attività esercitata, nonché gli assetti proprietari e di *governance*. A ciò si aggiungono la descrizione dei prodotti e le condizioni dell'offerta, con una rilevante particolarità: la comunicazione della quantità e del prezzo possono essere differiti a un momento successivo, a condizione che i criteri per la loro determinazione siano stati preventivamente indicati e il prezzo sia stato determinato nel suo ammontare massimo (art. 17, par. 1, Regolamento Prospetto; art. 94-*bis*, co. 6, TUF). Tale previsione è particolarmente rilevante nel caso di offerta al pubblico "a prezzo aperto" (*supra*, n. 1.2.).

Il prospetto può essere redatto nella forma di un unico documento ovvero di una pluralità di documenti distinti (art. 6, par. 3, Regolamento Prospetto). In questo secondo caso (c.d. *shelf registration*), le informazioni richieste sono suddivise: in un *documento di registrazione*, contenente le informazioni sull'emittente; in una *nota informativa*, dedicata ai prodotti finanziari offerti; e nella nota di sintesi. La possibilità di articolare il prospetto in documenti distinti è di particolare utilità per i soggetti che ricorrono con frequenza al mercato dei capitali (per esempio, le società che emettono periodicamente prestiti obbligazionari): in tal caso, infatti, l'emittente può inizialmente chiedere all'autorità di vigilanza l'approvazione del solo documento di registrazione, destinato a valere per dodici mesi (art. 12, par. 2, Regolamento Prospetto; art. 10, co. 1, Regolamento Emittenti), riservandosi di presentare successivamente gli ulteriori documenti secondo necessità. Nella medesima logica, per gli emittenti i cui titoli siano ammessi alla negoziazione in un mercato regolamentato o un in sistema multilaterale di negoziazione la disciplina europea prevede l'ulteriore possibilità di redigere a ogni esercizio un *documento di registrazione universale* (d'ora in poi, "DRU"): avente per oggetto « l'organizzazione, l'attività, la situazione finanziaria, gli utili e le prospettive, il governo societario e l'assetto azionario della società » (art. 9, par. 1, Regolamento Prospetto), il DRU può essere depositato presso l'autorità di vigilanza, senza necessità di approvazione preventiva, qualora tale approvazione sia intervenuta in due esercizi consecutivi precedenti (art. 9, par. 2, Regolamento Prospetto). In tal caso l'emittente acquista lo *status* di *emittente frequente*, così da beneficiare di un più rapido processo di approvazione della documentazione richiesta dalla disciplina sul prospetto (art. 9, par. 11, Regolamento Prospetto).

Nell'ipotesi di emissioni di strumenti finanziari — diversi dai titoli di capitale — « emessi in modo continuo o ripetuto nel tempo » (così il considerando n. 35 del Regolamento Prospetto), la disciplina europea consente, infine, di ricorrere a un *prospetto di base*, che, al pari del prospetto ordinario, può essere redatto come un unico documento o documenti distinti (art. 8, par. 6, Regolamento Prospetto). Il prospetto di base deve contenere « le informazioni concernenti l'emittente e i titoli ammessi » (art. 8, par. 1, Regolamento Prospetto) ed è, di volta in volta, completato con le condizioni definitive di ciascuna offerta (*final terms*) e la relativa nota di sintesi nell'imminenza dell'offerta (art. 8, par. 5, Regolamento Prospetto), ferma, se necessario, l'integrazione del prospetto di base con eventuali informazioni sopravvenute sull'emittente e sui titoli offerti al pubblico (art. 8, par. 10, Regolamento Prospetto).

2.1.3. *Il c.d. passaporto europeo.* — In ragione della disciplina uniforme introdotta dal Regolamento Prospetto, con riferimento ai titoli il prospetto approvato dall'autorità di vigilanza dello Stato membro di origine beneficia del regime di mutuo riconoscimento (c.d. *passaporto europeo*: art. 24, par. 1, Regolamento Prospetto). Pertanto, l'offerta al pubblico può avvenire anche in un altro Stato membro, nel rispetto delle procedure previste dalle disposizioni europee e, quindi, a seguito di notifica, da parte dell'autorità di vigilanza dello Stato membro di origine, all'autorità di vigilanza dello Stato membro ospitante e all'ESMA (artt. 24, par. 1, e 25 Regolamento Prospetto).

La regola è applicabile anche agli emittenti di Paesi non appartenenti all'Unione europea (c.d. paesi terzi) se il prospetto è approvato dall'autorità competente dello Stato membro nel quale i titoli sono offerti per la prima volta. Qualora il prospetto sia predisposto in conformità alla disciplina europea. tale approvazione avviene secondo le regole ordinarie (art. 28 Regolamento Prospetto). Nel caso in cui, invece, sia redatto secondo la legislazione del Paese di origine, il prospetto è approvato se contiene informazioni equivalenti a quelle richieste dalle norme europee e sussiste un accordo di cooperazione con le «autorità di vigilanza pertinenti dell'emittente del paese terzo (art. 29, par. 1, Regolamento Prospetto).

2.2. *La disciplina dell'offerta*

Accanto alla pubblicazione del prospetto, la disciplina dell'offerta risulta completata da regole dirette ad assicurare che l'emittente, l'offerente, gli intermediari che collocano i prodotti finanziari — nonché « coloro che si trovano in rapporto di controllo o di collegamento con tali soggetti » (art. 95, co. 2, TUF) — rispettino i « principi di correttezza, trasparenza e parità di trattamento dei destinatari dell'offerta al pubblico che si trovino in identiche condizioni » e si astengano « dal diffondere notizie non coerenti con il prospetto o idonee a influenzare l'andamento delle adesioni » (art. 34-*sexies*, co. 1, Regolamento Emittenti), assicurando la « comunicazione a tutti gli investitori a cui l'offerta è destinata » di eventuali « informazioni significative » comunicate a « uno o più investitori selezionati » (art. 22, co. 5, Regolamento Prospetto, richiamato, per le offerte di prodotti finanziari diversi dai titoli, dall'art. 34-*sexies*, co. 3-*bis*, Regolamento Emittenti).

Un insieme di norme assai dettagliate precisano tale previsione, disciplinando: la fase preparatoria dell'offerta (art. 22, parr. 4 e 5, Regolamento Prospetto; art. 34-*decies* Regolamento Emittenti, con riguardo alla diffusione di notizie, allo svolgimento di indagini di mercato e alla raccolta di intenzioni di acquisto attinenti all'offerta al pubblico); la pubblicità finanziaria (art. 22 Regolamento Prospetto, quale precisato dagli artt. 13 ss. del Regolamento delegato (UE) 2019/979; art. 101, co. 1, 2 e 3, TUF; artt. 34-*octies* e 34-*novies* Regolamento Emittenti); lo svolgimento dell'offerta (art. 34-*quinquies* Regolamento Emittenti). Da ultimo, « qualunque fatto nuovo significativo, errore o imprecisione rilevanti relativi alle informazioni contenute nel prospetto che possano influire sulla valutazione » del prodotto finanziario offerto « e che sopravvengano o siano rilevati tra il momento in cui è approvato il prospetto e quello in cui si chiude il periodo d'offerta » deve essere « menzionato senza indebito ritardo in un supplemento al prospetto » (art. 23, par. 1, Regolamento Prospetto). In tal caso, gli investitori che hanno già accettato di acquistare o sottoscrivere i prodotti finanziari prima della pubblicazione del supplemento hanno il diritto — esercitabile entro due giorni lavorativi dopo tale pubblicazione o nel più lungo termine indicato nel supplemento del prospetto — di revocare la loro accettazione (art. 23, par. 2, Regolamento Prospetto; art. 94-*bis*, co. 7, TUF). Per assicurare una maggiore effettività alla previsione, la disciplina europea impone all'intermediario per il cui tramite i titoli sono stati acquistati o sottoscritti di segnalare la pubblicazione del supplemento e della possibilità di revocare l'accettazione, contattandoli « il giorno in cui il supplemento è pubblicato » (art. 23, par. 3, Regolamento Prospetto).

2.3. *Le esenzioni*

La considerazione dei costi propri della disciplina di trasparenza e la conseguente scelta europea di « ridurre al minimo indispensabile gli oneri che gravano sulle imprese dell'Unione europea senza compromettere la tutela degli investitori e il corretto funzionamento dei mercati degli strumenti finanziari » (così il considerando n. 3 della Direttiva 2010/73/UE) sono all'origine dell'articolata disciplina delle esenzioni dalla disciplina generale in materia di prospetto informativo e svolgimento dell'offerta al pubblico prevista dal diritto europeo per i titoli (artt. 1, parr. 2, 3 e 4, e 3, par. 2, Regolamento Prospetto) e dalle analoghe norme domestiche per ogni altro prodotto finanziario (art. 100 TUF; art. 34-*ter* Regolamento Emittenti). In alcuni casi, la deroga al diritto comune trova immediata giustificazione nella possibile sproporzione tra i costi della disciplina e le dimensioni dell'operazione; in altri, in caratteristiche della fattispecie che rendono efficiente una soluzione di mercato; in altri ancora, per considerazioni che attengono alla natura dell'emittente.

2.3.1. *La sproporzione tra i costi di* compliance *e le caratteristiche dell'operazione.* — Esenti dalla disciplina generale sono, anzitutto, le offerte al pubblico rivolte a un numero di investitori non qualificati inferiore a centocinquanta (art. 1, par. 4, lett. *b*, Regolamento Prospetto; art. 34-*ter*, co. 1, lett. *a*, Regolamento Emittenti) o aventi per oggetto prodotti finanziari il cui corrispettivo totale per ciascuna offerta nell'Unione europea, calcolato su un periodo di 12 mesi, sia inferiore a 8 milioni di euro (artt. 34-*ter*, co. 01 e co. 1, lett *c*, Regolamento Emittenti; art. 1, co. 3, Regolamento Prospetto), secondo una regola applicabile anche per la raccolta di capitali mediante *crowdfunding* (art. 100-*ter*, co. 1, TUF; *supra*, n. 1.3.). Palese risulta, in simili ipotesi, la possibile eccedenza dei costi di *compliance* rispetto ai benefici per l'emittente del ricorso al mercato dei capitali e, pertanto, la ragionevolezza di un'eccezione alla regola generale.

Parimenti orientata a evitare eccessivi costi di *compliance* è la complessa disciplina sulle offerte al pubblico collegate a un'ulteriore operazione (sostituzione di azioni già emesse, acquisizione mediante offerta pubblica di scambio, fusioni e scissioni, corresponsione di dividendi mediante attribuzione di azioni: art. 1, par. 4, lett. *e, f, g* e *h*, Regolamento Prospetto): quando necessario, in tali ipotesi la disciplina di trasparenza viene limitata a un documento informativo funzionalmente equivalente al prospetto, ma non soggetto alla relativa disciplina.

2.3.2. *Le fattispecie che rendono efficiente una soluzione di mercato.* — In conformità a una lunga tradizione, la deroga di maggiore rilevanza esonera dalla disciplina di trasparenza le offerte esclusivamente destinate a investitori qualificati (c.d. *collocamento privato*: art. 1, par. 4, lett. *a*, Regolamento Prospetto; art. 100, co. 1, lett. *a*, TUF; art. 34-*ter*, co. 1, lett. *b*, Regolamento Emittenti). Le caratteristiche professionali di tali investitori consente, infatti, di presupporre una più ridotta asimmetria informativa rispetto all'emittente e, soprattutto, la capacità di gestire contrattualmente la disparità di informazioni con costi di transazione non troppo elevati. Di qui — nelle parole di una famosa sentenza della Corte Suprema degli Stati Uniti — la possibilità per gli investitori di "cavarsela da soli" e, per conseguenza, il venir meno della necessità della tutela offerta dall'obbligo di prospetto e dalla disciplina dell'offerta, forieri unicamente di costi inutili. In una simile ipotesi, decisiva è, naturalmente, la definizione di investitore qualificato, essendo del tutto evidente come una nozione lasca possa dare adito a facili abusi. Anche nella prospettiva di « ridurre la complessità e i costi per le imprese di investimento quando effettuano collocamenti privati » (così il considerando n. 7 della Direttiva 2010/73/UE), nel diritto vigente sono considerati investitori qualificati i soggetti identificati come clienti professionali dalla MiFID II (per esempio, banche, imprese di investimento, SGR, imprese di assicurazioni, imprese di grandi dimensioni, governi nazionali e regionali, nonché altri soggetti che, nel ricorrere di determinati presupposti, chiedano di essere trattati come clienti professionali: art. 2, lett. *e*, Regolamento Prospetto; art. 34-*ter*, co. 1, lett. *b*, Regolamento Emittenti), secondo i rigorosi requisiti che verranno esaminati in dettaglio nella trattazione dedicata agli intermediari (*infra*, parte III, cap. II, n. 2.1.).

L'esperienza storica delle grandi *débâcle* finanziarie di inizio millennio rende, peraltro, consapevoli della facile possibilità offerta dall'esenzione in esame per eludere la disciplina dell'offerta al pubblico. Nella misura in cui i prodotti finanziari sottoscritti o acquistati da banche e imprese di investimento siano rivenduti in modo sistematico a investitori non professionali nel contesto della prestazione di un servizio di investimento, viene, infatti, a determinarsi una situazione sostanzialmente identifica all'offerta al pubblico, senza, tuttavia, le tutele assicurate dalla pubblicazione del prospetto e dalla disciplina dell'offerta. Al fine di prevenire le potenziali conseguenze negative di un tale comportamento, la disciplina vigente interviene su di un duplice livello. Da un lato, la rivendita successiva viene riclassificata come offerta al pubblico (art. 5, par. 1, Regolamento Prospetto; art. 100-*bis*, co. 2, TUF), in tal modo esponendo il dante causa alla grave sanzione amministrativa prevista dall'art. 191, co. 1, TUF per l'offerta al pubblico effettuata in violazione delle prescrizioni di legge. Per altro verso, al contratto traslativo del prodotto finanziario viene comminata la nullità, che può, tuttavia, essere fatta valere soltanto dall'acquirente « che agisce per scopi estranei all'attività imprenditoriale o professionale », ferma, in ogni caso, la garanzia del dante causa per la solvenza del debitore prevista dagli artt. 2412, co. 2, 2483, co. 2, e 2526, co. 4, c.c. (art. 100-*bis*, co. 1 e 2, TUF). Introdotta dall'art. 11, co. 2, l. 262/05, la regola ha formato oggetto di numerose modifiche non sempre rigorose, come fatto palese, per esempio, dalla curiosa previsione che attribuisce la legittimazione a far valere la nullità relativa a chi agisce per scopi estranei all'attività imprenditoriale e professionale, anziché, come sarebbe stato più proprio, all'investitore non qualificato. Nondimeno, in virtù della norma la censurabile prassi di utilizzare il collocamento privato come strumento per eludere la disciplina sull'offerta pubblica può considerarsi, a oggi, venuta meno.

Una *ratio* analoga a quella sottesa alla deroga nel caso di collocamento privato fonda, infine, l'esenzione nell'ipotesi di emissioni relative a titoli con "taglio minimo" di 100.000 euro (art. 1, par. 4, lett. *c* e *d*, Regolamento Prospetto; art. 34-*ter*, co. 1, lett. *d* ed *e*, Regolamento Emittenti). Pur nel rischio di *underinclusion* che strutturalmente si accompagna alla scelta di una *rule* (*supra*, parte I, cap. III, n. 2.2.), la rilevante entità dell'impegno finanziario connesso a tali prodotti consente, infatti, di annoverare i relativi investitori tra coloro che hanno la possibilità di "cavarsela da soli".

2.3.3. *Le caratteristiche dell'emittente.* — La deroga alla disciplina generale può, da ultimo, discendere dalle caratteristiche dell'emittente, secondo una scelta normativa argomentabile da una pluralità di ragioni e, in taluni casi, evidentemente influenzata dalle dinamiche politiche proprie del processo di formazione della disciplina europea e delle previsioni regolamentari.

Più in particolare, sono esenti dall'applicazione della disciplina generale, anzitutto, le offerte di obbligazioni emesse o garantite da Stati sovrani appartenenti all'Unione europea o da organismi internazionali a carattere pubblico di cui facciano parte uno o più Stati membri dell'Unione europea (per esempio, la Banca europea per gli investimenti), nonché gli strumenti finanziari emessi dalla Banca Centrale Europea o dalle banche centrali nazionali degli Stati membri dell'Unione europea (art. 1, par. 2, lett. *b* e *c*, Regolamento Prospetto) e i titoli « che beneficiano della garanzia incondizionata e irrevocabile di uno Sato membro » o di una sua articolazione territoriale (art. 1, par. 2, lett. *d*, Regolamento Prospetto). Il più ridotto rischio di insolvenza e, soprattutto, la necessità di un più flessibile ricorso al mercato dei capitali per finalità di politica monetaria o di gestione del debito pubblico, giustificano una simile esenzione.

Analoghe ragioni di flessibilità, connesse, tuttavia, al diverso profilo della raccolta di capitale da destinare agli impieghi, sono a fondamento della esenzione riconosciuta ai titoli di debito "semplici" (in particolare: che « non siano subordinati, convertibili o scambiabili » e « non conferiscano il diritto di sottoscrivere o acquisire altri tipi di titoli » né « siano collegati ad uno strumento derivato ») emessi « in modo continuo o ripetuto » da banche, qualora il corrispettivo aggregato totale nell'Unione sia inferiore a 75 milioni di euro « calcolati su un periodo di 12 mesi » (art. 1, par. 4, lett. *j*, Regolamento Prospetto). Parimenti esenti gli strumenti del mercato monetario (per esempio, certificati di deposito) emessi da banche con una scadenza inferiore ai dodici mesi (art. 100, co. 1, lett. *d*, TUF). Trova in tal modo un punto di equilibrio la tormentata vicenda della soggezione al regime dell'offerta al pubblico delle obbligazioni emesse dalle banche: originariamente sottratte *tout court* al regime di trasparenza, poi altrettanto radicalmente sottoposte al medesimo dall'art. 11, l. 262/05 e, infine, destinatarie del più equilibrato regime odierno.

Motivi di carattere latamente promozionale giustificano, infine, il regime applicabile alle imprese che intendano favorire l'accesso dei lavoratori all'azionariato, per le quali la disciplina generale non si applica « a condizione che sia reso disponibile un documento contenente informazioni sul numero e sulla natura » degli strumenti finanziari, nonché « sui motivi e sui dettagli dell'offerta » (art. 1, par. 4, lett. *i*, Regolamento Prospetto; art. 34-*ter*, co. 1, lett. *i*, Regolamento Emittenti). Analoga giustificazione trova l'esenzione prevista per gli enti *non profit* riconosciuti in uno Stato membro dell'Unione europea che emettano prodotti finanziari « al fine di procurarsi i finanziamenti necessari al raggiungimento dei propri scopi non lucrativi » (art. 1, par. 2, lett. *e*, Regolamento Prospetto; analogamente, art. 34-*ter*, co. 1, lett. *h*, Regolamento Emittenti).

3. Le strategie normative per assicurare la correttezza dell'informazione al mercato primario

L'effettività della disciplina di trasparenza è assicurata da una pluralità di strumenti di *enforcement*. La disciplina vigente prevede, in particolare, un articolato sistema che comprende: forme di controllo *ex ante*, pregiudiziali rispetto alla pubblicazione del prospetto; interventi nel corso dell'offerta al pubblico, qualora si renda necessario integrare le informazioni disponibili al mercato o interdire i possibili effetti della violazione delle norme in materia di prospetto; sanzioni *ex post*, nell'eventualità di un'avvenuta diffusione di informazioni false o incomplete. L'attuazione coattiva delle norme è affidata tanto a poteri pubblici — e, in particolare, alle autorità di vigilanza — (c.d. *public enforcement*), quanto a soggetti privati (c.d. *private enforcement*), con il riconoscimento di un peculiare ruolo ai prestatori di servizi professionali. Duplice è, infine, la funzione assolta da tale complesso sistema di attuazione coattiva: prevenire comportamenti illeciti, anche per il tramite della minaccia di una sanzione penale o pecuniaria; e compensare il pregiudizio economico eventualmente patito dagli investitori danneggiati.

Un sistema così articolato si spiega per le rilevanti esternalità negative che possono derivare dalla diffusione di informazioni false o incomplete e l'insufficienza dei singoli strumenti, in sé considerati, a realizzare compiutamente un *enforcement* adeguato. Nel contempo, la possibile sovrapposizione tra le diverse forme di intervento previste dalla disciplina vigente pone rilevanti problemi di efficienza e di giustizia: è efficiente che il medesimo comportamento sia oggetto di una pluralità di controlli o di sanzioni? È giusto che la medesima violazione comporti, nel contempo, sanzioni penali e amministrative?

3.1. *I controlli* ex ante

Prima di essere pubblicato, il prospetto informativo è soggetto a una pluralità di controlli. La disciplina vigente prevede che il prospetto non può essere pubblicato finché non è approvato dalla Consob (art. 20, par. 1, Regolamento Prospetto; art. 94, co. 2, TUF). Per altro verso, dopo aver imposto la revisione contabile all'ultimo bilancio e all'eventuale bilancio consolidato redatto dall'emittente, la medesima disciplina dispone che « l'offerta avente ad oggetto prodotti finanziari diversi dai » titoli è vietata se « il revisore legale o la società di revisione legale hanno espresso un giudizio negativo ovvero si sono dichiarati impossibilitati a esprimere un giudizio » (art. 96 TUF). Da ultimo, il responsabile del collocamento (*supra*, n. 1.2.) risponde per i « danni subiti dall'investitore che abbia fatto ragionevole affidamento sulla veridicità e completezza delle informazioni contenute nel prospetto », salva la prova « di aver adottato ogni diligenza allo scopo di assicurare che le informazioni in questione fossero conformi ai fatti e non presentassero omissioni tali da alterarne il senso » (art. 94, co. 5 e 7, TUF).

Il complesso sistema di controlli preventivi emergente da tali disposizioni lascia facilmente intendere la gravità delle conseguenze derivanti dalla pubblicazione di un prospetto falso o incompleto e, pertanto, la ragionevolezza di un intervento di prevenzione, pur nei significativi costi amministrativi che questo comporta. Meno immediata, di contro, la percezione della giustificazione di un duplice controllo, pubblico e privato, nonché del rapporto tra controlli privati e ruolo dell'autorità di vigilanza.

3.1.1. *Le strategie di* gatekeeping. — Subordinare alla collaborazione di un altro soggetto l'accesso a una determinata attività è una strategia comunemente impiegata per evitare comportamenti indesiderati. Così, per esempio, la necessità di una prescrizione medica consente di limitare l'abuso di farmaci o la presenza di un "buttafuori" davanti a un locale permette di impedire l'accesso a persone non gradite. Con una fortunata metafora, i soggetti che sono nelle condizioni di prevenire comportamenti indesiderati negando la propria collaborazione sono identificati come "guardiani dei cancelli" (*gatekeeper*).

Nel mercato dei capitali e, più in generale, nella disciplina dell'economia, il ruolo di *gatekeeper* è stato tradizionalmente affidato all'autorità pubblica. Autorevoli studiosi di analisi economica del diritto hanno, tuttavia, rilevato come possa essere più efficiente attribuire tale compito a professionisti privati, come, appunto, accade per revisori legali e responsabili del collocamento, secondo un modello che può essere esteso anche alle agenzie di *rating*. Diversamente da quanto accade per le autorità pubbliche, che sono titolari di un potere monopolistico e patiscono il rischio di "cattura" da parte dei soggetti regolati, valgono, infatti, per i *gatekeeper* privati meccanismi di mercato capaci di favorire una più elevata qualità del servizio: esercitando un'attività professionale che dipende in modo cruciale dalla reputazione di chi la esercita, i *gatekeeper* privati sono incentivati a far bene e disincentivati a porre in essere comportamenti negligenti o fraudolenti, che potrebbero gravemente compromettere l'indispensabile capitale reputazionale. Una simile impostazione e una rilevante azione di *lobbying* delle categorie professionali interessate sono all'origine delle scelte operate dall'ordinamento sul finire del secolo scorso, mantenute anche dopo che gli scandali di inizio millennio e la crisi finanziaria globale hanno fatto emergere i limiti del modello.

Confrontando poteri e responsabilità attribuiti a ciascuno, appare assai chiaro il carattere residuale del controllo operato dal soggetto pubblico rispetto alla rilevanza del compito dei *gatekeeper* privati. Nel diritto vigente, l'autorità di vigilanza accerta che la bozza di prospetto risponda « ai criteri di completezza, comprensibilità e coerenza necessari per la sua approvazione » (art. 20, par. 4, Regolamento Prospetto; nello stesso senso, art. 94-*bis*, co. 3, TUF, per il quale la Consob approva il prospetto « previa verifica della completezza, della coerenza e della comprensibilità delle informazioni fornite »); di contro, il responsabile del collocamento è tenuto a verificare la « veridicità e completezza » delle informazioni contenute nel prospetto (art. 94, co. 5 e 7, TUF), mentre il revisore legale è, in particolare, chiamato a esprimere « un giudizio sul bilancio che indica chiaramente se questo è conforme alle norme che ne disciplinano la redazione e se rappresenta in modo veritiero e corretto la situazione patrimoniale e finanziaria e il risultato economico dell'esercizio » (art. 14, co. 2, lett. *c*, d. lgs. 27 gennaio 2010, n. 39: d'ora in poi, "d. lgs. 39/10").

3.1.2. *Il rapporto tra controlli privati e approvazione dell'autorità di vigilanza.* — In un tale contesto, non è semplice spiegare la già ricordata previsione che subordina la pubblicazione del prospetto all'approvazione dell'autorità di vigilanza (*supra*, n. 3.1.), tanto più quando si consideri che « la mancata decisione da parte della Consob nei termini previsti » dalla disciplina applicabile « non costituisce approvazione del prospetto » (art. 94-*bis*, co. 3, TUF; analogamente art. 20, par. 2, Regolamento Prospetto) e la Consob ha un'ampia possibilità di contestare la completezza del prospetto e di richiedere informazioni supplementari (art. 20, par. 4, Regolamento Prospetto; art. 8, Regolamento Emittenti, pur con la previsione di tempistiche particolarmente serrate). Come giustificare, quindi, che da un compito — e da una conseguente responsabilità — limitati al controllo di completezza possa discendere la possibilità di interdire la pubblicazione di un prospetto già verificato, nei suoi aspetti sostanziali, da responsabile del collocamento e revisore legale?

Assumendo che il controllo di completezza debba essere inteso nel senso "forte" di un accertamento sulla sussistenza di tutte le informazioni rilevanti per un'adeguata valutazione del prodotto finanziario, il potere interdittivo della Consob può essere spiegato come presidio del rischio di una eccessiva benevolenza da parte dei *gatekeeper* privati verso l'emittente. L'esperienza degli scandali di inizio millennio e la crisi finanziaria globale hanno, infatti, ampiamente dimostrato la possibile precarietà delle dinamiche reputazionali nel gestire lo strutturale conflitto di interesse, dal quale sono afflitti *gatekeepers* pagati dagli emittenti che sono chiamati a controllare. Considerazioni di efficienza e principi generali dell'agire amministrativo consentono, nel contempo, di temperare il rischio di comportamenti irragionevoli da parte dell'autorità di vigilanza. Le previsioni che subordinano il potere della Consob di contestare la completezza del prospetto o richiedere integrazioni al ricorrere di « motivi ragionevoli » (art. 8, co. 1 e 4, Regolamento Emittenti), nonché, più in generale, la norma che impone alle autorità di vigilanza l'esercizio dei « poteri loro attribuiti in armonia con le disposizioni dell'Unione europea » (art. 2, co. 1, TUF) permettono, infatti, di presidiare il rischio di abusi mediante la possibilità di un ricorso alla tutela giurisdizionale.

3.2. *I poteri dell'autorità di vigilanza durante l'offerta*

Nella prospettiva di assicurare un'adeguata trasparenza anche dopo la pubblicazione del prospetto e interdire gli effetti di possibili violazioni della disciplina in materia di trasparenza, il diritto vigente attribuisce all'autorità di vigilanza penetranti poteri di intervento.

Più in particolare, la Consob può richiedere « agli emittenti, agli offerenti, ai revisori contabili e ai componenti degli organi sociali degli emittenti e degli offerenti, nonché agli intermediari incaricati del collocamento », a partire dalla data di trasmissione del prospetto per l'approvazione, « notizie e documenti necessari per l'informazione del pubblico » (artt. 97, co. 1, e 98-*quinquies*, TUF, richiamando l'art. 114, co. 5, TUF; analogamente, art. 32, par. 1, lett. *b* e *c*, Regolamento Prospetto), fatta salva per i destinatari la possibilità di opporsi alla richiesta con reclamo motivato (artt. 97, co. 1, e 98-*quinquies*, TUF, richiamando l'art. 114, co. 6, TUF). Per i titoli, l'autorità di vigilanza può addirittura « eseguire ispezioni o indagini in loco » per « avere accesso a documenti e ad altri dati in qualunque forma », qualora « vi sia il ragionevole sospetto » che in tal modo possa essere dimostrata una violazione della disciplina applicabile (art. 32, par. 1, lett. *n*, Regolamento Prospetto). Ulteriormente, la Consob può sospendere in via cautelare e vietare l'offerta, nel ricorrere, rispettivamente, di un fondato sospetto o di accertata violazione delle norme in materia di prospetto (art. 99, co. 1, lett. *a-d*, TUF; analogamente, art. 32, par. 1, lett. *d* e *f*, Regolamento Prospetto). Tale potere sussiste, in situazioni estreme, anche nel caso di offerta in Italia di titoli sulla base di un prospetto approvato dall'autorità competente di un altro Stato membro. Se, infatti, di regola, si limita a comunicare all'autorità competente eventuali irregolarità riscontrate in Italia, nel caso di permanenza delle irregolarità comunicate la Consob può adottare « tutte le misure opportune per tutela gli investitori », « dopo averne informato l'autorità competente dello Stato membro di origine e l'ESMA ». Di tali misure la Consob informa « senza indebito ritardo la Commissione e l'ESMA » (art. 37, par. 2, Regolamento Prospetto).

3.3. *Le sanzioni*

Le disposizioni in materia di informazione al mercato primario sono assistite da un articolato sistema di sanzioni di tipo penale, amministrativo e civile. Contenuta in disposizioni normative spesso di modesta fattura e, in taluni casi, di ridotta portata, la disciplina sanzionatoria assolve a una duplice funzione: di *prevenzione generale*, nell'interesse pubblico all'integrità dei mercati, e di *compensazione*, nell'interesse privato dei singoli investitori danneggiati da comportamenti posti in essere in violazione della disciplina primaria.

3.3.1. *Le disposizioni penali e amministrative.* — Mentre l'omissione degli adempimenti di trasparenza — in particolare: la mancata pubblicazione del prospetto e la non conformità del prospetto agli schemi regolamentari — è colpita esclusivamente da sanzioni amministrative (art. 191, co. 1 e 2, TUF; in senso analogo, art. 38, par. 1, lett. *a*, Regolamento Prospetto), la falsità o l'incompletezza delle dichiarazioni rese al mercato primario sono destinatarie di norme sia amministrative che penali. In particolare, la disciplina vigente sanziona con la reclusione da uno a cinque anni chiunque nei prospetti richiesti per l'offerta al pubblico di prodotti finanziari « espone false informazioni od occulta dati o notizie in modo idoneo a indurre in errore », « allo scopo di conseguire per sé o per altri un ingiusto profitto » e « con l'intenzione di ingannare i destinatari » (art. 173-*bis* TUF). Più generica, di contro, la fattispecie prevista per la sanzione amministrativa applicabile ogni volta che risulti violata la generale previsione sull'obbligo di inserire nel prospetto tutte le informazioni necessarie per «una valutazione con cognizione di causa» sul prodotto finanziario offerto (art. 6, par. 1, richiamato dall'art. 38, par. 1, lett. *a*, Regolamento Prospetti). In tal caso, le persone fisiche sono punite «con la sanzione amministrativa pecuniaria da cinquemila euro fino a settecentocinquantamila euro » (art. 191, co. 2, TUF), mentre agli enti si applica «la sanzione amministrativa pecuniaria da cinquemila euro fino a cinque milioni di euro, ovvero fino al tre per cento del fatturato, quando tale importo è superiore a euro cinque milioni e il fatturato è determinabile (art. 191, co. 1, TUF; pur con importi differenti, analogamente, con riguardo all'offerta di quote o azioni di Oicr aperti, art. 191-*ter* TUF). In via accessoria, sono, altresì, disposte rilevanti sanzioni interdittive, che la disciplina europea non prevede, ma consente agli Stati membri di aggiungere alle misure minime previste in sede regolamentare (art. 38, par. 3, Regolamento Prospetto): per esempio, la perdita temporanea dei requisiti di onorabilità previsti per gli esponenti aziendali degli intermediari abilitati e l'incapacità temporanea ad assumere incarichi di amministrazione, direzione e controllo nell'ambito di società quotate o con titoli diffusi tra il pubblico in maniera rilevante, nonché di società appartenenti al medesimo gruppo (art. 191-*bis*, co. 1, TUF).

I rigidi presupposti della fattispecie incriminatrice — in particolare: la singolare combinazione di dolo specifico e dolo intenzionale — e la breve prescrizione del delitto (sei anni: art. 157, co. 1, c.p.) sollevano, tuttavia, numerose perplessità sull'effettiva funzione deterrente della disposizione penale. Più rilevanti paiono, a questi fini, le sanzioni amministrative pecuniarie, destinate a colpire anche le persone giuridiche da cui dipendono i soggetti attivi, in virtù della disciplina europea appena ricordata e della regola di solidarietà prevista dal diritto comune (art. 6, co. 3, l. 24 novembre 1981, n. 689). Risulta confermata, in questa prospettiva, la tradizionale impostazione di *law and economics* — formulata per la prima volta da Gary Becker (1930-2014), Premio Nobel per l'economia nel 1992 — che in ambito economico-finanziario privilegia come maggiormente efficienti le sanzioni amministrative. La capacità afflittiva delle previsioni di legge, i poteri di indagine riconosciuti alla Consob (*supra*, n. 3.2.) e la possibilità di parametrare l'importo della sanzione a quello del vantaggio conseguito con la violazione consentono, infatti, alle sanzioni amministrative di assolvere a un'adeguata funzione di deterrenza, con un costo di *enforcement*, tuttavia, assai più ridotto rispetto alle norme penali, non vigendo le garanzie previste per queste ultime e bastando la colpa come criterio di imputazione della responsabilità.

La disciplina europea consente, in ogni caso, agli Stati membri di mantenere la disciplina penale e addirittura di escludere le sanzioni amministrative per le fattispecie considerate penalmente rilevanti (art. 38, par. 1, Regolamento Prospetto). Qualora, come avviene in Italia, sia previsto un "doppio binario", la comparabilità tra *enforcement* amministrativo e penale solleva, tuttavia, il problema della possibile duplicazione della sanzione per il medesimo comportamento. Recenti orientamenti della Corte europea dei diritti dell'uomo e della Corte di Giustizia, da ultimo confermati dalla nostra Corte costituzionale, lasciano, infatti, intendere che sanzioni amministrative a elevato contenuto afflittivo sono da equiparare a sanzioni penali, con la conseguente impossibilità di ricorrere alle une quando le altre siano già state irrogate, per il principio del *ne bis in idem* sostanziale (art. 4, par. 1, Protocollo n. 7, Convenzione europea dei diritti dell'uomo; art. 50 Carta dei diritti fondamentali dell'Unione europea).

3.3.2. *La responsabilità da prospetto.* — Al fine di offrire agli investitori una compensazione per la diminuzione patrimoniale patita a seguito della diffusione di informazioni false o incomplete e in adempimento della prescrizione europea di "armonizzazione minima" (art. 11 Regolamento Prospetto), l'ordinamento vigente disciplina positivamente la c.d. responsabilità da prospetto, già oggetto nell'ultimo trentennio di un vasto dibattito dottrinale.

Emittente e offerente, nonché « le persone responsabili di talune parti delle informazioni contenute nel prospetto », sono chiamate a rispondere, «queste ultime limitatamente a tali parti, dei danni subiti dall'investitore che abbia fatto ragionevole affidamento sulla veridicità e completezza delle informazioni contenute nel prospetto », salva la prova « di aver adottato ogni diligenza allo scopo di assicurare che le informazioni in questione fossero conformi ai fatti e non presentassero omissioni tali da alterarne il senso » (art. 94, co. 5, TUF). Il regime è esteso al responsabile del collocamento, chiamato a rispondere « per informazioni false o per omissioni idonee ad influenzare le decisioni di un investitore ragionevole », a meno che « provi di aver adottato » la medesima diligenza richiesta all'emittente (art. 94, co. 7, TUF: c.d. *due diligence defense*). Per l'esercizio delle azioni risarcitorie è fissato un termine di « cinque anni dalla pubblicazione del prospetto, salvo che l'investitore provi di avere scoperto le falsità delle informazioni o le omissioni nei due anni precedenti l'esercizio dell'azione » (art. 94, co. 9, TUF). Da ultimo, la nota di sintesi non può essere, in quanto tale, fonte di responsabilità, salvo che, se letta insieme con le altre parti del prospetto, risulti « fuorviante, imprecisa o incoerente » oppure non offra «le informazioni chiave per aiutare gli investitori al momento di valutare l'opportunità di investire nei titoli» offerti (art. 94, co. 8, TUF, riprendendo testualmente l'art. 11, par. 2, Regolamento Prospetto).

La modesta fattura tecnica delle norme rende la disciplina in esame particolarmente problematica e costringe l'interprete a un notevole sforzo ermeneutico. La criticità probabilmente più vistosa attiene alla previsione che attribuisce la legittimazione attiva all'« investitore che abbia fatto ragionevole affidamento sulla veridicità e completezza delle informazioni contenute nel prospetto » (art. 94, co. 5, TUF) o le cui decisioni siano state influenzate dalle « informazioni false » o dalle « omissioni » contenute nel prospetto (art. 94, co. 7, TUF). Per le ragioni già discusse in precedenza (*supra*, cap. I, n. 2.3.), infatti, nella maggior parte delle fattispecie concrete un affidamento ingenerato da un prospetto falso o incompleto non corrisponde al dato reale. Di qui l'impossibilità di allegare e provare un elemento costitutivo della pretesa per tutti gli investitori che non abbiano letto e compreso il prospetto, secondo un esito paradossale normalmente evitato dalla giurisprudenza con un improprio ricorso a presunzioni semplici o *fictiones iuris*. Parimenti critica — in senso esattamente opposto — risulta, poi, la previsione sul termine per l'esercizio dell'azione. La deroga al termine quinquennale di prescrizione, qualora « l'investitore provi di avere scoperto le falsità delle informazioni o le omissioni nei due anni precedenti l'esercizio dell'azione » (art. 94, co. 9, TUF), consente, infatti, una sorta di rimessione in termini biennale, indipendentemente dal momento in cui l'investitore abbia scoperto la falsità o l'omissione, così determinando una imprescrittibilità *de facto* dell'azione e, quindi, un incontrollato aumento del rischio di contenzioso per i legittimati passivi. Priva di particolare significato è, infine, la previsione di una prova liberatoria per emittente e offerente: sembra, infatti, davvero improbabile che il maggior conoscitore di quanto forma oggetto di comunicazione al mercato possa dimostrare « di aver adottato ogni diligenza allo scopo di assicurare che le informazioni in questione fossero conformi ai fatti e non presentassero omissioni tali da alterarne il senso » (art. 94, co. 5, TUF). Nel contempo, a differenza di quanto accade in altri ordinamenti giuridici, risultano totalmente ignorati alcuni problematici profili di disciplina: i criteri per determinare il ristoro patrimoniale dovuto all'investitore danneggiato; la diligenza dovuta dal responsabile del collocamento in presenza di un precedente intervento di verifica da parte di un altro professionista (per esempio, il revisore legale del bilancio); la precisa identificazione delle « persone responsabili delle informazioni contenute nel prospetto » (art. 94, co. 5, TUF), di per sé assai numerose (si pensi, per esempio, al dirigente preposto alla redazione dei documenti contabili o allo studio legale che predispone le informazioni relative al contenzioso giudiziario dell'emittente), ma normalmente individuate nella prassi con la semplice indicazione dell'emittente, così da svuotare la portata precettiva della norma.

In tale contesto, sufficientemente complesso da suggerire un intervento di modifica legislativa, l'interprete può ricondurre la disciplina a ordine solo in parte. Sulla scorta di quanto discusso in precedenza con riguardo alla funzione del prospetto (*supra*, n. 2.1.1.), il « ragionevole affidamento » dell'investitore « sulla veridicità e completezza delle informazioni contenute nel prospetto » (art. 94, co. 5, TUF) può essere identificato nel procedimento di formazione del prezzo di mercato, così da chiamare l'emittente o l'offerente a rispondere della discrasia tra il prezzo al quale hanno concluso l'investimento e quello che il mercato avrebbe determinato in assenza dall'informazione non corretta. Del pari, la diligenza richiesta per la prova liberatoria del responsabile del collocamento può essere limitata alla diligenza ordinaria nel caso di contestuale intervento di un altro professionista, così, per esempio, da consentire al responsabile del collocamento di andare esente da responsabilità quando il revisore legale abbia espresso un giudizio positivo sul bilancio e non sussistano elementi che *prima facie* consentano di dubitare di tale valutazione.

Rimane, peraltro, impregiudicata l'applicabilità delle norme di diritto comune. Da quest'angolo visuale, la possibilità di ricondurre la redazione e la pubblicazione del prospetto a un atto di gestione apre la strada all'applicazione delle norme di diritto societario sulla responsabilità degli organi di amministrazione (artt. 2395, 2409-*undecies* e 2476, co. 7, c.c.) e di controllo (artt. 2407, co. 3, e 2409-*terdecies*, co. 3, c.c.), nonché delle previsioni sulla responsabilità dei revisori legali (art. 15 d. lgs. 39/10). Nei limiti che discendono dal contenuto del controllo e dalla norma che circoscrive la responsabilità delle autorità di vigilanza e dei suoi dipendenti ai « danni cagionati da atti o comportamenti posti in essere con dolo o colpa grave » (art. 24, co. 6-*bis*, l. 262/05), è, altresì, configurabile una responsabilità della Consob *ex* art. 2043 c.c.

Un'ultima considerazione richiede, infine, la possibile sproporzione tra il pregiudizio patrimoniale patito dal singolo investitore e i costi di transazione connessi all'instaurazione di una controversia. Alcuni ordinamenti da tempo prevedono strumenti di natura tecnico-politica capaci di consentire una adeguata gestione dei costi, altrimenti proibitivi, necessari per l'assistenza legale: la possibilità per il singolo investitore di promuovere una causa anche per conto di tutti gli aderenti a un offerta pubblica (c.d. *class action*) e, per altro verso, la liceità dell'accordo tra cliente e avvocato che ne stabilisce il compenso in una parte delle somme recuperate in giudizio (c.d. patto di quota lite o *contingent fees*). Innovando rispetto a una disciplina assai poco applicata, nel nostro ordinamento una recente novella al codice di procedura civile ha introdotto una disciplina dell'azione di classe e un meccanismo di remunerazione del difensore potenzialmente capaci di assicurare un'efficace tutela degli investitori danneggiati. Superando i più angusti limiti dell'azione di classe disciplinata dal previgente art. 140-*bis* cod. cons., il nuovo regime consente, infatti, la tutela collettiva di « diritti individuali omogenei » (art. 840-*bis*, co. 1, c.p.c.): esperibile da un ente esponenziale o da « ciascun componente della classe » (art. 840-*bis*, co. 2, c.p.c.); « nei confronti di imprese » in relazione ad « atti o comportamenti posti in essere nello svolgimento delle rispettive attività » (art. 840-*bis*, co. 3, c.p.c.); « per l'accertamento della responsabilità e per la condanna al risarcimento del danno e alle restituzioni » (art. 840-*bis*, co. 2, c.p.c.). Oltre al compenso determinato secondo i parametri ministeriali (art. 840-*octies*, co. 6, c.p.c.), in caso di esito favorevole la nuova disciplina prevede, altresì, un sistema "premiale" per il difensore del ricorrente, al quale è riconosciuto un importo parametrato alle caratteristiche e alle dimensioni della controversia, che il resistente soccombente deve corrispondergli direttamente in aggiunta alle somme dovute ai componenti della classe (art. 840-*novies*, co. 6, c.p.c.).

4. L'informazione al mercato secondario

La diffusione al mercato dell'informazione relativa all'emittente e ai prodotti finanziari offerti al pubblico risulta cruciale anche nella fase successiva all'emissione. Come discusso in precedenza (*supra* cap. I, n.

2), la trasparenza delle informazioni consente, infatti, di evitare fenomeni di selezione avversa in sede di negoziazione, così favorendo la formazione di prezzi "corretti" e, quindi, un adeguato costo del capitale. Da un differente angolo visuale, la diffusione dell'informazione al mercato secondario assicura, altresì, parità di trattamento a tutti gli investitori, escludendo in radice la possibilità di utilizzare informazioni non pubbliche per conseguire un profitto esclusivamente basato sulla propria superiorità informativa (c.d. *abuso di informazioni privilegiate*). Risulta così rafforzata la fiducia nell'integrità del mercato dei capitali, a tutto beneficio « di crescita e di benessere economico » (così il considerando n. 1 della MAD II).

Per tale ultima ragione, la disciplina giuridica dell'informazione al mercato secondario risulta tradizionalmente connessa alla normativa sugli abusi di mercato, secondo quanto ancor oggi fatto palese da alcune previsioni contenute in MAD II e MAR. Come dimostrato dalla Direttiva *Transparency*, la necessità di assicurare l'efficienza informativa del mercato dei capitali ogni qual volta le regole del diritto societario comune non siano sufficienti, costituisce, nondimeno, il fondamento più proprio della disciplina speciale sull'informazione al mercato secondario: la diffusione dell'informazione favorisce la liquidità del mercato delle negoziazioni di strumenti finanziari già emessi, che, a sua volta, ne aumenta la capacità di esprimere prezzi "corretti". Si comprende, in questa prospettiva, la ragione per la quale destinatari immediati delle norme di trasparenza siano gli strumenti finanziari oggetto di quotazione su di un mercato regolamentato o scambiati in sistemi di negoziazione alternativi su richiesta o autorizzazione dell'emittente: come si è illustrato in precedenza (*supra*, parte I, cap. I, n. 3.2.3.), queste sono, infatti, le strutture istituzionali propriamente ordinate alla creazione di un mercato secondario liquido. A fini di maggiore tutela degli investitori, la fattispecie rilevante è, peraltro, tradizionalmente allargata ai cc.dd. *strumenti finanziari diffusi tra il pubblico* in maniera rilevante, così da assicurare parità di trattamento ed efficienza informativa qualora la diffusione quantitativa di strumenti finanziari tra il pubblico sia in grado di fondare l'esistenza di un mercato secondario.

Preceduta dalle disposizioni generali introdotte dalla Direttiva *Transparency* con riguardo a tutte le informazioni regolamentate, la disciplina vigente può essere articolata in due ambiti: da un lato, le regole destinate ad assicurare la tempestiva diffusione delle informazioni capaci di influire sul prezzo di mercato di un determinato strumento finanziario (c.d. *informazioni privilegiate* o *price sensitive*; si parla, in tal caso di *informazione continua*); dall'altro, la disciplina sull'*informazione periodica* e sulle altre informazioni relative all'emittente che possono consentire al mercato secondario un adeguato *pricing* degli strumenti finanziari negoziati. Come per la disciplina dell'offerta al pubblico, le norme positive di rango primario e secondario sono in gran parte di derivazione europea, trovando la loro fonte nel MAR e nella Direttiva *Transparency*. In virtù di tale origine, alcune disposizioni si applicano non solo ai soggetti italiani o esteri che emettono strumenti finanziari quotati nei mercati regolamentati italiani (c.d. *emittenti quotati*: art. 1, co. 1, lett. *w*, TUF), ma anche a un più vasto novero che comprende, ulteriormente: gli emittenti con sede in Italia, i cui valori mobiliari sono ammessi alle negoziazioni in mercati regolamentati di altro Stato membro dell'Unione europea; e gli emittenti avente sede in uno Stato non appartenente all'Unione europea, i cui valori mobiliari sono connessi all'Italia in conformità ai criteri di collegamento previsti dalla legge (c.d. *emittenti quotati aventi l'Italia come Stato membro d'origine*: art. 1, co. 1, lett. *w-quater*, TUF).

4.1. *La disciplina delle informazioni privilegiate*

Al fine di assicurare la corretta formazione dei prezzi e, nel contempo, prevenire comportamenti di *insider dealing*, la disciplina europea in materia di abusi di mercato pone in capo agli emittenti di strumenti finanziari negoziati su mercati regolamentati l'obbligo di comunicare « al pubblico, quanto prima possibile, le informazioni privilegiate che riguardano direttamente detto emittente » (art. 17, par. 1, MAR). Il medesimo obbligo sussiste nel caso di strumenti finanziari negoziati sui sistemi di *trading* alternativi (in particolare: sistemi multilaterali di negoziazione o sistemi organizzati di negoziazione), qualora i relativi emittenti ne abbiano autorizzato la negoziazione (art. 17, par. 1, MAR; art. 114, co. 12, lett. *b* e *c*, TUF).

4.1.1. *La nozione di informazione privilegiata.* — Elemento fondamentale della disciplina è la definizione di informazione privilegiata. La complessa fattispecie normativa tenta di bilanciare le istanze di inclusività sottese allo *standard* utilizzato nella nozione di base con l'urgenza di una sufficiente certezza definitoria, chiaramente emergente dalle ulteriori previsioni dirette a precisarla.

In termini generali, la disciplina europea identifica come privilegiata l'« informazione avente un carattere preciso, che non è stata resa pubblica, concernente, direttamente o indirettamente » un emittente o uno strumento finanziario, « che, se resa pubblica, potrebbe avere un effetto significativo » sul prezzo del relativo strumento finanziario o « di strumenti finanziari derivati collegati » (art. 7, par. 1, lett. *a*, MAR).

Dei quattro elementi che fondano il carattere privilegiato dell'informazione — precisione, natura privata, oggetto e idoneità a influire in modo significativo sul prezzo (c.d. *price sensitivity*) -, natura privata e oggetto presentano una fattispecie sufficientemente definita. Il carattere privato dell'informazione può, infatti, ritenersi ricorrere in presenza di una distribuzione asimmetrica dell'informazione tra il titolare e ogni altro partecipante al mercato. rimanendo solo da chiarire quando l'informazione possa dirsi conosciuta dal mercato, così da diventare pubblica. Con orientamento non giustificato da una specifica indicazione normativa e che pare eccessivamente rigido, la Consob considera pubblica solo l'informazione comunicata dall'emittente al mercato nel rispetto delle modalità previste dalla disciplina di attuazione del MAR. Quanto all'oggetto, l'utilizzo degli avverbi « direttamente o indirettamente » chiarisce che le informazioni rilevanti possono riguardare l'emittente (c.d. *corporate information*: per esempio, la conclusione di un importante contratto con un cliente straniero) ovvero il contesto del mercato di riferimento (c.d. *market information*: per esempio, la scoperta di una nuova tecnologia produttiva che rende obsoleto il processo utilizzato dall'emittente). Solo le prime formano oggetto dell'obbligo di comunicazione gravante sull'emittente, essendo esplicita la limitazione della previsione alle sole « informazioni privilegiate che » lo « riguardano direttamente » (art. 17, par. 1, MAR); entrambe sono, invece, rilevanti ai fini della disciplina dell'abuso di informazioni privilegiate (art. 8, par. 1, MAR).

Assai più complessa è l'esatta identificazione dei requisiti di precisione e *price sensitivity*. Con espressioni assai faticose, la norma europea fa dipendere il carattere preciso dell'informazione da due elementi concorrenti: il « riferimento a una serie di circostanze » (o a un evento) « esistenti o che si può ragionevolmente ritenere che vengano a prodursi »; e la circostanza che l'informazione sia « sufficientemente specifica da permettere di trarre conclusioni sul possibile effetto » di tali circostanze (o evento) « sui prezzi degli strumenti finanziari » (art. 7, par. 2, MAR). Il riferimento a circostanze esistenti o ragionevolmente probabili consente di comprendere tanto i fatti storici "compiuti" (per esempio, il trasferimento di un fuoriclasse in una società calcistica quotata), quanto quelli nel ricorrere dei quali è ragionevole prevedere il successivo verificarsi del fatto "compiuto" (per esempio, l'accordo economico raggiunto tra il *manager* del calciatore e l'amministratore delegato della società). Una simile valutazione comporta, naturalmente, un rilevante margine di discrezionalità, che può essere circoscritto utilizzando il criterio del "più probabile che no": è ragionevole prevedere un evento che ha una probabilità di verificarsi superiore al 50%, salva la rilevanza, in senso contrario, di elementi capaci di contraddire la conclusione che discenderebbe secondo l'*id quod plerumque accidit* (così, per esempio, l'accordo economico tra il *manager* del calciatore e l'amministratore delegato della società consente, secondo la normalità delle cose, di concludere per la ragionevole probabilità del trasferimento, ma la notoria volubilità del calciatore interessato può giustificare una valutazione opposta). La necessità che l'informazione sia « sufficientemente specifica da permettere di trarre conclusioni sul possibile effetto » di tali circostanze (o evento) « sui prezzi degli strumenti finanziari » (art. 7, par. 2, MAR) contribuisce ulteriormente a contenere la discrezionalità dell'interprete. I fatti rilevanti sono, infatti, solo quelli idonei a influenzare il prezzo. Anche in tal caso, un approccio probabilistico può aiutare a dirimere possibili incertezze: la serie di circostanze (o l'evento) possono considerarsi specifici se "più probabilmente che no" sono in grado di rilevare nella determinazione del prezzo di mercato in conformità all'*id quod plerumque accidit* (così, per esempio, il trasferimento di un fuoriclasse a una società calcistica quotata determina, nella normalità dei casi, aspettative positive sulle *performance* che possono giustificare un aumento del prezzo delle relative azioni).

Così chiarito il significato di sufficiente specificità, identificare esattamente l'ulteriore requisito della *price sensitivity* risulta, tuttavia, problematico: individuare come tale l'informazione che « un investitore ragionevole probabilmente utilizzerebbe come uno degli elementi su cui basare le proprie decisioni di investimento » (art. 7, par. 4, MAR), appare, infatti, una ripetizione del requisito di precisione appena esaminato. Una possibile soluzione sembra, nondimeno, passare per un considerazione del carattere preciso come oggetto di una valutazione in astratto e della *price sensitivity* come oggetto di una valutazione in concreto: un'informazione che in astratto sarebbe precisa può non essere *price sensitive* quando sussistono circostanze che, nel caso specifico, escludono tale qualifica (così, per esempio, il trasferimento del fuoriclasse potrebbe in concreto non risultare *price sensitive* nel ricorrere di un provvedimento sanzionatorio che facesse retrocedere la società interessata in un torneo di infima categoria, in tal modo riducendo la popolarità della squadra e, per conseguenza, le *performance* della società).

Particolarmente delicato risulta l'accertamento del carattere privilegiato dell'informazione in presenza di fatti che si perfezionano nel tempo (c.d. fattispecie a formazione progressiva: per esempio, una fusione tra società): in tale ipotesi, infatti, occorre chiarire se siano da comunicare anche i passaggi intermedi (nell'esempio: la decisione del consiglio di amministrazione) o se, di contro, si debba attendere il fatto finale (nell'esempio: l'atto di fusione). Il problema trova oggi soluzione in conformità alla regola affermata dalla giurisprudenza della Corte di Giustizia: « una tappa intermedia in un processo prolungato è considerata un'informazione privilegiata » se sussistono al riguardo i criteri previsti dalla disciplina generale (art. 7, par. 3, MAR).

4.1.2. *Le modalità di diffusione e la disciplina del ritardo nella comunicazione.* — Le informazioni privilegiate sono rese pubbliche « secondo modalità che consentano un accesso rapido e una valutazione completa, corretta e tempestiva » da parte del pubblico (art. 17, par. 1, MAR). Norme tecniche di attuazione, elaborate dall'ESMA e richiamate dalle norme domestiche (art. 114, co. 1, TUF), disciplinano gli aspetti di dettaglio (artt. 2 e 3, Regolamento di esecuzione (UE), 2016/1055: d'ora in poi, "Regolamento di esecuzione MAR").

Nella consapevolezza del possibile conflitto tra esigenze di efficienza informativa del mercato e urgenze di riservatezza dell'emittente, la disciplina europea riconosce a quest'ultimo la facoltà — « sotto la sua responsabilità » — di « ritardare la comunicazione al pubblico di informazioni privilegiate » (art. 17, par. 4, MAR). Tale possibilità è subordinata, tuttavia, a una triplice condizione: la sussistenza di un probabile pregiudizio che la comunicazione immediata potrebbe cagionare ai legittimi interessi dell'emittente (come accade, per esempio, quando la comunicazione al pubblico potrebbe compromettere l'esito di « negoziazioni in corso »: così il considerando n. 50 del MAR); la ragionevole probabilità che il ritardo nella comunicazione non comporti « l'effetto di fuorviare il pubblico »; e, infine, la capacità dell'emittente di « garantire la riservatezza » dell'informazione privilegiata della quale è ritardata la comunicazione (art. 17, par. 4, MAR). Come appare chiaro, nel bilanciamento di interessi operato dalla disciplina l'efficienza informativa e l'integrità del mercato tendono a prevalere sulla riservatezza dell'emittente: nel caso di una possibile confusione del pubblico o a fronte del rischio di una circolazione selettiva dell'informazione privilegiata, la facoltà di ritardare la comunicazione non può essere esercitata. La conclusione è confermata dal monitoraggio che la disciplina prevede sia effettuato dalla competente autorità di vigilanza. Al fine di consentire una verifica *ex post*, la ritardata comunicazione deve, infatti, essere notificata all'autorità di vigilanza, « immediatamente dopo che le informazioni sono state comunicate al pubblico » e con la specifica indicazione per iscritto delle circostanze che la giustificano (art. 17, par. 4, MAR; art. 4 Regolamento di esecuzione MAR). Nel contempo, in una logica di prevenzione *ex ante*, l'autorità di vigilanza può « adottare tutte le misure necessarie a garantire che il pubblico sia correttamente informato », anche con riguardo alla rettifica delle informazioni false o fuorvianti, eventualmente diffuse dall'emittente o da terzi (art. 23, par. 2, lett. *m*, MAR).

In considerazione delle recenti crisi che hanno investito il sistema finanziario europeo, una regola speciale è dettata, infine, per le informazioni privilegiate relative alle banche e ad altri intermediari finanziari. Facendo esplicitamente prevalere l'esigenza di « salvaguardare la stabilità del sistema finanziario » sull'efficienza informativa del mercato, la disciplina europea consente, in particolare, di ritardare la comunicazione delle « informazioni legate a un problema temporaneo di liquidità », quando ne potrebbe derivare « il rischio di compromettere la stabilità finanziaria dell'emittente e del sistema finanziario » e risulta « nell'interesse pubblico ritardare la comunicazione » (art. 17, par. 5, lett. *a* e *b*, MAR). Al fine di evitare la diffusione selettiva dell'informazione e un eccesso di discrezionalità da parte dell'emittente, il ritardo nella comunicazione deve accompagnarsi alla riservatezza dell'informazione ed essere autorizzato dall'autorità di vigilanza (art. 17, par. 5, lett. *c* e *d*, MAR; art. 5 Regolamento di esecuzione MAR).

4.2. *L'informazione societaria*

Al dovere di informazione continua regolato dall'art. 7 MAR, il diritto vigente accompagna un ulteriore complesso di regole di *disclosure*, in buona parte derivanti dalle indicazioni della Direttiva *Transparency*, aventi per oggetto numerosi aspetti della "vita" degli emittenti strumenti finanziari quotati. Tali disposizioni rilevano nella prospettiva del *pricing*, ma assolvono, nel contempo, a una funzione latamente di *governance*, assicurando agli azionisti l'accesso a informazioni rilevanti per l'esercizio dei propri diritti. In gran parte riferite a strumenti finanziari negoziati in un mercato regolamentato, in taluni casi sono estese anche agli strumenti finanziari diffusi tra il pubblico in misura rilevante (art. 116 TUF; artt. 108-112 Regolamento Emittenti).

4.2.1. *L'informazione finanziaria*. — La duplice funzione della disciplina in esame si coglie con immediatezza nelle disposizioni dedicate all'informativa finanziaria, nelle quali la prescrizione della Direttiva *Transparency* sul dovere di diffondere una relazione finanziaria annuale e una relazione finanziaria semestrale viene recepita sostituendo al « bilancio sottoposto a revisione » (art. 4, par. 2, lett. *b*, Direttiva *Transparency*) il « progetto di bilancio di esercizio » (art. 154-*ter*, co. 1, TUF) e ulteriormente disponendo che tra la relativa pubblicazione e la data dell'assemblea per l'approvazione del bilancio intercorrano « non meno di ventuno giorni » (art. 154-*ter*, co. 1-*bis*, TUF). Pur essendo venuto meno il tradizionale dovere legale di redigere un « resoconto intermedio di gestione » alla chiusura del primo e del terzo trimestre (c.d. *trimestrale*), « informazioni finanziarie periodiche aggiuntive » rispetto al progetto di bilancio di esercizio e alla « relazione finanziaria semestrale » (art. 154-*ter*, co. 2, TUF) possono essere richieste dalla Consob agli emittenti quotati aventi l'Italia come Stato membro di origine (art. 154-*ter*, co. 5, TUF) o da questi ultimi comunicate, « su base volontaria », nel rispetto delle prescrizioni regolamentari (art. 82-*ter* Regolamento Emittenti).

Contenuto e modalità di pubblicazione di tale informazione periodica sono disciplinati dall'art. 154-*ter* TUF e dagli artt. 77-83 Regolamento Emittenti, in conformità alla disciplina europea. Nel caso in cui « abbia accertato » la non conformità di relazioni o resoconti « alle norme che ne disciplinano la redazione, la Consob può chiedere all'emittente di rendere pubblica tale circostanza e di provvedere alla pubblicazione delle informazioni supplementari necessarie a ripristinare una corretta informazione del mercato » (art. 154-*ter*, co. 7, TUF).

4.2.2. *Le operazioni straordinarie.* — Analoga duplicità di funzione può essere rinvenuta nella disciplina delle operazioni straordinarie predisposta dagli artt. 70 ss. Regolamento Emittenti sulla base della delega contenuta nell'art. 115, co. 1, lett. *a*, TUF. Dirette a regolare fusione e scissione, aumenti di capitale mediante conferimenti in natura, costituzione di patrimoni destinati, « operazioni di acquisizione e cessione significative », altre modifiche dello statuto, emissione di obbligazioni, acconti sui dividendi, acquisto e alienazione di azioni proprie, nonché i provvedimenti *ex* art. 2446 c.c., le norme si aggiungono, nel contempo, alla disciplina dell'informazione continua e al regime del codice civile. Rispetto alla prima, prevedono una maggiore analiticità di informazione su fatti *price sensitive*, altrimenti oggetto di comunicazione al mercato in forme che fanno prevalere la tempestività sulla completezza. Nel confronto con il codice civile, il più elevato grado di dettaglio delle informazioni dovute ai sensi del Regolamento Emittenti rispetto alla disciplina codicistica delle relazioni illustrative di fusione, scissione e aumento di capitale mediante conferimenti in natura, pone il problema del rapporto tra disciplina regolamentare e procedimento civilistico: un'eventuale violazione delle norme secondarie comporta l'invalidità della fattispecie civilistica? La derivazione della disciplina regolamentare da una norma primaria in materia di informativa al mercato induce alla risposta negativa, limitando le conseguenze alle sanzioni — amministrative e, se del caso, risarcitorie — previste dall'ordinamento per l'inosservanza della disciplina di *disclosure* al mercato secondario.

4.2.3. *Gli assetti proprietari e le "altre informazioni".* — Sotto la generica rubrica di "altre informazioni", gli artt. 83-*bis* — 89-*ter* Regolamento Emittenti disciplinano il dovere di trasparenza rispetto a un insieme eterogeneo di doveri di *disclosure* concernenti l'assetto o l'attività dell'emittente (per esempio, rispettivamente, le modifiche nei diritti inerenti alle varie categorie di azioni ammesse alla negoziazione in un mercato regolamentato e l'offerta di diritti di opzione: artt. 83-*bis* e 89 Regolamento Emittenti), in alcuni casi dettagliando le corrispondenti previsioni di norme primarie (nella specie, in materia di piani di compenso mediante l'attribuzione di strumenti finanziari, remunerazioni e adesione a codici di comportamento: artt. 114-*bis*, 123-*ter* e 124-*ter* TUF). Anche in tal caso la giustificazione in termini di efficienza informativa del mercato secondario si combina con la funzione di rafforzamento dei diritti degli azionisti, secondo un'impostazione che si ritrova, in modo ancor più marcato, nella disciplina sugli assetti proprietari.

La trasparenza sulla titolarità delle partecipazioni rilevanti contribuisce, infatti, a determinare il *pricing* corretto degli strumenti finanziari regolati (così che, per esempio, il prezzo di un'azione può scontare la presenza di un socio di controllo particolarmente forte), nel contempo consentendo una più consapevole partecipazione alle dinamiche societarie e l'attivazione di alcuni meccanismi di *governance* previsti dall'ordinamento, come, in particolare, l'offerta pubblica di acquisto obbligatoria. La normativa primaria impone a « coloro che partecipano in un emittente azioni quotate avente l'Italia come Stato membro d'origine in misura superiore al tre per cento del capitale » la comunicazione alla società partecipata e alla Consob (art. 120, co. 2, TUF), che provvede alla diffusione pubblica dell'informazione entro i tre giorni di mercato aperto successivi al ricevimento della comunicazione (art. 122, co. 1, Regolamento Emittenti). La soglia di rilevanza: è pari al cinque per cento, qualora l'emittente sia una PMI, quale definita dall'art. 1, co. 1, *w*-quater.*1)*, TUF; mentre, in presenza di « società ad azionariato particolarmente diffuso », può essere abbassata sotto il tre per cento, per un limitato periodo di tempo, con « provvedimento motivato da esigenze di tutela degli investitori » ed « efficienza e trasparenza del mercato del controllo societario e del mercato dei capitali » (rispettivamente, art. 120, co. 2 e co. 2-*bis*, TUF). Un dovere di comunicazione consegue anche alla titolarità di strumenti finanziari partecipativi *ex* art. 2351, co. 5, c.c., nonché di strumenti finanziari derivati su azioni (art. 120, co. 4, lett. *d*-bis e *d*-ter, TUF, quale precisato dagli artt. 122-*bis* e 119, co. 3-*bis*, Regolamento Emittenti). Un dovere di comunicazione sussiste, inoltre, anche nel caso di incremento o riduzione rilevante della partecipazione, in conformità alle soglie stabilite dalla disciplina secondaria (artt. 117, co. 1, lett. *b* e *c*, e 119, co. 1, lett. *a* e *b*, Regolamento Emittenti). Con disposizione sollecitata da clamorosi tentativi di "scalata" a note società quotate da parte un investitore straniero, la disciplina prevede, altresì, che la *disclosure* relativa all'acquisizione di una partecipazione « pari o superiore alle soglie del 10 per cento, 20 per cento e 25 per cento del relativo capitale » sia accompagnata dalla dichiarazione degli « obiettivi » che l'acquirente « ha intenzione di perseguire nel corso dei sei mesi successivi », con specifica indicazione dei modi impiegati per il finanziamento dell'acquisizione e delle intenzioni con riguardo all'acquisizione del controllo, agli accordi parasociali e all'integrazione o alla revoca degli organi amministrativi o di controllo dell'emittente (art. 120, co. 4-*bis*, TUF: c.d. *norma anti-scorrerie*).

Il calcolo della partecipazione tiene conto del capitale costituto da azioni con diritto di voto e delle possibili asimmetrie tra diritto di voto e titolarità delle azioni conseguenti alla presenza di azioni a voto plurimo (art. 120, co. 1, TUF), nonché delle partecipazioni indirettamente detenute, delle partecipazioni potenziali connesse a strumenti finanziari derivati e delle ipotesi in cui il diritto di voto spetta o è attribuito a soggetto diverso dal socio (art. 120, co. 4, lett. *b*, TUF, quale precisato dagli artt. 118 e 119 Regolamento Emittenti).

Identiche giustificazioni di trasparenza e di *governance* assistono, infine, la analoga disciplina dei patti parasociali (art. 120 Regolamento Emittenti), le cui fattispecie sono analiticamente identificate dall'art. 122, co. 1 e 5, TUF.

4.3. *Le disposizioni generali in materia di informazioni regolamentate*

Specifiche disposizioni di rango primario e regolamentare disciplinano, in termini generali, la pubblicazione, il deposito e il c.d. stoccaggio centralizzato delle informazioni diffuse dagli emittenti in adempimento agli obblighi di trasparenza esaminati nei paragrafi precedenti.

In recepimento delle indicazioni contenute nella Direttiva *Transparency*, l'art. 113-*ter* TUF stabilisce le regole generali: pubblicazione delle informazioni al pubblico secondo modalità capaci di assicurarne « un accesso rapido, non discriminatorio e ragionevolmente idoneo a garantirne l'effettiva diffusione » in tutta l'Unione europea (art. 113-*ter*, co. 3, TUF); deposito presso la Consob e il gestore del mercato, dove l'emittente ha chiesto o approvato l'ammissione alla negoziazione dei propri valori mobiliari o fondi chiusi (art. 113-*ter*, co. 2, TUF); divieto per gli emittenti di esigere corrispettivi per la comunicazione al pubblico delle informazioni dovute (art. 113-*ter*, co. 7, TUF). Dando attuazione all'ampia delega contenuta nel medesimo art. 113-*ter* TUF, il Regolamento Emittenti disciplina nel dettaglio la materia (artt. 65 — 65-*undecies*, Regolamento Emittenti), anche con riguardo ai *sistemi di diffusione delle informazioni regolamentate* (c.d. SDIR: artt. 116-*quinquies* — 116-*octies*, Regolamento Emittenti) e ai cc.dd. *meccanismi di stoccaggio autorizzati* (artt. 116-*novies* — 116-*duodecies*, Regolamento Emittenti).

5. Le strategie normative per assicurare la correttezza dell'informazione al mercato secondario

Al pari di quanto accade nel mercato primario, l'*enforcement* degli obblighi di trasparenza al mercato secondario è assicurato da una pluralità di strategie normative, conformate alle medesime logiche esaminate in precedenza e, nel contempo, con una specifica declinazione derivante dalle particolari dinamiche del mercato secondario.

5.1. *I controlli* ex ante

Così, per esempio, con la sola aggiunta del controllo su alcune delle informazioni rese nella relazione su governo societario (art. 123-*bis*, co. 4, TUF), la funzione di *gatekeeper* svolta dal revisore legale è, in buona sostanza, la stessa, ma la frequenza del suo intervento è maggiore (con riguardo, in particolare, alla relazione finanziaria semestrale: art. 154-*ter*, co. 2, TUF). Analogamente, pur mantenendo un carattere proattivo con finalità preventive, anziché sostanziarsi in un potere di autorizzazione il controllo *ex ante* della Consob ha le forme di una richiesta di comunicare « notizie e documenti necessari per l'informazione del pubblico » (l'art. 114, co. 5; nello stesso senso, l'art. 115, co. 1, lett. *a*, TUF, e la previsione che consente alla Consob di « richiedere alle società o agli enti che partecipano direttamente o indirettamente a società con azioni quotate l'indicazione nominativa, in base ai dati disponibili, dei soci e, nel caso di società fiduciarie, dei fiducianti »: art. 115, co. 3, TUF).

Sotto il profilo istruttorio, tale richiesta può essere preceduta dall'audizione dei componenti degli organi sociali, dei direttori generali, dei dirigenti preposti alla redazione dei documenti contabili societari e dagli altri dirigenti, nonché, come si è appena visto, dei revisori legali (art. 115, co. 1, lett. *b*, TUF) e può accompagnarsi a poteri ispettivi di particolare intensità (art. 115, co. 1, lett. *c* e *c*-bis, TUF).

5.2. *Le sanzioni penali e amministrative*

Diversamente da quanto accade per la falsità in prospetto, con riguardo alle informazioni rese al mercato secondario manca una specifica sanzione penale. Nondimeno, possono trovare applicazione alcune norme di portata più generale: la disciplina dell'ostacolo all'esercizio delle funzioni di vigilanza (artt. 2638 c.c. e 170-*bis* TUF), in particolare con riguardo all'omessa comunicazione di informazioni dovute; e, soprattutto, le regole in materia di manipolazione del mercato. In quest'ultima prospettiva, la condotta di chi diffonda informazioni false « concretamente idone[e] a provocare una sensibile alterazione » del prezzo di uno strumento finanziario è sanzionata con la pena delle reclusione « da uno a sei anni e con la multa da euro ventimila a euro cinque milioni », se lo strumento finanziario è negoziato su un mercato regolamentato; o, con l'« ammenda fino a centotremila e duecentonovantuno euro » e l'« arresto fino a tre anni » nel caso di strumento finanziario negoziato su di una diversa struttura di *trading* (art. 185, co. 1 e 2-*bis*, TUF).

Pur nell'assenza di un'espressa indicazione normativa in tal senso, appare sufficientemente certo che la sanzione penale si applichi anche nel caso di manipolazione del mercato realizzata mediante l'omessa diffusione delle informazioni oggetto del dovere di trasparenza. Assai spesso, infatti, l'omissione di un elemento (per esempio, una posta passiva) si configura all'interno della diffusione di altre informazioni al mercato (per esempio, il bilancio), che risultano così falsificate. Dubbia rimane, invece, la determinatezza della fattispecie: la valutazione della « sensibile alterazione » del prezzo presenta un elevato grado di discrezionalità che potenzialmente contrasta con il principio di tassatività della fattispecie penale.

Assai articolato appare il sistema delle sanzioni amministrative, per il cui *enforcement* la Consob esercita — « su base campionaria » e in conformità ai « principi emanati » dall'ESMA — un potere di controllo sulle informazioni mediante l'individuazione annuale dell'« insieme degli emittenti quotati i cui documenti verranno sottoposti a controllo, non inferiore ad un quinto degli emittenti stessi » e considerando « i rischi per la correttezza e la completezza delle informazioni fornite al mercato, nonché la necessità di vigilare sul complesso dell'informazione fornita dagli emittenti » (art. 89-*quater*, co. 1 e 2, Regolamento Emittenti, sulla base della più generale previsione dell'art. 118-*bis* TUF).

Accanto alla generale previsione a tutela dell'attività di vigilanza, che sanziona « chiunque non ottempera nei termini alle richieste » della Consob o « ritarda l'esercizio delle sue funzioni » (art. 187-*quinquiesdecies* TUF), alcune norme colpiscono, in modo immediato e con sanzioni di diversa intensità, la violazione degli obblighi di informazione continua, di informazione finanziaria e di comunicazione conseguente alle richieste della Consob (art. 193, co. 1, TUF), nonché di informazione in ordine agli assetti proprietari (art. 193, co. 2, TUF) e al governo societario (art. 192-*bis* TUF). Accanto alle tradizionali sanzioni pecuniarie, il legislatore ha recentemente introdotto strumenti di *enforcement* innovativi: una « dichiarazione pubblica » che indichi il responsabile e la natura della violazione (c.d. *shame sanction*) e, per le violazioni « connotate da scarsa offensività o pericolosità », un « ordine di eliminare le infrazioni contestate, con eventuale indicazione delle misure da adottare e del termine per l'adempimento » (artt. 192-*bis*, co. 1, e 1-*bis*; 193, co. 1-2.2., TUF). Soggetto attivo dell'illecito amministrativo sono tanto le persone fisiche e giuridiche a diverso titolo tenute al dovere violato (per esempio, amministratori, componenti dell'organo di controllo e personale che abbia contribuito a realizzare la violazione sanzionata) quanto l'emittente come tale.

Più complesso risulta il caso delle violazioni che possono ricondursi alla fattispecie di manipolazione del mercato. Come verrà più analiticamente illustrato nella parte dedicata al *market abuse* (*infra*, Parte IV, cap. III, n. 4.1.), la repressione della manipolazione del mercato è affidata alla tradizionale sanzione pecuniaria e a un complesso di ulteriori misure amministrative che colpiscono tanto l'autore della condotta quanto l'ente di riferimento. In analogia con la disciplina della responsabilità amministrativa delle persone giuridiche regolata dal d.

lgs. 8 giugno 2001, n. 231 (d'ora in poi, "d. lgs. 231/01"), presupposto della responsabilità dell'ente è la commissione dell'illecito « nel suo interesse o a suo vantaggio » da parte di qualsiasi persona in posizione apicale ovvero da persone sottoposte alla direzione o vigilanza di quest'ultima (art. 187-*quinquies*, co. 1, TUF). Per espresso rinvio agli artt. 6 e 7 d. lgs. 231/01, rimane salva la possibilità per l'ente di andare esente da responsabilità dimostrando di aver adottato modelli di organizzazione e gestione idonei a prevenire illeciti della specie di quello verificatosi (art. 187-*quinquies*, co. 4, TUF). La strategia normativa sottesa a una simile impostazione è assai ragionevole: favorire la prevenzione degli illeciti amministrativi mediante l'adozione di un assetto organizzativo capace di ridurre il rischio che vengano commessi.

I poteri di intervento *ex post* dell'autorità di vigilanza sono completati dalla possibilità per la Consob di « sospendere o richiedere che il mercato regolamentato interessato sospenda la negoziazione dei valori mobiliari o quote di fondi chiusi per un massimo di dieci giorni per volta, se ha motivi ragionevoli di sospettare » la violazione delle regole sulla comunicazione al mercato delle informazioni regolamentate, quando non addirittura di « proibire la negoziazione », nel caso in cui tale violazione sia accertata (art. 113-*ter*, co. 9, TUF). Né mancano forme particolari di sanzioni reputazionali, sia nelle forme tradizionali della pubblicazione del provvedimento sanzionatorio (art. 195-*bis* TUF) che in quelle più recenti del potere per la Consob di « rendere pubblico il fatto che i soggetti tenuti alla comunicazione delle informazioni regolamentate non ottemperano ai loro obblighi » (art. 113-*ter*, co. 8, TUF). L'*enforcement* pubblico può, infine, ricorrere a strumenti di diritto privato: accanto alla sanzione pecuniaria amministrativa, la violazione delle norme sulla comunicazione in materia di partecipazione al capitale comporta la sterilizzazione del diritto di voto, con legittimazione all'impugnazione delle relative delibere riconosciuta anche alla Consob, nel termine di centottanta giorni stabilito dall'art. 14, co. 7, TUF (artt. 120, co. 5, e 122, co. 4, TUF). Analoga *ratio* giustifica la singolare previsione sulla nullità dei patti parasociali non comunicati (art. 122, co. 3, TUF): del tutto eccentrica rispetto al sistema del diritto civile, ma più facilmente spiegabile nella prospettiva funzionale di assicurare, con un incentivo di diritto privato, l'osservanza di una prescrizione disposta nell'interesse generale del mercato.

5.3. *Il problema della responsabilità da false informazioni al mercato secondario*

La questione della responsabilità dell'emittente per violazione dell'obbligo di informazione al mercato secondario è assai meno ovvia rispetto all'omologo problema che si pone nel caso di offerta al pubblico. In quest'ultima ipotesi, sussiste un rapporto *vis-a-vis* fra emittente e investitore, nel quale la perdita dell'investitore da falsa informazione tende a coincidere con il corrispondente guadagno dell'emittente. Di contro, nelle operazioni del mercato secondario per ogni investitore pregiudicato (per esempio, il compratore nell'ipotesi di strumento finanziario dal prezzo gonfiato per le notizie eccessivamente ottimistiche diffuse dall'emittente) esiste un altro investitore (nell'esempio, il venditore) che dall'operazione riceve un guadagno inaspettato. Di qui, nelle tradizionali espressioni della scienza economica, un mero trasferimento di ricchezza tra i partecipanti al mercato e non, invece, un costo sociale da contenere per favorire l'ottimale allocazione delle risorse. Da quest'angolo visuale, chiamare a rispondere l'emittente potrebbe ritenersi non opportuno, secondo una conclusione rafforzata da una duplice circostanza: da un lato, il potenziale impatto negativo sul prezzo dello strumento finanziario determinato dalla mera sussistenza di una lite e, pertanto, un potenziale pregiudizio per tutti gli altri azionisti; dall'altro, la possibilità per il singolo investitore di evitare il problema mediante la diversificazione degli investimenti, così che — nel medio o nel lungo periodo — le perdite e i guadagni conseguenti a false o omesse informazioni tendano reciprocamente ad annullarsi.

5.3.1. *Solo una questione di giustizia distributiva?*. — Pur argomentato in dottrina e recepito, in alcune esperienze storiche, mediante l'espressa esclusione del rimedio risarcitorio per violazione dell'obbligo di informazione continua, un approccio che negasse l'opportunità di una responsabilità dell'emittente per false informazioni al mercato secondario sarebbe, tuttavia, eccessivo.

Non è, infatti, del tutto proprio affermare che le conseguenze delle regole sulla corretta diffusione dell'informazione si esauriscono nel trasferimento di ricchezza fra investitori: piuttosto, esse determinano un ulteriore complesso di costi sociali, che una sanzione civile può consentire di contenere. L'argomento al riguardo ricalca la classica giustificazione economica della repressione penale del furto: nell'assenza di un rimedio giuridico orientato al ristoro patrimoniale contro la falsa od omessa informazione, gli investitori sarebbero indotti o ad assumere costose precauzioni per verificare la correttezza dell'informazione o, più semplicemente, a investire in contesti che percepiscono come più affidabili del mercato dei capitali. Per altro verso, se non è dubbio che la possibilità di agire contro l'emittente ne pone a rischio la stabilità, altrettanto certo è, d'altro canto, che superare il problema con la preclusione di un rimedio risarcitorio risulta misura eccessivamente drastica. In questa prospettiva, una ricerca dell'equilibrio sul piano del criterio di imputazione della condotta contraria alla legge appare, in proposito, assai più ragionevole.

5.3.2. *La disciplina della responsabilità civile.* — Sotto il profilo dogmatico, la responsabilità dell'emittente appare riconducibile all'ambito aquiliano. Nelle operazioni di investimento sul mercato secondario l'informazione risulta, infatti, cruciale, come si è appena visto (*supra.* n. 5.3.), non già nel rapporto tra investitore ed emittente, quanto, piuttosto, per la vicenda contrattuale tra venditore e acquirente dello strumento finanziario interessato, rispetto alla quale l'emittente è, quindi, terzo. Né pare possibile, come pure è stato prospettato in dottrina, argomentare la responsabilità dell'emittente dal relativo *status* e dall'affidamento conseguentemente ingenerato nei destinatari dell'informazione, così da fondare una responsabilità da inadempimento per lesione dell'affidamento, secondo la nota dottrina della c.d. obbligazione senza prestazione. Una simile impostazione presuppone, infatti, come decisivo un affidamento ingenerato nel pubblico dalla qualità professionale del dichiarante, che non pare, invece, riscontrabile nella fattispecie reale: secondo quanto già ampiamente discusso in precedenza, con l'esclusione dei pochi che nell'analisi dell'informazione godono di un vantaggio competitivo, ogni altro investitore negozia sulla base del prezzo di mercato, tendenzialmente idoneo a riflettere tutte le informazioni pubblicamente disponibili; nella normalità dei casi, pertanto, una responsabilità costruita sul fondamento dell'affidamento attinge i tratti della mera finzione.

Nel sistema, la praticabilità del rimedio aquiliano trova un duplice fondamento. Per un verso, poiché l'informazione al mercato secondario rientra nell'attività gestoria, la tutela dell'investitore discende dalla propagazione institoria alla società della responsabilità degli amministratori *ex* art. 2395 c.c. Sotto un diverso profilo, l'orientamento del diritto vivente che configura il « danno ingiusto » previsto dall'art. 2043 c.c. in termini di clausola generale consente, parimenti, di giustificare una responsabilità diretta dell'emittente in virtù dell'imputazione organica del fatto illecito: come si è appena visto (*supra*, n. 5.2.), sono, infatti, assai numerose le indicazioni normative apertamente orientate a tutelare l'interesse degli investitori alla verità e alla completezza delle informazioni, così da potersi qualificare come « ingiusto » il pregiudizio patrimoniale collegato all'interesse protetto da tali disposizioni.

In punto di disciplina, la rilevanza della colpa come criterio di imputazione consente di raggiungere un accettabile punto di equilibrio tra le esigenze di protezione degli investitori e gli "effetti collaterali" di un'eventuale azione di responsabilità. Soprattutto se applicato in modo tale da far rilevare, nel giudizio sulla sussistenza di un comportamento negligente, le incertezze connesse alla nozione di informazione privilegiata, il criterio della colpa permette di evitare un "facile" accesso all'azione civile; risulta, così, limitata la possibilità di cause poco fondate, promosse nella sola prospettiva di "estorcere" una transazione in ragione della necessità per l'emittente di contenere il pregiudizio derivante dalla mera apertura della controversia. Quanto al nesso di causalità, valgono le indicazioni che possono essere ricavate dall'*efficient capital markets hypothesis* (*supra*, cap. I, n. 2.3.): il rapporto di causalità tra condotta dell'emittente e pregiudizio dell'investitore non è mediato dall'affidamento di quest'ultimo nella correttezza dell'informazione resa dal primo; piuttosto, in un mercato che tende a riflettere nei prezzi le informazioni disponibili, risulta decisiva l'efficienza causale della falsa od omessa informazione sulla formazione del prezzo, giacché è propriamente secondo questo meccanismo che la condotta dell'emittente cagiona danno agli investitori. In tal modo si riescono, peraltro, a selezionare le violazioni effettivamente rilevanti: l'informazione dovuta al mercato secondario non ha, infatti, lo stesso impatto sulla formazione del prezzo degli strumenti finanziari, con la conseguenza che solo la diffusione di informazioni non corrette connotate da una rilevante *price sensitivity* potrà fondare una richiesta di risarcimento del danno. Limitando l'analisi all'ipotesi più semplice, tale danno andrà identificato nella differenza tra il prezzo effettivamente pagato e il prezzo che il mercato avrebbe determinato in assenza dell'informazione falsa o incompleta.

L'aver spostato in questo modo il baricentro del problema richiede, tuttavia, un supplemento d'indagine per identificare i legittimati attivi all'azione di responsabilità, essendo palese come l'assenza di un momento di affidamento ne impedisca la facile identificazione con i soggetti che nell'informazione falsa o incompleta abbiano confidato. Il problema, per la verità, non è particolarmente complesso: mutuando le indicazioni provenienti da altri ordinamenti, legittimati a esperire il rimedio risarcitorio sono tutti coloro che, nel periodo compreso fra la violazione dell'obbligo di informazione e il momento in cui la notizia *price sensitive* è divenuta pubblica, hanno negoziato (o hanno omesso di negoziare) lo strumento finanziario interessato, riportando un pregiudizio patrimoniale dalla non corretta formazione del relativo prezzo. Anche qui vale, peraltro, quanto già osservato sulla potenziale rilevanza dell'azione di classe *ex* art. 840-*bis* ss. c.p.c. (*supra*, n. 3.3.2.). In questa prospettiva, la nuova disciplina potrebbe aprire una nuova stagione di controversie, superando l'esperienza storica che ha sino a ora conosciuto poche azioni di responsabilità promosse, alternativamente, da investitori istituzionali, titolari di una significativa quantità di strumenti finanziari, ovvero da investitori al dettaglio, informalmente raggruppati da avvocati specializzati mediante il ricorso alla comunicazione via *internet*.

Come accade con riguardo all'offerta al pubblico (*supra*, n. 3.3.2.), infine, la violazione delle regole di trasparenza rileva anche alla stregua del diritto comune, civile e societario, che non distingue, al riguardo, tra mercato primario e secondario.

5.3.3. *La responsabilità degli analisti finanziari*. — Al novero dei soggetti individuati in precedenza, possono essere aggiunti gli analisti finanziari: soggetti professionali, che, come si vedrà più nel dettaglio in seguito (*infra*, parte IV, cap. I, n. 3.2.), formulano raccomandazioni di investimento sulla base delle informazioni pubblicamente disponibili. Per le ragioni già discusse con riguardo all'emittente (*supra*, n. 5.3.2.), il ricorso al rimedio aquiliano risulta, di per sé, del tutto praticabile: poiché l'analista finanziario condivide con l'emittente la posizione di terzietà rispetto alle parti, vale per il primo quanto giustifica la responsabilità extracontrattuale del secondo. Non appena si guardi alle specifiche caratteristiche della fattispecie, l'effettivo spazio di esperibilità da riconoscere al rimedio appare, tuttavia, piuttosto problematico. Sotto il profilo dell'efficienza causale della condotta sulla artificiale determinazione del prezzo, le dichiarazioni rese al mercato dagli analisti sono, infatti, informazioni "di secondo grado": frutto (almeno nel contesto di un fisiologico funzionamento del mercato) dell'elaborazione di dati disponibili da parte di alcuni operatori, e che, quindi, normalmente concorrono al *pricing* dello strumento finanziario in modo meno intenso di quanto accade per le informazioni provenienti dall'emittente. Per altro verso, in una materia nella quale non è possibile predeterminare con esattezza il percorso logico-valutativo richiesto dalla perizia professionale, assai difficile appare configurare con puntualità le fattispecie di responsabilità per colpa. Per tali ragioni, la reale operatività del rimedio sembra verosimilmente limitata alle condotte gravemente colpose ovvero a quelle dolose che non rientrino nei confini della responsabilità civile *ex* art. 185 c.p. da reato di manipolazione del mercato (per esempio, possibili condotte in conflitto di interessi oppure eventuali comportamenti in violazione delle prescrizioni sulla parità di trattamento fra gli investitori).

Capitolo III

LE REGOLE DI GOVERNO SOCIETARIO

1. Diritto del mercato dei capitali e regole di *corporate governance*

La disciplina vigente sul governo societario delle società che ricorrono al mercato dei capitali risulta l'esito di un processo articolato e non sempre lineare.

In un contesto, come quello italiano, caratterizzato da società a proprietà concentrata e, quindi, dalla presenza di *agency problem* soprattutto tra maggioranza e minoranza, all'origine dei primi interventi normativi di *corporate governance* si colloca la consapevolezza della particolare rilevanza, per il funzionamento del mercato dei capitali, di regole di organizzazione capaci di tutelare gli azionisti di minoranza. Di qui l'introduzione di norme di diritto societario all'interno di un provvedimento, quale il TUF, orientato alla disciplina del mercato dei capitali. Lo stretto collegamento funzionale tra assetto corporativo e tutela degli investitori giustifica l'originaria delimitazione della disciplina agli emittenti con strumenti finanziari quotati. Tale perimetro è stato, tuttavia, superato con la riforma organica delle società di capitali del 2003. Alcune strategia normative introdotte dal TUF per regolare gli *agency problem* tra maggioranza e minoranza (per esempio, l'azione sociale promossa dalla minoranza) sono state estese, in modo generalizzato, alle società di capitali *tout court*, salva la distinzione, quanto ai requisiti di accesso ai rimedi, tra società "chiuse" e « società che fanno ricorso al mercato del capitale di rischio » (= gli emittenti quotati e le società emittenti di azioni « diffuse fra il pubblico in maniera rilevante »: art. 2325-*bis*, co. 1, c.c.). A questa stregua, fonte delle regole di governo societario è, in primo luogo, il codice civile.

Gli scandali finanziari di inizio millennio e la conseguente reazione normativa, di cui la l. 262/05 costituisce la più articolata espressione, hanno riproposto il TUF come *sedes materiae* per regole di governo societario funzionalmente orientate al mercato dei capitali e, pertanto, nuovamente riferite, « salvo che sia diversamente specificato », alle sole « società italiane con azioni quotate in mercati regolamentati italiani o di altri paesi dell'Unione europea » (art. 119 TUF). Nella stessa direzione si è collocata la normativa di recepimento della Direttiva 2007/36/CE sui diritti degli azionisti (c.d. Direttiva *Shareholders' Rights* (d'ora in poi, "SHRD"), oggi modificata dalla Direttiva (UE) 2017/828 (d'ora in poi, "SHRD II"). Meno concentrata sugli *agency problem* tra maggioranza e minoranza, tale disciplina risulta, piuttosto, orientata a potenziare l'esercizio del diritto di voto, in particolare nella prospettiva di un rafforzamento del ruolo degli investitori istituzionali. Pur presentando un più debole collegamento con il TUF, alla stessa logica di funzionalità alle specifiche esigenze del mercato dei capitali risponde, infine, il Codice di Autodisciplina promosso da Borsa Italiana s.p.a. (d'ora in poi, "Codice di Autodisciplina"): destinato all'adesione volontaria da parte delle società quotate nei relativi mercati regolamentati, secondo un meccanismo legale di pubblicità che richiede, tuttavia, di motivare « le ragioni dell'eventuale mancata adesione » (art. 123-*bis*, co. 2, lett. *a*, TUF: c.d. *comply or explain*).

Alla luce di un simile regime, sembra, pertanto, possibile ricostruire un sistema delle regole di governo societario nella specifica prospettiva del mercato dei capitali e della sua disciplina. Alla sua illustrazione sono dedicate le pagine che seguono, unitamente alla discussione dello strumento di *governance* tradizionalmente considerato come l'emblema del mercato dei capitali: le offerte pubbliche di acquisto.

2. Le norme a tutela delle minoranze

Le strategie di *governance* dirette a mitigare l'*agency problem* tra maggioranza e minoranza derivante dalla concentrazione della proprietà azionaria possono assumere una pluralità di forme.

2.1. *La disciplina degli organi di gestione*

Una prima modalità di intervento si concentra su elezione e composizione dell'organo amministrativo. Muovendo dalla realistica presa d'atto che l'obbligo codicistico di perseguire l'interesse sociale non costituisce un baluardo sufficiente per impedire una gestione dell'impresa nel prevalente interesse del socio di controllo, il diritto vigente impone, nel contempo: il sistema del c.d. *voto di lista*, così da assicurare agli azionisti una rappresentanza proporzionale nel consiglio di amministrazione (art. 147-*ter*, co. 1, TUF); la necessaria presenza di uno o più *amministratori indipendenti* (art. 147-*ter*, co. 4, TUF); e, con norma in deroga al sistema proporzionale e unica a livello di comparazione giuridica, il vincolo che almeno uno degli amministratori sia espresso « dalla lista di minoranza che abbia ottenuto il maggior numero di voti » e non sia collegata in alcun modo alla lista di maggioranza (c.d. *amministratore di minoranza*: art. 147-*ter*, co. 3, TUF).

La previsione imperativa di meccanismi di elezione e di requisiti soggettivi che impediscono di affidare la gestione dell'impresa unicamente ad amministratori riferibili al socio di controllo può, in concreto, avere effetti assai differenti. L'individuazione dei requisiti di indipendenza con riferimento all'assenza di correlazioni oggettive di tipo familiare e finanziario, ma non anche sociale, e l'attribuzione del potere di nomina al socio di maggioranza, sono, infatti, aspetti del regime vigente potenzialmente in grado di indebolire *de facto* l'indipendenza, in assenza di vincoli adeguati di moralità, professionalità e reputazione personale. Di contro, anche la semplice presenza di un amministratore di minoranza alle riunioni del consiglio, con la conseguente possibilità di accedere alle informazioni condivise in tale sede, può costituire un ostacolo a scelte gestionali in pregiudizio dell'interesse sociale, essendo, altresì, ipotizzabili forme "attive" di coalizione tra amministratore di minoranza e amministratori indipendenti, che possono essere rafforzate da previsioni normative (per esempio, come vedremo, in materia di operazioni con parti correlate) o scelte di autodisciplina (per esempio, in ambito di remunerazione del *top management*).

L'attribuzione di particolari prerogative alle minoranze solleva, naturalmente, il problema della puntuale identificazione delle soglie di possesso azionario rilevanti. A ciò provvede la disciplina regolamentare (art. 144-*quater* Regolamento Emittenti), in virtù del rinvio contenuto nella disciplina primaria (art. 147-*ter*, co. 1, TUF). Salva la minore percentuale prevista dallo statuto, la quota minima di partecipazione al capitale necessaria per la presentazione delle liste di candidati è diversificata a seconda della capitalizzazione, del flottante e degli assetti proprietari, con la conseguenza di assegnare alla soglia del 2,5% (art.

147-*ter*, co. 1, TUF) la sola funzione di norma di chiusura. Per le società cooperative la misura del capitale è determinata dagli statuti anche in deroga ai criteri di computo stabiliti dalle regole generali (art. 147-*ter*, co. 1, TUF). Parimenti puntuale è l'intervento per assicurare che le liste di minoranza non siano collegate « in alcun modo, neppure indirettamente, con i soci che hanno presentato o votato la lista risultata prima per numero di voti » (art. 147-*ter*, co. 3, TUF, con disposizione più dettagliatamente declinata dall'art. 144-*quinquies* Regolamento Emittenti). Il necessario possesso, da parte di tutti gli amministratori, dei requisiti di onorabilità analiticamente stabiliti dal regolamento emanato dal Ministro della giustizia (art. 147-*quinquies*, co. 1, TUF) mediante l'identificazione di circostanze ostative (art. 2, D.M. 30 marzo 2000, n. 162) permette, infine, pur nei limiti propri di una disciplina per *rule*, di porre un'ulteriore barriera a un esercizio non adeguato del potere di gestione.

Nei sistemi alternativi di amministrazione e controllo le regole appena esaminate sono in gran parte derogate. Nel sistema monistico, la necessità, di diritto comune, che almeno un terzo dei consiglieri siano in possesso dei requisiti di indipendenza (art. 2409-*septiesdecies*, co. 2, c.c.) sorpassa la previsione sulla necessaria presenza di amministratori indipendenti, che dichiara, coerentemente, inapplicabile (art. 147-*ter*, co. 4, TUF). Rimane rilevante, invece, la disposizione sull'amministratore di minoranza, che deve, tuttavia, possedere anche i requisiti di indipendenza (art. 147-*ter*, co. 3, TUF), essendo chiamato a presiedere il comitato per il controllo sulla gestione (art. 148, co. 4-*ter*, TUF). Assai più marcata è la deroga applicabile al sistema dualistico, nel quale la presenza di un consigliere indipendente è necessaria solo nel caso di consiglio di gestione « composto da più di quattro membri » (art. 147-*quater*, co. 1, TUF).

2.2. *Le operazioni con parti correlate*

Oltre a vincolare l'assetto organizzativo dell'organo di gestione, l'intervento normativo per la riduzione degli *agency problem* può incidere anche sul concreto esercizio del potere di amministrazione. Più in particolare, nella prospettiva di prevenire l'estrazione di benefici privati del controllo da parte del socio di maggioranza, il diritto vigente sottopone le operazioni potenzialmente rischiose a regole stringenti dirette ad assicurare « la trasparenza e la correttezza sostanziale e procedurale » (art. 2391-*bis*, co. 1, c.c.). Regolata a livello di norma primaria dal codice civile, per ragioni più di contingenza storica (l'occasione offerta dal provvedimento "correttivo" della riforma del diritto societario: d. lgs. 28 dicembre 2004, n. 310) che di necessità sistematica, la materia è disciplinata dal Regolamento Consob, 12 marzo 2010, n. 17221, solo parzialmente modificato in sede di recepimento della SHRD II (d'ora in poi, "Regolamento OPC").

Applicabili alle società con azioni quotate in mercati regolamentati italiani o di altri paesi dell'Unione europea e con azioni diffuse fra il pubblico in misura rilevante, le norme domestiche hanno come fattispecie di riferimento le operazioni tra la società e soggetti a vario titolo legati al socio di maggioranza (c.d. *operazioni con parti correlate*). Ovvia, pertanto, l'importanza rivestita dai criteri per l'identificazione delle parti correlate e delle operazioni rilevanti, disciplinati dal principio contabile internazionale di riferimento — lo IAS 24 — e dall'Allegato 3 mediante una combinazione di *standard* e *rule*, nel consueto tentativo di combinare certezza e inclusività delle previsioni normative.

In conformità alle indicazioni della norma primaria, le strategie normative utilizzate dal regolamento OPC sono organizzate intorno ai principi di trasparenza e correttezza.

2.2.1. *La disciplina di trasparenza.* — Sul primo versante, le operazioni con parti correlate devono essere comunicate al pubblico secondo l'apposita disciplina prevista dal Regolamento OPC: un dettagliato contenuto obbligatorio del comunicato, nel caso in cui l'operazione costituisca informazione *price sensitive* (art. 6 Regolamento OPC); una particolare menzione nelle relazioni finanziarie previste dalle norme primarie (art. 5, co. 8, Regolamento OPC); una speciale informazione al pubblico, diversificata nei presupposti, a seconda della rilevanza dell'operazione (artt. 5, co. 1-7, e 7, co. 1, lett. *g*, Regolamento OPC).

2.2.2. *I presidi di correttezza.* — Assai più articolato il regime attuativo del precetto sulla correttezza formale e sostanziale dell'operazione, caratterizzato dalla scelta di fondo di assegnare un ruolo di particolare rilievo agli amministratori indipendenti.

Le regole di *default* — riferite alle c.d. *operazioni di minore rilevanza* - impongono all'organo di gestione l'adozione di una procedura, analiticamente disciplinata nel contenuto (art. 4, co. 1, Regolamento OPC), che consenta di presidiare il rischio connesso all'operazione mediante una pluralità di strumenti: un *parere non vincolante* « sull'interesse della società al compimento dell'operazione, nonché sulla convenienza e sulla correttezza sostanziale delle relative condizioni », reso, prima dell'operazione, da un comitato « composto esclusivamente da amministratori non esecutivi e non correlati, in maggioranza indipendenti » (art. 7, co. 1, lett. *a*, Regolamento OPC; per la nozione di indipendenza: art. 3, co. 1, lett. *h*, Regolamento OPC); in conformità a una controversa indicazione della SHRD II, l'*astensione degli amministratori coinvolti nell'operazione* (artt. 3, co. 1, lett. *i*-bis, e 7, co. 1, lett. *d*-bis Regolamento OPC); un'« *adeguata motivazione* » della deliberazione di approvazione, con specifico riferimento « all'interesse della società al compimento dell'operazione, nonché alla convenienza e alla correttezza sostanziale delle relative condizioni » (art. 7, co. 1, lett. *e*, Regolamento OPC); in presenza di un parere negativo da parte del comitato, un *obbligo di informazione al mercato* che identifichi le caratteristiche fondamentali dell'operazione e le ragioni « per le quali si è ritenuto di non condividere tale parere » (art. 7, co. 1, lett. *g*, Regolamento OPC); « una *completa informativa* almeno trimestrale al consiglio di amministrazione e al collegio sindacale *sull'esecuzione delle operazioni* » (art. 7, co. 1, lett. *f*, Regolamento OPC). Al fine di garantire l'effettività della verifica operata dal comitato, le procedure devono, altresì, prevedere: « la facoltà del comitato di farsi assistere, a spese della società, da uno o più esperti indipendenti di propria scelta », eventualmente fissando un ammontare massimo di spesa (art. 7, co. 1, lett. *b*, e 2, Regolamento OPC); e una comunicazione, con « congruo anticipo », di « informazioni complete e adeguate » al comitato (art. 7, co. 1, lett. *c*, Regolamento OPC).

Per le *operazioni di maggiore rilevanza* — quali identificate dalla procedura, nel rispetto dei criteri stabiliti dall'Allegato 3 del Regolamento OPC — valgono regole più severe: la decisione è riservata al consiglio di amministrazione (art. 8, co. 1, lett. *a*, Regolamento OPC); il comitato chiamato a esprimere il parere deve essere composto esclusivamente di amministratori indipendenti e « uno o più componenti dallo stesso delegati » vanno « coinvolti dalla fase iniziale delle trattative e nella fase istruttoria » (art. 8, co. 1, lett. *b*, Regolamento

OPC); in presenza di un parere negativo l'operazione non può essere approvata, salvo che intervenga l'autorizzazione assembleare e che la maggioranza dei soci non correlati votanti non esprima voto contrario all'operazione (art. 8, co. 1, lett. *c*, e co. 2; art. 11, co. 3, Regolamento OPC: c.d. *whitewash*). Nessun particolare presidio è, al contrario, richiesto per le *operazioni con parti correlate di importo esiguo* identificate dalla procedura (art. 13, co. 2, Regolamento OPC).

In ragione dell'inevitabile possibilità di eccesso o difetto di inclusività, che consegue alla scelta di regolare la materia per *rule*, e nella consapevolezza dei costi di *compliance*, il Regolamento contiene, infine, numerose disposizioni per adeguare la disciplina a situazioni particolari, prevedendo: esenzioni (art. 13, co. 1, 1-*bis*, 3, 4 e 5, Regolamento OPC); la possibilità di delibere-quadro relative a serie di operazioni omogenee con determinate categorie di parti correlate (art. 12 Regolamento OPC); norme specifiche per società di minori dimensioni e di recente quotazione (art. 10 Regolamento OPC), che adottino il sistema dualistico (art. 9 Regolamento OPC) o che siano parte di un gruppo (art. 14 Regolamento OPC). L'*enforcement* della disciplina è assicurato da specifiche sanzioni amministrative (art. 192-*quinquies* TUF).

2.3. *I diritti di* voice

Il contenimento degli *agency problem* può, altresì, essere perseguito mediante strategie normative che — ulteriormente accentuando il momento dialettico con il socio di maggioranza — attribuiscano al socio di minoranza specifici poteri di iniziativa con riguardo alla gestione della società.

Pur configurandosi come regole di diritto societario (e, come tali, non comprese nell'ambito della presente trattazione), la denuncia al collegio sindacale *ex* art. 2408, co. 2, c.c., la denuncia al tribunale regolata dall'art. 2409 c.c. e l'attribuzione alla minoranza del potere di promuovere l'azione sociale di responsabilità (art. 2393-*bis* c.c.) o di opporre il veto a transazioni o rinunce della società rispetto all'azione di responsabilità (art. 2393, co. 6, c.c.) sono strumenti di possibile rilevanza per il diritto del mercato dei capitali, nella misura in cui la legittimazione al loro esercizio sia disciplinata in modo tale da consentire agli investitori istituzionali un ruolo attivo nei confronti del socio di maggioranza. Fatta salva la possibilità per lo statuto di prevedere percentuali inferiori, le vigenti soglie di accesso sono pari al 2% del capitale sociale per la denuncia al collegio sindacale (art. 2408, co. 2, c.c.), al 5% del capitale per la denuncia al tribunale (art. 2409, co. 1. c.c.), al 2,5% del capitale per l'azione di responsabilità e al 5% del capitale per il diritto di veto nei confronti di transazioni o rinunce (art. 2393, co. 6, c.c.). Non poco, in considerazione delle possibili dimensioni delle società quotate; ma neppure così tanto da rendere lettera morta le relative previsioni, come alcuni casi recenti dimostrano con grande chiarezza.

2.4. *La disciplina delle partecipazioni reciproche*

Un tradizionale strumento per la tutela delle minoranze è costituito, da ultimo, dal divieto di partecipazioni reciproche superiori al 3% (art. 121, co. 1, TUF). L'incrocio tra partecipazioni azionarie consente, infatti, di rafforzare il controllo del gruppo di comando in entrambe le società e, per conseguenza, pone le premesse per una duplice intensificazione dell'*agency problem* tra maggioranza e minoranza.

In ragione dell'*agency problem* che sottende e in conformità alle indicazioni del teorema di Coase (*supra*, parte I, cap. II, n. 2.3.1.), la soglia del divieto può essere superata in presenza « di un accordo » (per esempio, orientato a favorire un'alleanza tra le società) « preventivamente autorizzato dall'assemblea ordinaria delle società interessate » (art. 121, co. 2, TUF), salvo, in ogni caso, il limite del 5%, elevato al 10% qualora l'emittente sia una PMI. Le modalità di computo delle partecipazioni reciproche e le sanzioni civili e amministrative per l'inosservanza del divieto sono identiche a quelle dettate dalla disciplina delle partecipazioni rilevanti, alla quale, pertanto, si rinvia (*supra*, cap. II, rispettivamente nn. 4.2.3. e 5.2.). Specifica è, invece, la presenza di una sanzione penale: la mancata alienazione della partecipazione eccedente la soglia prevista dall'art. 121, co. 1, TUF comporta, infatti, per gli amministratori della società inadempiente la reclusione fino a un anno e la multa da euro venticinquemila a euro duemilionicinquecentomila (art. 173 TUF).

3. I diritti dei soci

Sulla scorta della considerazione che « un controllo effettivo da parte degli azionisti è una condizione preliminare per un buon governo societario e dovrebbe quindi essere agevolato e incoraggiato » (così il considerando n. 3 della SHRD), la disciplina sui diritti dei soci è orientata, da un lato, a favorire l'esercizio del diritto di voto, mediante norme capaci di contenere i costi che possono, altrimenti, pregiudicare l'effettiva partecipazione all'assemblea; e, dall'altro, a potenziare il ruolo degli azionisti rispetto al momento assembleare, in un rapporto dialettico, se non antagonistico, con gli amministratori. Tali strategie normative possono fungere da strumento per mitigare gli *agency problem* in qualsiasi assetto proprietario della società: sia nel caso di proprietà concentrata che in quello di azionariato diffuso, un rafforzamento dei diritti degli azionisti favorisce l'attivismo degli investitori istituzionali, destinato a indirizzarsi, a seconda delle ipotesi, nei confronti degli amministratori o del socio di maggioranza. In recepimento delle indicazioni della SHRD II, non mancano, tuttavia, disposizioni specificamente orientate a disciplinare il delicato tema delle remunerazioni dei *manager* mediante il riconoscimento ai soci di uno specifico diritto di voto (c.d. *say on pay*), vincolante sulle politiche di remunerazione, non vincolante sui compensi corrisposti (art. 123-*ter* TUF).

3.1. *La legittimazione all'intervento in assemblea*

Un primo strumento per la riduzione dei costi di partecipazione all'assemblea è connesso al meccanismo di verifica della legittimazione all'intervento. In ragione dell'obbligatoria dematerializzazione degli strumenti finanziari negoziati in mercati regolamentati (art. 83-*bis*, co. 1, TUF; *infra*, parte IV, cap. II, n. 3.3.2.), il tradizionale deposito preventivo delle azioni (art. 2370, co. 2, c.c.) è sostituto dalla comunicazione alla società da parte dell'intermediario che gestisce il conto sul quale sono registrate le azioni del socio. Benché tale modalità consenta un significativo risparmio dei costi di transazione connessi al regime di diritto comune, la necessità di certezza sulla titolarità delle azioni può risultare foriera di rilevanti costi opportunità: nella misura in cui tale certezza sia assicurata vietando il trasferimento delle azioni nel periodo compreso tra l'ultimo giorno utile per la registrazione (e la successiva comunicazione dall'intermediario alla società) e la data dell'assemblea, l'azionista si trova impossibilitato ad alienare la partecipazione, rimanendo, pertanto, esposto, al rischio dell'andamento del mercato e, in ogni caso, vincolato nelle scelte relative al proprio portafoglio di investimento. Si comprende, pertanto, la rilevante azione di pressione svolta dagli investitori istituzionali a livello europeo e la conseguente disciplina introdotta dalla SHRD con riguardo alla c.d. *record date*: nelle parole della norma italiana di recepimento, la comunicazione dell'intermediario all'emittente che attesta la legittimazione all'intervento in assemblea del soggetto a cui spetta il diritto di voto è effettuata « sulla base delle evidenze dei conti ... relative al termine della giornata contabile del settimo giorno di mercato aperto precedente la data fissata per l'assemblea. Le registrazioni in accredito o in addebito compiute sui conti successivamente a tale termine non rilevano ai fini della legittimazione all'esercizio del diritto di voto nell'assemblea » (art. 83-*sexies*, co. 2, TUF). Le conseguenze di un simile meccanismo sono evidenti: ogni volta che il trasferimento delle azioni intervenga nel periodo compreso tra la data dell'assemblea e il settimo giorno di mercato aperto precedente, si verifica una dissociazione tra legittimazione al voto e titolarità delle azioni (c.d. *decoupling*), per la quale l'alienante, che non è più socio, può intervenire in assemblea e votare (c.d. *empty voting*), mentre l'acquirente, che pur lo è diventato, non può esercitare il diritto di voto connesso alle azioni acquistate (c.d. *hidden ownership*). Altrettanto evidente è il rischio di abusi conseguente a tale dissociazione, risultando confermata, anche da quest'angolo visuale, la possibilità di un utilizzo opportunistico degli strumenti di *corporate governance* da parte di investitori istituzionali particolarmente aggressivi.

Per altro verso, le « complesse catene di intermediazione » conseguenti al sistema di dematerializzazione obbligatoria (*infra*, parte IV, cap. II, n. 3.3.2.) « rendono più difficoltoso l'esercizio dei diritti degli azionisti ». In particolare, poiché i soci sono noti unicamente agli intermediari che gestiscono il conto sul quale sono registrate le loro azioni, soprattutto nelle situazioni transfrontaliere « sovente le società non sono in grado di identificare i loro azionisti ». Di qui una difficoltà di « comunicazione diretta tra azionisti e società », di contro « essenziale per facilitare l'esercizio dei diritti degli azionisti » (così il considerando n. 4 della SHRD II), anche « in modo coordinato » (art.

83-*duodecies*, co. 1, TUF). Per superare il problema, la SHRD II ha, pertanto, introdotto la possibilità per gli emittenti quotati di richiedere agli intermediari e ai depositari centrali coinvolti nel sistema di dematerializzazione obbligatoria « l'identificazione degli azionisti che detengono azioni in misura superiore allo 0,5% del capitale sociale con diritto di voto » (art. 83-*duodecies*, co. 1, TUF). Tale richiesta può essere promossa anche da « tanti soci che rappresentino almeno la metà della quota minima di partecipazione stabilita » dalla disciplina secondaria (art. 144-*quater* Regolamento Emittenti) per presentare una lista di candidati agli organi di gestione e controllo (art. 83-*duodecies*, co. 3, TUF). In tal caso, i costi del servizio — analiticamente disciplinati dalla legge (art. 83-*novies*.1, TUF) — sono ripartiti tra emittente e soci richiedenti, in conformità ai criteri stabiliti dalla Consob, così da scoraggiare un uso dello strumento « per finalità non coerenti con l'obiettivo di facilitare il coordinamento tra i soci » al fine di « esercitare i diritti che richiedono una partecipazione qualificata » (art. 83-*duodecies*, co. 3, TUF).

3.2. *La disciplina dell'assemblea*

La disciplina dell'assemblea risulta organizzata intorno a una pluralità di strategie normative.

Un primo nucleo di norme è diretto a favorire l'informazione dei soci mediante la disciplina dell'avviso di convocazione — assai analitica nella determinazione del contenuto (art. 125-*bis*, co. 4, TUF) e delle modalità di diffusione (art. 125-*bis*, co. 1, TUF; art. 84, co. 2, Regolamento Emittenti) — e la previsione di un obbligo per gli amministratori di mettere a disposizione del pubblico « una relazione su ciascuna delle materie all'ordine del giorno » (art. 125-*ter*, co. 1, TUF). Fonte principale per l'accesso a tale articolato materiale informativo è il sito *internet* della società (art. 125-*quater* TUF).

Numerose sono, poi, le disposizioni — in parte risalenti a ben prima della SHRD e storicamente introdotte in funzione di tutela delle minoranze — che rafforzano la posizione dei soci nei confronti degli amministratori. Accanto alla tradizionale previsione di termini congrui per la convocazione — innovata dalla disciplina europea nella loro specifica identificazione (30 giorni, come regola di *default*; 40 giorni, nel caso di elezione degli organi di amministrazione e controllo; 21

giorni, per le assemblee convocate in caso di perdite e per la messa in liquidazione; 15 giorni, per l'autorizzazione alle difese in caso di offerta pubblica di acquisto: art. 125-*bis*, co. 1, 2 e 3, TUF; art. 104, co. 2, TUF) -, la disciplina vigente consente ai soci che rappresentino almeno il 5% del capitale sociale di domandare la convocazione dell'assemblea (art. 2367, co. 1, c.c.), abbassando la soglia al 2,5% per richiedere l'integrazione « dell'elenco delle materie da trattare » o « presentare proposte di deliberazione su materie già all'ordine del giorno » (art. 126-*bis*, co. 1, TUF). Recependo una indicazione della SHRD, una articolata disciplina prevede, altresì, il diritto di ciascun socio di porre domande in assemblea, soffermandosi, in particolare, sulle domande formulate prima dell'adunanza (art. 127-*ter* TUF). Le norme in esame si prestano, all'evidenza, a possibili abusi, nella misura in cui il potere riconosciuto ai soci sia utilizzato per finalità difformi da quelle previste dalla legge, secondo modalità ben esemplificate dal tradizionale fenomeno dei "disturbatori professionali" o da più sofisticati comportamenti di tipo ostruzionistico. Un'interpretazione teleologica delle norme, la verifica sulla conformità dell'esercizio del diritto all'interesse sociale o il ricorso alla clausola generale di correttezza sono gli strumenti più frequentemente identificati per il contenimento di simili condotte opportunistiche.

Un ultimo insieme di norme consente, infine, la riduzione dei costi di transazione connessi alla partecipazione fisica all'adunanza assembleare. In parziale deroga alla generale imperatività della disciplina e in linea, per converso, con la tradizionale rimessione della materia all'autonomia statutaria, gli statuti degli emittenti quotati possono prevedere l'intervento all'assemblea mediante mezzi di telecomunicazione e l'esercizio del diritto di voto per corrispondenza (art. 127 TUF, mediante rinvio all'art. 2370, co. 4, c.c. Alla Consob è, tuttavia, demandata la puntuale definizione della modalità di svolgimento dell'assemblea e dell'espressione del voto per corrispondenza (140-143-*ter* Regolamento Emittenti).

3.3. *Le deleghe di voto*

Nel contesto delle società che fanno ricorso al mercato dei capitali, l'urgenza di non disperdere il voto degli azionisti indotti a disertare l'assemblea per i relativi costi di transazione (c.d. *apatia razionale*) può essere considerata preminente rispetto alla tradizionale sottolineatura della "personalità" del diritto al voto e alla possibilità di abusi nella rappresentanza assembleare, in spregio alle regole proprie della democrazia societaria (c.d. *incetta di deleghe*). In parziale discontinuità con le scelte adottate dall'ordinamento italiano, tale è, in particolare, la più recente opzione del legislatore europeo, del tutto esplicito nel riconoscere che « il buon governo societario richiede procedure agevoli ed efficienti per l'esercizio del voto per delega » e nel ricavare la relativa conseguenza: « le limitazioni e i vincoli esistenti che rendono il voto per delega difficile e oneroso dovrebbero pertanto essere eliminati », pur nel necessario mantenimento delle « opportune salvaguardie contro eventuali abusi » (così il considerando n. 10 della SHRD).

Una simile impostazione è recepita dal diritto vigente in una pluralità di direzioni. Pur nel rispetto di eventuali principi concorrenti (nella specie, il voto capitario nelle cooperative), per le società che fanno ricorso al mercato del capitale di rischio il codice civile elimina i vincoli statutari e quantitativi al rilascio di deleghe (art. 2372, co. 1 e 8, c.c.), favorisce l'esercizio del voto per delega da parte di intermediari, rimuovendo il tradizionale divieto di indicare come rappresentante una banca, e consente la delega anche nei confronti degli amministratori (art. 2372, co. 8, c.c.). Dal canto suo, con riferimento alle società quotate il TUF permette di sollecitare il rilascio delle deleghe per l'adesione a specifiche proposte di voto (artt. 136-144 TUF), così da consentire a un azionista, a un'associazione di azionisti e agli stessi amministratori di coagulare il consenso intorno a una determinata iniziativa assembleare. Con la semplificazione del procedimento richiesta da alcune disposizioni della SHRD e la conseguente riduzione dei costi di transazione, una simile impostazione pone le condizioni per un possibile attivismo degli investitori istituzionali e, nel contempo, per le connesse contromosse degli amministratori o dei soci di maggioranza (c.d. *battaglie delle deleghe* o *proxy fights*). In assenza di adeguati riscontri empirici, non è, tuttavia, ancora chiaro il grado di effettività della disciplina, soprattutto in un contesto economico, come quello italiano, caratterizzato dalla prevalente presenza di società a proprietà concentrata.

Nella prospettiva di un equilibrato bilanciamento di interessi, particolare attenzione è prestata alla prevenzione degli abusi. Pur non essendo considerato ostativo al conferimento della delega, il potenziale conflitto di interesse del rappresentante è disciplinato secondo regole di trasparenza e con l'imposizione di « specifiche istruzioni di voto per ciascuna delibera in relazione alla quale il rappresentante dovrà votare per conto del socio » (art. 135-*decies*, co. 1, TUF). Con una disposizione innovativa, ma derogabile dall'autonomia statutaria, alle società con azioni quotate è, altresì, richiesto di designare un rappresentante indipendente, « al quale i soci possono conferire » una « delega con istruzioni di voto su tutte o alcune delle proposte all'ordine del giorno », destinata ad avere « effetto per le sole proposte in relazione alle quali siano conferite istruzioni di voto » (art. 135-*undecies* TUF). Nella medesima logica di prevenzione degli abusi, la procedura di sollecitazione delle deleghe è, infine, improntata al rispetto delle regole di correttezza e trasparenza (art. 144 TUF; per la analitica disciplina della materia: artt. 135-139 Regolamento Emittenti), con una specifica previsione di responsabilità in capo al promotore della sollecitazione che, nel prospetto o nel modulo richiesto a tal fine (art. 138, co. 1, TUF), diffonda informazioni incomplete o non idonee « a consentire all'azionista di assumere una decisione consapevole » (art. 143, co. 1 e 2, TUF).

3.4. *Il voto plurimo*

Il diritto di voto del socio di società per azioni è tradizionalmente proporzionale alla partecipazione al capitale. Conosciuta negli ordinamenti anglosassoni come "*one-share, one-vote*", una simile regola risponde, nel contempo, a un evidente criterio di giustizia commutativa e a un'istanza di efficienza: la proporzione tra diritto di voto (e, quindi, potere di comando) e investimento azionario rende maggiormente disponibile l'azionista di controllo a decisioni orientate alla massimizzazione del valore della società.

In particolari contesti economici, tuttavia, anche la dissociazione tra diritto di voto e partecipazione al capitale può trovare giustificazione. Qualora, per esempio, si intenda favorire l'accesso alla negoziazione in mercati regolamentati da parte di società caratterizzate dalla presenza di un socio imprenditore restìo ad abbandonare il controllo della società e, come può accadere, decisivo per il suo sviluppo, la creazione di azioni con voto plurimo consente di combinare il mantenimento del controllo con l'apertura a una più vasta platea di investitori. Sotto un diverso profilo, quando sia riconosciuta come "premio alla fedeltà" di chi mantiene la titolarità delle azioni per un determinato tempo, la maggiorazione del voto favorisce investimenti di lungo periodo, con il possibile beneficio di una minore volatilità delle azioni e di un maggiore monitoraggio sulla gestione dell'impresa. Naturalmente, in entrambi i casi il riconoscimento di un diritto di voto "rafforzato" può esacerbare l'*agency problem* tra socio di controllo e soci di minoranza, ponendosi, pertanto, il problema di una opportuna mitigazione del relativo rischio.

A una simile logica rispondono alcuni recenti interventi normativi che, nella prospettiva di favorire la crescita economica, hanno introdotto la possibilità per l'autonomia statutaria: nelle società per azioni non quotate, di « prevedere la creazione di azioni con diritto di voto plurimo » sino a « un massimo di tre voti » (art. 2351, co. 4, c.c.); e, in quelle quotate, di attribuire un « voto maggiorato, fino a un massimo di due voti, per ciascuna azione appartenuta » al medesimo azionista « per un periodo continuativo non inferiore a ventiquattro mesi » (art. 127-*quinquies*, co. 1, TUF). Nel contempo, specifiche modifiche alla disciplina sugli assetti proprietari (artt. 120, co. 1 e 4, e 127-*sexies*, co. 3, TUF) e sulle offerte pubbliche di acquisto (artt. 104-*bis*, co. 2 e 3; 106, co. 2; 109, co. 1, TUF), nonché puntuali interventi con riguardo alle regole da valere in presenza di aumenti di capitale, fusioni e scissioni (art. 127-*quinquies*, co. 3 e 4, TUF), hanno posto il necessario presidio per evitare comportamenti opportunistici e indebiti rafforzamenti del socio di maggioranza, secondo regole ulteriormente precisate in sede regolamentare (art. 127-*quinquies*, co. 2, TUF). La scelta operata dal legislatore italiano rimane, peraltro, controversa: se per le società non quotate si ritiene che un elementare meccanismo di mercato — lo sconto sul prezzo delle azioni offerte al mercato primario, in ragione della presenza di azioni a voto plurimo — consenta un adeguato bilanciamento del potere riconosciuto all'azionista di controllo, con riguardo alla maggiorazione del voto in società quotate si paventa un eccessivo rafforzamento di quest'ultimo, a discapito della partecipazione al capitale da parte di investitori istituzionali.

4. Il sistema dei controlli

La presenza di un organo di controllo, inderogabilmente richiesta dalla struttura corporativa delle società per azioni, costituisce, come tale, un presidio contro gli *agency problem*. In presenza di un socio di maggioranza, la competenza assembleare prevista dal codice civile per la nomina può, tuttavia, indebolire la concreta effettività di un simile presidio: amministratori e componenti dell'organo di controllo risultano, infatti, espressione del medesimo soggetto. Di qui l'opportunità di una disciplina speciale che sia specificamente funzionale alla tutela dei soci di minoranza e, per altro verso, assicuri una forma di controllo indipendente sulla gestione. Nel contempo, l'interesse al corretto funzionamento del mercato dei capitali e la possibilità di esternalità negative giustifica l'attribuzione di poteri di controllo anche all'autorità pubblica di vigilanza, con la quale, in taluni casi, i controllori privati sono chiamati dalla legge a collaborare.

4.1. *L'organo di controllo interno*

La finalità di tutela delle minoranze è particolarmente evidente nella disciplina sulle modalità di nomina del collegio sindacale, improntata alla regola della « elezione, con voto di lista, di un membro effettivo del collegio sindacale da parte dei soci di minoranza che non siano collegati, neppure indirettamente, con i soci che hanno presentato o votato la lista risultata prima per numero di voti » (art. 148, co. 2, TUF, le cui previsioni sono più analiticamente declinate dagli artt. 144-*quinquies* e 144-*sexies* Regolamento Emittenti; per una analoga previsione con riferimento, nel sistema dualistico, al consiglio di sorveglianza: art. 148, co. 4-*bis*, TUF). Secondo una disposizione di ancor maggiore significato, tra i sindaci così eletti dalla minoranza l'assemblea nomina il presidente del collegio sindacale (art. 148, co. 2-*bis*, TUF; per un'analoga previsione, con riferimento, nel sistema monistico, al comitato per il controllo sulla gestione: art. 148, co. 4-*ter*, TUF).

A una logica di rafforzamento del controllo indipendente sulla gestione rispondono, invece, le norme in materia di indipendenza, onorabilità e professionalità dei sindaci (art. 148, co. 3 e 4, TUF, la cui previsione trova applicazione anche ai componenti del consiglio di sorveglianza e del comitato per il controllo sulla gestione: art. 148, co.

4, 4-*bis* e 4-*ter*, TUF), il complesso regime funzionale a limitare il cumulo degli incarichi (art. 148-*bis* TUF, quale precisato dagli artt. 144-*duodecies* — 144-*quinquiesdecies* Regolamento Emittenti) e, soprattutto, la disciplina in materia di doveri e poteri, che la riforma del diritto societario ha reso in gran parte di diritto comune.

Accanto al tradizionale compito di vigilanza sul rispetto della legge e dello statuto (art. 149, co. 1, lett. *a*, TUF), il collegio sindacale è investito, più nel dettaglio, del controllo sul rispetto dei principi di corretta amministrazione (art. 149, co. 1, lett. *b*, TUF). Il relativo dovere è ulteriormente declinato nella vigilanza: « sull'adeguatezza della struttura organizzativa della società per gli aspetti di competenza, del sistema di controllo interno e del sistema amministrativo-contabile, nonché sull'affidabilità di quest'ultimo nel rappresentare correttamente i fatti di gestione »; sulle « modalità di concreta attuazione delle regole di governo societario », alle quali « la società, mediante informativa al pubblico, dichiara di attenersi »; e, infine, « sull'adeguatezza delle disposizioni impartite dalla società alle società controllate » in materia di comunicazione di informazioni privilegiate (art. 149, co. 1, lett. *c*, *c*-bis e *d*, TUF; la disciplina si applica integralmente anche al consiglio di sorveglianza e solo in parte al comitato per il controllo sulla gestione: art. 149, co. 4-*bis* e 4-*ter*, TUF).

A tal fine, il collegio sindacale dispone di una molteplicità di poteri informativi, esercitabili: mediante la obbligatoria partecipazione « alle riunioni del consiglio di amministrazione e del comitato esecutivo » (art. 149, co. 2, TUF; nel modello dualistico « almeno un componente del consiglio di sorveglianza partecipa alle riunioni del consiglio di gestione »: art. 149, co. 4-*bis*, TUF); attraverso le comunicazioni dovute almeno trimestralmente dagli amministratori (art. 150, co. 1, TUF; per la disciplina nei modelli alternativi di amministrazione e controllo: art. 150, co. 2, TUF) o ricevute dal revisore legale e da « coloro che sono preposti al controllo interno » della società (art. 150, co. 3 e 4, TUF; identica norma vale per il consiglio di sorveglianza e il comitato per il controllo sulla gestione: art. 150, co. 5, TUF); con specifiche richieste, se del caso individuali, indirizzabili anche ai « corrispondenti organi delle società controllate » (art. 151, co. 1 e 2, TUF; identiche disposizioni valgono per il consiglio di sorveglianza e il comitato per il controllo sulla gestione: artt. 151-*bis*, co. 1, e 151-*ter*, co. 1, TUF). A ciò si aggiunge il potere, anche individuale, di ispezione e controllo (art.

151, co. 1, TUF), eventualmente esercitabile avvalendosi dei dipendenti della società (art. 151, co. 2, TUF; secondo una norma che non è facile giustificare, nei modelli alternativi tale potere può essere esercitato individualmente solo in caso di delega: artt. 151-*bis*, co. 4, e 151-*ter*, co. 4, TUF).

Né mancano poteri di tipo proattivo, che potenzialmente attribuiscono al collegio sindacale una funzione di grande forza dialettica endosocietaria: il potere di convocare consiglio di amministrazione e comitato esecutivo, spettante individualmente a ciascun membro del collegio, e quello di convocare l'assemblea dei soci, « che può essere esercitato da almeno due membri » (art. 151, co. 2, TUF; analoga disciplina vale nei sistemi alternativi di amministrazione e controllo: artt. 151-*bis*, co. 2 e 3, e 151-*ter*, co. 2 e 3, TUF); il potere di denuncia al tribunale *ex* art. 2409 c.c. (art. 152, co. 1, TUF, con disposizione probabilmente superflua alla luce della generale previsione dell'art. 2409, co. 7, c.c.; identico potere spetta al consiglio di sorveglianza e al comitato per il controllo sulla gestione: art. 152, co. 1, TUF); la legittimazione all'azione sociale di responsabilità, a seguito di deliberazione « assunta con la maggioranza dei due terzi » dei componenti del collegio (art. 2393, co. 3, c.c.; analogamente, nel sistema dualistico, art. 2409-*decies*, co. 2, c.c.).

Secondo le norme generali del diritto societario, l'inosservanza dei doveri previsti dalla legge comporta per i componenti l'organo di controllo la responsabilità civile nei confronti della società, dei creditori e dei terzi per i danni che non si sarebbero prodotti se avessero vigilato in conformità ai doveri propri della loro carica (artt. 2407, co. 2, 2409-*terdecies*, co. 3, e 2409-*noviesdecies*, co. 1, c.c.).

Assai importante — dal punto di vista sistematico e pratico — è, infine, il dovere dell'organo di controllo di segnalare, « senza indugio », alla Consob le « irregolarità riscontrate nell'attività di vigilanza » (art. 149, co. 3, 4-*bis* e 4-*ter*, TUF). La norma aggiunge, infatti, una connotazione di tipo pubblicistico al controllo privato esercitato dal collegio sindacale (o dal consiglio di sorveglianza e dal comitato per il controllo sulla gestione), rendendolo strumentale al successivo intervento dell'autorità di vigilanza e così configurandolo anche in funzione della tutela dell'interesse generale, secondo quanto ulteriormente fatto palese dalla severa sanzione amministrativa irrogata nell'ipotesi di violazione del precetto (art. 193, co. 3, lett. *a*, TUF).

4.2. *Il revisore legale dei conti*

Secondo una scelta ormai risalente, il controllo contabile sulle società quotate è attribuito a un soggetto distinto e specializzato, che il diritto europeo identifica con l'espressione "revisore legale". La scelta di attribuire a un soggetto privato la revisione dei conti annuali e dei conti consolidati (d'ora in poi, "revisione legale", in conformità alla definizione di cui all'art. 1, co. 1, lett. *m*, d. lgs. 39/10) delle società quotate risponde alla strategia normativa di *gatekeeping*, già esaminata in precedenza (*supra*, cap. II, n. 3.1.1.): l'attribuzione di una funzione di verifica a un soggetto professionale, la cui attività dipende in modo essenziale dalla reputazione di affidabilità ed è soggetta a un puntuale regime di responsabilità civile (art. 15, d. lgs. 39/10), può consentire un controllo più efficiente di quello affidato all'autorità pubblica.

In questa prospettiva, la disciplina vigente rende obbligatoria l'attribuzione della revisione legale a un soggetto — persona fisica o società (c.d. di revisione) — esterno all'emittente, a ciò abilitato in conformità alle disposizioni domestiche ed europee applicabili al riguardo (art. 2409-*bis*, co. 1, c.c.; art. 16, co. 2, d. lgs. 39/10). Il revisore legale è chiamato a verificare « nel corso dell'esercizio la regolare tenuta della contabilità e la corretta rilevazione dei fatti di gestione nelle scritture contabili » secondo i principi contabili adottati nell'Unione europea e a « esprimere con apposita relazione un giudizio sul bilancio di esercizio e sul bilancio consolidato, ove redatto », così da indicare « chiaramente se questo è conforme alle norme che ne disciplinano la redazione e se rappresenta in modo veritiero e corretto la situazione patrimoniale e finanziaria e il risultato economico dell'esercizio » (art. 14, co. 1 e 2, d. lgs. 39/10). Accanto a un giudizio senza rilievi, il revisore legale può esprimere un giudizio con rilievi, un giudizio negativo o rilasciare una dichiarazione di impossibilità a esprimere un giudizio. In tutti questi ultimi casi, i motivi della decisione devono essere analiticamente illustrati (art. 14, co. 3, d. lgs. 39/10). La destinazione al mercato della relazione dei revisori e la sua conseguente capacità di contribuire alla formazione del prezzo delle azioni della società quotata è fatta palese dalla previsione che ne impone la pubblicazione integrale entro il medesimo termine previsto per la pubblicazione della relazione finanziaria annuale (art. 154-*ter*, co. 1, TUF).

Come dimostrato dagli scandali di inizio millennio e dalla crisi finanziaria globale, il modello dei *gatekeepers* privati e, in particolare, quello della revisione legale presenta alcune criticità potenzialmente assai rilevanti.

Da un lato, il capitale reputazionale necessario allo svolgimento dell'attività rende il mercato dei *gatekeepers* naturalmente oligopolistico, con il conseguente allentamento dei vincoli concorrenziali. Per altro verso, la normale organizzazione dei revisori legali in forma di *network* tra singole realtà professionali variamente coordinate tra di loro (per esempio, mediante l'utilizzo del medesimo marchio ovvero la condivisione della strategia aziendale o di una parte delle strutture organizzative: per una più dettagliata descrizione, art. 149-*bis*, co. 2, Regolamento Emittenti) comporta il rischio che l'interesse del singolo partecipante alla massimizzazione del proprio profitto prevalga sull'interesse generale al mantenimento della reputazione del *network* e suggerisca, pertanto, comportamenti penalizzanti per quest'ultimo (c.d. *network externalities*), come accaduto, per esempio, nel caso Enron. Da ultimo, la circostanza che il compenso del revisore legale sia corrisposto dalla società revisionata e che la revisione sia obbligatoria per previsione di legge fonda la possibilità di comportamenti di *moral hazard*: un giudizio più "benevolo" per aumentare il numero dei clienti e, quindi, il volume dei ricavi, nel caso più semplice; un uso strategico dell'obbligo di revisione per la prestazione di ulteriori servizi a pagamento (c.d. *non-audit*: per esempio, consulenza aziendale o legale), nelle ipotesi più sofisticate. Si comprende, pertanto, perché la disciplina vigente ponga particolare attenzione ai presidi di indipendenza e di prevenzione dei conflitti di interesse, in attuazione dello *standard* che impone al revisore legale di astenersi in presenza di « relazioni finanziarie, personali, d'affari, di lavoro o di altro genere », dalle quali « un terzo informato, obiettivo e ragionevole » trarrebbe la conclusione che l'indipendenza risulta « compromessa » (art. 10, co. 2, d. lgs. 39/10).

Con riferimento alle società quotate il principio è declinato secondo una pluralità di strategie normative: limite di durata dell'incarico del revisore legale e della persona fisica specificamente incaricata, con obbligo temporaneo di astensione (c.d. *cooling off*) prima dell'assunzione di un nuovo incarico (art. 17, co. 1 e 4, d. lgs. 39/10), così da favorire la rotazione nella prestazione dell'attività; divieto di prestazione di numerosi servizi *non audit* specificamente indicati, esteso ai soggetti collegati sia al revisore legale che alla società revisionata (art. 17, co. 3, d. lgs. 39/10; art. 5, par. 1, Regolamento (UE) 537/2014); temporaneo divieto reciproco di rapporti di lavoro o di amministrazione e controllo tra il revisore legale e la società revisionata (art. 17, co. 5 e 6, d. lgs. 39/10), così da evitare facili interscambi (c.d. *revolving doors*) che possono comportare la "cattura" del revisore.

Ulteriormente precisate dalla disciplina regolamentare (artt. 149-*bis* — 149-*duoecies* Regolamento Emittenti), tali regole sono presidiate, nella loro effettività, mediante una pluralità di misure: la necessità di una proposta motivata dell'organo di controllo per il conferimento dell'incarico (art. 13, co. 1, d. lgs. 39/10) e la revocabilità di quest'ultimo solo in presenza di una giusta causa (art. 13, co. 3, d. lgs. 39/10); l'impossibilità di stabilire il compenso in funzione dei risultati della revisione (art. 10, co. 9, d. lgs. 39/10); l'imposizione al revisore legale di specifici assetti organizzativi (art. 10, co. 1-*ter*, d. lgs. 39/10; art. 149-*ter* Regolamento Emittenti), con l'ulteriore previsione di un intervento del comitato per il controllo interno della società revisionata (art. 19 d. lgs. 39/10); misure assai pervasive di trasparenza (art. 18 d. lgs. 39/10); vigilanza pubblica da parte del Ministero dell'economia e delle finanze (artt. 21 e 21-*bis* d. lgs. 39/10) e della Consob (art. 22 d. lgs. 39/10), comprensiva del potere di irrogare sanzioni amministrative (rispettivamente, artt. 24 e 26 d. lgs. 39/10).

Anche per il revisore legale è, infine, prevista una forma necessaria di collaborazione con l'autorità pubblica di vigilanza: con disposizione analoga a quella prevista per l'organo di controllo, il revisore legale è, infatti, tenuto a informare « senza indugio » la Consob « dei fatti ritenuti censurabili rilevati nello svolgimento dell'attività di revisione legale sul bilancio d'esercizio e consolidato » (art. 155, co. 2, TUF). Tale dovere di tempestiva segnalazione sussiste anche « in caso di giudizio negativo o di dichiarazione di impossibilità di esprimere un giudizio o in presenza di richiami di informativa relativi a dubbi significativi sulla continuità aziendale » (art. 156, co. 4, TUF).

4.3. *L'autorità di vigilanza*

A conferma della prevalenza delle strategie di *gatekeeping* privato e del *focus* del *public enforcement* sulla disciplina di trasparenza, l'intervento pubblico con riguardo all'attività delle società quotate si risolve, in gran parte, nel "controllo dei controllori" (in particolare: art. 22 d. lgs. 39/10, in materia di vigilanza della Consob sull'organizzazione e sull'attività dei revisori legali) e nell'esercizio del potere sanzionatorio in caso di violazione dei doveri gravanti sull'organo di controllo (art. 193, co. 3, lett. *a*, TUF). Non manca, tuttavia, l'attribuzione di specifici poteri di intervento proattivo: analogamente a quanto previsto in materia di offerta al pubblico, la possibilità di sospendere l'attività di sollecitazione e di raccolta di deleghe (art. 144, co. 2, lett. *b*, TUF) e, nel caso di « fondato sospetto di gravi irregolarità nell'adempimento dei doveri di vigilanza del collegio sindacale, del consiglio di sorveglianza o del comitato per il controllo sulla gestione », il potere di denunziare i fatti al tribunale *ex* art. 2409 c.c. (art. 152, co. 2, TUF).

5. Le offerte pubbliche di acquisto

Accanto a profili che riguardano l'assetto corporativo della società che emette gli strumenti finanziari — e, in particolare, le azioni — oggetto di investimento, le regole di governo societario comprendono, altresì, un insieme di istituti tipicamente propri del diritto del mercato dei capitali, che la disciplina vigente riconduce alla generale denominazione di "offerte pubbliche di acquisto e di scambio".

Comunemente indicato, anche dal legislatore, con l'evocativa espressione di "mercato del controllo societario" (art. 91 TUF), il fenomeno regolato riguarda, in massima parte, strumenti finanziari « che attribuiscono il diritto di voto, anche limitatamente a specifici argomenti, nell'assemblea ordinaria o straordinaria » (ai fini della disciplina in esame, definiti come "*titoli*": art. 101-*bis*, co. 2, TUF), emessi da società « con sede legale nel territorio italiano » e « ammessi alla negoziazione in un mercato regolamentato » (art. 101-*bis*, co. 1, TUF). La possibilità di quotazione in un mercato regolamentato di uno Stato diverso da quello in cui l'emittente ha la sede legale pone delicati problemi di diritto internazionale privato, regolati, a livello europeo, dalla Direttiva 2004/25/CE (d'ora in poi, "Direttiva *Takeover*"): secondo quanto analiticamente recepito dalla disciplina italiana, i profili di diritto del mercato dei capitali competono al diritto e all'autorità di vigilanza dello Stato del mercato regolamentato di quotazione, mentre gli aspetti di diritto societario rimangono di competenza dello Stato in cui l'emittente ha la sede legale (art. 101-*ter*, co. 4 e 5, TUF).

Pur nel ricorso alla medesima nomenclatura e nella comunanza di alcuni tratti di disciplina, le varie tipologie di offerte pubbliche di acquisto sono assai diverse tra di loro, ciascuna rispondendo a uno specifico *agency problem*. Per tale ragione, appare opportuno superare, almeno in parte, la sistematica adottata dal TUF e procedere a una trattazione separata delle differenti fattispecie.

5.1. *Le offerte pubbliche di acquisto volontarie*

L'offerta pubblica di acquisto (d'ora in poi, "o.p.a.") volontaria è uno strumento di mercato capace di disciplinare l'*agency problem* tra soci e amministratori, che il diritto può regolare, alternativamente, per rimediare ai fallimenti del mercato che ne possono pregiudicare il funzionamento ovvero per realizzare scelte di giustizia distributiva fortemente condizionate da dinamiche politiche. Per tale ragione, il dibattito scientifico in materia è tradizionalmente acceso e le scelte normative sono storicamente assai variabili. La rilevanza dell'o.p.a. volontaria è, peraltro, limitata alla società con azionariato diffuso che non abbiano forma cooperativa: in presenza di un socio di maggioranza, le dinamiche economiche cambiano, infatti, completamente di segno, mentre la regola del voto capitario (art. 2538, co. 2, c.c.) e i limiti al possesso azionario (art. 2525, co. 2, c.c.) propri delle cooperative rendono impraticabile l'acquisto di una posizione di controllo sulla società.

5.1.1. *Il modello economico.* — In sé considerata, l'o.p.a. volontaria è semplicemente l'offerta formulata da un soggetto (c.d. *bidder*) nei confronti dei soci di un emittente quotato (c.d. *target*) avente per oggetto l'acquisto delle loro azioni (o di altri strumenti che attribuiscono il diritto di voto) al fine di conseguire il controllo della società (c.d. *takeover*). Le caratteristiche economiche dell'operazione consentono, tuttavia, all'o.p.a. volontaria di avere un rilevante effetto sull'*agency problem* tra soci e amministratori. Secondo un noto modello, che nella sua formulazione originaria si deve a Henry Manne (1928-2015), l'offerta del *bidder* è giustificata dalla differenza tra prezzo corrente di mercato delle azioni e potenziale valore della società quotata: in ragione della inadeguata gestione da parte degli amministratori, la *target* costa meno di quello che vale e il suo acquisto costituisce, quindi, per il *bidder* un "buon affare". A questa stregua, due aspetti dell'operazione risultano del tutto ovvi: da un lato, l'o.p.a. andrà a buon fine solo se il *bidder* offrirà ai soci della *target* un corrispettivo superiore al prezzo corrente di mercato; per altro verso, una volta completato il *takeover*, l'offerente sostituirà gli amministratori con persone di sua fiducia. La funzione "disciplinare" dell'o.p.a. volontaria appare, quindi, sufficientemente chiara: *ex post* il *takeover* consente ai soci della *target* di conseguire, almeno in parte, il valore della società "depresso" dalla inadeguata gestione da parte degli amministratori nella forma del premio sul prezzo corrente di mercato necessario perché l'offerta sia accettata; *ex ante* la possibilità di essere rimossi a seguito di un *o.p.a.* c.d. *ostile* favorisce una gestione adeguata della società da parte degli amministratori, capace di evitare — a tutto beneficio dei soci — il deprezzamento del valore della società che costituisce il presupposto dell'o.p.a. volontaria.

L'efficiente funzionamento del mercato del controllo societario incontra, tuttavia, una pluralità di ostacoli. Come è, anzitutto, facile comprendere, la prospettiva di cessare dalla carica a seguito del *takeover* può suggerire agli amministratori l'adozione di iniziative — prima o dopo il lancio dell'o.p.a. — dirette a impedire il buon fine dell'offerta. Da un differente angolo visuale, il *bidder* dispone, per ipotesi, di informazioni sulla *target* assai maggiori rispetto a quelle conosciute dai soci e, pertanto, può apprezzare meglio di loro la differenza tra il valore della società e il suo corrente prezzo di mercato. Di qui un rilevante *agency problem*: poiché il *bidder* è in una posizione di superiorità informativa rispetto ai soci e il benessere di questi ultimi dipende dal comportamento del primo, ricorrono i presupposti per comportamenti di *moral hazard* e la conseguente adozione di misure foriere di *agency cost*.

Nel contempo, l'indiscriminata possibilità che le risorse finanziarie comportino il trasferimento del controllo può essere ritenuta non accettabile dagli organi di governo degli Stati in cui la società *target* svolge, in via principale, la sua attività. Le società quotate di maggiori dimensioni presentano, infatti, assai spesso carattere strategico per l'economia di un determinato Paese. A fronte di un'o.p.a. volontaria promossa da un soggetto straniero nei confronti di un emittente di grandi dimensioni e rilevanza (per esempio, perché operante nel settore finanziario, della difesa, dell'energia o delle telecomunicazioni ovvero perché fondamentale ai fini dell'occupazione nel territorio di riferimento), gli interessi nazionali al mantenimento del controllo domestico dell'emittente possono essere contrapposti agli effetti economici del *takeover*.

5.1.2. *La disciplina delle difese.* — Alla luce di tali questioni, le norme vigenti in materia di o.p.a. volontaria si spiegano agevolmente.

Al fine di porre un limite a eventuali comportamenti opportunistici degli amministratori in reazione a un o.p.a. ostile, difficilmente controllabili in via negoziale nel contesto di una società a proprietà diffusa, l'art. 104, co. 1, TUF impone alle società *target* quotate di astenersi « dal compiere atti od operazioni che possono contrastare il conseguimento degli obiettivi dell'offerta » (c.d. *passivity rule*) a far data dal momento in cui la decisione di lanciare un'o.p.a. è stata comunicata alla Consob. Analoga regola vale per l'esecuzione di decisioni prese in un momento anteriore, che non rientrino « nel corso normale delle attività della società e la cui attuazione possa contrastare il conseguimento degli obiettivi dell'offerta » (art. 104, co. 1-*bis*, TUF).

La norma fa, tuttavia, salva la possibilità di una « autorizzazione dell'assemblea ordinaria o di quella straordinaria per le delibere di competenza » (art. 104, co. 1, TUF). In coerenza con le indicazioni del teorema di Coase (*supra*, parte I, cap. II, n. 2.3.1.), in tal modo la legge consente le difese quando i costi di transazione siano sufficientemente contenuti da consentire una valutazione dell'iniziativa degli amministratori da parte dell'assemblea: poiché la *passivity rule* è prevista a beneficio dei soci e questi ultimi sono i migliori arbitri dei propri interessi, non c'è ragione per impedire le difese qualora l'assemblea le approvi con le maggioranze previste dalla legge (art. 2369, co. 1, c.c.), così implicitamente manifestando la propria contrarietà all'offerta.

Il possibile contrasto con gli interessi nazionali determinato da un'o.p.a. volontaria lanciata nei confronti di una società di importanza strategica per il Paese di riferimento spiega il carattere dispositivo della *passivity rule* sancito dalla disciplina europea. Palese indicatore del compromesso faticosamente raggiunto — al termine di una travagliata vicenda durata trent'anni — tra Stati membri favorevoli alla contendibilità delle società quotate e Stati membri più orientati alla difesa dei "campioni nazionali" e dei modelli domestici di organizzazione dell'impresa (per esempio, la cogestione delle grandi imprese da parte di soci e lavoratori prevista dal diritto tedesco delle società per azioni), il diritto europeo consente agli Stati membri di non esigere che le società con sede nel proprio territorio applichino la *passivity rule* (art. 12, par. 1, Direttiva *Takeover*). Di tale facoltà il nostro ordinamento ha fatto ampio uso nel periodo immediatamente successivo alla crisi finanziaria globale, nel verosimile timore che le società quotate di maggiore importanza, i cui corsi azionari erano stati significativamente depressi dalla crisi dei mercati successiva all'insolvenza di Lehman Brothers nel settembre 2008, potessero formare oggetto di *takeover* da parte di grandi investitori stranieri o fondi sovrani. Originariamente prevista come norma imperativa, la *passivity rule* è stata prima eliminata, salva la facoltà per le società di introdurla come previsione statutaria; e successivamente reintrodotta, con la possibilità, tuttavia, per le società di escluderla in via statutaria, nel rispetto della necessaria trasparenza verso il mercato e l'autorità di vigilanza (art. 104, co. 1-*ter*, TUF).

Analoga vicenda ha riguardato l'ulteriore regola volta a facilitare il mercato del controllo societario neutralizzando, rispetto all'offerente, le limitazioni statutarie alla circolazione della partecipazione sociale e privando di effetto, nelle assemblee chiamate a decidere sulle difese contro l'o.p.a. volontaria predisposte dagli amministratori, restrizioni o maggiorazioni del diritto di voto previste dalla legge, dallo statuto o da patti parasociali (c.d. *regola di neutralizzazione* o *breakthrough rule*). A seguito della crisi finanziaria globale, la norma è stata, infatti, radicalmente trasformata da disposizione imperativa a previsione applicabile solo se esplicitamente prevista nello statuto delle società italiane quotate, diverse dalle società cooperative (art. 104-*bis*, co. 1 e 2, TUF).

La possibilità per una società di non essere soggetta a *passivity rule* e regola di neutralizzazione può, naturalmente, costituire un vantaggio competitivo qualora la medesima società promuova, a sua volta, un'o.p.a. volontaria nei confronti di una *target* che a tali regole è vincolata dal suo ordinamento di riferimento. Per tale ragione la disciplina vigente prevede una clausola di reciprocità: qualora a una società non si applichino *passivity rule* e *breakthrough rule*, il medesimo regime vale, indipendentemente dalle norme rilevanti, per la società *target* dell'o.p.a. volontaria (art. 104-*ter* TUF).

5.1.3. *Le regole di trasparenza.* — Alla mitigazione dell'*agency problem* tra il *bidder* e i soci della *target* sono, invece, funzionali l'obbligo imposto all'offerente di presentare « alla Consob il documento d'offerta destinato alla pubblicazione » (nel termine perentorio di venti giorni dalla comunicazione della decisione di promuovere l'offerta: art. 102, co. 3, TUF; art. 38 Regolamento Emittenti) e la previsione che richiede all'organo gestionale della *target* di diffondere « un comunicato contenente ogni dato utile per l'apprezzamento dell'offerta e la propria valutazione della medesima » (art. 103, co. 3, TUF; art. 39 Regolamento Emittenti). La possibilità per i soci di "sentire le due campane" e, soprattutto, il reciproco controllo sul contenuto delle informazioni che consegue alla contemporanea previsione di un obbligo di *disclosure* in capo a soggetti con interessi contrapposti consente, infatti, di ridurre le asimmetrie informative tra soci e offerente e, in tal modo, limitare gli spazi per comportamenti di *moral hazard* da parte di quest'ultimo. In ragione dell'importanza di una simile dialettica informativa, per la violazione degli obblighi di comunicazione in capo all'offerente e all'organo di gestione della *target* è prevista una sanzione amministrativa pecuniaria « di importo non inferiore ad euro venticinquemila e non superiore al corrispettivo complessivamente dovuto dall'offerente » (art. 192, co. 1 e 2, lett. *a*-bis, TUF).

Per altro verso, la decisione di promuovere un'o.p.a. volontaria è, all'evidenza, un'informazione *price sensitive*. Di qui la necessità di un'adeguata trasparenza, che la disciplina vigente assicura con una pluralità di strumenti: l'obbligo per l'offerente di rendere pubblico « senza indugio » il lancio dell'o.p.a. (art. 102, co. 1, TUF), secondo i contenuti e le modalità di pubblicazione della comunicazione stabiliti dalla normativa secondaria (artt. 36 e 37 Regolamento Emittenti); il potere per la Consob di chiedere ai potenziali offerenti la comunicazione al pubblico di notizie e documenti necessari per un'adeguata informazione « in presenza di indiscrezioni comunque diffuse tra il pubblico in merito a una possibile » o.p.a. volontaria ovvero di « irregolarità nell'andamento del mercato dei titoli interessati » (art. 102, co. 8, TUF); la possibilità per la Consob di sospendere l'o.p.a. volontaria « per un termine non superiore a trenta giorni, nel caso intervengano fatti nuovi o non resi noti in precedenza tali da non consentire ai destinatari di pervenire a un fondato giudizio sull'offerta » (art. 102, co. 6, lett. *b*, TUF).

5.1.4. *La disciplina del procedimento.* — Oltre che dal regime di trasparenza, lo svolgimento dell'o.p.a. volontaria è presidiato da regole di correttezza a tutela degli investitori.

In questa prospettiva l'offerta è irrevocabile (art. 103, co. 1, TUF), non può essere sottoposta a condizioni il cui verificarsi dipenda dalla mera volontà dell'offerente (art. 40, co. 1, Regolamento Emittenti) ed è rivolta « a parità di condizioni a tutti i titolari dei prodotti finanziari che ne formano oggetto » (art. 103, co. 1, TUF). Naturalmente, l'offerente deve essere in grado di adempiere alle proprie promesse: per tale ragione, può comunicare al mercato la propria decisione di promuovere l'o.p.a. « solo dopo essersi messo in condizione di poter far fronte pienamente a ogni impegno di pagamento del corrispettivo in contanti ovvero dopo aver adottato tutte le misure ragionevoli per assicurare il soddisfacimento degli impegni relativi a corrispettivi di altra natura » ed « entro il giorno antecedente alla data prevista per la pubblicazione del documento di offerta, trasmette alla Consob » la relativa documentazione (art. 37-*bis*, co. 1 e 3, Regolamento Emittenti).

A seguito del lancio di un'o.p.a. volontaria è possibile la contestuale presenza di offerte concorrenti, giustificate dalla particolare appetibilità della *target* o dall'iniziativa degli amministratori che cercano un offerente "amico" (c.d. *cavaliere bianco*) al fine di mantenere il proprio ruolo. Per tale ragione, sono possibili modifiche dell'offerta originaria e offerte in aumento, che la disciplina vigente permette — sia pur « fino alla scadenza di un termine massimo » — « senza limitare il numero dei rilanci » (art. 103, co. 4, lett. *d*, TUF; artt. 43 e 44 Regolamento Emittenti), così da consentire ai soci la massima valorizzazione possibile della loro partecipazione. Anche a quest'ultimo fine è decisiva la puntuale determinazione del periodo per l'adesione all'offerta, alla quale provvede, in termini analitici, la disciplina secondaria (art. 40 e 40-*bis* Regolamento Emittenti).

In ogni sua fase, lo svolgimento dell'o.p.a. volontaria è soggetto alla supervisione della Consob. In particolare, l'autorità di vigilanza: riceve la comunicazione della decisione di promuovere l'o.p.a. e ne disciplina la pubblicazione (art. 102, co. 1, TUF; art. 36 Regolamento Emittenti); approva il documento d'offerta entro quindici giorni dalla presentazione, qualora lo ritenga « idoneo a consentire ai destinatari di pervenire a un fondato giudizio sull'offerta » (art. 102, co. 4, TUF); può « indicare all'offerente informazioni integrative da fornire, specifiche modalità di pubblicazione del documento d'offerta, nonché particolari garanzie da prestare » (art. 102, co. 4, TUF). Per l'esercizio delle sue funzioni la Consob dispone di penetranti poteri per l'assunzione di dati e notizie « nei confronti di chiunque appaia informato dei fatti » (art. 102, co. 7, TUF) e può intervenire sull'offerta, sospendendola in via cautelare, nel caso di fondato sospetto di violazione della disciplina di fonte legale e regolamentare, e dichiarandola decaduta qualora tale violazione sia accertata (art. 102, co. 6, lett. *a* e *c*, TUF). L'osservanza delle indicazioni e delle ingiunzioni della Consob è presidiata da una rilevante sanzione amministrativa (« di importo non inferiore a euro venticinquemila e non superiore al corrispettivo complessivamente dovuto dall'offerente »: art. 192, co. 1 e 2, lett. *a*, TUF)

5.2. *L'offerta pubblica di acquisto obbligatoria*

L'o.p.a. obbligatoria è uno strumento giuridico per la gestione dell'*agency problem* tra socio di controllo e soci di minoranza, riservato dal diritto vigente alle società con sede in legale in Italia e quotate in mercati regolamentati italiani (art. 105, co. 1, TUF). Per comprenderne il funzionamento si consideri l'ipotesi di un socio di maggioranza che ceda a un terzo la propria partecipazione. Poiché l'operazione consente all'acquirente di conseguire il controllo della società, quest'ultimo sarà disponibile a pagare un corrispettivo pari al prezzo di mercato aumentato di un importo capace di esprimere il valore della posizione di maggioranza (c.d. *premio di controllo*). Il premio di controllo dipende, tuttavia, dal valore della società, come è facile comprendere considerando che nessuno sarebbe disposto a pagare il relativo importo per una società senza valore. Di qui il problema: la cessione del pacchetto di maggioranza comporta l'attribuzione del premio di controllo unicamente all'alienante; di contro, elementari ragioni di parità di trattamento richiederebbero che il medesimo fosse riconosciuto a tutti i soci, essendo espressione del valore della società in quanto tale e non della semplice posizione di maggioranza.

La questione potrebbe trovare astrattamente risposta in due modi: obbligando il cedente a condividere il premio di controllo con gli altri soci ovvero vincolando l'acquirente a offrire anche a questi ultimi di comprare le loro azioni al medesimo prezzo corrisposto al socio di maggioranza. Tale ultima soluzione risulta, tuttavia, più completa: oltre a conseguire il premio di controllo, il socio di minoranza può uscire dalla società, così evitando i possibili rischi connessi all'ingresso di un nuovo socio di maggioranza (per esempio, la scelta di una strategia di impresa di minore successo, quando non addirittura una spoliazione della società). Confermata dal diritto europeo (art. 5 Direttiva *Takeover*), questa è la strategia storicamente adottata da nostro ordinamento, oggi disciplinata dagli artt. 106 ss. TUF e dalle relative norme regolamentari.

5.2.1. *La soglia rilevante per l'obbligo di offerta pubblica.* — L'obbligo di offerta totalitaria espone l'acquirente al rischio di dover corrispondere a tutti i soci il prezzo convenuto per l'alienazione della partecipazione di controllo e comporta, di conseguenza, un onere finanziario potenzialmente assai rilevante. Del tutto evidente risulta, pertanto, l'importanza dei criteri per l'identificazione della soglia di partecipazione, il cui superamento determina l'obbligo di o.p.a.

A tal fine il legislatore può scegliere uno *standard* (per esempio, "una partecipazione idonea ad assicurare il controllo") ovvero una *rule* (per esempio, "il trenta per cento del capitale sociale"). Secondo quanto già discusso in termini generali (*supra*, parte I, cap. III, n. 2.2.), il ricorso all'una o all'altra delle tecniche normative presenta vantaggi e inconvenienti. Uno *standard* consente il beneficio dell'inclusività, ma comporta l'incertezza collegata alla discrezionalità riconosciuta dalla norma al soggetto chiamato ad applicarla (così, per esempio, da scoraggiare l'acquisto di partecipazioni rilevanti in una società quotata nel timore di una qualificazione *ex post* dell'operazione come acquisizione del controllo). Una *rule*, di contro, assicura la certezza in ordine al presupposto dell'obbligo di o.p.a., ma presenta l'evidente rischio di mancare di inclusività (così, per esempio, da consentire operazioni di acquisto del controllo mediante partecipazioni che, nel caso concreto, rimangono al di sotto della soglia stabilita dalla legge). Delicata è, in quest'ultimo caso, anche l'entità della partecipazione rilevante: una soglia "bassa" favorisce l'attribuzione del premio di controllo a tutti gli azionisti, ma rende più oneroso il cambio nel controllo di una società; una soglia "alta" evita questo inconveniente, ma si risolve in una più ridotta tutela dei soci di minoranza.

Il problema così delineato consente di spiegare le tormentate vicende che hanno storicamente caratterizzato la disciplina della soglia rilevante, ben riflesse nella scarsa linearità delle disposizioni vigenti. Cercando di ordinare quanto risulta dalle previsioni dell'art. 106, co. 1, 1-*bis* e 1-*ter*, TUF, l'obbligo di promuovere un'offerta pubblica di acquisto rivolta a tutti i soci grava su « chiunque, a seguito di acquisti, venga a detenere una partecipazione superiore alla soglia del venticinque per cento » (art. 106, co. 1-*bis*, TUF). Nel caso, tuttavia, di piccola o media impresa, la soglia rilevante è pari al trenta per cento (art. 106, co. 1, TUF) o a quella diversa indicata dallo statuto, che non può comunque essere « inferiore al venticinque per cento né superiore al quaranta per cento » (art. 106, co. 1-*ter*, TUF). Identiche disposizioni si applicano, nel caso di azioni a voto maggiorato o plurimo (*supra*, n. 3.4.), a chiunque venga a disporre di diritti di voto in misura superiore alla medesima soglia (art. 106, co. 1, TUF).

Una specifica disposizione regola l'ipotesi di acquisti operati da coloro che, pur detenendo una partecipazione superiore alla soglia rilevante, non sono vincolati all'obbligo di o.p.a. (perché, per esempio, erano i soci di maggioranza della società prima della quotazione e hanno mantenuto il controllo anche successivamente) e, nel contempo, non dispongono della « maggioranza dei diritti di voto nell'assemblea ordinaria ». In un simile caso, l'incremento della partecipazione che consegue a tali acquisti determina l'obbligo di *o.p.a.* (c.d. *da consolidamento* o *incrementale*) nel ricorrere di due condizioni: se supera la soglia del cinque per cento « del capitale rappresentato da titoli, che attribuiscono diritti di voto nelle deliberazioni assembleari » riguardanti nomina e revoca degli amministratori o del consiglio di sorveglianza (art. 106, co. 3, lett. *b*, TUF); e, nel contempo, se risulta avvenuto a seguito di acquisti « nell'arco di dodici mesi » (art. 46 Regolamento Emittenti), considerati dal legislatore come parti di un'operazione unitaria. Pur potendosi dubitare della proporzione del mezzo al fine, anche in questa ipotesi la previsione di un'o.p.a. obbligatoria risponde al principio di parità di trattamento tra gli azionisti: il premio di controllo eventualmente pagato dal socio di maggioranza agli azionisti alienanti dipende dal valore della società e deve, pertanto, essere riconosciuto anche a tutti gli altri soci. Al fine di favorire il loro accesso ai mercati regolamentati, la disciplina in esame non si applica alle PMI per i primi cinque esercizi successivi alla quotazione, « a condizione che ciò sia previsto dallo statuto » (art. 106, co. 3-*quater*, TUF).

5.2.2. *L'acquisto di concerto, la rilevanza degli strumenti finanziari derivati e l'acquisto indiretto.* — Il possibile onere finanziario connesso all'c.p.a. obbligatoria lascia ulteriormente comprendere il possibile rischio di comportamenti elusivi delle previsioni sulla soglia rilevante. Le forme di tale elusione possono essere numerose: da una pluralità di acquisti inferiori alla soglia, posta in essere da più soggetti nel contesto di un disegno comune (c.d. *acquisto di concerto*), all'utilizzo di strumenti finanziari derivati su azioni al fine di "nascondere" la titolarità della partecipazione di controllo (c.d. *hidden ownership*). Analoga questione si pone, altresì, qualora il controllo di una società quotata sia conseguito per il tramite di una partecipazione di maggioranza acquisita non direttamente in quest'ultima, ma in un'altra società (c.d. *holding*) che, a sua volta, controlla la società quotata (c.d. *acquisto indiretto*).

La risposta dell'ordinamento è affidata a una disciplina caratterizzata, in buona parte, da un elevato grado di inclusività. Così, sono considerati come « *persone che agiscono di concerto* » i « soggetti che cooperano tra di loro sulla base di un accordo, espresso o tacito, verbale o scritto, ancorché invalido o inefficace, volto ad acquisire, mantenere o rafforzare il controllo della società emittente » (art. 101-*bis*, co. 4, TUF). In una prospettiva probatoria, la disposizione è precisata distinguendo fattispecie nelle quali l'azione di concerto: è ritenuta in ogni caso sussistere (per esempio, con riferimento agli aderenti a un patto parasociale: art. 101-*bis*, co. 4-*bis*, TUF); si presume *iuris tantum*, salva la prova che non ricorra l'accordo previsto dall'art. 101-*bis*, co. 4, TUF (per esempio, con riguardo agli acquisti operati da coniugi o da un investitore e il suo consulente finanziario per operazioni relative all'emittente: art. 101-*bis*, co. 4-*ter*, lett. *a*, TUF; art. 44-*quater*, co. 1, Regolamento Emittenti); è in ogni caso esclusa (per esempio, nel caso di coordinamento tra azionisti al fine di esercitare i diritti di *voice* attribuiti dalla legge: art. 101-*bis*, co 4-*ter*, lett. *b*, TUF; art. 44-*quater*, co. 2, Regolamento Emittenti). Non costituisce acquisto di concerto la stipula di un patto parasociale per effetto del quale la partecipazione detenuta dagli aderenti supera la soglia rilevante, salvo che questi ultimi « siano venuti a detenere una partecipazione complessiva » eccedente la soglia « nei dodici mesi precedenti » la stipula del patto (art. 109, co. 2, TUF).

Parimenti inclusiva è la disciplina secondaria diretta a stabilire « i casi e la modalità con cui gli *strumenti finanziari derivati* detenuti sono computati » ai fini del calcolo della soglia rilevante (art. 105, co. 3-*bis*, TUF). Fatte salve alcune eccezioni analiticamente indicate, la disciplina secondaria impone, infatti, di considerare tutti gli strumenti finanziari derivati — detenuti anche indirettamente, per il tramite di fiduciari o per interposta persona — che conferiscano il diritto di acquistare titoli che attribuiscano diritti di voto nelle deliberazioni assembleari riguardanti nomina e revoca degli amministratori o del consiglio di sorveglianza della società interessata (art. 44-*ter* Regolamento Emittenti). Rendendo equivalenti la titolarità effettiva di una partecipazione e il diritto ad acquistarla in futuro, la norma regolamentare impedisce, così, di far prevalere la forma di una partecipazione effettiva inferiore alla soglia sulla sostanza della possibilità di acquisire il controllo mediante l'esercizio dei diritti conferiti dallo strumento derivato.

Più articolato risulta, invece, l'approccio impiegato nei confronti dell'*acquisto indiretto*. Se da un lato, infatti, la disciplina intende evitare che il conseguimento del controllo di una società quotata mediante partecipazione di maggioranza nella relativa *holding* riceva un trattamento diverso dall'acquisto diretto della partecipazione di controllo, nel contempo le regole vigenti cercano di raggiungere soluzioni equilibrate, in particolare limitando la possibilità che un'applicazione indiscriminata dell'obbligo di o.p.a. determini eccessivi oneri economici. Per tale ragione, un vincolo di *offerta* (c.d. "*a cascata*") sussiste soltanto quando la *holding*, della quale viene acquisita la partecipazione di controllo, presenti in prevalenza i tratti della *holding* "pura": quando, cioè, il patrimonio di quest'ultima sia prevalentemente costituito da titoli emessi dalla società quotata (art. 106, co. 3, lett. *a*, TUF). La disciplina secondaria individua analiticamente le condizioni di tale prevalenza: il valore contabile della partecipazione nella società quotata (o, se del caso, in un'ulteriore società, il cui patrimonio sia, a sua volta, costituito in misura prevalente dalla partecipazione nella società quotata) deve rappresentare « più di un terzo dell'attivo patrimoniale » ed essere « superiore ad ogni altra immobilizzazione iscritta nel bilancio » della *holding*; ovvero, alternativamente, il valore attribuito alla partecipazione deve rappresentare più di un terzo e costituire la componente principale del prezzo di acquisto della partecipazione di controllo nella *holding* (art. 45, co. 3, Regolamento Emittenti). Naturalmente, nel caso in cui la *holding* "pura" sia, a sua volta, quotata, all'obbligo di o.p.a. sulla controllata si accompagna quello sulla *holding*.

5.2.3. *Il corrispettivo dell'offerta e la disciplina del procedimento.* — Proprio perché l'obbligo di o.p.a. è funzionale al riconoscimento del premio di controllo a tutti i soci, il prezzo da offrire è stabilito dalla legge: in misura non inferiore al prezzo più elevato pagato, nei dodici mesi anteriori al lancio dell'offerta, per acquistare i titoli che hanno comportato il superamento della soglia; ovvero, qualora in tale periodo non siano stati effettuati acquisti a titolo oneroso o il superamento della soglia consegua unicamente alla maggiorazione del voto (art. 127-*quinquies* TUF: *supra*, n. 3.4.), in misura pari « a un prezzo non inferiore a quello medio ponderato di mercato degli ultimi dodici mesi o del minor periodo disponibile » (art. 106, co. 2, TUF). Nella prospettiva di assicurare il principio del prezzo equo stabilito dal diritto europeo (art. 5, par. 1, Direttiva *Takeover*), con provvedimento motivato la Consob può autorizzare un'offerta a un prezzo inferiore o superiore in presenza di circostanze, che, nel caso concreto, giustifichino la deroga alle disposizioni legali (art. 106, co. 3, lett. *c* e *d*, TUF), secondo quanto analiticamente dettagliato dalla disciplina secondaria (artt. 47-*bis* — 47-*novies* Regolamento Emittenti). Il prezzo dell'offerta può essere costituito, in tutto o in parte, da titoli, salvo l'obbligo per l'offerente di proporre, in alternativa, un corrispettivo in contanti, quando tali titoli non siano quotati o riguardino una società in cui l'offerente dispone di almeno il cinque per cento dei diritti di voto esercitabili in assemblea (art. 106, co. 2-*bis*, TUF).

Il procedimento per lo svolgimento dell'offerta segue le medesime regole previste per l'o.p.a. volontaria: alla comunicazione del sorgere dell'obbligo alla Consob e al mercato (art. 102, co. 1, TUF; art. 37 Regolamento Emittenti), segue la trasmissione all'autorità di vigilanza del documento di offerta per la relativa approvazione (art. 102, co. 3, TUF; art. 38 Regolamento Emittenti TUF). Alla disciplina del periodo per l'adesione all'offerta provvedono le norme secondarie (art. 40 Regolamento Emittenti).

5.2.4. *Le esenzioni.* — In conformità all'impostazione adottata dal diritto europeo (art. 4, par. 5, Direttiva *Takeover*), l'opportunità di mitigare le rigidità conseguenti alla definizione della soglia rilevante con una *rule* e scelte politiche di giustizia distributiva, dirette a far prevalere interessi ulteriori rispetto alla tutela degli investitori, giustificano l'articolata disciplina delle esenzioni dall'obbligo di o.p.a.

Non manca, peraltro, un discreto numero di norme pleonastiche. L'esclusione dell'obbligo di offerta quando il superamento della soglia sia « realizzato in presenza di uno o più soci che detengono il controllo » (art. 106, co. 5, TUF; art. 49, co. 1, lett. *a*, Regolamento Emittenti) ovvero consegua a una cessione di titoli « tra soggetti legati da rilevanti rapporti di partecipazione » (c.d. *trasferimento infragruppo*: art. 106 co. 5, lett. *b*, TUF; art. 49, co. 1, lett. *c*, Regolamento Emittenti) è del tutto ovvia: in tali casi, infatti, non sussiste il trasferimento del controllo presupposto dalla disciplina. Parimenti pleonastica risulta l'esenzione dall'obbligo di o.p.a. quando la soglia rilevante risulta superata per effetto « di un'offerta pubblica di acquisto o di scambio rivolta a tutti i possessori di titoli per la totalità dei titoli in loro possesso » (c.d. *o.p.a. totalitaria preventiva*: art. 106, co. 4, TUF): una simile offerta, infatti, è già di per sé idonea ad attribuire a tutti i soci la possibilità di beneficiare del premio di controllo.

All'urgenza di favorire il mercato del controllo societario, mediante una riduzione degli oneri finanziari connessi all'o.p.a. obbligatoria, risponde, invece, la disposizione che esclude il vincolo di offerta totalitaria qualora la partecipazione di controllo venga « a essere detenuta a seguito di un'offerta pubblica di acquisto o di scambio avente a oggetto almeno il sessanta per cento dei titoli » della società interessata (c.d. *o.p.a. preventiva*: art. 107, co. 1, TUF). Poiché l'offerta totalitaria non riceve normalmente l'adesione di tutti i soci, nella prospettiva del legislatore un'offerta volontaria in misura pari ad almeno il sessanta per cento dei titoli consente, infatti, di contenere i costi gravanti sull'offerente senza pregiudicare in modo eccessivo la tutela dei soci di minoranza. A tale fine occorre, tuttavia, che l'offerta vada a esclusivo beneficio di questi ultimi e che non ci sia spazio per abusi da parte dell'offerente. Di qui la previsione che subordina l'efficacia dell'offerta a una triplice condizione: l'assenza di un preventivo "rastrellamento" di partecipazioni in misura superiore all'uno per cento del capitale da parte dell'offerente o delle persone che agiscono di concerto con lui (art. 107, co. 1, lett. *a*, TUF); il voto favorevole da parte della maggioranza dei destinatari, con esclusione dal computo dei soggetti che possano essere portatori di un interesse in conflitto (nello specifico: l'offerente, il socio di maggioranza relativa — la cui partecipazione sia superiore al dieci per cento — e le eventuali persone che agiscano di concerto con lui: art. 107, co. 1, lett. *b*, TUF); l'espressa autorizzazione della Consob, previa verifica delle precedenti condizioni (art. 107, co. 1, lett. *c*, TUF; art. 48 Regolamento Emittenti). Al fine di assicurare il comportamento leale dell'offerente, la disciplina considera anche il periodo successivo alla chiusura dell'o.p.a. preventiva, imponendo l'obbligo di o.p.a. totalitaria qualora, nei dodici mesi successivi: l'offerente o le persone che agiscono di concerto con lui « abbiano effettuato acquisti di partecipazioni in misura superiore all'uno per cento anche mediante contratti a termine con scadenza successiva » (così dimostrando che avrebbero potuto promuovere un'offerta su una percentuale maggiore di quella prescelta); ovvero « la società emittente abbia deliberato operazioni di fusione o scissione » (così esponendo i soci di minoranza al rischio di un rapporto di concambio sfavorevole: art. 107, co. 3, TUF).

A una *ratio* di mantenimento dell'occupazione e di salvaguardia del contesto produttivo — ritenuti prioritari dal legislatore rispetto alla tutela degli investitori di minoranza — risponde, invece, l'esclusione dell'obbligo di o.p.a. nel caso di « operazioni dirette al salvataggio di società in crisi » (art. 106, co. 5, lett. *a*, TUF). Allo scopo di prevenire un uso non controllato della discrezionalità derivante dalla scelta di configurare l'esenzione in termini di *standard*, la disciplina regolamentare circoscrive le fattispecie rilevanti: alle ipotesi nelle quali la situazione di crisi sia stata accertata da un soggetto pubblico (per esempio, nel caso di ammissione a procedura concorsuale, omologazione di un accordi di ristrutturazione dei debiti o « richieste formulate da un'autorità di vigilanza prudenziale, nel caso di gravi perdite, al fine di prevenire il ricorso all'amministrazione straordinaria o alla liquidazione coatta amministrativa »: art. 49, co. 1, lett. *b*, n. 1, Regolamento Emittenti); ovvero al caso in cui sussista un piano di risanamento reso noto al mercato e la cui ragionevolezza sia certificata da un apposito *gatekeeper* (identificato dall'art. 49, co. 1, lett. *b*, n. 2, Regolamento Emittenti nel professionista previsto dalla disciplina concorsuale per la certificazione dei piani attestati).

Numerose esenzioni trovano, infine, giustificazione nell'assenza della disparità di trattamento dei soci di minoranza: in tali casi la *rule* che determina l'obbligo di o.p.a. al superamento di una soglia quantitativamente determinata risulta affetta da un eccesso di inclusività che la disciplina in esame è diretta a correggere. In questa prospettiva, oltre all'ipotesi in cui la titolarità della partecipazione di maggioranza faccia seguito a un'offerta volontaria di acquisto « rivolta a tutti i possessori di titoli in loro possesso » (art. 106, co. 4, TUF), non sussiste obbligo di o.p.a. quando il superamento della soglia rilevante dipenda da: « cause indipendenti dalla volontà dell'acquirente »; « operazioni ovvero superamenti della soglia di carattere temporaneo »; « operazioni di fusione o di scissione »; « acquisti a titolo gratuito » (art. 106 co. 5, lett. *c*, *d*, *e* e *f*, TUF, secondo una disciplina analiticamente dettagliata dall'art. 49 Regolamento Emittenti).

Il sistema delle esenzioni è completato da una norma di chiusura: con provvedimento motivato, la Consob può ulteriormente derogare, in concreto, all'obbligo di o.p.a. « con riguardo a casi riconducibili alle ipotesi » identificate dalla disciplina primaria come idonee ad esentare dall'o.p.a. totalitaria, « ma non espressamente previsti » dalle previsioni regolamentari (art. 106, co. 6, TUF).

5.2.5. *Le sanzioni.* — All'*enforcement* della disciplina presiedono una pluralità di sanzioni.

La tutela dell'interesse "pubblico" alla parità di trattamento tra gli azionisti è assicurata dalla sanzione amministrativa pecuniaria — « di importo non inferiore a euro venticinquemila e non superiore al corrispettivo » che « sarebbe stato complessivamente dovuto dall'offerente se l'offerta fosse stata promossa » — disposta per la violazione dell'obbligo di promuovere un'o.p.a. nei casi previsti dalla legge (art. 192, co. 1, TUF). Il medesimo interesse è tutelato anche con strumenti di tipo privatistico che si aggiungono alla sanzione amministrativa: la sterilizzazione del diritto di voto inerente all'intera partecipazione detenuta dal mancato offerente (art. 110, co. 1, TUF); l'obbligo per quest'ultimo di alienare la partecipazione eccedente la soglia rilevante entro dodici mesi (art. 110, co. 1, TUF); la possibilità per la Consob di « imporre la promozione dell'offerta totalitaria al prezzo da essa stabilito », in alternativa all'alienazione volontaria da parte del mancato offerente, « con provvedimento motivato, avuto riguardo tra l'altro alle ragioni del mancato adempimento, agli effetti che conseguirebbero all'alienazione e alle modifiche intervenute nella compagine azionaria » (art. 110, co. 1-*bis*, TUF). A loro volta, il divieto di voto e l'obbligo di promuovere l'o.p.a. totalitaria imposta dalla Consob sono assistite dalla medesima sanzione amministrativa pecuniaria prevista per il caso di mancata offerta (art. 192, co. 2, lett. *b* e *b*-bis, TUF). Analogamente, l'omessa alienazione della partecipazione eccedente è sanzionata, addirittura, con la disposizione penale che commina « la reclusione fino a un anno » e « la multa da euro venticinquemila a euro duemilionicinquecentomila » (art. 173 TUF). L'inosservanza del divieto di voto determina, altresì, la possibilità di impugnare le relative delibere assembleari: da parte dei soci, secondo la disciplina del codice civile; dalla Consob, nel termine di centottanta giorni (art. 110, co. 1, TUF, richiamando l'art. 14, co. 6, TUF).

Tradizionalmente discussa è, invece, la possibilità di riconoscere ai soci di minoranza il diritto al risarcimento del danno qualora sia violato l'obbligo di promuovere l'o.p.a. Dopo aver affermato l'autonomia del rimedio civilistico dal sistema delle sanzioni previste nella disciplina speciale del mercato dei capitali, una recente sentenza della Corte di Cassazione ha risolto la questione in senso affermativo: il comportamento del mancato offerente si configura come inadempimento di un'obbligazione *ex lege* nei confronti dei soci di minoranza, capace di determinare un obbligo al risarcimento del danno in misura pari alla differenza tra il prezzo di mercato all'epoca corrente e il prezzo che si sarebbe potuto conseguire se l'o.p.a. obbligatoria fosse stata promossa.

5.3. *L'offerta pubblica di acquisto residuale e il diritto di* squeeze-out

La disciplina delle offerte pubbliche di acquisto è completata da due istituti destinati a regolare l'ipotesi in cui, a seguito di un'offerta pubblica totalitaria o altrimenti, il capitale rappresentato da titoli ammessi alla negoziazione in un mercato regolamentato sia prevalentemente concentrato in capo a un unico soggetto. In tale ipotesi, la ridotta entità dei titoli che possono essere liberamente scambiati sul mercato secondario (c.d. *flottante*) giustifica l'imposizione di un obbligo di acquisto in capo al titolare della partecipazione di maggioranza e, nel contempo, il riconoscimento a suo favore di un diritto di acquisto: nel primo caso, come forma di tutela dei soci di minoranza in assenza di un mercato sufficientemente liquido, che può significativamente deprimere il valore dei titoli in loro possesso; nel secondo, al fine di consentire al socio di maggioranza di "azzerare" partecipazioni marginali spesso detenute con esclusive finalità opportunistiche, così da favorire la decisione di promuovere offerte pubbliche totalitarie e, nel contempo, di procedere all'eventuale esclusione su richiesta dalle negoziazioni in un mercato regolamentato (c.d. *delisting*).

Nel caso di offerta pubblica totalitaria che abbia consentito di detenere una partecipazione almeno pari al novantacinque per cento del capitale o abbia permesso di conseguire una partecipazione superiore al novanta per cento del capitale come esclusiva conseguenza dell'offerta, l'offerente ha l'obbligo di acquistare i restanti titoli da chi ne faccia richiesta (c.d. *o.p.a. residuale*: art. 108, co. 1 e 2, TUF). Il corrispettivo è quello dell'offerta pubblica totalitaria precedente (art. 108, co. 3 e 5, TUF), ma « il possessore dei titoli può sempre esigere che gli sia corrisposto in misura integrale un corrispettivo in contanti » (art. 108, co. 5, TUF; art. 50-*ter*, Regolamento Emittenti). Nel caso, tuttavia, di superamento della soglia del novanta per cento, il titolare della partecipazione di controllo non è soggetto all'obbligo di acquisto se « ripristina entro novanta giorni un flottante sufficiente ad assicurare il regolare andamento delle negoziazioni » (art. 108, co. 2, TUF). In mancanza, quando il superamento della soglia non segue esclusivamente a un'offerta pubblica totalitaria, il corrispettivo dovuto per l'acquisto è determinato dalla Consob, secondo i criteri stabiliti dalla legge (art. 108, co. 4, TUF; art. 50, co. 4-9, Regolamento Emittenti). Gli obblighi informativi connessi all'attuazione della disciplina primaria e i termini entro i quali i possessori dei titoli residui possono richiedere la cessione sono stabiliti dalle norme secondarie (artt. 50 e 50-*quinquies* Regolamento Emittenti). Nelle medesime forme la Consob, sentito il gestore del mercato, « può elevare per singole società » la soglia rilevante per la sussistenza dell'obbligo di acquisto (art. 112 TUF).

In modo simmetrico rispetto all'obbligo di acquisto, « l'offerente che venga a detenere a seguito di un'offerta pubblica totalitaria una partecipazione almeno pari al novantacinque per cento del capitale » ha il diritto potestativo « di acquistare i titoli residui entro tre mesi dalla scadenza del termine per l'accettazione dell'offerta, se ha dichiarato nel documento di offerta l'intenzione di avvalersi di tale diritto » (c.d. diritto di *squeeze-out*: art. 111, co. 1, TUF). Importo e forma del corrispettivo sono determinati secondo le stesse regole previste per l'obbligo di acquisto (art. 111, co. 2, TUF; art. 50-*quater* Regolamento Emittenti), al pari di quanto accade per termini e procedura del relativo esercizio (art. 50-*quinquies* Regolamento Emittenti).

PARTE III

LA DISCIPLINA DEGLI INTERMEDIARI

Capitolo I

LA DISCIPLINA GENERALE DELL'INTERMEDIAZIONE

1. Gli intermediari nel diritto del mercato dei capitali

Il funzionamento del mercato dei capitali dipende in modo cruciale dalla presenza di intermediari. Come discusso in precedenza (*supra*, parte I, cap. I, nn. 3.2.1. e 3.2.2.), senza il loro intervento costi di transazione e asimmetrie informative ostacolerebbero la relazione tra investitori ed emittenti, così da precludere il trasferimento diretto di risorse monetarie da unità in *surplus* a unità in *deficit*. Si è parimenti già visto (*supra*, parte I, cap. I, nn. 3.2.1. e 4.3.) come gli intermediari possano operare tanto a livello del rapporto individuale tra investitore ed emittente quanto a livello aggregato: nel primo caso, collegando unità in *surplus* e unità in *deficit* mediante la prestazione di *servizi di investimento*; nel secondo, raccogliendo il risparmio dagli investitori per una sua gestione "in monte" nell'interesse di tutti i partecipanti, mediante la prestazione del servizio di *gestione collettiva del risparmio*. Sia pure in modo assai più marginale, una funzione analoga è assolta dalla gestione di un portale per la raccolta di capitali (*supra*, parte I, cap. I, nn. 3.2.4.)

Servizi di investimento e gestione collettiva del risparmio pongono all'ordinamento giuridico una pluralità di problemi. Numerose sono, anzitutto, le ipotesi di fallimento del mercato idonee a giustificare un intervento del diritto: le possibili esternalità negative connesse all'insolvenza e all'azzardo morale dell'intermediario; le asimmetrie informative, dalle quali è connotato il rapporto tra prestatore del servizio e investitore; la natura di bene pubblico della fiducia nel corretto svolgimento dell'attività di intermediazione (*supra*, parte I, cap. II, nn. 2.1.1. e n. 2.1.2.). Nel contempo, la disciplina giuridica è in grado di incidere in modo assai significativo sugli interessi individuali di intermediari e investitori: di qui un rilevante problema di giustizia commutativa e distributiva, potenzialmente esposto, nella sua soluzione da parte dell'ordinamento positivo, all'intervento dei portatori organizzati di interessi particolari (*supra*, parte I, cap. II, nn. 3. e 4.).

Tali profili sono rinvenibili con chiarezza nel diritto vigente, che prevede regole funzionali al contenimento delle esternalità negative (c.d. disciplina prudenziale o *prudential regulation*) e norme dirette ad assicurare trasparenza e correttezza dei comportamenti (c.d. disciplina a tutela degli investitori o *protective regulation*). Al primo ambito appartengono le previsioni che disciplinano « il contenimento del rischio, la stabilità patrimoniale e la sana e prudente gestione degli intermediari » (art. 5, co. 2, TUF); al secondo le norme che riguardano « la trasparenza e la correttezza dei comportamenti » (art. 5, co. 3, TUF). In entrambi i casi, la prospettiva individuale si collega con un più ampio obiettivo di tipo macroeconomico: il perseguimento di un sistema finanziario stabile, ben funzionante e competitivo, nel quale la fiducia sia adeguatamente salvaguardata (art. 5, co. 1, lett. *a*, *c* e *d*, TUF). Sia pur meno visibili, sussistono, per altro verso, disposizioni orientate alla specifica protezione di interessi individuali: accanto al ricorrente criterio della « tutela degli investitori » (artt. 5, co. 1, lett. *b*; 6, co. 2; 7, co. 3-*bis*, TUF), particolare rilevanza assumono il vincolo per i prestatori dei servizi di investimento a « servire al meglio l'interesse dei clienti » (art. 21, co. 1, lett. *a*, TUF) e il dovere per le SGR, le Sicav e le Sicaf di operare « nell'interesse degli Oicr gestiti [e] dei relativi partecipanti » (art. 35-*decies*, co. 1, lett. *a*, TUF).

Le specifiche caratteristiche dei servizi di investimento e della gestione collettiva del risparmio giustificano la presenza di un duplice sistema di regole, modellato sulle peculiarità di ciascuna attività. Non manca, tuttavia, un nucleo di disciplina comune, di carattere prevalentemente prudenziale, che regola l'accesso al mercato, la vigilanza pubblica sulla prestazione dei servizi e gli interventi per la gestione di possibili criticità.

La disciplina generale dell'intermediazione costituisce, in larga parte, l'esito del recepimento della disciplina europea. Al fine di favorire un mercato unico dei capitali, nei servizi di investimento come nella gestione collettiva del risparmio le regole vigenti sul prestatore dell'attività si conformano alla tradizionale tecnica di integrazione europea fondata sui principi di armonizzazione e mutuo riconoscimento (*supra*, parte I, cap. III, n. 4.2.). Più in particolare, la presenza di una disciplina armonizzata in materia di accesso all'attività e di vigilanza pubblica consente di contemperare le esigenze del mercato unico europeo con il necessario rispetto delle regole previste da ciascuno Stato membro per rimediare ai fallimenti del mercato: in presenza di autorizzazione e vigilanza da parte dello Stato membro di appartenenza, l'attività può essere prestata in ogni altro Stato dell'Unione europea (c.d. *passaporto europeo*), così consentendo dinamiche concorrenziali capaci di favorire l'integrazione del mercato. Come già ricordato in termini generali (*supra*, parte I, cap. III, n. 4.4.), negli anni successivi alla crisi finanziaria globale e alla crisi del debito sovrano tale tradizionale impostazione registra una significativa evoluzione. Al fine di contenere il rischio fiscale, che per l'intera Unione europea può derivare dalla crisi di un intermediario all'interno di un singolo Stato membro, una maggiore centralizzazione nel processo di formazione delle norme e nell'attività di vigilanza tende a prevalere sull'originale approccio di armonizzazione e mutuo riconoscimento. Del pari, al tradizionale obiettivo di concorrenza all'interno di un mercato unico comincia ad accompagnarsi una più marcata attenzione alla stabilità del sistema. Di tale processo l'adozione di misure volte a realizzare un *single rulebook* e la pervasiva attività dell'ESMA diretta ad assicurare la convergenza delle prassi di vigilanza sono gli aspetti di maggiore rilievo.

2. L'accesso all'attività

In deroga ai principi generali sulla libertà di impresa, la prestazione dei servizi di investimento e la gestione collettiva del risparmio sono attività soggette a un *regime vincolato*. Diretta a correggere le inefficienze nell'allocazione delle risorse potenzialmente generate da un'indiscriminata dinamica di mercato, la relativa disciplina costituisce, nel contempo, una barriera all'ingresso, con possibili conseguenze di giustizia distributiva per *incumbents* e *newcomers* (*supra*, parte I, cap. II, n. 3.2.), delle quali occorre essere consapevoli per un'adeguata comprensione delle norme vigenti. Sotto un diverso profilo, il sistema del mutuo riconoscimento attribuisce all'intermediario, cui sia stato consentito l'accesso all'attività, la possibilità di operare nell'intera Unione europea senza necessità di ulteriori autorizzazioni, fatti salvi gli opportuni adattamenti richiesti per il coordinamento nello svolgimento dell'attività di vigilanza.

2.1. *La riserva di attività*

Nella prospettiva di evitare che comportamenti di azzardo morale da parte di un intermediario pregiudichino la fiducia degli investitori nel buon funzionamento del sistema (*supra*, parte I, cap. II, n. 2.1.1.), in linea generale il diritto vigente riserva l'« esercizio professionale nei confronti del pubblico » dei servizi di investimento alle imprese di investimento e alle banche (art. 18, co. 1, TUF), introducendo limitate deroghe a beneficio delle SGR (art. 18, co. 2, TUF), degli intermediari finanziari iscritti nell'albo previsto dall'art. 106 TUB (art. 18, co. 3, TUF) e dei consulenti finanziari autonomi e delle società di consulenza finanziaria (artt. 18-*bis* e 18-*ter* TUF). Analogamente, « l'esercizio in via professionale del servizio di gestione collettiva del risparmio è riservato alle SGR, alle Sicav e alle Sicaf », nonché a soggetti comparabili aventi sede in un altro Stato membro dell'Unione europea o, in determinate ipotesi, anche in uno Stato non appartenente all'Unione europea (art. 32-*quater*, co. 1, TUF). Presidiano l'effettività di un simile vincolo una severa previsione penale — che sanziona comportamenti di « *abusivismo* » con la detenzione da uno a otto anni e la multa da euro quattromila a euro diecimila (art. 166, co. 1, TUF) — e la possibilità di interventi ispettivi preventivi, su denuncia della competente autorità di vigilanza, nel caso di « fondato sospetto » che una società presti servizi di investimento o di gestione collettiva del risparmio « senza esservi abilitata » (art. 166, co. 3, TUF). Con specifico riferimento ai servizi di investimento tramite *internet* da soggetti non autorizzati, la Consob può rendere pubblica la circostanza e ordinare di porre termine alla violazione (art. 7-*octies*, TUF).

La scelta per una riserva limitata all'ipotesi di « *esercizio professionale* » dei servizi di investimento « *nei confronti del pubblico* » trova agevole spiegazione nella *ratio* della disciplina: un'attività svolta in via occasionale e non rivolta al pubblico degli investitori non determina i rischi di esternalità negative sul sistema che la riserva mira a prevenire. Più complessa è, invece, la puntuale definizione dei requisiti di fattispecie. Un indizio di soluzione è offerto, al riguardo, dalla previsione che dichiara non applicabile la disciplina sugli intermediari ai « soggetti che prestano servizi di investimento esclusivamente nei confronti di soggetti controllanti, controllati o sottoposti a comune controllo » (art. 4-*terdecies*, co. 1, lett. *b*, TUF) ovvero « forniscono consulenza in materia di investimenti nell'esercizio » di un'attività professionale diversa dai servizi di investimento, « purché tale consulenza non sia specificatamente remunerata » (art. 4-*terdecies*, co. 1, lett. *m*, TUF). Oltre a indicare l'orientamento della disciplina verso una interpretazione restrittiva della nozione di « esercizio professionale nei confronti del pubblico », entrambe le disposizioni identificano, infatti, criteri sufficientemente precisi per la soluzione della questione: l'esaurimento dell'attività all'interno di un medesimo soggetto economico, nel primo caso; l'assenza di uno specifico assetto organizzativo e di un corrispettivo, nel secondo.

Rimane, peraltro, da spiegare perché nella gestione collettiva del risparmio la riserva sia subordinata all'« esercizio in via professionale » dell'attività, ma non a una prestazione del servizio nei confronti del pubblico. Le caratteristiche della gestione collettiva del risparmio sembrano, per la verità, rendere pleonastica la precisazione sulla necessaria professionalità: diversamente da quanto può accadere per i servizi di investimento, la presenza di un adeguato assetto organizzativo e di un corrispettivo risultano, infatti, essenziali per la gestione collettiva del risparmio. Meno immediata da comprendere è, invece, l'esclusione del requisito dell'esercizio nei confronti del pubblico, potendosi, in particolare, dubitare se abbia senso mantenere la riserva nel caso di attività destinata a esaurirsi all'interno del medesimo soggetto economico, come può accadere nell'ipotesi di una gestione collettiva del risparmio "infragruppo". La scelta del legislatore può, tuttavia, essere giustificata rilevando che, diversamente da quanto accade per i servizi di investimento, l'entità del risparmio raccolto, propria di una gestione collettiva delle risorse di gruppo, ripropone i medesimi rischi di esternalità negative collegati a un servizio offerto al pubblico degli investitori; di qui la giustificazione di una più rigida applicazione del regime vincolato, secondo una conclusione confermata dalla disposizione che applica la disciplina dei servizi di investimento a chi, pur operando in proprio, è nelle condizioni di determinare rischi a carattere sistemico (per esempio, i *market makers* o i negoziatori con tecniche di *high frequency trading*: art. 4-*terdecies*, co. 1, lett. *d*, n. 1 e 3, TUF).

2.2. *Riserva di attività e condizioni per l'autorizzazione*

L'esatta portata della norma sulla riserva di attività si comprende nella connessione con la disciplina dell'autorizzazione al suo svolgimento. Solo l'esame integrato delle relative previsioni consente, infatti, di cogliere compiutamente le condizioni che devono sussistere per poter svolgere l'attività.

Riservare la prestazione dei servizi di investimento, in generale, a imprese di investimento e banche, nonché la gestione collettiva del risparmio a SGR, Sicav, Sicaf e soggetti comparabili, comporta, in primo luogo, che il titolare dell'attività abbia le caratteristiche proprie di tali soggetti, analiticamente identificate nelle previsioni sulle condizioni per l'autorizzazione.

Nella diversità delle singole discipline, numerosi sono i tratti comuni: l'adozione di una *forma societaria* caratterizzata da un adeguato assetto organizzativo, di regola identificata, nel diritto italiano, con quella della società per azioni (per le SIM, art. 19, co. 1, lett. *a*, TUF; per le banche, art. 14, co. 1, lett. *a*, TUB; per le SGR, art. 34, co. 1, lett. *a*, TUF); un ammontare minimo del *capitale sociale versato*, superiore a quello previsto dal diritto comune, stabilito dalla disciplina secondaria della Banca d'Italia in relazione alle diverse attività prestate, prevalentemente al fine di garantire la serietà dell'iniziativa imprenditoriale [per le SIM, art. 19, co. 1, lett. *d*, TUF; Deliberazione Banca d'Italia, 29 ottobre 2007, n. 1097; per le banche, art. 14, co. 1, lett. *b*, TUB; Circolare Banca d'Italia, 17 dicembre 2013, n. 285, Parte I, tit. I, cap. 1, sez. II; per le SGR, art. 34, co. 1, lett. *c*, TUF; Provvedimento Banca d'Italia, 19 gennaio 2015 (d'ora in poi, "Regolamento sulla gestione collettiva"), Tit. II, cap. I, sez. II]; una *denominazione sociale* contenente le specifiche parole necessarie a identificare la tipologia di società (per esempio, "società di gestione del risparmio"), così da consentire ai terzi — in particolare, agli investitori — l'immediata riconoscibilità dell'intermediario come tale (per le SIM, art. 19, co. 1, lett. *b*, TUF; per le SGR, art. 34, co. 1, lett. *h*, TUF; per la repressione dell'abuso di denominazione mediante sanzione amministrativa pecuniaria, art. 188, co. 1, TUF); specifici *requisiti di idoneità* per i soggetti che svolgono funzioni di amministrazione, direzione e controllo (c.d. *esponenti aziendali*), nonché *requisiti di onorabilità* e criteri di competenza e correttezza per i titolari di partecipazioni rilevanti (c.d. *partecipanti al capi-*

tale), a garanzia della sana e prudente gestione dell'intermediario e, quindi, della sua stabilità (in termini generali, artt. 13 e 14 TUF; con specifico riferimento alle condizioni per l'autorizzazione: per le SIM, art. 19, co. 1, lett. *f* e *g*, TUF; per le banche, art. 14, co. 1, lett. *d* ed *e*, TUB; per le SGR, art. 34, co. 1, lett. *d* ed *e*, TUF).

Con la sola, vistosa, eccezione della possibilità accordata alle banche di prestare tanto l'attività bancaria quanto i servizi di investimento in conformità al modello di "banca universale" (art. 18, co. 1, TUF; *supra*, parte I, cap. I, n. 3.2.1.; cap. II, n. 2.1.), parimenti comune è la previsione di un *oggetto sociale tendenzialmente esclusivo* (per le SGR, in modo assai chiaro: art. 33 TUF; per le SIM, in termini più sfumati, ma senza che ciò comporti dubbi a riguardo: art. 1, co. 1, lett. *e*, in connessione con l'art. 19, co. 1, TUF): in combinato con la disciplina della riserva, l'introduzione di un limite alle attività esercitabili da SIM e SGR favorisce la specializzazione dell'intermediario e contribuisce a prevenire possibili conflitti di interesse. Un approccio eccessivamente rigido all'esclusività dell'oggetto sociale, tuttavia, può comportare uno svantaggio competitivo nei confronti di concorrenti stranieri più "flessibili", risultando, altresì, facilmente aggirabile mediante strutture di gruppo (c.d. *conglomerati finanziari*). Per tale ragione, l'originaria impostazione della disciplina è stata progressivamente "allentata", con l'inevitabile conseguenza di ridurre la specializzazione e creare un maggiore rischio di conflitti di interesse. All'esito di tale processo, il regime vigente risulta, pertanto, più articolato. Nel rispetto delle riserve di attività previste dalla legge, le SIM: possono prestare « servizi accessori e altre attività finanziarie » (per esempio, rispettivamente, ricerca in materia di investimenti e svolgimento dell'attività di agente assicurativo: art. 18, co. 4, TUF); possono svolgere « attività connesse e strumentali » (per esempio, attività di sviluppo dei sistemi informativi utilizzati per la prestazione dei servizi di investimento: art. 18, co. 4, TUF); possono istituire e gestire direttamente fondi pensione aperti e chiusi (art. 12, co. 1, d. lgs. 5 dicembre 2005, n. 252). Allo stesso modo, oltre alle attività connesse e strumentali, le SGR: possono prestare alcuni servizi di investimento (= gestione di portafogli; consulenza in materia di investimenti; in alcuni casi, ricezione e trasmissione di ordini: art. 33, co. 2, lett. *a*, *e* e *g*, TUF) e alcuni servizi accessori (art. 33, co. 2, lett. *d*, TUF); possono commercializzare Oicr propri e di terzi (art. 33, co. 1 e 2, lett. *f*, TUF); possono istituire e gestire fondi pensione (art. 33, co. 2, lett. *b*, TUF).

Analoghe esigenze di tutela della concorrenza hanno suggerito di ampliare l'*ambito soggettivo della riserva*, ammettendo alla prestazione di alcuni servizi di investimento soggetti ulteriori rispetto a SIM e banche. Così, oltre alla possibilità, appena esaminata, per le SGR di prestare alcuni servizi di investimento (espressamente ribadita dalla disciplina sulla riserva di attività: art. 18, co. 2, TUF), è stata riconosciuta agli intermediari finanziari iscritti nell'albo *ex* art. 106 TUB la possibilità di prestare alcuni servizi di investimento (in particolare, collocamento e, limitatamente agli strumenti finanziari derivati, negoziazione per conto proprio ed esecuzione di ordini per conto dei clienti: art. 18, co. 3, TUF). Di particolare rilevanza è, infine, la possibilità riconosciuta alle persone fisiche e giuridiche, in possesso dei requisiti stabiliti dalla disciplina secondaria, di « prestare la consulenza in materia di investimenti», senza «detenere somme di denaro o strumenti finanziari di pertinenza dei clienti » (c.d. *consulenza autonoma*: artt. 18-*bis*, co. 1, e 18-*ter*, co. 1, TUF): secondo quanto confermato da altre esperienze giuridiche, l'esclusiva prestazione del servizio di consulenza da parte di soggetti indipendenti da SIM, banche e SGR consente di superare i conflitti di interesse che potenzialmente affliggono gli intermediari polifunzionali e, per questa via, può migliorare l'efficienza dei servizi di investimento.

2.3. *I requisiti per gli esponenti aziendali*

Come si è poc'anzi accennato, nella prospettiva di presidiare la sana e prudente gestione degli intermediari e con maggiore intensità rispetto all'impostazione precedente, la disciplina vigente prevede per i « soggetti che svolgono funzioni di amministrazione, direzione e controllo presso SIM, SGR, Sicav e Sicaf » un rigoroso vincolo di idoneità « allo svolgimento dell'incarico » (art. 13, co. 1, TUF). In conformità alle indicazioni della Direttiva 2013/36/UE in materia di accesso all'attività degli enti creditizi e di vigilanza prudenziale sugli enti creditizi e sulle imprese di investimento (d'ora in poi, "CRD IV"), nelle espressioni dell'art. 13, co. 2, TUF, gli esponenti aziendali « possiedono requisiti di professionalità, onorabilità e indipendenza, soddisfano criteri di competenza e correttezza, dedicano il tempo necessario all'efficace espletamento dell'incarico ». Mentre il requisito di onorabilità e il criterio di correttezza hanno carattere generale (art. 13, co. 3, lett. *a* e *d*, TUF), la disciplina restante trova applicazione più articolata: i requisiti di professionalità e indipendenza, nonché i limiti al numero degli incarichi, sono « graduati secondo principi di proporzionalità » (art. 13, co. 3, lett. *b* ed *e*, TUF); i criteri di competenza sono « coerenti con la carica da ricoprire e con le caratteristiche del soggetto abilitato » (art. 13, co. 3, lett. *c*, TUF).

Comportando una compressione della libertà di iniziativa economica, la declinazione del precetto è circondata da particolari cautele. Da un lato, la puntuale identificazione dei requisiti è affidata a un organo amministrativo politicamente responsabile (*supra*, parte I, cap. III, n. 3.3.), identificato nel Ministro dell'economia e delle finanze, che provvede « con regolamento adottato sentite la Banca d'Italia e la Consob » (art. 13, co. 3, TUF). Per altro verso, al fine di ridurre gli ambiti di discrezionalità nell'applicazione dei vincoli legali, la formulazione delle norme secondarie tende a seguire un approccio per *rule* (*supra*, parte I, cap. III, n. 2.2.).

Una simile scelta è particolarmente chiara nella disciplina dei *requisiti di onorabilità* contenuta nel D.M. 11 novembre 1998, n. 468 (d'ora in poi, "D.M. 468/98") e destinata a trovare applicazione sino all'emanazione delle nuove disposizioni attuative dell'art. 13 TUF. Prevalentemente legate a condotte con rilevanza penale, le ipotesi che impediscono la titolarità di cariche apicali sono identificate tassativamente, con riferimento a una pluralità di elementi: la fattispecie (per esempio, delitti societari e fallimentari, nonché « reati previsti dalle norme che disciplinano l'attività bancaria, finanziaria, mobiliare, assicurativa »: art. 3, co. 1, lett. *c*, nn. 1 e 2, D.M. 468/98); la sanzione (per esempio, la « reclusione per un tempo non inferiore a due anni per un qualunque delitto non colposo »: art. 3, co. 1, lett. *c*, n. 4, D.M. 468/98); le caratteristiche del provvedimento sanzionatorio (in particolare: condanna « con sentenza irrevocabile, salvi gli effetti della riabilitazione » o sentenza di applicazione della pena « su richiesta delle parti », salvo « il caso dell'estinzione del reato »: art. 3, co. 1, lett. *c*, e co. 2, D.M. 468/98); la sottoposizione a una misura di prevenzione (art. 3, co. 1, lett. *b*, D.M. 468/98); la sussistenza di una causa di ineleggibilità e di decadenza *ex* art. 2382 c.c. (art. 3, co. 1, lett. *a*, D.M. 468/98). Analogo approccio viene utilizzato nella disciplina in materia di *sospen-*

sione dalle cariche, che: identifica le ipotesi rilevanti in modo tassativo (per esempio, « la condanna con sentenza non definitiva » per uno dei reati contemplati dalla disciplina sui requisiti di onorabilità ovvero « l'applicazione di una misura cautelare di tipo personale »: art. 4, co. 1, lett. *a* e *d*, D.M. 468/98); delinea con puntualità il procedimento da seguire (in particolare, fissando competenze e termini per l'eventuale revoca dell'esponente aziendale sospeso: art. 4, co. 2, D.M. 468/98); riconnette alla mancata delibera di revoca il reintegro « nel pieno delle funzioni », senza possibilità di sindacare i presupposti della decisione dell'organo competente (art. 4, co. 3, D.M. 468/98).

Più complesso risulta il discorso relativo ai *requisiti di professionalità*. Anche in questo caso, infatti, la norma regolamentare determina gli elementi di fattispecie, richiedendo, per amministratori e sindaci « una esperienza complessiva di almeno un triennio attraverso l'esercizio » di: « attività di amministrazione o di controllo ovvero compiti direttivi presso imprese »; « attività professionali in materia attinente al settore creditizio, finanziario, mobiliare, assicurativo o comunque funzionale all'attività » dell'intermediario; « attività di insegnamento universitario in materie giuridiche o economiche »; « funzioni amministrative o dirigenziali presso enti pubblici o pubbliche amministrazioni aventi attinenza con il settore creditizio, finanziario, mobiliare o assicurativo » (art. 1, co. 1, lett. *a*, *b*, *c* e *d*, D.M. 468/98). Una simile esperienza triennale non è, tuttavia, sufficiente per poter affermare, in concreto, la sussistenza del requisito. La previsione regolamentare, per la quale amministratori e sindaci « devono essere scelti » nel novero dei soggetti con tale esperienza « secondo criteri di professionalità e competenza » (art. 1, co. 1, D.M. 468/98) lascia, infatti, intendere con sufficiente chiarezza come alla *rule* contenuta nella norma secondaria si accompagni un momento di valutazione discrezionale, rimesso dalla disciplina regolamentare alla responsabilità dell'organo di amministrazione dell'intermediario (art. 8, co. 1, Regolamento Consob, 15 febbraio 2018, n. 20307: d'ora in poi, "Regolamento Intermediari") e sindacabile dall'autorità di vigilanza in sede di autorizzazione (artt. 19, co. 2; 34, co. 2, TUF) o di successive verifiche ispettive. Da quest'angolo visuale, il regime dei requisiti di professionalità appare assai peculiare: secondo la tecnica propria di una disciplina per *rule*, la disposizione in materia di esperienza triennale contribuisce a delineare con precisione il perimetro della fattispecie; nel contempo, la verifica in concreto richiesta all'organo amministrativo e la sindacabilità di tale valutazione da parte dell'autorità di vigilanza permette una maggiore inclusività, pur nel rischio di incertezza che consegue a una disciplina articolata per *standard.*

Sotto la rubrica di « *situazioni impeditive* », la versione originaria del D.M. 468/98 escludeva che potessero « ricoprire le cariche di amministratore, direttore generale e sindaco » di un intermediario « coloro che, almeno per i due esercizi precedenti l'adozione dei relativi provvedimenti », avessero svolto funzioni di amministrazione, direzione o controllo in imprese sottoposte a procedure concorsuali. Per l'evidente *overinclusion* (*supra*, parte I, cap. III, n. 2.2.) da cui era caratterizzata, una simile previsione è stata, tuttavia, censurata come illegittima dal giudice amministrativo: l'assoggettamento a una procedura concorsuale può, infatti, dipendere da una molteplicità di fattori non riconducibili al solo difetto di professionalità dell'esponente aziendale.

Nell'assenza di una disciplina di attuazione del precetto di rango primario, infine, il *requisito dell'indipendenza* rimane regolato dal diritto comune: per gli amministratori può essere introdotto in via statutaria *ex* art. 2387, co. 1, c.c., mentre per i sindaci vale la generale previsione dell'art. 2399 c.c. Soprattutto nella prospettiva di una maggior tutela degli investitori rispetto al rischio di conflitti di interesse, la prassi di autoregolamentazione conosce, tuttavia, specifiche previsioni volte a garantire la presenza nell'organo di gestione di consiglieri indipendenti (per esempio, art. 8.2. *Protocollo di autonomia per la gestione dei conflitti di interesse* nelle SGR predisposto da Assogestioni).

Compete agli organi di amministrazione e controllo degli intermediari valutare « l'idoneità dei propri componenti e l'adeguatezza complessiva dell'organo, documentando il processo di analisi e motivando opportunamente l'esito della valutazione » (art. 13, co. 5, TUF), così da consentire l'eventuale controllo da parte dell'autorità di vigilanza (art. 13, co. 6, TUF).

Il difetto di idoneità o la violazione del limite al cumulo degli incarichi comporta la decadenza dalla carica, dichiarata dall'organo di appartenenza « entro trenta giorni dalla nomina o dalla conoscenza del difetto o della violazione sopravvenuti » (art. 13, co. 5, TUF). Nel solo caso di « specifiche e limitate carenze » dei requisiti di competenza, gli organi aziendali possono evitare la decadenza dei propri componenti ponendo in essere le misure necessarie per colmare le lacune rilevate.

L'eventuale inerzia espone a una duplice conseguenza: la pronuncia della decadenza da parte dell'autorità di vigilanza competente (art. 13, co. 5, TUF) e la sanzione amministrativa pecuniaria inflitta alla società (art. 190, co. 1, TUF) e, nel ricorrere delle prescrizioni di legge, ai componenti dell'organo di amministrazione, direzione e controllo (art. 190-*bis*, co. 1, TUF).

2.4. *I requisiti per i partecipanti al capitale*

Analogamente a quanto accade per le banche (art. 25, co. 1, TUB), specifici vincoli sono previsti anche per i titolari di *partecipazioni qualificate* al capitale di SIM, SGR, Sicav e Sicaf. Al pari di una cattiva gestione, anche una "proprietà" non adeguata può, infatti, pregiudicare la sana e prudente gestione dell'intermediario (si pensi, per esempio, a una SGR controllata da un'organizzazione criminale). Di qui la necessità che i titolari di « una partecipazione che comporta il controllo o la possibilità di esercitare un'influenza notevole sulla società o che attribuisce una quota dei diritti di voto o del capitale almeno pari al dieci per cento » (art. 15, co. 1, TUF, quale richiamato dall'art. 14, co. 1, TUF) presentino i tradizionali requisiti di onorabilità e rispettino — secondo la novità introdotta dalla CRD IV — criteri di competenza, « graduati in relazione all'influenza sulla gestione della società che il titolare della partecipazione può esercitare » (art. 14, co. 2, lett. *b*, TUF), nonché criteri di correttezza, « con riguardo, tra l'altro, alle relazioni d'affari del titolare della partecipazione, alle condotte tenute nei confronti delle autorità di vigilanza e alle sanzioni o misure correttive da queste irrogate, a provvedimenti restrittivi inerenti ad attività professionali svolte, nonché a ogni altro elemento suscettibile di incidere sulla correttezza del titolare della partecipazione » (art. 14, co. 2, lett. *c*, TUF).

Come per i requisiti degli esponenti aziendali, il regime dei requisiti di onorabilità e dei criteri di competenza e correttezza è rimesso alla disciplina secondaria. Sino all'emanazione delle nuove disposizioni attuative dell'art. 14, co. 1 e 2, TUF, con riferimento ai *requisiti di onorabilità* trova applicazione il D.M. 11 novembre 1998, n. 469 (d'ora in poi, "D.M. 469/98"), che prevede disposizioni assai simili alle regole vigenti per gli esponenti aziendali, opportunamente precisate « qualora il partecipante sia una persona giuridica » (art. 1, co. 4, D.M. 469/98). Come nella disciplina di trasparenza per le società quotate (*supra*, parte II, cap.

II, n. 4.2.3.), specifiche norme sono dedicate alla determinazione della soglia di rilevanza: oltre alle azioni « possedute direttamente », rilevano la partecipazione « per il tramite di società controllate, di società fiduciarie o per interposta persona »; la titolarità del diritto di voto, pur se dissociata da quella dell'azione; e gli « accordi concernenti l'esercizio dei diritti di voto » (art. 14, co. 4, TUF; art. 2, co. 1, D.M. 469/98).

In conformità a quanto previsto per i vincoli alla partecipazione al capitale nelle società quotate (*supra*, parte II, cap. II, n. 5.2.; parte II, cap. III, n. 5.2.5.), l'*enforcement* della disciplina è assicurato da una strategia normativa che combina tradizionali sanzioni di tipo pubblicistico con strumenti privatistici impiegati per finalità di interesse generale: il divieto di esercitare il diritto di voto per la partecipazione posseduta in assenza dei requisiti di onorabilità e dei criteri di competenza e correttezza, nei limiti della quota eccedente la soglia di legge (art. 14, co. 5, TUF); la sanzione amministrativa pecuniaria per il mancato rispetto di tale divieto (art. 189, co. 2, TUF, in cui il riferimento all'art. 14, co. 4, TUF va più propriamente inteso all'art. 14, co. 5, TUF); la possibilità di impugnare la delibera eventualmente assunta con il voto determinante del titolare della partecipazione "sterilizzata", anche da parte dell'autorità di vigilanza competente (art. 14, co. 6 e 7, TUF); l'obbligo di alienazione della partecipazione eccedente (art. 14, co. 8, TUF), la cui violazione è a sua volta assistita da una sanzione amministrativa pecuniaria (art. 189, co. 2, TUF, in cui il riferimento all'art. 14, co. 7, TUF va più propriamente inteso all'art. 14, co. 8, TUF).

2.5. *Il procedimento di autorizzazione*

La verifica in concreto delle condizioni per la prestazione dei servizi di investimento e della gestione collettiva del risparmio è oggetto di un procedimento di autorizzazione affidato, rispettivamente, alla Consob e alla Banca d'Italia, sentita ciascuna l'altra autorità (artt. 19, co. 1; 34, co. 1, TUF per le SGR; art. 35-*bis*, co. 1, per Sicav e Sicaf).

Oltre al controllo sull'effettiva sussistenza dei requisiti illustrati nei paragrafi precedenti (*supra*, nn. 2.2., 2.3. e 2.4.), la disciplina vigente richiede di verificare tre ulteriori condizioni: la sussistenza della sede legale e della direzione generale nel territorio italiano; la presenza di un programma sull'attività, che illustri le operazioni previste, le procedure adottate per l'esercizio dell'attività e la relativa struttura organizzativa; le caratteristiche della struttura di gruppo, del quale la società può essere eventualmente parte (artt. 19, co. 1, lett. *c*, *e* ed *h*; 34, co. 1, lett. *b*, *f* e *g*, TUF). La ragioni di una verifica su tali condizioni sono differenti. Il controllo sulla struttura di gruppo è richiesto dalla necessità di evitare che tale contesto possa « pregiudicare l'effettivo esercizio della vigilanza » (artt. 19, co. 1, lett. *h*; 34, co. 1, lett. *f*, TUF). Il vincolo territoriale risponde, invece, alla logica propria del sistema europeo del mutuo riconoscimento, consentendo di identificare l'ambito di competenza delle autorità di vigilanza dei singoli Stati membri. Il controllo sul programma delle attività e sull'assetto organizzativo è rilevante, infine, nella prospettiva della sostenibilità dell'impresa e, quindi, della sana e prudente gestione: un intermediario con un cattivo *business plan* e un'organizzazione non adeguata risulta, infatti, più esposto al rischio di una crisi e, per conseguenza, a possibili esternalità negative per il sistema nel suo complesso (*supra*, parte I, cap. II, n. 2.1.1.).

La previsione per la quale « l'autorizzazione è negata quando dalla verifica delle condizioni » richieste dalla disciplina vigente « non risulta garantita la sana e prudente gestione » (artt. 19, co. 2; 34, co. 2, TUF) appare, in questa prospettiva, del tutto ragionevole. Non va, tuttavia, trascurato il marcato carattere di *standard* proprio della norma, che attribuisce portata generale a una regola europea limitata ai soli requisiti di esponenti aziendali e partecipanti al capitale (per esempio, artt. 9, par. 4 e 10, par. 1, MiFID II). Il rilevante margine di discrezionalità riconosciuto all'autorità di vigilanza espone, infatti, al rischio di un esercizio del potere di autorizzazione funzionale più all'indirizzo dell'attività economica che alla garanzia della stabilità del sistema. Come già ricordato in precedenza (*supra*, parte I, cap. III, n. 3.2.), i principi generali sul procedimento amministrativo, la possibilità di impugnare gli atti connotati da eccesso di potere per sviamento e il vincolo per le autorità di vigilanza di agire « in armonia con le disposizioni dell'Unione europea » (art. 2, co. 1, TUF) a tutela della concorrenza costituiscono, tuttavia, un adeguato presidio nei confronti di una simile eventualità.

Il procedimento di autorizzazione è analiticamente regolato dalla disciplina secondaria (artt. 7 ss. Regolamento Intermediari; Tit. II, cap. I, sez. VI e Tit. III, cap. I, sez. II, Regolamento sulla gestione collettiva), che — dopo aver riconosciuto all'autorità di vigilanza competente il potere di richiedere ulteriori informazioni a integrazione della domanda di autorizzazione, con conseguente sospensione dei termini per l'istruttoria — prevede un meccanismo di espressa autorizzazione tanto per le SIM (art. 9, co. 4, Regolamento Intermediari) quanto per SGR, Sicav e Sicaf (Tit. II, cap. I, sez. VI, n. 2 e Tit. III, cap. I, sez. II, n. 7.2, Regolamento sulla gestione collettiva). Pur trattandosi di elemento estrinseco ai requisiti necessari per la prestazione dell'attività, per il completamento del procedimento occorre, infine, un elemento ulteriore: « l'adesione a un sistema di indennizzo a tutela degli investitori » (art. 59, co. 1, TUF), le cui caratteristiche e disciplina verranno esaminate nel prosieguo (*infra*, n. 4.4.).

L'autorizzazione alla prestazione dei servizi di investimento e alla gestione collettiva del risparmio può, da ultimo, venir meno per *rinuncia* o per *decadenza* da inattività (per le SIM e le banche, art. 19, co. 3-*ter* e 4-*bis*, TUF; per le SGR, art. 34, co. 3, TUF). Le norme secondarie disciplinano analiticamente entrambe le fattispecie (per le SIM, art. 10 Regolamento Intermediari; per SGR, Tit. II, cap. I, sez. IX, Regolamento sulla gestione collettiva). L'autorizzazione viene, altresì, meno per *revoca* nel caso di crisi irreversibile dell'intermediario (per esempio, liquidazione coatta amministrativa: art. 57 co. 1, TUF). Con specifico riferimento ai servizi di investimento, l'autorizzazione può essere revocata anche quando « l'esercizio dei servizi e delle attività di investimento è interrotto da più di sei mesi », l'autorizzazione « è stata ottenuta presentando false dichiarazioni o con qualsiasi altro mezzo irregolare » ovvero « vengono meno le condizioni cui è subordinata l'autorizzazione » (art. 20-*bis*, co. 2, TUF; art. 12 Regolamento Intermediari).

2.6. *La disciplina delle partecipazioni qualificate*

Per evitare la facile elusione della disciplina sull'autorizzazione, la verifica sulla sussistenza in concreto delle condizioni per la prestazione dei servizi di investimento e della gestione collettiva del risparmio è prevista anche nel caso di *trasferimento di partecipazioni qualificate* o di variazioni significative nella partecipazione. In conformità alla disciplina armonizzata contenuta nella Direttiva 2007/44/CE in materia di regole procedurali e criteri per la valutazione prudenziale di acquisizioni e incrementi di partecipazioni nel settore finanziario, è dovuta, a tal fine, una *comunicazione preventiva* alla Banca d'Italia da parte di « chiunque, a qualsiasi titolo, intenda acquisire o cedere, direttamente od indirettamente », una partecipazione « che comporta il controllo o la possibilità di esercitare un'influenza notevole sulla società o che attribuisce una quota dei diritti di voto o del capitale almeno pari al 10 per cento, tenuto conto delle azioni o quote già possedute » (art. 15, co. 1, TUF). La medesima comunicazione preventiva è richiesta anche quando la variazione nella quota dei diritti di voto o del capitale « raggiunga o superi, in aumento o in diminuzione », determinate soglie: il 20 per cento, il 30 per cento, il 50 per cento e, in ogni caso, l'entità che comporta « l'acquisizione o la perdita del controllo della società » (art. 15, co. 1, TUF). La verifica da parte di Banca d'Italia segue i medesimi criteri previsti per l'autorizzazione alla prestazione dell'attività, integrati dall'« assenza di fondato sospetto che l'acquisizione sia connessa a operazioni di riciclaggio o di finanziamento del terrorismo » (art. 15, co. 2, TUF). Diversamente da quanto accade per l'autorizzazione (*supra*, n. 2.5.), opera in questo caso un meccanismo di silenzio-assenso, potendo la Banca d'Italia « vietare » l'acquisizione della partecipazione entro il termine stabilito dalla disciplina secondaria, salva, tuttavia, la possibilità di « comunicare, anche prima della scadenza del termine, che nulla osta all'operazione » (art. 15, co. 2, TUF). Una volta avvenuti, acquisti e cessioni sono comunicati alla Banca d'Italia, alla Consob e alla società interessata (art. 15, co. 3, TUF).

I criteri per il calcolo dei diritti di voto rilevanti ai fini dell'applicazione delle soglie, l'individuazione del soggetto tenuto alla comunicazione preventiva in presenza di dissociazione tra diritto di voto e titolarità della partecipazione, nonché le procedure e i termini per la valutazione da parte dell'autorità di vigilanza sono stabiliti dalla disciplina secondaria di Banca d'Italia (per le SIM, Comunicazione 12 maggio 2009; per le SGR, Regolamento sulla gestione collettiva, Tit. IV, cap. I, sez. II e III).

All'*enforcement* della disciplina provvede un apparato sanzionatorio analogo a quello poc'anzi esaminato in materia di requisiti per i partecipanti al capitale (*supra*, n. 2.4). Accanto alle consuete strategie normative — sterilizzazione del diritto di voto; obbligo di alienare la partecipazione eccedente; legittimazione a impugnare la delibera eventualmente assunta (art. 16, co. 1, 3 e 4, TUF; art. 189, co. 2, TUF) —

la disciplina aggiunge tre ulteriori strumenti: la sanzione amministrativa pecuniaria, da euro 5.000 a euro 5.000.000, per il caso di omissione delle comunicazioni dovute all'autorità di vigilanza da parte di persone fisiche, con importi elevati a una somma compresa tra euro 30.000 e il 10% del fatturato, « se la violazione è commessa da una società o un ente » (art. 189, co. 1, TUF), in entrambi i casi fatta salva la possibilità di aumentare la sanzione amministrativa pecuniaria fino al doppio del vantaggio ottenuto come conseguenza della violazione, qualora tale vantaggio sia superiore ai limiti di legge e possa essere determinato (art. 187-*quinquiesdecies*, co. 1-*quater*, come richiamato dall'art. 189, co. 3, TUF); la sanzione penale — arresto da uno a tre anni e ammenda da euro 5.165 a euro 51.646 — nell'ipotesi di falsità di tale comunicazione (art. 169 TUF); il potere per la « Banca d'Italia, anche su proposta della Consob », di « sospendere il diritto di voto e gli altri diritti, che consentono di influire sulla società », quando « l'influenza esercitata dal titolare della partecipazione possa pregiudicar[e] la gestione sana e prudente o l'effettivo esercizio della vigilanza » (art. 16, co. 2, TUF).

2.7. *L'operatività transfrontaliera*

Gli intermediari autorizzati alla prestazione dei servizi di investimento e della gestione collettiva del risparmio in conformità alla disciplina armonizzata possono svolgere la loro attività in tutti gli Stati membri dell'Unione europea, nell'esercizio del diritto di stabilimento (art. 49 ss. TFUE) e della libera prestazione di servizi (art. 56 ss. TFUE), secondo il regime del mutuo riconoscimento.

La concreta attuazione del passaporto europeo (*supra*, n. 2) pone il delicato problema della ripartizione di competenze tra vigilanza dello Stato membro di origine (c.d. *home country control*) e vigilanza dello Stato membro ospitante (c.d. *host country control*). In linea teorica, un sistema armonizzato e fondato sul mutuo riconoscimento potrebbe limitarsi all'*home country control*; in concreto, la possibilità di un diverso rigore nell'*enforcement* della disciplina comune da parte degli Stati membri a vantaggio degli intermediari domestici e la necessità di un'effettiva tutela degli investitori potrebbero giustificare soluzioni dirette a riconoscere un qualche spazio di *host country control*. L'evoluzione storica della disciplina ha favorito un equilibrio prevalentemente fondato sul controllo da parte dello Stato membro di origine, ma ha mantenuto la competenza dello Stato membro ospitante per la vigilanza sulla conformità tra l'attività svolta dall'intermediario mediante una succursale ubicata nel suo territorio e le regole di comportamento nella prestazione del servizio (per i servizi di investimento, art. 35, par. 8, MiFID II; analogamente, per la gestione collettiva del risparmio, art. 17, par. 4, Direttiva UCITS; art. 45, par. 2, Direttiva 2011/61/UE sui gestori di fondi di investimento alternativi: d'ora in poi, "AIFMD"), altresì riconoscendo allo Stato membro ospitante un eccezionale potere cautelare di intervento nell'ipotesi di aperta violazione del regime europeo da parte dell'intermediario, oggi esteso anche alla libera prestazione di servizi (art. 86 MiFID II; analogamente, art. 21, par. 5, Direttiva UCITS; art. 45, par. 6, AIFMD).

In conformità alle regole europee, la disciplina italiana dettaglia il concreto funzionamento del sistema. Gli intermediari italiani possono operare negli Stati membri dell'Unione europea (per le SIM, art. 26, co. 1, TUF; per SGR, Sicav e Sicaf, art. 41, co. 1 e 4, TUF; per le banche, art. 29 TUF e artt. 15 e 16 TUB) in regime di libera prestazione di servizi o stabilendo una succursale (e, quindi, secondo la costante giurisprudenza della Corte di Giustizia, « un centro operativo che si manifesti in modo duraturo verso l'esterno come un'estensione della casa madre, provvisto di una direzione e materialmente attrezzato in modo da poter trattare affari con terzi, di guisa che questi, pur sapendo che un eventuale rapporto giuridico si costituirà con la casa madre, sono dispensati da rivolgersi direttamente a questa, e possono concludere affari nel centro operativo che ne costituisce l'estensione »). Nel caso di stabilimento di succursale, l'intermediario effettua una comunicazione preventiva alla competente autorità di vigilanza [per le SIM, art. 14 Regolamento Intermediari; per le banche, art. 11, Regolamento BCE 16 aprile 2014 (d'ora in poi, "Regolamento SSM"); per le SGR, Regolamento sulla gestione collettiva, Tit. VI, cap. II, n. 1]. Entro due mesi dalla data di ricezione della comunicazione, l'autorità di vigilanza notifica le informazioni ricevute all'autorità dello Stato membro ospitante, ferma la possibilità di vietare lo stabilimento per ragioni di stabilità e sana e prudente gestione nella sua qualità di autorità competente sull'intermediario. Di contro, la notifica all'autorità competente dello Stato membro ospitante non comporta alcun ruolo di controllo per quest'ultima, risultando esclusivamente funzionale all'efficiente cooperazione tra autorità di vigilanza. Decorsi due mesi dall'avvenuta notifica all'autorità competente dello Stato membro ospitante ovvero dalla precedente comunicazione di quest'ultima, la succursale può essere stabilita e cominciare la propria attività (per le SIM, art. 14, co. 6, Regolamento Intermediari; per le banche, art. 11 Regolamento SSM; per le SGR, Regolamento sulla gestione collettiva, Tit. VI, cap. II, n. 1). Nel caso di prestazione di servizi senza stabilimento di una succursale, il procedimento risulta semplificato: l'intermediario effettua la comunicazione preventiva alla competente autorità di vigilanza, che notifica le informazioni ricevute all'autorità competente dello Stato membro ospitante, comunicando all'intermediario l'intervenuta notifica. Dalla ricezione della comunicazione di intervenuta notifica effettuata dall'autorità di vigilanza, l'intermediario può avviare l'operatività (per le SIM, art. 16, co. 5, Regolamento Intermediari; per le banche, con qualche differenza, art. 12 Regolamento SSM; per le SGR, Regolamento sulla gestione collettiva, Tit. VI, cap. II, n. 2).

Analoga disciplina vale nell'ipotesi, inversa, di operatività in Italia di intermediari appartenenti all'Unione europea. In tal caso, la prestazione dei servizi di investimento è subordinata all'intervenuta comunicazione alla Consob (artt. 27, co. 1 e 2, e 29-*bis* TUF; artt. 32 e 33 Regolamento Intermediari), valendo per gestione collettiva del risparmio un regime più articolato: comunicazione alla Banca d'Italia, in caso di stabilimento di succursale da parte di società di gestione di Oicr regolati dalla Direttiva UCITS (d'ora in poi, "società di gestione UE": art. 41-*bis*, co. 1, TUF; Regolamento sulla gestione collettiva, Tit. VI, cap. IV, n. 1); comunicazione alla Banca d'Italia e alla Consob, nel caso di libera prestazione di servizi da parte di società di gestione UE (art. 41-*bis*, co. 2, TUF; Regolamento sulla gestione collettiva, Tit. VI, cap. IV, n. 2); comunicazione alla Banca d'Italia, nel caso di società di gestione di Oicr non regolati dalla Direttiva UCITS (d'ora in poi, "GEFIA UE": art. 41-*ter*, co. 1, TUF; Regolamento sulla gestione collettiva, Tit. VI, cap. IV, n. 4).

L'operatività transfrontaliera degli intermediari italiani può, naturalmente, riguardare anche Stati non appartenenti all'Unione europea o servizi non ammessi al mutuo riconoscimento. In tal caso la prestazione dei servizi è subordinata a specifica autorizzazione della Banca d'Italia, d'intesa con la Consob, e alla sussistenza di intese di collaborazione con le competenti autorità dello Stato ospitante (per i servizi di investimento, art. 26, co. 5, 6 e 7, TUF; artt. 18 e 21 Regolamento Intermediari;

per la gestione collettiva del risparmio, art. 41, co. 3, TUF; Regolamento sulla gestione collettiva, Tit. VI, cap. II, n. 3, 4 e 5, con esclusione della necessità dell'intesa di collaborazione qualora lo Stato ospitante appartenga all'Unione europea).

Parimenti ipotizzabile è, infine, un'operatività in Italia da parte di intermediari non appartenenti all'Unione europea o che prestino servizi non ammessi al mutuo riconoscimento. In tal caso, la prestazione dei servizi di investimento è subordinata all'autorizzazione della Consob, sentita la Banca d'Italia (per l'operatività in Italia da parte di imprese di investimento non appartenenti all'Unione europea, che la nuova terminologia introdotta dalla MiFID II identifica come "*imprese di paesi terzi*": art. 28 TUF; art. 25 ss. Regolamento Intermediari; per l'esercizio di attività non ammesse al mutuo riconoscimento da parte di intermediari appartenenti all'Unione europea, art. 27, co. 4, TUF; art. 34 Regolamento Intermediari). Al fine di consentire una maggiore tutela degli investitori più vulnerabili, l'operatività di imprese di paesi terzi nei confronti di investitori al dettaglio e clienti professionali su richiesta (*infra*, cap. II, n. 2.1.) può, tuttavia, avvenire « esclusivamente mediante stabilimento di succursali nel territorio della Repubblica » (art. 28, co. 3, TUF), così da permettere all'autorità di vigilanza un controllo più agevole. In presenza di clienti professionali, di diritto o pubblici, ovvero di controparti qualificate (*infra*, cap. II, n. 2.1.), le imprese di paesi terzi possono, di contro, operare anche in regime di libera prestazione di servizi, sempre, naturalmente, qualora sussista l'autorizzazione della Consob, sentita la Banca d'Italia (art. 28, co. 6, TUF). Con previsione particolarmente importante nel nuovo contesto successivo alla Brexit, quest'ultima operatività può beneficiare di una sorta di passaporto europeo: a seguito di un procedimento autorizzativo avanti alla Commissione europea, le imprese di paesi terzi si possono, infatti, iscrivere in un apposito registro tenuto dall'ESMA, così da essere abilitate alla prestazione dei servizi nell'intera Unione europea (artt. 46-48 MiFIR, richiamati dall'art. 28, co. 5, TUF). Mentre tale regime vale anche per la prestazione di servizi di investimento da parte di banche non appartenenti all'Unione europea (c.d. *banche di paesi terzi*: art. 29-*ter* TUF), il servizio di gestione collettiva da parte di società di gestione non appartenenti all'Unione europea e che gestiscano Oicr non regolati dalla Direttiva UCITS (d'ora in poi, "GEFIA non UE") rimane soggetto alle regole tradizionali, richiedendo l'autorizzazione della Banca d'Italia, d'intesa con la Consob (art. 41-*quater* TUF; Regolamento sulla gestione collettiva, Tit. VI, cap. IV, n. 4).

3. La vigilanza sullo svolgimento dell'attività

Per le ragioni discusse in precedenza (*supra*, parte I, cap. III, n. 3.), l'attività degli intermediari è soggetta a controllo "in continuo" (*on going*) da parte della Consob e della Banca d'Italia, in conformità alle rispettive competenze (*supra*, parte I, cap. III, n. 3.3.). Come ogni attività amministrativa, gli interventi di vigilanza sono vincolati al perseguimento delle finalità e al rispetto delle forme stabilite dalla legge (art. 1, co. 1, l. 7 agosto 1990, n. 241). Per tale ragione, la disciplina identifica gli obiettivi della vigilanza sugli intermediari (art. 5, co. 1, TUF) e impone alla Banca d'Italia e alla Consob di stabilire « i termini e le procedure per l'adozione degli atti e dei provvedimenti di propria competenza » (art. 3, co. 2, TUF). Le finalità della vigilanza sono molteplici: ai tradizionali scopi di tutela degli investitori e di stabilità e competitività del sistema finanziario, la disciplina di attuazione della MiFID ha aggiunto la « salvaguardia della fiducia nel sistema finanziario » e, con disposizione invero ultronea, « l'osservanza delle disposizioni in materia finanziaria » (art. 5, co. 1, lett. *a* ed *e*, TUF).

L'attività di vigilanza si attua tradizionalmente mediante l'esercizio di poteri informativi e di poteri ispettivi. A tali modalità di vigilanza la disciplina più recente ha aggiunto un articolato sistema di interventi con finalità prudenziale, in particolare con riguardo agli assetti organizzativi e alle procedure interne degli intermediari.

3.1. *I poteri informativi e di indagine*

La Banca d'Italia e la Consob possono richiedere agli intermediari la comunicazione di dati e notizie, nonché la trasmissione di atti e documenti, secondo le modalità e nei termini di volta in volta stabiliti (art. 6-*bis*, co. 1 e 4, lett. *a*, TUF). Pur non essendo particolarmente invasivo, tale strumento di vigilanza consente il superamento dell'asimmetria informativa con i soggetti vigilati, beneficiando del presidio costituito dalle norme penali e amministrative che sanzionano come ostacolo all'esercizio della funzione di vigilanza la falsità, l'omissione o il ritardo nella trasmissione delle informazioni rilevanti (art. 2638 c.c.; artt. 170-*bis* e 187-*quinquiesdecies*, TUF). Il ruolo cruciale rivestito dal superamento dell'asimmetria informativa spiega il recente allargamento del novero dei possibili destinatari delle richieste di informazioni anche al personale degli intermediari, ai soggetti a cui questi abbiano esternalizzato funzioni aziendali essenziali o importanti, nonché al soggetto incaricato della revisione dei conti (art. 6-*bis*, co. 1-3, 4, lett. *a*, TUF).

Accanto a tali poteri informativi, la Consob dispone, altresì, di penetranti poteri di indagine, esercitati, se del caso, avvalendosi della Guardia di Finanza (art. 6-*bis*, co. 9, TUF). Oltre che procedere all'audizione personale di « chiunque possa essere in possesso di informazioni pertinenti » (art. 6-*bis*, co. 4, lett. *b*, TUF), nei confronti degli intermediari e nell'ambito delle sue competenze la Consob: in via generale, può « richiedere le registrazioni » di « conversazioni telefoniche, comunicazioni elettroniche o scambi di dati » conservati da un intermediario (art. 6-*bis*, co. 5, lett. *b*, TUF); nel rispetto delle garanzie costituzionali e, quindi, « previa autorizzazione del procuratore della Repubblica » (art. 6-*bis*, co. 7, TUF), può « procedere a perquisizioni » (art. 6-*bis*, co. 5, lett. *a*, TUF); in deroga ai limiti previsti dalla disciplina sulla tutela della *privacy*, può richiedere la comunicazione di dati e informazioni alle pubbliche amministrazioni e all'anagrafe tributaria, nonché agli operatori di telecomunicazioni (art. 6-*bis*, co. 5, lett. *c*, *d* ed *e*, TUF), ferma, in quest'ultimo caso, l'autorizzazione del procuratore della Repubblica (art. 6-*bis*, co. 7, TUF); può, infine, accedere ai dati contenuti nell'anagrafe dei conti e dei depositi e nelle altre anagrafi bancarie, nonché nella Centrale dei rischi presso la Banca d'Italia (art. 6-*bis*, co. 5, lett. *f*, *g* e *h*, TUF).

L'esercizio dell'attività di vigilanza è rafforzato mediante il ricorso a due ulteriori strategie normative. In primo luogo, la legge pone in capo all'organo di controllo interno dell'intermediario e al soggetto incaricato della revisione legale dei conti, obbligatoriamente prevista (art. 9 TUF), un dovere di informazione « senza indugio » in ordine ad atti o fatti che « possano costituire un'irregolarità nella gestione», una «violazione delle norme che disciplinano l'attività » dell'intermediario ovvero, nel caso del revisore, possano pregiudicare la continuità dell'impresa o impedire un giudizio positivo sui bilanci (art. 8, co. 3 e 4, TUF). In tal modo, ai soggetti preposti al controllo interno ed esterno dell'intermediario viene affidata una funzione di collaborazione con l'autorità di vigilanza, della quale occorre identificare con precisione le caratteristiche al fine di evitare, da un lato, eccessi di segnalazione e, dall'altro, un'impropria attribuzione di finalità pubblicistiche a *gatekeepers* privati. Un buon punto di equilibrio sembra potersi identificare, in proposito, nella necessità di comunicare all'autorità di vigilanza unicamente le irregolarità o le violazioni segnalate dai soggetti preposti al controllo all'organo di gestione dell'intermediario, alle quali questi non abbia posto rimedio.

La seconda strategia, di più recente introduzione, prevede sistemi di segnalazione che consentano al personale degli intermediari di fare presente — all'interno dell'intermediario e alla competente autorità di vigilanza — atti o fatti che possano costituire una violazione della disciplina applicabile (art. 4-*undecies*, co. 1, TUF). Tradizionalmente identificato nei contesti anglosassoni con la metafora del "suonare il fischietto" (*whistleblowing*), un tale sistema richiede di contemperare una pluralità di interessi rilevanti: la conoscenza delle violazioni disciplinari da parte dell'autorità di vigilanza; la riservatezza con riguardo a tutti i soggetti interessati dalla segnalazione; la tutela del segnalante contro ritorsioni o condotte discriminatorie, l'utilizzo della segnalazione per il solo esercizio della funzione di vigilanza. Nello stabilire il necessario rispetto di tali interessi, la legge impone agli intermediari l'adozione di « procedure specifiche » (art. 4-*undecies*, co. 1, TUF), demandando la disciplina di dettaglio alla Banca d'Italia e alla Consob in coerenza con le rispettive competenze (art. 4-*undecies*, co. 4, TUF). Secondo il medesimo criterio di rispetto degli interessi coinvolti è disciplinata la procedura di segnalazione alle autorità di vigilanza (art. 4-*duodecies* TUF).

3.2. *I poteri ispettivi*

La forma più tradizionale e penetrante di vigilanza è costituita dalla possibilità per la Banca d'Italia e la Consob di « effettuare ispezioni e richiedere l'esibizione dei documenti e il compimento degli atti ritenuti necessari » direttamente presso la sede dell'intermediario o presso coloro a cui siano state esternalizzate funzioni aziendali essenziali o importanti (art. 6-*ter*, co. 1, TUF). Con l'autorizzazione della procura della Repubblica, la Consob può, altresì, esercitare i medesimi poteri anche nei confronti di altri soggetti che « abbiano intrattenuto rapporti di natura patrimoniale o professionale » con l'intermediario (art. 6-*ter*, co. 2, TUF). Previa richiesta alle autorità straniere competenti e, se del caso, delegando a queste gli accertamenti necessari, la Banca d'Italia e la Consob possono, infine, ispezionare le succursali costituite all'estero da un intermediario italiano (art. 6-*ter*, co. 6 e 8, TUF).

In ragione delle sue caratteristiche, l'attività ispettiva comporta un rilevante impiego di risorse, tanto per l'autorità di vigilanza che per l'intermediario. Per tale motivo e in applicazione della regola generale sulla collaborazione tra autorità di vigilanza, anche al fine di ridurre al minimo gli oneri sui soggetti vigilati (artt. 4, co. 1, e 5, co. 5-*bis*, TUF: *supra*, parte I, cap. III, n. 3.3.), « ciascuna autorità comunica le ispezioni disposte all'altra autorità, la quale può chiedere accertamenti su profili di propria competenza » (art. 6-*ter*, co. 5, TUF). Per analoghe ragioni di efficienza, la Consob può chiedere al soggetto incaricato della revisione legale di procedere a verifiche ispettive, con costi a carico del soggetto ispezionato (art. 6-*ter*, co. 3, TUF).

3.3. *La vigilanza di gruppo*

In presenza di una pluralità di intermediari collegati da un rapporto di controllo, ragioni di efficienza e di stabilità hanno indotto la disciplina europea a prevedere la possibilità di una vigilanza sul gruppo realizzata attraverso un controllo mediato dall'attività di direzione e coordinamento della capogruppo. Per la vasta prevalenza dell'intermediazione bancaria, nel contesto italiano la vigilanza di gruppo tende a essere disciplinata dalle norme relative all'attività delle banche, che trovano applicazione qualora la capogruppo sia una banca (art. 60, co. 1, lett. *a*, TUB) ovvero nell'ambito del gruppo « abbiano rilevanza determinante » le « partecipazioni in società bancarie e finanziarie » (art. 60, co. 1, lett. *b*, TUB). Pur essendo più rari, non mancano, tuttavia, gruppi composti da intermediari che prestano esclusivamente servizi di investimento, gestione collettiva del risparmio o altre attività finanziarie non bancarie (c.d. *gruppo finanziario non bancario*). Alla disciplina sulla vigilanza di gruppo provvede, in tal caso, un insieme di norme modellate sulle corrispondenti previsioni in materia bancaria.

Individuato sulla base delle previsioni regolamentari predisposte dalla Banca d'Italia, sentita la Consob (art. 11, co 1, TUF; Regolamento Banca d'Italia 24 ottobre 2007, Tit. IV), il gruppo finanziario non bancario è iscritto in un apposito albo tenuto dalla Banca d'Italia (art. 11, co. 1-*bis*, TUF). La Banca d'Italia impartisce le disposizioni relative agli interventi di vigilanza prudenziale alla società posta a vertice del gruppo (art. 12, co. 1, TUF), che, a sua volta, « nell'esercizio dell'attività di direzione e coordinamento, emana disposizioni alle singole componenti del gruppo » (art. 12, co. 2, TUF). Rimane, peraltro, impregiudicato il potere per la Banca d'Italia e la Consob di effettuare interventi di vigilanza informativa e ispettiva nei confronti di tutte le società appartenenti al gruppo (art. 12, co. 3 e 5, TUF).

3.4. *I poteri di intervento*

Nella prospettiva della stabilità del sistema finanziario, alle autorità di vigilanza è attribuito un ampio spettro di poteri "proattivi" diretti a prevenire possibili esternalità negative (*supra*, parte I, cap. III, n. 3.1.).

Nell'ambito delle rispettive competenze, la Banca d'Italia e la Consob possono intervenire in modo assai pervasivo nell'attività di gestione dell'intermediario e dei soggetti ai quali siano state esternalizzate funzioni aziendali essenziali o importanti. In un ordine crescente di invasività, tale potere comprende: la possibilità di convocare gli esponenti aziendali e il personale, nonché di ordinare — e, se del caso, direttamente disporre — la convocazione degli organi collegiali (art. 7, co. 1 e 1-*bis*, TUF); la facoltà di adottare provvedimenti specifici di carattere prudenziale e, qualora la situazione lo richieda, effettuare interventi restrittivi in materia di svolgimento dell'attività, collaborazioni professionali, politiche di bilancio e remunerazioni degli esponenti aziendali e del personale (art. 7, co. 1-*quater* e 2, TUF); il potere di reagire alle violazioni della disciplina applicabile, ordinando agli intermediari di porre termine a tali irregolarità (art. 7-*ter*, co. 1, TUF) ovvero vietando nuove operazioni e imponendo « ogni altra limitazione riguardante singole tipologie di operazioni, singoli servizi o attività », quando « le violazioni commesse possano pregiudicare » interessi di carattere generale o sussistano urgenze per la tutela degli interessi degli investitori (art. 7-*ter*, co. 2, TUF: c.d. *provvedimenti ingiuntivi*); la possibilità di rimuovere uno o più esponenti aziendali, « qualora la loro permanenza in carica sia di pregiudizio per la sana e prudente gestione » dell'intermediario (art. 7, co. 2-*bis* e 2-*ter*, TUF). Analoghi poteri sono previsti nell'ambito della vigilanza di gruppo (art. 12, co. 5-*bis*, e 5-*ter* e 5-*sexies*, TUF).

Nel caso di intermediari appartenenti a uno Stato membro dell'Unione europea, il potere di adottare provvedimenti ingiuntivi è temperato dalle regole europee sull'*home country control*. In conformità alle previsioni dell'art. 35, par. 8, MiFID II (*supra*, n. 2.7), nel caso di violazione delle « disposizioni dell'ordinamento italiano e dell'Unione europea » la Banca d'Italia e la Consob possono ordinare agli intermediari stranieri che abbiano stabilito una succursale in Italia « di porre termine a tali irregolarità, dandone comunicazione » all'autorità di vigilanza dello Stato membro di origine « per i provvedimenti eventualmente necessari » (art. 7-*quater*, co. 1, TUF). Quando tali provvedimenti « mancano o risultano inadeguati », le « irregolarità commesse possono pregiudicare » interessi di carattere generale ovvero sussistono ragioni di urgenza « per la tutela degli interessi degli investitori », la Banca d'Italia e la Consob hanno il potere di disporre provvedimenti ingiuntivi analoghi a quelli adottabili nei confronti degli intermediari domestici o di ordinare la chiusura della succursale, comunicandolo all'autorità di vigilanza dello Stato membro di origine (art. 7-*quater*, co. 2 e 3, TUF). In recepimento delle disposizioni contenute nell'art. 86 MiFID II, provvedimenti ingiuntivi sono possibili anche nel caso di libera prestazione di servizi. In presenza di un « fondato sospetto » di violazione degli « obblighi derivanti dalle disposizioni dell'Unione europea », la Banca d'Italia e la Consob informano l'autorità di vigilanza dello Stato membro di origine. Qualora, nonostante le misure adottate da quest'ultima autorità, l'intermediario « persiste nell'agire in modo tale da pregiudicare gli interessi degli investitori o il buon funzionamento dei mercati », le autorità di vigilanza italiane, dopo avere informato l'autorità di vigilanza dello Stato membro di origine, « adottano tutte le misure necessarie compresa l'imposizione del divieto di intraprendere nuove operazioni in Italia », informando la Commissione europea delle misure adottate (art. 7-*quater*, co. 4, TUF).

3.5. *Assetti organizzativi e sistema dei controlli*

Il concreto esercizio dei poteri di vigilanza presenta aspetti assai delicati. Per un verso, la possibilità di gravi esternalità negative giustifica ampiamente interventi di carattere prudenziale diretti a conservare la stabilità del sistema. Nel contempo, tuttavia, l'opzione fondamentale dell'Unione europea per un'economia di mercato (*supra*, parte I, cap. III, n. 4.2.) e la libertà di iniziativa economica garantita dall'art. 41, co. 1, Cost. configurano come eccezionali gli interventi a tutela della sana e prudente gestione, che risultano, pertanto, legittimi solo in quanto siano coerenti con le finalità previste dalla legge.

Sulla scorta delle scelte europee, il diritto vigente individua il punto di equilibrio del sistema nell'idea di un controllo sugli assetti organizzativi e procedurali dell'intermediario, con particolare riferimento alla gestione dei rischi. Più nel dettaglio, nella libera assunzione delle proprie scelte di gestione, agli intermediari è richiesto di adottare un assetto organizzativo e un sistema di controlli che siano in grado di assicurare la sana e prudente gestione dell'intermediario e l'efficiente svolgimento dei servizi (per i servizi di investimento, art. 21, co. 1, lett. *d*, TUF; per la gestione collettiva del risparmio, art. 35-*decies*, co. 1, lett. *c*, TUF). Su tali elementi si concentra il controllo dell'autorità di vigilanza, mentre le scelte di gestione rimangono, di contro, insindacabili.

Sulla base delle delega contenuta nell'art. 6, co. 1, lett. *c*-bis, TUF, alla disciplina degli assetti organizzativi e procedurali degli intermediari che prestano servizi di investimento o di gestione collettiva del risparmio provvede la Banca d'Italia. Modellato sull'approccio adottato per le banche dalle linee guida predisposte dall'EBA, il regime regolamentare è contenuto nel Provvedimento Banca d'Italia 5 dicembre 2019 (d'ora in poi, "Regolamento Assetti Organizzativi") e risulta costruito per *standard*: gli intermediari sono tenuti ad adottare « un sistema organizzativo idoneo ad assicurare la sana e prudente gestione, il contenimento del rischio e la stabilità patrimoniale », anche « in termini di trasparenza e funzionalità della complessiva struttura aziendale » (art. 3, co. 3, Regolamento Assetti Organizzativi), applicando le previsioni regolamentari « in maniera proporzionata alla natura, alla dimensione e alla complessità dell'attività svolta nonché alla tipologia e alla gamma dei servizi offerti » (art. 3, co. 1, Regolamento Assetti Organizzativi). Secondo un approccio c.d. di *meta-regolamentazione*, la disciplina si limita a fissare lo scopo che l'assetto organizzativo deve raggiungere, rimettendo l'identificazione delle concrete modalità di realizzazione alla libera scelta imprenditoriale del soggetto vigilato.

Gli ambiti in cui si articola l'assetto organizzativo richiesto agli intermediari sono numerosi. Sono necessari, in primo luogo, « solidi dispositivi di *governo societario* » (art. 6, co. 1, Regolamento Assetti Organizzativi), che: definiscano una « ripartizione di compiti tra gli organi sociali » e a loro interno, così « da assicurare il bilanciamento dei poteri e un'efficace e costruttiva dialettica »; assicurino « una composizione degli organi sociali, per numero e professionalità », così da consentire l'« efficace » adempimento dei loro compiti; predispongano « adeguati flussi informativi », così da « assicurare la circolazione di informazioni tra gli organi sociali » e al loro interno; sviluppino « una cultura del rischio integrata e diffusa in tutta la struttura aziendale, basata su una piena comprensione dei rischi connessi all'attività svolta e delle loro modalità di gestione » (così, per i servizi di investimento, art. 7, co. 1, lett. *a, c, d* e *f*, Regolamento Assetti Organizzativi; analogamente, per la gestione collettiva del risparmio, art. 33, co. 1, lett. *a, c, d* e *f*, Regolamento Assetti Organizzativi). A ciò deve accompagnarsi un *sistema di controlli* disciplinato dalle rilevanti norme europee e strutturato secondo una triplice articolazione: una funzione di controllo della conformità dell'attività alle norme (c.d. *funzione di* compliance), una funzione di gestione del rischio dell'impresa » (c.d. *funzione di* risk management) e una funzione di revisione interna diretta a verificare adeguatezza ed efficacia dei sistemi di controllo (c.d. *funzione di* audit). La funzione di *compliance* è sempre obbligatoria (per i servizi di investimento, art. 16, co. 1 e 2, Regolamento Assetti Organizzativi, integrato dal richiamo all'art. 22 Regolamento Delegato MiFID II; per la gestione collettiva del risparmio, art. 47 Regolamento Assetti Organizzativi, integrato dal richiamo all'art. 61 Regolamento delegato (UE) n. 231/2013: d'ora in poi, "Regolamento Delegato AIFMD"), al pari della funzione di *risk management* per la gestione collettiva del risparmio (art. 46 Regolamento Assetti Organizzativi, integrato dal richiamo agli artt. 39, 42 e 42, Regolamento Delegato AIFMD). Di contro, sono richieste solo nel rispetto del principio di proporzionalità la funzione di *risk management* per la prestazione dei servizi di investimento (art. 16, co. 1 e 3, Regolamento Assetti Organizzativi, integrato dal richiamo all'art. 23 Regolamento Delegato MiFID II) e la funzione di *audit* (per i servizi di investimento, art. 16, co. 1 e 4, Regolamento Assetti Organizzativi, integrato dal richiamo all'art. 24 Regolamento Delegato MiFID II; per la gestione collettiva del risparmio, artt. 48 e 49, co. 1, lett. *b*, Regolamento Assetti Organizzativi, integrato dal richiamo all'art. 62 Regolamento Delegato AIFMD). Particolare importanza riveste il regime dei *conflitti di interesse*, oggi attribuito alla esclusiva competenza della Consob (art. 6, co. 2, lett. *b*-bis, n. 6, TUF). Secondo un approccio ormai tradizionale, la disciplina risulta incentrata sull'identificazione e sulla successiva gestione del conflitto mediante efficaci disposizioni organizzative e amministrative efficaci (artt. 92 e 115 Regolamento Intermediari, con riferimento, rispettivamente, ai servizi di investimento e alla gestione collettiva del risparmio, in entrambi casi con un ampio rinvio alle rilevanti norme del Regolamento Delegato MiFID II e del Regolamento Delegato AIFMD); in tempi recenti, a ciò si è aggiunto l'obbligo per i soci e gli amministratori dell'intermediario di astenersi « dalle deliberazioni in cui abbiano un interesse in conflitto, per conto proprio o di terzi », fermi restando gli obblighi previsti dall'art. 2391 c.c. (art. 6, co. 2-*novies*, TUF). Completano, infine, la disciplina, disposizioni in materia di politiche e prassi di remunerazione e incentivazione (artt. 17 e 41-45, nonché Allegato 2, Regolamento Assetti Organizzativi), esternalizzazione di funzioni aziendali essenziali o importanti (artt. 18 e 50-55 Regolamento Assetti Organizzativi) e conservazione delle registrazioni (artt. 94-95 e 120-123 Regolamento Intermediari).

3.6. *I poteri sanzionatori*

Il complesso dei poteri delle autorità di vigilanza si completa con l'attribuzione di competenze "para-giurisdizionali" (*supra*, parte I, cap. III, n. 3.1.), spettando alla Banca d'Italia e alla Consob l'irrogazione delle sanzioni conseguenti alla violazione delle norme primarie e regolamentari che regolano l'attività degli intermediari (art. 195, co. 1, TUF).

Drasticamente innovando rispetto all'impostazione tradizionale, la disciplina di attuazione della CRD IV ha individuato gli intermediari come principali destinatari delle sanzioni amministrative previste dalla legge (art. 190, co. 1, TUF). Di contro, la punibilità delle persone fisiche che svolgono funzioni di amministrazione, direzione o di controllo è stata limitata a un ridotto numero di ipotesi: condotte che abbiano « inciso in modo rilevante sulla complessiva organizzazione o sui profili di rischio aziendali » o « provocato un grave pregiudizio per la tutela degli investitori o per la trasparenza, l'integrità e il corretto funzionamento del mercato » (art. 190-*bis*, co. 1, lett. *a*, TUF); contributo determinate alla mancata ottemperanza ai provvedimenti specifici a carattere prudenziale adottati dalla Banca d'Italia (art. 190-*bis*, co. 1, lett. *b*, TUF); violazione delle previsioni in materia di sistemi di remunerazione e incentivazione, idoneità degli esponenti aziendali allo svolgimento dell'incarico e di astensione dei medesimi dalle deliberazioni connotate da conflitto di interessi (art. 190-*bis*, co. 1, lett. *c*, TUF).

Le sanzioni sono caratterizzate da una particolare severità, potendo variare, per gli intermediari, « da euro trentamila fino a euro cinque milioni, ovvero fino al dieci per cento del fatturato quando tale importo è superiore » (art. 190, co. 1, TUF), e, per le persone fisiche, « da euro cinquemila fino a euro cinque milioni » (art. 190-*bis*, co. 1, TUF). In entrambi i casi, la sanzione amministrativa pecuniaria può essere aumentata fino al doppio del vantaggio ottenuto come conseguenza della violazione, qualora tale vantaggio sia superiore ai limiti di legge e possa essere determinato (art. 187-*quinquiesdecies*, co. 1-*quater*, come richiamato dagli artt. 190, co. 3, e 190-*bis*, co. 4, TUF). Per le persone fisiche, alla sanzione pecuniaria può essere aggiunta la « sanzione amministrativa accessoria dell'interdizione, per un periodo non inferiore a sei mesi e non superiore a tre anni, dallo svolgimento di funzioni di amministrazione, direzione e controllo » presso intermediari finanziari e banche (art. 190-*bis*, co. 3, TUF).

In conformità alla tradizionale indicazione europea di proporzionalità nella sanzione (*supra*, parte I, cap. III, n. 4.1.), la concreta irrogazione della sanzione dipende dall'applicazione di una pluralità di criteri (in particolare: la gravità della violazione, il grado di responsabilità, la capacità finanziaria del responsabile, il suo livello di cooperazione con le autorità di vigilanza, le potenziali conseguenza sistemiche della violazione: art. 194-*bis* TUF). Inoltre, per le violazioni « connotate da scarsa offensività o pericolosità » la Banca d'Italia e la Consob possono applicare alle società interessate, « in alternativa alle sanzioni amministrative pecuniarie », una « sanzione consistente nell'ordine di eliminare le infrazioni contestate » (art. 194-*quater*, co. 1, TUF). Per un ridotto numero di violazioni minori, è consentita l'estinzione della violazione mediante tempestivo pagamento di una somma pari al doppio del minimo della sanzione edittale (art. 194-*quinquies*, co. 1, TUF), essendo, addirittura, escluso il procedimento sanzionatorio « nei casi di assoluta mancanza di pregiudizio per la tutela degli investitori » ovvero per « il tempestivo esercizio delle funzioni di vigilanza » (art. 194-*sexies* TUF).

Il procedimento sanzionatorio è promosso, secondo le rispettive competenze, dalla Banca d'Italia o dalla Consob (art. 195, co. 1, TUF), nel rispetto dei « princìpi del contraddittorio, della conoscenza degli atti istruttori, della verbalizzazione nonché della distinzione tra funzioni istruttorie e funzioni decisorie » (art. 195, co. 2, TUF). Contro il provvedimento che applica la sanzione è ammesso ricorso alla Corte d'Appello del luogo in cui ha sede la società ovvero, nei casi in cui tale criterio non sia applicabile, del luogo in cui la violazione è stata commessa (art. 195, co. 4, TUF). Al fine di consentire il rispetto dei principi sull'equo processo, la Corte d'Appello dispone, anche d'ufficio, i mezzi di prova che ritiene necessari, nonché l'audizione delle parti che ne abbiano fatto richiesta. Per le medesime ragioni, la discussione della causa è orale e avviene in udienza pubblica (art. 195, co. 6 e 7, TUF).

Oltre che dalle implicazioni patrimoniali, la funzione di deterrenza delle sanzioni amministrative irrogate dalle autorità di vigilanza dipende dalle loro conseguenze sulla reputazione del soggetto sanzionato, particolarmente amplificate dalla previsione che ne impone la pubblicazione sul sito *internet* della Banca d'Italia o nel Bollettino della Consob (art. 195-*bis*, co. 1, TUF). La rilevanza reputazionale del provvedimento sanzionatorio e le possibili conseguenze sistemiche spiegano le cautele previste dalla legge in applicazione del criterio di proporzionalità: la menzione dell'avvio dell'azione giudiziaria e del suo esito, nel caso di ricorso contro il provvedimento sanzionatorio (art. 195-*bis*, co. 1, TUF); e, soprattutto, la pubblicazione in forma anonima del provvedimento quando la pubblicazione possa comportare rischi per la stabilità dei mercati finanziari o arrecare un danno sproporzionato ai soggetti coinvolti (art. 195-*bis*, co. 2, TUF).

4. La disciplina della crisi

La vigilanza pubblica svolge un ruolo di particolare prominenza nel caso di crisi dell'intermediario. Anziché alle tradizionali logiche del diritto della crisi di impresa fondate sulle nozioni di insolvenza e parità di trattamento dei creditori, la disciplina della crisi risulta, infatti, impostata nella prospettiva — tipica della vigilanza pubblica — di prevenire esternalità negative nei confronti del sistema finanziario. Così, le procedure regolate dalla legge presuppongono la presenza di « irregolarità nell'amministrazione », « violazioni delle disposizioni legislative, amministrative o statutarie » che regolano l'attività degli intermediari ovvero di « perdite » previste « del patrimonio della società » (artt. 56, co. 1, e 57, co. 1, TUF), invece che la sussistenza di uno stato di insolvenza o di crisi. Del pari, la « direzione della procedura e tutti gli adempimenti a essa connessi spettano alla Banca d'Italia » (artt. 56, co. 3 e 57, co. 3, TUF), invece che al giudice e agli altri organi previsti dalle corrispondenti norme del diritto fallimentare. Da ultimo, l'intervento può essere funzionale alla sola « rimozione di tutti i componenti degli organi con funzione di amministrazione e controllo » (art. 56-*bis* TUF), secondo un'impostazione assai più prossima ai provvedimenti ingiuntivi di sospensione degli organi amministrativi (art. 7-*sexies* TUF) o di rimozione a fini prudenziali di uno o più esponenti aziendali (art. 7, co. 2-*bis* e 2-*ter*, TUF: *supra*, n. 3.4.) che alla funzione tipica delle norme concorsuali.

Per l'evidente identità di *ratio*, la disciplina vigente risulta modellata sulle norme che regolano la crisi delle banche, alle quali, anzi, le previsioni fanno espresso rinvio (artt. 56, co. 3, e 57, co. 3, TUF), limitando il proprio contenuto ai pochi tratti di specificità che caratterizzano gli intermediari del mercato dei capitali.

4.1. *L'amministrazione straordinaria*

Secondo una scala crescente di intensità, la presenza di gravi irregolarità nella gestione o di gravi violazioni delle disposizioni legislative, amministrative o statutarie può comportare, per gli intermediari, nell'ordine: la *sospensione degli organi amministrativi*, disposta d'urgenza dal Presidente della Consob ove ricorrano situazioni di pericolo per i clienti e per i mercati e seguita dalla nomina di un commissario che dura in carica per un periodo massimo di sessanta giorni (art. 7-*sexies* TUF); la *rimozione di tutti i componenti degli organi di amministrazione e di controllo*, disposta dalla Banca d'Italia, sentita la Consob, e seguita dalla convocazione dell'assemblea dell'intermediario o della società capogruppo per il rinnovo degli organi con funzioni di amministrazione e di controllo (art. 56-*bis* TUF); e l'*amministrazione straordinaria*, disposta dalla Banca d'Italia « di propria iniziativa o su proposta formulata dalla Consob nell'ambito delle sue competenze » (art. 56, co. 1, TUF).

Disposta anche quando « siano previste gravi perdite del patrimonio della società » o lo « scioglimento sia richiesto con istanza motivata » dei suoi organi amministrativi o del commissario nominato a seguito della sospensione degli organi amministrativi (art. 56, co. 1, lett. *b* e *c*, TUF), l'amministrazione straordinaria è integralmente regolata, nel suo svolgimento, dalla disciplina dettata per le banche, in quanto compatibile (art. 56, co. 3, TUF). In questa prospettiva, l'amministrazione straordinaria si configura come rimedio di carattere temporaneo, di durata annuale, pur essendo possibili la previsione di un termine più breve, l'autorizzazione della chiusura anticipata o la proroga di un ulteriore anno (art. 70, co. 5, TUB). Durante l'amministrazione straordinaria gli organi sociali sono sospesi nelle loro funzioni e sostituiti da uno o più commissari nominati dalla Banca d'Italia (art. 71, co. 1, lett. *a*, TUB), che, in alternativa, può nominare uno o più commissari « in temporaneo affiancamento all'organo di amministrazione » (art. 75-*bis*, co. 1, TUB). I commissari esercitano « tutte le funzioni e tutti i poteri spettanti all'organo di amministrazione » (art. 72, co. 1, TUB), provvedendo ad « accertare la situazione aziendale, a rimuovere le irregolarità e a promuovere le soluzioni utili nell'interesse » degli investitori e « della sana e prudente gestione » (art. 72, co. 1-*bis*, TUB). I loro atti non sono soggetti al controllo dei titolari di partecipazioni, potendo soltanto essere impugnati davanti all'autorità giurisdizionale (art. 72, co. 1-*bis*, TUB). L'attività di gestione dei commissari è controllata da un comitato di sorveglianza, nominato dalla Banca d'Italia e composto da tre a cinque membri (art. 71, co. 1, lett. *b*, TUB), che provvede, altresì, a fornire pareri ai commissari nei casi previsti dalla legge o da disposizioni particolari della Banca d'Italia (art. 72, co. 2, TUB). La Banca d'Italia può revocare o sostituire i commissari e i membri del comitato di sorveglianza (art. 72, co. 2-*bis*, TUB), dei quali determina, altresì, il compenso (art. 71, co. 4, TUB).

In conformità alla previsione che le attribuisce la « direzione della procedura » (art. 56, co. 3, TUF), la Banca d'Italia presiede ai passaggi di maggiore rilevanza: può stabilire che « determinati atti dei commissari siano sottoposti alla [sua] autorizzazione » (art. 72, co. 4, TUB); può autorizzare le azioni sociali di responsabilità, l'azione di responsabilità contro il revisore legale dei conti e la sostituzione di quest'ultimo, nonché la convocazione dei disciolti organi della società (art. 72, co. 5, 5-*bis* e 6, TUB); può autorizzare la sospensione dei pagamenti e della restituzione agli investitori degli strumenti finanziari detenuti dall'intermediario (art. 74, co. 1, TUB); approva il bilancio di esercizio, la cui chiusura è protratta sino al termine dell'amministrazione straordinaria (art. 75, co. 2, TUB). Il presidio dell'autorità di vigilanza sussiste anche una volta che la procedura sia terminata: se, da un lato, gli organi sociali succeduti all'amministrazione straordinaria sono, infatti, tenuti a riferire alla Banca d'Italia in merito alla prosecuzione delle azioni di responsabilità promosse dai commissari (art. 72, co. 5, TUB); per altro verso, le azioni civili contro i commissari e i membri del comitato di sorveglianza per gli atti compiuti nell'espletamento dell'incarico sono subordinate all'autorizzazione della Banca d'Italia (art. 72, co. 9, TUB).

Al termine della procedura i commissari provvedono perché siano ricostituiti gli organi dell'amministrazione ordinaria (art. 75, co. 3, TUB) e, al pari del comitato di sorveglianza, trasmettono alla Banca d'Italia separati rapporti sull'attività svolta (art. 75, co. 1, TUB). In alternativa, formulano istanza motivata, anche nel corso della procedura, alla Banca d'Italia o alla Consob, perché venga disposta la liquidazione coatta amministrativa (art. 57, co. 1 e 2, TUF).

4.2. *La liquidazione coatta amministrativa*

Quando le irregolarità, le violazioni o le perdite che determinano l'amministrazione straordinaria sono « di eccezionale gravità » (art. 57, co. 1, TUF), l'intervento della vigilanza pubblica non mira alla conservazione, ma alla eliminazione dell'impresa dal mercato e alla sua ordinata liquidazione. Accompagnata dalla revoca dell'autorizzazione all'esercizio dell'attività, la liquidazione coatta amministrativa è disposta dal Ministero dell'economia e delle finanze, su proposta della Banca d'Italia o della Consob (art. 57, co. 1, TUF). Alla medesima procedura sono sottoposte: le succursali italiane di intermediari appartenenti a uno Stato membro dell'Unione europea, alle quali l'autorità competente abbia revocato l'autorizzazione all'esercizio dell'attività (art. 58, co. 1, TUF); le succursali di imprese di paesi terzi diverse dalle banche (art. 58, co. 2, TUF); e i fondi comuni di investimento, qualora « le attività del fondo o del comparto non consentano di soddisfare » le relative obbligazioni e « non sussistano ragionevoli prospettive che tale situazione possa essere superata » (art. 57, co. 6-*bis*, TUF).

Con l'eccezione di alcune disposizioni specifiche relative alla gestione collettiva del risparmio (art. 57, co. 3-*bis* e 6-*bis*, TUF) e al trattamento dei creditori e degli aventi diritto alla restituzione di denaro e strumenti finanziari (art. 57, co. 4 e 5, TUF), anche la liquidazione coatta amministrativa è disciplinata mediante rinvio alle regole dettate per le banche, in quanto compatibili (art. 57, co. 3, TUF). Come per le banche, non sono praticabili procedure concorsuali diverse, salva l'applicazione delle disposizioni del codice della crisi e dell'insolvenza per quanto non espressamente previsto (art. 80, co. 6, TUB).

Gli organi della procedura e i relativi poteri sono disciplinati in mondo analogo a quanto previsto per l'amministrazione straordinaria (artt. 81 e 84 TUB). Anche in questo caso, « la direzione della procedura e tutti gli adempimenti a essa connessi spettano alla Banca d'Italia » (art. 57, co. 3, TUF).

Più simili alla disciplina del codice della crisi e dell'insolvenza risultano, invece, le norme che regolano il concorso degli investitori e dei creditori. Come nelle procedure concorsuali ordinarie, l'inizio della liquidazione coatta amministrativa comporta la sospensione dei pagamenti delle « passività di qualsiasi genere » e delle « restituzioni di beni a terzi » (art. 83, co. 1, TUB) e gli effetti tipici del fallimento sui beni, gli atti e i rapporti giuridici preesistenti dell'intermediario (art. 83, co. 2, TUB). Analogamente, dal medesimo termine vige il divieto di azioni individuali o di atti di esecuzione forzata o cautelare (art. 83, co. 3, TUB). Secondo le modalità analiticamente disciplinate dalla legge (art. 86 TUB; art. 57, co. 4, TUF), nei novanta giorni successivi alla pubblicazione del decreto che dispone la liquidazione, i commissari formano lo stato passivo. Gli interessati possono proporre opposizione allo stato passivo mediante ricorso al presidente del tribunale del luogo dove l'intermediario ha la sede legale (art. 57, co. 5, TUF; art. 87, co. 2, TUB). Le decisioni rese nel giudizio di opposizione sono appellabili e ricorribili per cassazione; in deroga al diritto comune, tuttavia, sono esecutive solo quando diventano definitive (art. 88, co. 3, TUB).

Per la liquidazione dell'attivo i commissari sono titolari di « tutti i poteri occorrenti » (art. 90, co. 1, TUB), potendo, con il parere favorevole del comitato di sorveglianza e previa autorizzazione della

Banca d'Italia, « cedere attività e passività, l'azienda, rami d'azienda, nonché beni e rapporti giuridici individuabili in blocco » (art. 90, co. 2, TUB). Previa autorizzazione della Banca d'Italia e secondo le cautele indicate dal comitato di sorveglianza, nei casi di necessità e per il miglior realizzo dell'attivo i commissari possono continuare l'esercizio dell'impresa o di determinati rami di attività (art. 90, co. 3, TUB), nonché « contrarre mutui, effettuare altre operazioni finanziarie passive e costituire in garanzia attività aziendali », anche « ai fini dell'eventuale esecuzione di riparti agli aventi diritto » (art. 90, co. 4, TUB). Gli strumenti finanziari sono « amministrati in un'ottica di minimizzazione del rischio » (art. 91, co. 11, TUB). In alternativa alla liquidazione, con il parere del comitato di sorveglianza e l'autorizzazione della Banca d'Italia, i commissari possono proporre un concordato al tribunale del luogo dove l'intermediario ha la sede legale (art. 93 TUB). Regole specifiche valgono nel caso di « procedure prive di risorse liquide o con risorse insufficienti » (art. 92-*bis* TUB).

Completato lo stato passivo, i commissari procedono alle restituzioni degli strumenti finanziari e alla ripartizione dell'attivo liquidato, nel rispetto delle cause legittime di prelazione (art. 91, co. 1, TUB). Sino all'esaurimento di riparti e restituzioni, sono ammesse insinuazioni tardive (art. 89 TUB). Sentito il comitato di sorveglianza e previa autorizzazione della Banca d'Italia, sono, altresì, possibili riparti e restituzioni parziali, secondo modalità tali da non pregiudicare la « possibilità della definitiva assegnazione delle quote e dei beni spettanti a tutti gli aventi diritto » (art. 91, co. 4, 5, 6 e 7, TUB).

La procedura si conclude con la predisposizione del bilancio finale di liquidazione, del rendiconto finanziario e del piano di riparto, che i commissari sottopongono alla Banca d'Italia per l'autorizzazione e il successivo deposito presso la cancelleria del tribunale del luogo dove l'intermediario ha la sede legale (art. 92, co. 1, TUB). Decorso il termine per l'opposizione degli interessati ovvero definite le eventuali contestazioni con sentenza passata in giudicato, i commissari provvedono al riparto o alla restituzione finale (art. 92, co. 4 e 5, TUB).

4.3. *Il risanamento e la risoluzione delle SIM*

Alla tradizionale disciplina dell'amministrazione straordinaria e della liquidazione coatta amministrativa, le regole europee sulla crisi delle banche hanno aggiunto un innovativo insieme di norme applicabili alle SIM che prestano servizi di investimento di particolare rilevanza sistemica (nella specie: negoziazione per conto proprio; sottoscrizione o collocamento con assunzione a fermo o in garanzia; e gestione di sistemi multilaterali di negoziazione: art. 55-*bis*, co. 1, TUF).

In conformità alle previsioni della Direttiva 2014/59/UE in materia di risanamento e risoluzione degli enti creditizi e delle imprese di investimento (d'ora in poi, "BRRD"), la disciplina mira, in primo luogo, a consentire una gestione anticipata della crisi. A tal fine, le SIM che non appartengono a un gruppo già regolato dalla BRRD (per esempio, un gruppo bancario) sono tenute a dotarsi di un « *piano di risanamento* » (*recovery plan*), che identifichi le circostanze dalle quali possono derivare situazioni di crisi (per esempio, perdite di capitale o mancanza di liquidità) e definisca le misure di carattere privatistico che l'intermediario prevede di adottare per il risanamento (per esempio, un aumento di capitale o la conversione di capitale di debito in capitale di rischio). Soggetto ad aggiornamento periodico, il piano di risanamento è valutato dalla Banca d'Italia, « sentita la Consob per i profili di competenza » (art. 55-*ter*, co. 1 e 3, TUF), e può essere integrato da accordi per il « *sostegno finanziario* » derivante dall'eventuale gruppo di appartenenza, nel rispetto delle condizioni previste dalla corrispondente disciplina bancaria (art. 55-*quater* TUF; artt. 69-*duodecies* ss. TUB). Il *recovery plan* è un atto di autonomia privata ed è, pertanto, destinato a essere applicato spontaneamente dalla SIM. Nel caso in cui, tuttavia, l'intermediario non provveda, la Banca d'Italia dispone di un penetrante potere di azione (c.d. *intervento precoce*: art. 55-*quinquies* TUF), che, secondo quanto previsto dalla disciplina bancaria, può disporre l'attuazione coattiva del piano di risanamento adottato o altre misure funzionali al superamento della situazione di crisi ad opera della SIM (per esempio, la fissazione di un termine per eliminare le « cause che formano presupposto dell'intervento precoce » ovvero l'ordine di rinnovare « tutti i componenti degli organi con funzione di amministrazione e di controllo »: artt. 69-*noviesdecies* e 69-*vicies-semel* TUB).

Nel ricorrere di situazioni di eccezionale gravità — che la disciplina bancaria identifica con l'espressione « *dissesto* » e in cui sono comprese fattispecie ulteriori rispetto a quelle che giustificano la liquidazione coatta amministrativa (per esempio, l'incapacità di « pagare i propri debiti alla scadenza »: art. 17, co. 2, lett. *d*, d. lgs. 16 novembre 2015,

n. 180, d'ora in poi "d. lgs. 180/15") —, la crisi è gestita direttamente dalla Banca d'Italia, che, « sentita la Consob per i profili di competenza », predispone d'imperio un'ipotesi di soluzione. In tal caso, la disciplina si applica anche alle succursali italiane di imprese di investimento di paesi terzi (art. 60-*bis.1*, co. 1, TUF). Con una locuzione che traduce in modo non del tutto proprio l'originale espressione inglese, si parla, in proposito, di « *piano di risoluzione* » (art. 60-*bis.2*, TUF). Alternativa alla liquidazione coatta amministrativa e disposta dalla Banca d'Italia, con l'approvazione del Ministero dell'economia e delle finanze (art. 32, co. 1, d. lgs. 180/15, richiamato dall'art. 60-*bis.4*, co. 1, TUF), solo quando al dissesto non sia possibile rimediare mediante la « riduzione o conversione di azioni, di altre partecipazioni e di strumenti di capitale » (art. 20, co. 1, lett. *a*, d. lgs. 180/15, richiamato dall'art. 60-*bis.4*, co. 1, TUF), la *risoluzione* mira ad assicurare la continuità nelle funzioni essenziali dell'intermediario e la stabilità del sistema finanziario, riducendo al minimo i relativi costi ed evitando, « per quanto possibile, distruzione di valore » (art. 21, co. 2, d. lgs. 180/15, richiamato dall'art. 60-*bis.4*, co. 1, TUF). Il contenuto della risoluzione è determinato in relazione alla situazione del caso concreto e può comprendere la cessione di beni e rapporti giuridici, al fine di preservare la continuità di alcune linee di *business*, ovvero l'assorbimento delle perdite mediante la riduzione o la conversione in capitale dei diritti degli azionisti e dei creditori (c.d. *bail-in*: artt. 48 ss., d. lgs. 180/15, richiamato dall'art. 60-*bis.4*, co. 1, TUF). In tal caso, gli azionisti e titolari di crediti ridotti o convertiti in azioni « non possono subire perdite maggiori di quelle che avrebbero subito » se l'intermediario « sottoposto a risoluzione fosse stato liquidato » (art. 87, co. 1, d. lgs. 180/15, richiamato dall'art. 60-*bis.4*, co. 1, TUF).

4.4. *I sistemi di indennizzo*

A completamento della disciplina della crisi e nella consapevolezza che « nessun sistema di vigilanza può offrire una protezione completa, in particolare quando siano compiuti atti fraudolenti » (così il considerando n. 3 della Direttiva 97/9/CE), il diritto vigente prevede forme minime di garanzia per gli investitori, in particolare *retail*, che siano pregiudicati dall'incapacità dell'intermediario di rimborsare i fondi o restituire gli strumenti finanziari di titolarità dei propri clienti.

Limitata ai soli servizi di investimento, la previsione di sistemi di indennizzo risponde a una logica analoga a quella propria dei sistemi di garanzia dei depositi regolati dalla disciplina delle banche (art. 96 ss. TUB): una forma di "assicurazione" delle somme oggetto di investimento rafforza la fiducia nel buon funzionamento del sistema e, per conseguenza, favorisce lo sviluppo del mercato. Sistemi di indennizzo e garanzia dei depositi non sono, tuttavia, del tutto comparabili, in ragione della strutturale componente di rischio che connota gli investimenti nel mercato dei capitali rispetto ai depositi bancari (*supra*, parte I, cap. I, n. 3). In questa prospettiva, la presenza di un sistema di indennizzo degli investitori comporta rischi di azzardo morale da parte degli investitori, che potrebbero non usare il necessario « discernimento nella scelta » dell'intermediario e nella valutazione della sua *performance* (così il considerando n. 13 della Direttiva 97/9/CE).

Tali considerazioni consentono di spiegare le soluzioni adottate dalla Direttiva 97/9/CE e, per derivazione, dalle norme italiane che la recepiscono. Come per la garanzia dei depositi, l'adesione a un sistema di indennizzo a tutela degli investitori costituisce condizione per il rilascio dell'autorizzazione alle prestazioni dei servizi di investimento (art. 59, co. 1, TUF). Nel contempo, tuttavia, la copertura offerta agli investitori è assai più limitata nell'importo — 20.000 euro (art. 5, co. 1, D.M. 14 novembre 1997, n. 485, applicabile sino all'emanazione del decreto previsto dall'art. 59, co. 2, TUF: d'ora in poi, "D.M. 485/97") rispetto ai 100.000 euro assicurati ai depositanti (art. 96-*bis*.1, co. 3, TUB) — e, per previsione europea non recepita nel nostro ordinamento, può essere limitata dagli Stati membri a una determinata percentuale del credito dell'investitore, non superiore, tuttavia, al 10% (art. 4, par. 4, Direttiva 97/9/CE).

I sistemi di indennizzo sono « soggetti di natura privatistica aventi personalità giuridica eventualmente espressa anche in forma di società consortili » (art. 1, co. 1, lett. *a*, D.M. 485/97), riconosciuti dal Ministero dell'economia e delle finanze, sentite la Banca d'Italia e la Consob (art. 59, co. 1, TUF), ai quali possono aderire anche le succursali di intermediari appartenenti a Stati membri dell'Unione europea, « al fine di integrare la tutela offerta dal sistema di indennizzo del Paese di origine » (art. 60, co. 1, TUF). Il loro ordinamento interno fissa « i criteri e le modalità della contribuzione, anche straordinaria ed aggiuntiva, a carico degli intermediari aderenti, in modo da garantire la capacità del sistema stesso di far fronte agli obblighi di rimborso » (art. 7, co. 1, D.M. 485/97) nei tempi previsti dalle disposizioni regolamentari. Il rimborso presuppone la liquidazione coatta amministrativa e non è dovuto agli investitori che — per natura professionale (per esempio, banche e altri intermediari), caratteristiche soggettive (per esempio, amministratori o dirigenti dell'intermediario o di altre società del gruppo di appartenenza) o comportamenti pregressi (per esempio, concorso nella crisi dell'intermediario) — sono esclusi dalle norme regolamentari (art. 4, co. 3, D.M. 485/97).

Dai sistemi di indennizzo va tenuto distinto il *Fondo per la tutela stragiudiziale dei risparmiatori e degli investitori*. Finanziato, in larga parte, con il versamento della metà degli importi delle sanzioni amministrative pecuniarie irrogate per la violazione delle disposizioni in materia, il Fondo è diretto ad agevolare l'accesso degli investitori *retail* alle procedure di risoluzione delle controversie con gli intermediari relative alla prestazione dei servizi di investimento e della gestione collettiva del risparmio (art. 32-*ter*.1 TUF).

Capitolo II

I SERVIZI DI INVESTIMENTO

1. La prestazione dei servizi di investimento

Decisivi al fine di consentire il superamento dei costi transattivi e delle asimmetrie informative tra le unità in *surplus* e le unità in *deficit* (*supra*, parte I, cap. I, nn. 3.2.1. e 3.2.2.), i servizi di investimento sono caratterizzati da una strutturale disparità tra l'intermediario e l'investitore.

Tale disparità riguarda, anzitutto, la distribuzione delle informazioni: in ragione del suo *status* professionale, l'intermediario conosce meglio del suo cliente le caratteristiche dell'investimento che forma oggetto del servizio prestato. Soprattutto con riguardo al mercato *retail*, a una simile asimmetria informativa consegue un'ulteriore e più profonda disparità, normalmente trascurata nell'esame della disciplina relativa ai servizi di investimento, ma, di contro, assai importante per la sua comprensione e interpretazione. Per rendersene conto occorre muovere da un elementare dato di esperienza: quando occorre decidere su qualcosa che non si conosce adeguatamente, il modo più semplice per superare il difetto di informazione è fare affidamento su qualcuno che ne sappia di più. Come già rilevato (*supra*, parte I, cap. I, n. 3.2.2.), tale dinamica vale anche nel mercato dei capitali: a fronte delle asimmetrie informative tra unità in *surplus* e unità in *deficit*, è assai semplice e, pertanto, del tutto normale, gestire la decisione di investimento affidandosi a un intermediario in posizione di superiorità informativa. Come sempre accade nei rapporti fiduciari, una simile dinamica — assolutamente necessaria in un contesto complesso come quello finanziario — porta, tuttavia, con sé la possibile vulnerabilità del cliente rispetto all'intermediario del quale decide di fidarsi. Per le caratteristiche proprie del meccanismo fiduciario, chi si fida si rende, infatti, vulnerabile al destinatario della fiducia, che diventa così titolare di un rilevante potere nei suoi confronti. Di qui una profonda asimmetria di potere tra investitore e intermediario, che sollecita una reazione dell'ordinamento in parte differente da quella tradizionalmente impiegata come risposta alla distribuzione asimmetrica dell'informazione.

Posto in termini di pura disparità informativa, il problema tra investitore e intermediario può essere risolto mediante una disciplina di trasparenza che imponga a quest'ultimo obblighi di informazione nei confronti del primo, così abilitato a una consapevole decisione di investimento. Se, tuttavia, il problema viene ulteriormente caratterizzato considerando l'asimmetria di potere sussistente tra le parti, i termini della questione impongono soluzioni ulteriori rispetto al semplice intervento di trasparenza. Tanto nei rapporti individuali quanto a livello di sistema, la normalità delle dinamiche fiduciarie e la loro assoluta necessità ai fini del superamento delle asimmetrie informative richiedono, più precisamente, che venga tutelata la vulnerabilità dell'investitore. A tal fine, la mera imposizione di obblighi informativi a carico degli intermediari non risulta sufficiente. Perché la trasparenza funzioni occorrerebbe, infatti, ipotizzare un soggetto che comprenda le informazioni ricevute, abbia le capacità di elaborarle, sia nelle condizioni di pervenire a un giudizio sintetico e agisca, infine, in modo coerente con le conclusioni raggiunte. Come già rilevato (*supra*, parte I, cap. II, n. 2.3.2.), un tale soggetto risulta, di contro, assai difficile da reperire nella realtà, dove le scelte economiche tendono a essere sistematicamente influenzate da limiti cognitivi e comportamentali. Assai diffusi tra gli investitori *retail*, questi limiti sono riscontrabili anche tra gli investitori istituzionali: come è apparso evidente nella crisi finanziaria globale del 2008, le dinamiche interne proprie delle organizzazioni complesse o gli incentivi distorti generati da un eccesso di pressione concorrenziale possono fare emergere, anche in operatori qualificati, quelle deviazioni dal comportamento "razionale" che sono normalmente riferite agli investitori al dettaglio. In questa prospettiva, un'adeguata tutela dell'investitore risulta passare da regole di giustizia commutativa (*supra*, parte I, cap. II, n. 4.1.) che fondino una responsabilità dell'intermediario proporzionata alla sua rilevanza nella decisione di investimento: solo una ragionevole assunzione di responsabilità consente, infatti, di tutelare in modo adeguato la vulnerabilità dell'investitore e, in questo modo, salvaguardare la fiducia del singolo investitore nell'intermediario e del pubblico nel buon funzionamento del sistema.

Secondo una dinamica non sempre lineare e spesso determinata da interventi delle autorità di vigilanza, nonché, in Italia, della giurisprudenza civile, la disciplina dei servizi di investimento si caratterizza per il progressivo superamento delle tradizionali regole di trasparenza verso una più idonea risposta alle esigenze di tutela richieste dalla natura essenzialmente fiduciaria del rapporto tra investitore e intermediario. Per una adeguata comprensione del suo contenuto, occorre, tuttavia, brevemente descrivere, in via preliminare, le concrete caratteristiche dei singoli servizi di investimento.

1.1. *I servizi di investimento*

Definiti dall'avere per oggetto strumenti finanziari (art. 1, co. 5, TUF), i servizi di investimento possono essere ricondotti, in una prospettiva funzionale, a due tipologie fondamentali.

Un primo gruppo ha carattere prevalentemente esecutivo ed è diretto a consentire il superamento dei costi di transazione che potrebbero, altrimenti, impedire il funzionamento del mercato primario e secondario. Rientrano in questa tipologia di servizi di investimento la negoziazione per conto proprio, l'esecuzione di ordini per conto dei clienti, la ricezione e trasmissione di ordini, nonché, pur con una maggiore complessità di funzione, la sottoscrizione e il collocamento. Comparabile con il contratto di commissione *ex* art. 1731 c.c., l'*esecuzione di ordini per conto dei clienti* (art. 1, co. 5, lett. *b*, e co. 5-*septies*.1, TUF) costituisce l'ipotesi più elementare: mediante tale servizio l'intermediario consente a un investitore di impartire un ordine per la conclusione di un contratto, tanto sul mercato secondario (per esempio, una compravendita di azioni) quanto su quello primario (per esempio, la sottoscrizione di strumenti finanziari di prima emissione), con effetti destinati a ripercuotersi direttamente nella sfera giuridica dell'investitore. La *ricezione e trasmissione di ordini* (art. 1, co. 5, lett. *e*, TUF) ne costituisce una variante: qualora un intermediario non sia autorizzato a operare direttamente sul mercato rilevante per la conclusione del contratto (per esempio, perché l'ordine riguarda un'obbligazione quotata in un mercato statunitense sul quale l'intermediario italiano non può operare), mediante tale servizio l'ordine dell'investitore viene semplicemente ricevuto per essere trasmesso a un ulteriore intermediario incaricato dell'esecuzione. Con la *negoziazione per conto proprio*, viceversa, l'intermediario si rende controparte diretta del contratto che ha ricevuto l'ordine di concludere (art. 1, co. 5, lett. *a*, e co. 5-*bis*, TUF), assumendo in proprio gli effetti che ne derivano. In conformità alla prassi, la legge fa rientrare nella nozione di negoziazione per conto proprio anche l'attività del c.d. *market maker* (= l'intermediario che si rende disponibile, su base continuativa, ad acquistare e vendere strumenti finanziari, in tal modo contribuendo ad aumentarne la liquidità: art. 1, co. 5-*quater*, TUF). Parimenti orientato al superamento dei costi di transazione, ma altresì funzionale al superamento delle asimmetrie informative, risulta, infine, il servizio di *collocamento*, eventualmente con *assunzione a fermo* (art. 1, co. 5, lett. *c* e *c*-bis, TUF). Mediante tale servizio, sul lato dell'emittente, l'intermediario cura la distribuzione degli strumenti finanziari di nuova emissione, reperendo gli investitori, operando come intermediario reputazionale e, se del caso, sopportando il rischio del mancato buon fine dell'operazione di distribuzione (*supra*, parte II, cap. II, n. 1.2.); sul lato degli investitori, ne consente la partecipazione al mercato primario, secondo le condizioni di prezzo stabilite dall'emittente.

La seconda tipologia di servizi risulta prevalentemente diretta al superamento delle asimmetrie informative e dei limiti cognitivi che caratterizzano gli investitori. Tale funzione è di immediata evidenza nella *consulenza in materia di investimenti* (art. 1, co. 5, lett. *f*), che la legge definisce come « prestazione di raccomandazioni personalizzate a un cliente, dietro sua richiesta o per iniziativa del prestatore del servizio, riguardo a una o più operazioni relative a strumenti finanziari » (art. 1, co. 5-*septies*, TUF). Con provvedimenti di Livello 3 (*supra*, parte I, cap. III, n. 4.4.) attuativi della disciplina della MIFID, le autorità di vigilanza europee hanno fatto rientrare nella fattispecie della consulenza in materia di investimenti anche il consiglio *spot* sul singolo strumento finanziario fornito dall'intermediario in occasione della prestazione di un qualsiasi servizio di investimento. In tal modo, l'ambito della consulenza in materia di investimenti è stato virtualmente esteso alla totalità dei rapporti "in persona" tra investitore e intermediario: nella realtà della concreta operatività degli intermediari, un momento incidentale di raccomandazione personalizzata tende, infatti, ad accompagnarsi in modo costante alla prestazione di un servizio di investimento a carattere esecutivo. Nella nozione di consulenza rientra anche la c.d. *consulenza indipendente*: tale espressione non individua, infatti, una diversa fattispecie, essendo, piuttosto funzionale a identificare alcune regole di comportamento (art. 24-*bis*, co. 2, TUF: art. 53 Regolamento Delegato MiFID II: *infra*, cap. II, nn. 2.3. e 2.7.), osservando le quali l'intermediario può godere della "etichetta di qualità" costituita dall'aggettivo "indipendente". Nella *gestione di portafogli* (art. 1, co. 5, lett. *d*, TUF) l'intervento dell'intermediario raggiunge il massimo grado. Come nella gestione collettiva, il servizio comporta la « gestione, su base discrezionale e individualizzata, di portafogli di investimento che includono uno o più strumenti finanziari » (art. 1, co. 5-*quinquies*, TUF). Diversamente dalla gestione collettiva, nella quale la SGR opera in autonomia dagli investitori (*supra*, parte I, cap. I, n. 4.3.), nella gestione di portafogli l'attività dell'intermediario è, tuttavia, « individualizzata » (art. 1, co. 5-*quinquies*, TUF): per conseguenza, « il cliente può impartire istruzioni vincolanti in ordine alle operazioni da compiere » (art. 24, co. 1, lett. *a*, TUF) e conserva la titolarità del diritto di voto inerente agli strumenti finanziari in gestione, salva la facoltà di conferire all'intermediario la rappresentanza per il loro esercizio (art. 24, co. 1, lett. *c*, TUF).

In conformità alle previsioni della MiFID II, nel novero dei servizi di investimento rientrano, infine, la *gestione di sistemi multilaterali di negoziazione* (art. 1, co. 5, lett. *g*, TUF) e la *gestione di sistemi organizzati di negoziazione* (art. 1, co. 5, lett. *g*-bis, TUF), le piattaforme informatiche che consentono, nel primo caso, l'incontro in base a regole non discrezionali » di proposte dirette alla conclusione di contratti su strumenti finanziari, e, nel secondo, la semplice « interazione tra interessi multipli di acquisto e di vendita di terzi relativi » a strumenti finanziari *non-equity* (art. 1, co. 5-*octies*, TUF). La scelta normativa di includere tra i servizi di investimento un'attività che riguarda il funzionamento delle infrastrutture di mercato trova spiegazione alla luce della disciplina sulle strutture di *trading* (*supra*, parte I, cap. I, n. 3.2.3.): come verrà più dettagliatamente illustrato nel prosieguo (*infra*, parte IV, cap. II, nn. 2.2.), la riconduzione della gestione di sistemi multilaterali di negoziazione e di sistemi organizzati di negoziazione ai servizi di investimento costituisce lo strumento di tecnica legislativa utilizzato per consentire ai soggetti autorizzati alla prestazione di servizi di investimento — e, nello specifico, alle banche — la possibilità di organizzare e gestire strutture di *trading*, in conformità alla scelta operata dalla MiFID di liberalizzare il settore, superando la precedente riserva in favore delle società di gestione dei mercati regolamentati.

1.2. *I servizi accessori*

Accanto ai servizi di investimento, con l'espressione "servizi accessori" (art. 1, co. 6, TUF) la legge individua un insieme eterogeneo di altre attività a carattere esecutivo (= la « custodia e amministrazione di strumenti finanziari »: Allegato I, sez. B, n. 1, TUF), consulenziale (= la consulenza alle imprese in materia di struttura finanziaria e di strategia industriale, nonché la « consulenza » e i « servizi concernenti le concentrazioni e l'acquisto di imprese »; la « ricerca in materia di investimenti » e l'« analisi finanziaria », nonché « altre forme di raccomandazione generale riguardanti le operazioni relative a strumenti finanziari »: Allegato I, sez. B, nn. 3 e 5, TUF), finanziario (= la concessione di finanziamenti agli investitori per operazioni nelle quali « interviene l'impresa che concede il credito o il prestito »: Allegato I, sez. B, n. 2, TUF) e organizzativo (= « i servizi connessi con l'assunzione a fermo »: Allegato I, sez. B, n. 6, TUF).

L'identificazione dei servizi accessori come categoria costituisce una scelta di tecnica legislativa funzionale al raggiungimento di molteplici finalità: essendo esclusi dalla riserva di attività (art. 18, co. 1, TUF), i servizi accessori aiutano, per contrasto, a delimitare il perimetro delle attività che richiedono autorizzazione; potendo essere esercitati dagli intermediari autorizzati alla prestazione dei servizi di investimento e della gestione collettiva del risparmio (artt. 18, co. 4, e 33, co. 2, lett. *d*, TUF), consentono una limitata deroga alla tendenziale esclusività dell'oggetto sociale; essendo soggetti ad alcune previsioni dettate per i servizi di investimento (in particolare, alle regole di comportamento e alla disciplina dei contratti: rispettivamente, artt. 21, co. 1 e 1-*bis*, e 23, co. 1, TUF), qualora siano esercitati dai soggetti autorizzati alla prestazione di questi ultimi, permettono di evitare elusioni della relativa disciplina, soprattutto con riferimento all'attività consulenziale.

2. Le regole di comportamento

Nella prestazione dei servizi di investimento gli intermediari sono tenuti a « comportarsi con diligenza, correttezza e trasparenza, per servire al meglio l'interesse dei clienti e per l'integrità dei mercati » (art. 21, co. 1, lett. *a*, TUF). Lo *standard* contenuto della norma identifica numerose caratteristiche delle regole che presiedono allo svolgimento dell'attività degli intermediari. Per un verso, la contemporanea presenza delle clausole generali di trasparenza e correttezza segnala le direttrici di fondo compresenti nella disciplina (*supra*, n. 1), mantenendo il riferimento alla trasparenza nonostante la corrispondente previsione europea sia unicamente incentrata sui principi dell'agire « in modo onesto, equo e professionale » (art. 24, par. 1, MiFID II). Nel contempo, il riferimento alla cura del miglior interesse dei clienti precisa i termini del rapporto con l'intermediario, fondando le previsioni più immediatamente orientate alla tutela del rapporto fiduciario tra intermediario e investitore. Da ultimo, la connessione tra comportamento degli intermediari e integrità dei mercati chiarisce la valenza anche pubblicistica della disciplina, dando in tal modo giustificazione sistematica all'apparato di sanzioni amministrative previste per la violazione di regole di per sé immediatamente riferite al rapporto privatistico tra intermediario e investitore.

2.1. *La classificazione della clientela*

In coerenza con il principio di proporzionalità che presiede alla disciplina (art. 6, co. 01, lett. *b*, TUF) e con l'impostazione sistematica della disciplina europea, per la quale « le misure destinate a proteggere gli investitori » devono « essere adeguate alle specificità di ciascuna categoria di investitori » (così il considerando n. 86 della MiFID II), le regole di comportamento sono articolate in ragione delle « differenti esigenze di tutela degli investitori » derivanti dalla loro qualità ed esperienza professionale (art. 6, co. 2, TUF).

In questa prospettiva, la disciplina vigente distingue tra « cliente al dettaglio » e « cliente professionale » (artt. 1, co. 1, lett. *m*-undecies e *m*-duodecies; e 6, co. 2-*quinquies*, TUF), facendo dipendere da tale distinzione l'intensità delle regole di comportamento applicabili agli intermediari. Più precisamente, la classificazione della clientela costituisce lo strumento di tecnica legislativa per segnare il confine tra la disciplina speciale di protezione prevista dal diritto dei mercati finanziari e il diritto comune dei contratti: la prima, applicabile in presenza di servizi di investimento prestati alla clientela *retail*; il secondo, destinato a riespandersi, almeno in parte, nel ricorrere di servizi resi a investitori professionali. Accanto a elementari ragioni di giustizia commutativa (*supra*, parte I, cap. II, n. 4.1.), la scelta del legislatore si giustifica in ragione dei costi — in particolare: di *compliance* e di vincoli all'innovazione — che discendono da un regime di tutela forte degli investitori e che sono ultimamente sopportati dai clienti al dettaglio sotto forma di aumento dei costi del servizio. Di qui l'opportunità di soluzioni equilibrate, capaci di evitare tanto l'indiscriminata estensione delle disposizioni a tutela dell'investitore al dettaglio, quanto, al contrario, classificazioni del cliente funzionali alla disapplicazione delle norme a tutela dell'investitore. Particolarmente decisiva risulta, in questa logica, la definizione normativa delle condizioni necessarie per la classificazione in una categoria meno protetta: in presenza di una marcata superiorità informativa da parte degli intermediari e di significativi limiti cognitivi in capo agli investitori, rimettere il meccanismo di classificazione alla sola autonomia privata aprirebbe, infatti, ampi spazi per possibili comportamenti opportunistici dei primi a detrimento dei secondi. Parimenti delicata appare la gradazione della tutela in funzione della classificazione: essendo, all'evidenza, preferibile, per i motivi appena discussi, una scelta normativa che calibri la disciplina di protezione, piuttosto che limitarsi all'alternativa "secca" tra applicazione e disapplicazione.

Per tali ragioni, le norme vigenti prevedono la generale applicazione delle regole di comportamento previste per i rapporti con l'investitore al dettaglio e dispongono — in via di eccezione e in misura assai più limitata rispetto al precedente regime — che determinate norme vengano disapplicate, in tutto o in parte, nel ricorrere di un cliente professionale, identificato alla stregua di una triplice tipologia: il cliente professionale di diritto, il cliente professionale su richiesta e il cliente professionale pubblico (art. 6, co. 2-*quinquies* e co. 2-*sexies*, TUF; Allegato 3, Regolamento Intermediari).

La prima categoria comprende intermediari finanziari e imprese di grandi dimensioni, analiticamente individuati nelle loro caratteristiche dalle norme secondarie. Come tali sottratti alle disposizioni che regolano i rapporti con i clienti al dettaglio, i clienti professionali di diritto possono concordare con l'intermediario un trattamento quali clienti al dettaglio (Allegato 3, n. I, Regolamento Intermediari).

La seconda tipologia è costituita dai clienti al dettaglio che — al fine di beneficiare di una riduzione nei costi del servizio — richiedono di essere trattati come clienti professionali. Il passaggio da una categoria più tutelata a uno *status* meno protetto è condizionato dalla legge al rispetto di norme imperative di carattere sostanziale e procedurale: una generale valutazione, da parte dell'intermediario, « della competenza, dell'esperienza e delle conoscenze del cliente », confermata dalla sussistenza di riscontri oggettivi relativi alla frequenza delle operazioni, alle dimensioni del portafoglio e alla previa esperienza (Allegato 3, n. II.1, Regolamento Intermediari); una scansione procedurale che prevede: la richiesta scritta dei clienti di voler « essere trattati come clienti professionali a titolo generale o rispetto a un particolare servizio od operazione di investimento »; la successiva avvertenza — da parte dell'intermediario « in una comunicazione scritta e chiara » — in ordine alle protezioni che i clienti « potrebbero perdere »; la finale dichiarazione dei clienti « per iscritto, in un documento separato dal contratto, di essere a conoscenza delle conseguenze derivanti dalla perdita di tali protezioni » (Allegato 3, n. II.2, Regolamento Intermediari).

Caratteristiche analoghe presenta, infine, la categoria dei clienti professionali pubblici, parimenti articolata in clienti professionali *ope legis* e clienti professionali su richiesta (art. 6, co. 2-*sexies*, TUF), secondo criteri ricalcati dalla normativa secondaria sulla corrispondente disciplina dei clienti professionali privati (art. 2 e 3 D.M. 11 novembre 2011, n. 236).

In conformità alle previsioni della MiFID, accanto al cliente professionale il sistema contempla l'ulteriore nozione di « controparte qualificata » (art. 6, co. 2-*quater*, lett. *d*, TUF). Come fatto palese dalla sostanziale identità tra i soggetti compresi nella relativa definizione (art. 6, co. 2-*quater*, lett. *d*, TUF; art. 61, co. 1 e 2, Regolamento Intermediari) e quelli individuati come clienti professionali di diritto (Allegato 3, n. I, Regolamento Intermediari), la controparte qualificata non pare potersi considerare come un'ulteriore tipologia di cliente. La stretta connessione introdotta dalle norme secondarie tra i soggetti riconducibili alla nozione e i servizi di investimento a carattere esecutivo (= esecuzione di ordini, ricezione e trasmissioni ordini, negoziazione per conto proprio: art. 61, co. 1, Regolamento Intermediari) lascia intendere che la categoria della controparte qualificata costituisca, piuttosto, una soluzione di tecnica normativa funzionale alla disapplicazione di numerose regole di comportamento — identificabili *a contrario ex* art. 61, co. 4, Regolamento Intermediari — nelle operazioni, tipicamente in strumenti finanziari derivati, poste in essere tra soggetti professionali che negoziano sulla base di una relazione paritaria. L'esperienza della crisi finanziaria globale del 2008 ha, peraltro, fortemente ridimensionato la considerazione delle controparti qualificati, essendo emersi con chiarezza « i limiti della capacità dei clienti non al dettaglio di valutare il rischio dei loro investimenti » (così il considerando n. 104 della MiFID II). Si comprende, pertanto, perché la MiFID II, pur confermando la scelta per un'ampia deroga alle regole di comportamento, abbia esteso agli intermediari che operano con controparti qualificate il generale obbligo di agire « in modo onesto, equo e professionale », l'obbligo di comunicare « in modo chiaro e non fuorviante » e alcune disposizioni specifiche in materia di informazione e segnalazione (art. 30, par. 1, MiFID II, quale recepito dall'art. 61, co. 3, Regolamento Intermediari).

2.2. *La disciplina del contratto*

Con la sola esclusione della consulenza che non « preveda lo svolgimento di una valutazione periodica di adeguatezza » (art. 37, co. 1, Regolamento Intermediari), la prestazione dei servizi di investimento e del servizio accessorio di concessione di finanziamenti agli investitori è regolata da un contratto redatto per iscritto, un esemplare del quale è consegnato al cliente (art. 23, co. 1, TUF; art. 37, co. 1 e 3, Regolamento Intermediari). Nei rapporti con i clienti al dettaglio, tale contratto deve contenere il contenuto normativo analiticamente previsto dalla disciplina secondaria (in ordine, per esempio, alle « modalità attraverso cui il cliente può impartire ordini e istruzioni » o al « periodo di efficacia e alle modalità di rinnovo del contratto »: art. 37, co. 3, Regolamento Intermediari; per la gestione di portafogli: art. 38 Regolamento Intermediari) e la determinazione delle condizioni economiche, senza possibilità di rinvio agli usi (art. 23, co. 2, TUF). Non trovano, invece, applicazione le disposizioni dettate dal TUB in materia di trasparenza dei contratti bancari (art. 23, co. 4, TUF). Il mancato rispetto delle forme prescritte è sanzionato in modo particolarmente severo: con la nullità del contratto, che può essere fatta valere solo dal cliente (art. 23, co. 3, TUF). Come confermato dalle norme europee (art. 25, par. 5, MiFID II; art. 58 Regolamento Delegato MiFID II), la disciplina in esame è da intendersi riferita al documento contrattuale che regola lo svolgimento del servizio (c.d. *contratto-quadro*) e non alle singole operazioni di investimento.

Potenzialmente in contrasto con la regola che vieta agli Stati membri di prevedere requisiti ulteriori rispetto al regime europeo non « obiettivamente giustificati e proporzionati » per « la necessità di far fronte a rischi specifici per la protezione degli investitori » (c.d. divieto di *gold-plating*: art. 24, par. 12, MiFID II), la scelta di sanzionare con la nullità l'inosservanza del requisito della forma scritta appare fortemente dubbia. Estendendo ai servizi di investimento l'impostazione adottata in materia bancaria dall'art. 117 TUB, l'art. 23, co. 1, TUF trasforma un obbligo di comportamento trasparente da parte dell'intermediario (= l'obbligo di comunicare al cliente le condizioni e i costi del servizio prestato) in un requisito di validità del contratto concluso con l'investitore. Nei contratti di credito — dove ha rilevanza essenziale il corrispettivo dovuto dal cliente per la disponibilità di denaro ricevuta (*supra*, parte I, cap. I, nn. 1.2 e 3.1.3.) — un simile approccio risulta particolarmente sensato: impedendo alla banca di esigere il corrispettivo del credito, la sanzione della nullità costituisce un decisivo incentivo alla trasparenza delle condizioni contrattuali e alla corretta determinazione delle condizioni economiche del credito. Trasposta nel contesto dei servizi di investimento, tale impostazione risulta, di contro, più discutibile. Pur ponendosi anche in tal caso la necessità di una trasparente indicazione dei costi che gravano sul cliente per l'attività dell'intermediario, la rilevanza delle condizioni economiche del servizio è significativamente minore: nei servizi di investimento sono, infatti, di importanza essenziale il rischio e il rendimento che l'attività resa dall'intermediario comporta per le risorse monetarie del cliente. In questa prospettiva, sanzionare di nullità la mancanza del contratto quadro in forma scritta e, per conseguenza, consentire la ripetizione delle somme destinate a investimenti non andati a buon fine, costituisce un rimedio sproporzionato rispetto all'interesse tutelato dalla norma violata. Se poi si considera che, nella realtà, le informazioni veicolate dal contratto quadro non vengono, di norma, utilizzate dai clienti, per gli eccessivi costi di transazione che accompagnano la relativa elaborazione, la scarsa ragionevolezza della previsione appare ulteriormente confermata: il rimedio più severo previsto dall'ordinamento civile viene impiegato a tutela di una previsione dalla quale non deriva alcuna particolare utilità per la parte che dovrebbe beneficiarne.

Non sorprende, pertanto, che nell'esperienza giurisprudenziale la norma sia stata frequentemente impiegata con finalità opportunistiche, in particolare mediante un uso "selettivo" della nullità: che — in presenza di una pluralità di operazioni realizzate in assenza del contratto quadro e approfittando della legittimazione ad agire del solo cliente — fa valere la nullità per caducare gli investimenti sfortunati e ottenere la conseguente restituzione delle somme versate, lasciando invece impregiudicate le operazioni andate a buon fine (c.d. *cherry picking*). Come confermato da una recente decisione della Corte di Cassazione a sezioni unite, nel sistema non sembrano, peraltro, mancare strumenti capaci di contrastare gli abusi, essendo, in particolare, possibile per l'intermediario contestare la contrarietà a buona fede di un uso "selettivo" della nullità e così paralizzare la pretesa processuale del cliente mediante il tradizionale rimedio della c.d. *exceptio doli generalis*. Analoghe considerazioni valgono anche con riferimento al singolare orientamento giurisprudenziale diretto a sanzionare di nullità per contrasto con l'art. 23, co. 1, TUF il contratto quadro non sottoscritto dal legale rappresentante dell'intermediario. L'argomento giurisprudenziale secondo il quale mancherebbe, in tal caso, l'avvenuta espressione del consenso in forma scritta applica, infatti, la tradizionale concezione codicistica della forma *ad substantiam* (art. 1350 c.c.) a una previsione che, come si è visto, risponde a una funzione del tutto diversa: favorire la trasparenza delle condizioni contrattuali a specifica tutela del contraente più debole, al quale soltanto, per tale ragione, spetta la legittimazione a far valere la nullità nel caso di mancato rispetto delle prescrizioni legali. Con una recente decisione a sezioni unite, la Corte di Cassazione ha condiviso tali considerazioni, ponendo in tal modo un significativo limite al rischio di comportamenti opportunistici da parte dei clienti.

2.3. *Le regole di trasparenza*

In conformità alla previsione che impone agli intermediari di « utilizzare comunicazioni pubblicitarie e promozionali corrette, chiare e non fuorvianti » (art. 21, co. 1, lett. *c*, TUF) e, soprattutto, di

« operare in modo che » i clienti « siano sempre adeguatamente informati » (art. 21, co. 1, lett. *b*, TUF), il Regolamento Delegato MiFID II declina con un elevato tasso di analiticità il tradizionale principio di trasparenza, considerando lo *status* del cliente e, pertanto, prevedendo « per i clienti professionali obblighi specifici di informazione meno rigorosi di quelli che si applicano i clienti al dettaglio » (considerando n. 63 del Regolamento Delegato MiFID II).

Un primo gruppo di norme riguarda le *informazioni indirizzate ai clienti*, « comprese le comunicazioni di *marketing* », per le quali si prevedono requisiti di chiarezza e correttezza, sia in termini generali che con riguardo ad aspetti più puntuali (per esempio, il confronto tra strumenti finanziari, le *performance* passate di un servizio di investimento, il trattamento fiscale applicabile: art. 44 Regolamento Delegato MiFID II).

Numerose disposizioni disciplinano, poi, la *fase precontrattuale*, prescrivendo all'intermediario l'adempimento di analitici obblighi di informazione — di cui sono, altresì, regolati modalità e termini (art. 46 Regolamento Delegato MiFID II) — con riferimento alla prestazione dei servizi di investimento, alla salvaguardia degli strumenti finanziari e delle somme di denaro della clientela, ai costi e agli oneri connessi alla prestazione dei servizi, nonché alla classificazione del cliente come al dettaglio, professionale o controparte qualificata e al carattere « indipendente o non indipendente » della consulenza eventualmente prestata (rispettivamente, artt. 47, 49, 50, 45 e 52, par. 1, Regolamento Delegato MiFID II). In tale contesto è parimenti dovuta una « descrizione generale della natura e dei rischi degli strumenti finanziari », che illustri « le caratteristiche del tipo specifico di strumento interessato » e il suo « funzionamento » a seconda delle condizioni di mercato, « in modo sufficientemente dettagliato da consentire al cliente di adottare decisioni di investimento informate » (art. 48, par. 1, Regolamento Delegato MiFID II). Tipico esempio della tradizionale strategia normativa fondata sulla trasparenza, quest'ultimo obbligo di informazione ha, nella realtà, una portata piuttosto ridotta, limitandosi a chiarire le caratteristiche e i rischi delle diverse *tipologie* di strumenti finanziari (per esempio, azioni, obbligazioni, derivati), ma lasciando aperta la questione in ordine alle caratteristiche e ai rischi dello specifico strumento finanziario, soprattutto nella sua relazione con il profilo dell'investitore.

Un ultimo insieme di norme disciplina, infine, la *fase post-contrattuale*, regolando il rendiconto dei servizi prestati con riguardo ai costi e agli oneri — da presentare in forma aggregata e da esprimere « sia come importo in denaro che come percentuale », così che l'attenzione dell'investitore sia particolarmente sollecitata -, all'esecuzione dei singoli ordini, alla gestione di portafogli, nonché agli strumenti finanziari e alle disponibilità liquide della clientela detenuti dall'intermediario (rispettivamente, artt. 50, par. 2, 59, 60 e 63, Regolamento Delegato MiFID II). Particolare rilievo presenta, in questo contesto, l'obbligo di informazione post-contrattuale in ordine alle perdite eccedenti il 10%, dovuto: a ogni cliente, nel caso di gestione del portafoglio (art. 62, par. 1, Regolamento Delegato MiFID II); e ai soli clienti al dettaglio, nel caso di « posizioni in strumenti finanziari caratterizzati dall'effetto leva » o di « operazioni con passività potenziali » (in particolare, strumenti finanziari derivati: art. 62, par. 2, Regolamento Delegato MiFID II). Come discusso in precedenza (*supra*, parte I, cap. III, n. 2.3.), la previsione regolamentare introduce una *rule* che l'interprete è chiamato a coordinare con lo *standard* per il quale gli intermediari sono tenuti a operare in modo che i clienti « siano sempre adeguatamente informati » (art. 21, co. 1, lett. *b*, TUF).

2.4. *Il controllo nel merito dell'investimento*

Nella consapevolezza della « crescente dipendenza degli investitori dalle raccomandazioni personalizzate » degli intermediari (così il considerando n. 70 della MiFID II), alle tradizionali regole di trasparenza il diritto vigente aggiunge un articolato sistema di verifiche obbligatorie nel merito dell'investimento. In conformità alla disciplina europea (art. 25, parr. 2, 3 e 4, MiFID II), l'intervento dell'intermediario è regolato secondo un diverso ordine di intensità.

2.4.1. *La valutazione di adeguatezza.* — Il controllo nel merito di maggiore rilevanza è dovuto nel caso di consulenza in materia di investimenti e gestione di portafogli (c.d. *servizi ad alto valore aggiunto*), nei quali l'intermediario è tenuto a valutare l'*adeguatezza* dell'operazione di investimento. Tale controllo — che nel Regolamento Delegato MiFID II una traduzione poco accurata del testo inglese chiama « valutazione dell'idoneità » — deve essere effettuato alla stregua di tre criteri: gli « obiettivi di investimento del cliente, inclusa la sua tolleranza al rischio » (= il livello di disponibilità ad assumere il rischio di una perdita); la sua situazione finanziaria e, quindi, la capacità di « sopportare » finanziariamente « i rischi connessi all'investimento »; la sussistenza in capo al cliente delle « necessarie esperienze e conoscenze per comprendere i rischi inerenti all'operazione o alla gestione del suo portafoglio » (art. 54, par. 2, Regolamento Delegato MiFID II; in termini analoghi, art. 40, co. 1, Regolamento Intermediari).

A tal fine gli intermediari devono ottenere dall'investitore « le informazioni di cui necessitano per comprendere le caratteristiche essenziali dei clienti e disporre di una base ragionevole per determinare » l'adeguatezza delle singole operazioni (c.d. *know your customer rule*: art. 54, par. 2, Regolamento Delegato MiFID II e, per una più analitica indicazione delle informazioni da raccogliere con riguardo alla situazione finanziaria, agli obiettivi di investimento e all'esperienza del cliente, rispettivamente, art. 54, parr. 4 e 5, e 55, par. 1, Regolamento Delegato MiFID II). Nel disciplinare tale attività di profilatura del cliente, il Regolamento Delegato MiFID II considera le indicazioni della *behavioral economics* sui possibili limiti cognitivi e comportamentali degli investitori (*supra*, parte I, cap. II, n. 2.3.2.). Pertanto, gli intermediari sono tenuti ad adottare « misure ragionevoli per assicurare che le informazioni raccolte sui clienti o potenziali clienti siano attendibili », per esempio utilizzando domande effettivamente idonee a procurare « un'immagine accurata degli obiettivi » di investimento e delle esigenze del cliente, impiegando strumenti che consentano di individuare e attenuare « eventuali limitazioni » nel processo di valutazione e verificando che nelle informazioni fornite dal cliente non « vi siano delle evidenti imprecisioni » (art. 54, par. 7, Regolamento Delegato MiFID II). Rimane, tuttavia, fermo che l'intermediario « può legittimamente fare affidamento sulle informazioni fornite dai clienti », a meno che sappia o possa sapere che « esse sono manifestamente superate, inesatte o incomplete » (art. 55, par. 3, Regolamento Delegato MiFID II). In presenza di un « rapporto continuativo con il cliente », come tipicamente avviene nel caso di consulenza in materia di investimenti e di gestione di portafogli, le informazioni devono essere tenute aggiornate « nella misura necessaria » per consentire un'effettiva valutazione di adeguatezza, utilizzando specifiche procedure che permettano, in modo verificabile, il costante aggiornamento delle informazioni (art. 54, par. 7, Regolamento Delegato MiFID II). Nel caso di clienti professionali, gli intermediari possono presumere che l'investitore abbia il livello necessario di esperienze e di conoscenze (art. 54, par. 3, Regolamento Delegato MiFID II). Nel caso di consulenza in materia di investimenti prestata a clienti professionali di diritto (*supra*, n. 2.1.) è, altresì, possibile presumere che l'investitore « sia finanziariamente in grado di sopportare » i rischi connessi, se compatibili con i suoi obiettivi di investimento (art. 54, par. 3, Regolamento Delegato MiFID II). Qualora non abbiano ottenuto le informazioni necessarie alla valutazione di adeguatezza, gli intermediari si astengono dal prestare il servizio (art. 54, par. 8, Regolamento Delegato MiFID II).

Innovando rispetto alle norme previgenti, il Regolamento Delegato MiFID II prevede, infine, un'esplicita disciplina del comportamento degli intermediari successivo alla valutazione di adeguatezza. Nel caso di consulenza in materia di investimenti nei confronti di un cliente al dettaglio, a quest'ultimo è consegnato un documento (c.d. *suitability report*) che descrive la consulenza prestata, con la specifica indicazione delle ragioni per le quali l'operazione oggetto della raccomandazione risponde « agli obiettivi e alle circostanze personali del cliente in riferimento alla durata dell'investimento richiesta, alle conoscenze ed esperienze del cliente e alla sua propensione al rischio e capacità di sostenere perdite » (art. 54, par. 12, Regolamento Delegato MiFID II; per alcune precisazioni in ordine al momento della consegna e alla forma del documento, art. 41, co. 1 e 2, Regolamento Intermediari). Nel caso, invece, di operazione non adeguata, è sempre fatto obbligo all'intermediario di astenersi dal servizio (art. 54, par. 10, Regolamento Delegato MiFID II).

2.4.2. *Il controllo di appropriatezza.* — Per ogni altro servizio di investimento il controllo nel merito è meno rigoroso, dovendo gli intermediari limitarsi a valutare l'*appropriatezza* dell'operazione di investimento (art. 42, co. 1, Regolamento Intermediari). Tale controllo — che nel Regolamento Delegato MiFID II una fuorviante traduzione del testo inglese chiama « valutazione di adeguatezza » — è effettuato dall'intermediario determinando se il cliente « abbia il livello di esperienze e conoscenze necessario per comprendere i rischi » che l'operazione di investimento comporta (art. 56, par. 1, Regolamento Delegato MiFID II).

Mentre non sono disciplinate modalità specifiche per la raccolta delle informazioni, valgono anche in tal caso le indicazioni analitiche e la presunzione di affidabilità delle informazioni previste per la disciplina di adeguatezza (art. 55, parr. 1 e 3, Regolamento Delegato MiFID II). Analogamente, in presenza di un cliente professionale gli intermediari possono presumere che l'investitore abbia il livello necessario di esperienze e di conoscenze (art. 56, par. 1, Regolamento Delegato MiFID II).

Nell'ipotesi di operazione non appropriata l'intermediario deve avvertire il cliente « di tale situazione », se del caso « utilizzando un formato standardizzato » (art. 42, co. 2, Regolamento Intermediari). Qualora il cliente scelga di non fornire le informazioni o le informazioni comunicate non siano sufficienti, l'intermediario può procedere nell'operazione, ma deve avvertire il cliente della sua impossibilità a valutarne l'appropriatezza (art. 42, co. 3, Regolamento Intermediari). Di tutto ciò l'intermediario deve mantenere apposita registrazione, con specifico riferimento al risultato della valutazione di appropriatezza, agli avvertimenti resi al cliente e al successivo comportamento sia di quest'ultimo che dell'intermediario (art. 56, par. 2, Regolamento Delegato MiFID II).

2.4.3. *Il regime di* execution only. — Qualora prestino il servizio di esecuzione di ordini per conto dei clienti e di ricezione e trasmissione ordini e purché siano rispettati gli obblighi in materia di conflitto di interessi, gli intermediari possono, infine, omettere la valutazione di appropriatezza, limitandosi all'adempimento degli obblighi di informazione previsti dalla disciplina di trasparenza.

Al fine di evitare facili elusioni, tale regime di *mera esecuzione* di ordini (c.d. *execution only*) è, tuttavia, subordinato a una pluralità di condizioni, occorrendo, in particolare, che: il servizio sia prestato su iniziativa del cliente; l'operazione di investimento riguardi strumenti finanziari non complessi (per esempio, azioni, obbligazioni e quote di Oicr facilmente liquidabili: art. 43, co. 1, lett. *a*, Regolamento Intermediari; art. 57 Regolamento Delegato MiFID II); e il cliente sia stato chiaramente informato che « l'intermediario non è tenuto a valutare l'appropriatezza e che pertanto l'investitore non beneficia della protezione offerta dalle relative disposizioni » (art. 43, co. 1, lett. *c*, Regolamento Intermediari).

2.4.4. *La generalizzazione della valutazione di adeguatezza.* — Pur costituendo un indubbio superamento del regime di mera informazione, né il controllo di adeguatezza né la verifica di appropriatezza presenterebbero, di per sé, caratteristiche tali da determinare l'abbandono del paradigma della trasparenza a beneficio di un regime più capace di rispondere alle esigenze di tutela richieste dalla natura fiduciaria del rapporto tra investitore e intermediario.

Che l'intermediario debba valutare la conformità dell'investimento a esperienza, situazione finanziaria e obiettivi di investimento del cliente, astenendosi da operazioni non adeguate, risulta, infatti, del tutto ovvio quando il servizio prestato consista in una raccomandazione personalizzata o in una gestione discrezionale di un patrimonio altrui. Del pari, pur presentando un tratto di paternalismo per la sua idoneità a tutelare l'investitore da possibili errori nel processo decisionale (*supra*, parte I, cap. II, n. 2.3.2.), la mera segnalazione dell'eventuale inappropriatezza dell'investimento non sembra andare oltre una forma "rafforzata" di informazione, rimessa dal legislatore nella libera disponibilità dell'investitore. Di contro, è nel significato attribuito dall'autorità di vigilanza alla nozione di consulenza (*supra*, n. 1.1.) e nella conseguente generalizzazione del regime di adeguatezza che la svolta verso un regime maggiormente centrato sulla tutela della fiducia può, invece, considerarsi avvenuta. Se, infatti, in virtù di tale nozione allargata un momento incidentale di raccomandazione personalizzata risulta virtualmente sempre presente nella prestazione di un servizio di investimento a carattere esecutivo (*supra*, n. 1.1.), il controllo di adeguatezza al profilo del cliente finisce per diventare una caratteristica costante della prestazione dei servizi di investimento, mancando unicamente nel caso di mera esecuzione e nelle scarse ipotesi in cui la prestazione del servizio dipende soltanto dall'iniziativa del cliente. Della legittimità formale di un simile passaggio ben si potrebbe, per la verità, dubitare: la generalizzazione del regime di adeguatezza derivante dall'allargamento della nozione di consulenza costituisce, infatti, l'effetto di un'interpretazione dell'autorità di vigilanza che finisce per abrogare la diversificazione tra disciplina di adeguatezza, appropriatezza e mera esecuzione a suo tempo contenuta nell'art. 19 MiFID. Il dichiarato intento della Consob di spostare la logica distributiva che permea il sistema dell'intermediazione verso un approccio di servizio al cliente, le rilevanti modifiche nelle procedure operative — in particolare, informatiche — introdotte dagli intermediari italiani e l'analitico contenuto delle *Guidelines* diffuse dell'ESMA con riferimento al controllo di adeguatezza lasciano, nondimeno, intendere che il mutamento di paradigma così intervenuto risulta *de facto* non reversibile.

2.5. *La* product governance

La conclusione trova ulteriore conferma negli orientamenti dell'autorità di vigilanza che, in coerenza con un *trend* riscontrabile anche in ambito bancario, nel periodo immediatamente successivo alla crisi finanziaria globale hanno spostato l'attenzione della vigilanza da una valutazione *ex post* sul momento finale dell'operatività con l'investitore a un intervento proattivo *ex ante* sul rispetto delle regole di comportamento negli assetti organizzativi interni e, ancor più a monte, nelle scelte strategiche sul modello di *business*. In tale prospettiva la conformità alla regola di adeguatezza viene richiesta in tutte le fasi della prestazione dei servizi di investimento: dallo sviluppo del prodotto, che non può prescindere da caratteristiche ed esigenze della clientela di destinazione, alle strategie di distribuzione, che non devono alterare il perseguimento del miglior interesse del cliente. Sinteticamente identificata come *product governance*, una simile declinazione delle regole di comportamento trova un primo esempio emblematico nella Comunicazione della Consob sui prodotti finanziari illiquidi del 2 marzo 2009: del tutto esplicita nel chiarire che « la scelta di un determinato *target* di clientela, specie di quella *retail*, richiede riflessioni approfondite nella fase di concreta selezione dei prodotti da distribuire e, *a fortiori*, nella possibile fase di ingegnerizzazione»; che « in sede di definizione della politica commerciale, occorre orientare la costruzione di meccanismi di incentivo della struttura aziendale secondo criteri non contrapposti al miglior interesse del cliente »; e che « le attività descritte, approvate dagli organi di vertice dell'intermediario, dovranno essere verificate dalla funzione di *compliance* aziendale ».

Analoga impostazione risulta caratterizzare la regolamentazione europea del mercato *retail* successiva alla crisi finanziaria globale. Dopo aver premesso che l'organo di gestione degli intermediari deve assumere « chiare responsabilità per tutto il ciclo di attività dell'impresa » (così il considerando n. 54 della MiFID II), la nuova disciplina europea è, infatti, assai chiara nell'imporre agli intermediari un « processo di approvazione del prodotto » che « precis[i] per ciascuno strumento finanziario il determinato mercato di riferimento di clienti finali all'interno della pertinente categoria di clienti e garantisc[a] che tutti i rischi specificamente attinenti a tale *target* siano stati analizzati e che la prevista strategia di distribuzione sia coerente con il *target* stesso » (art. 16, par. 3, MiFID II).

L'impostazione adottata dalla MiFID II è declinata in modo assai analitico dalle norme vigenti, con riguardo sia agli intermediari che « realizzano strumenti finanziari per la vendita alla clientela » (c.d. *produttori*: art. 21, co. 2-*bis*, TUF; analogamente, art. 62, co. 1, lett. *a*, Regolamento Intermediari) sia agli intermediari che ne curano la distribuzione (c.d. *distributori*: art. 62, co. 1, lett. *b*, Regolamento Intermediari). Un nucleo comune di disciplina risulta incentrato sull'assetto organizzativo dell'intermediario: l'organo di gestione è tenuto ad avere un controllo effettivo sull'intero processo; la funzione di *compliance* è chiamata a vigilare e rivedere periodicamente i processi adottati; il personale coinvolto deve avere il necessario *expertise* (rispettivamente, art. 66, co. 1, 2 e 5; art. 73, co. 1, 2 e 5, Regolamento Intermediari).

2.5.1. *La* product governance *del produttore*. — La disciplina applicabile al produttore è diretta, in primo luogo, ad assicurare la coerenza dello strumento finanziario e della sua strategia distributiva con un determinato mercato di riferimento (c.d. *target market*). Nelle difficoltose espressioni del legislatore italiano, occorre che gli strumenti finanziari « siano concepiti per soddisfare le esigenze di un determinato mercato di riferimento di clienti finali individuato all'interno della pertinente categoria di clienti e che la strategia di distribuzione degli strumenti finanziari sia compatibile con i clienti target » (art. 21, co. 2-*bis*, TUF). La disciplina secondaria precisa le modalità per la determinazione del mercato di riferimento. Il *target market* è identificato in astratto sulla base della « conoscenza teorica » dell'intermediario (art. 64, co. 4, Regolamento Intermediari), considerando le caratteristiche della clientela puntualmente dettagliate dalle *Guidelines* dell'ESMA: tipologia, conoscenza ed esperienza, situazione finanziaria con particolare riguardo alla capacità di sopportare le perdite, tolleranza del rischio e obiettivi ed esigenze di investimento. La determinazione del *target market* ha una duplice prospettiva: deve riguardare sia gli investitori a cui lo strumento finanziario è destinato (c.d. *target market* positivo: art. 64, co. 1, Regolamento Intermediari), sia gli investitori le cui caratteristiche sono incompatibili con lo strumento finanziario (c.d. *target market* negativo: art. 64, co. 2, Regolamento Intermediari).

Il produttore è tenuto, inoltre, a verificare che lo strumento finanziario sia immune da conflitti di interesse con riguardo a caratteristiche strutturali e struttura commissionale (art. 65, Regolamento Intermediari), essendo, in particolare, da evitare strumenti finanziari che consentano all'intermediario di "scaricare" sul cliente rischi propri ovvero presentino costi così elevati da pregiudicare le aspettative di rendimento (art. 65, co. 2 e 5, Regolamento Intermediari). A ciò va aggiunta un'approfondita analisi di scenario volta a valutare i rischi dello strumento finanziario, con specifico riguardo alla possibilità di risultati negativi per il cliente (art. 65, co. 4, Regolamento Intermediari).

Il produttore è, da ultimo, tenuto a: comunicare al distributore tutte le informazioni necessarie per consentire una conoscenza e una corretta distribuzione dello strumento finanziario (artt. 63, co. 1, lett. *c*, e 68 Regolamento Intermediari); adottare « le misure ragionevoli per assicurare che lo strumento finanziario sia distribuito ai clienti all'interno del mercato » di riferimento (art. 21, co. 2-*bis*, TUF); riesaminare periodicamente le *performance* dello strumento finanziario e la sua coerenza con il *target market* (art. 67 Regolamento Intermediari).

2.5.2. *La* product governance *del distributore*. — La disciplina applicabile al distributore è circoscritta a un numero più limitato di profili.

Il distributore deve, anzitutto, identificare, a sua volta, il *target market* e la strategia distributiva dello strumento finanziario. Nelle parole del legislatore italiano, il distributore « deve conoscere gli strumenti finanziari offerti o raccomandati, valutarne la compatibilità con le esigenze della clientela cui fornisce servizi di investimento tenendo conto del mercato di riferimento di clienti finali » identificato dal produttore e « fare in modo che gli strumenti finanziari siano offerti o raccomandati solo quando ciò sia nell'interesse del cliente » (art. 21, co. 2-*ter*, TUF). Diversamente da quanto accade per il produttore, il distributore identifica, pertanto, il mercato di riferimento in concreto, utilizzando le informazioni sulla propria clientela di cui dispone (per esempio, le informazioni che risultano dalle domande formulate in adempimento della *know your customer rule*: *supra*, n. 2.4.1) e garantendo che gli interessi dei clienti « non siano compromessi da pressioni commerciali ovvero da esigenze di finanziamento del prestatore del servizio » (art. 72, co. 2, Regolamento Intermediari). Anche il distributore identifica un *target market* positivo e un *target market* negativo (art. 72, co. 1 e 3, Regolamento Intermediari).

La determinazione del mercato di riferimento lascia intatto l'obbligo per il distributore di verificare l'adeguatezza dello strumento finanziario rispetto al singolo cliente. Mentre quest'ultima valutazione ha per oggetto la specifica scelta di investimento e, come tale, si colloca all'interno del rapporto tra l'intermediario e il cliente finale, l'identificazione del *target market* e della strategia distributiva riguarda il processo per il quale l'intermediario decide, in generale, gli strumenti finanziari da distribuire e le relative strategie (per esempio, mediante consulenza o ricorrendo a una piattaforma telematica). Nella determinazione del *target market* e nella valutazione di adeguatezza il distributore è solo parzialmente vincolato dalle indicazioni del produttore sul mercato di riferimento: come chiarito dalle *Guidelines* dell'ESMA, il distributore può deviare dal *target market* individuato dal produttore se ricorre a strategie di diversificazione e copertura del portafoglio ovvero quando la distribuzione è accompagnata dalla prestazione del servizio di consulenza.

Al pari del produttore, il distributore deve, inoltre, procedere a una revisione periodica delle proprie valutazioni, verificando la permanente coerenza tra strumento finanziario e *target market*, nonché l'adeguatezza della strategia distributiva (art. 75 Regolamento Intermediari). Gli esiti di tale attività sono comunicati al produttore (art. 74, co. 5, Regolamento Intermediari), con un flusso informativo simmetrico a quello dovuto da quest'ultimo al distributore (*supra*, n. 2.5.1.).

Qualora il produttore non sia soggetto al regime MiFID II (come accade, per esempio, per una SGR che "produce" fondi comuni di investimento), il distributore è tenuto a effettuare una adeguata verifica sullo strumento finanziario (art. 74, co. 2 e 3, Regolamento Intermediari), così da assicurare ai propri clienti un livello di servizio e di sicurezza comparabile con quello conseguente all'applicazione del regime MiFID II. Come chiarito dalla *Guidelines* dell'ESMA, il distributore deve identificare il proprio *target market* sulla base delle informazioni pubblicamente disponibili (per esempio, mediante il prospetto) ovvero ricevute dal produttore in forza di un apposito accordo; in mancanza, non è in grado di adempiere l'obbligo di un'adeguata conoscenza dello strumento finanziario (art. 21, co. 2-*ter*, TUF) e deve, pertanto, astenersi dalla sua distribuzione.

2.5.3. *La* product intervention. — L'impostazione di *product governance* adottata dalla MiFID II è presidiata a livello di *enforcement* attribuendo alle autorità pubbliche pervasivi poteri di intervento (c.d. *product intervention*), che segnano il punto più avanzato di una strategia normativa orientata a far prevalere la tutela dell'investitore sulla libertà dell'impresa. Il mancato rispetto delle regole di *product governance* e la contestuale sussistenza di un « timore significativo » per la tutela degli investitori, l'integrità dei mercati o la stabilità del sistema finanziario consentono, infatti, alle autorità nazionali — nonché all'ESMA o all'EBA, qualora la minaccia ecceda i confini del singolo Stato membro — di vietare o limitare la « commercializzazione, la distribuzione o la vendita » degli strumenti finanziari interessati dalla violazione (artt. 40-43 MiFIR). Il Regolamento Delegato (UE) 2017/567 (d'ora in poi, "Regolamento Delegato MiFIR") dettaglia i « criteri e fattori che le autorità competenti devono tenere in considerazione » nell'esercizio delle loro prerogative di *product intervention* (artt. 19-21 Regolamento Delegato MiFIR), altresì specificando i « criteri e fattori che determinano l'esistenza di una minaccia » all'integrità dei mercati e alla stabilità del sistema finanziario (art. 22 Regolamento Delegato MiFIR).

Nell'ordinamento italiano i poteri di *product intervention* sono attribuiti alla Consob e alla Banca d'Italia in conformità alla tradizionale distinzione di competenze (*supra*, parte I, cap. III, n. 3.3.): la Consob interviene quando sono minacciate la tutela degli investitori e l'integrità dei mercati, mentre la Banca d'Italia agisce quando è a rischio la stabilità del sistema finanziario (art. 7-*bis*, spec. co. 2 e 3, TUF).

2.5.4. *Gli effetti distributivi del regime di* product governance. — Un approccio di *product governance* comporta una pluralità di costi e rischi: costi di *compliance*, che riguardano i singoli processi e il coordinamento tra produttore e distributore, destinati a essere traslati sul cliente sotto forma di aumento delle commissioni; costi opportunità, connessi a una possibile riduzione per il produttore degli ambiti di innovazione; rischi da eccessivo affidamento dell'investitore nella "sicurezza" dei prodotti distribuiti, potenzialmente accresciuti dalle previsioni in materia di *product intervention*.

Non sembra, tuttavia, che ciò comporti *a priori* l'inefficienza della soluzione. Da un lato, la realizzazione e la distribuzione di un prodotto finanziario adeguato al *target market* riducono, infatti, il rischio di controversie relative a comportamenti non corretti in sede di distribuzione (c.d. *misselling*) e, per conseguenza, comprimono i costi del conseguente rischio legale. Per altro verso, la disciplina risulta improntata al principio di proporzionalità (artt. 70 e 77 Regolamento Intermediari) e alla valorizzazione del servizio di consulenza, consentendo di delineare il *target market* in modo assai ampio nel caso di prodotti non complessi e assicurando un elevato grado di flessibilità nel caso di distribuzione accompagnata dal servizio di consulenza. Nel suo complesso, la disciplina appare, pertanto, più come limite a casi eclatanti di *misselling* che come strumento di conformazione delle dinamiche su lato dell'offerta.

Spostando il baricentro della catena del valore dal distributore al produttore, le regole di *product governance* presentano, nel contempo, rilevanti effetti distributivi, attribuendo, in particolare, ai produttori un potenziale vantaggio competitivo rispetto ai distributori. Più nello specifico, nel nuovo scenario normativo e in ragione della crescente diffusione del *FinTech* (*supra*, parte I, cap. I, n. 3.2.4.), ai tradizionali canali distributivi costituiti dalle reti di filiali o consulenti finanziari potrebbe affiancarsi un modello alternativo derivante dalla combinazione tra strumenti finanziari "certificati" dai produttori e piattaforme elettroniche di distribuzione capaci di offrire consulenza in modo automatico (c.d. *robo-advisor*). Di qui un rilevante problema di competitività per le industrie finanziarie caratterizzate, come avviene in Italia, da una prevalenza dei distributori sui produttori.

La disciplina di *product governance* sembra, nondimeno, lasciare uno significativo spazio al distributore. Come si è appena visto (*supra* n. 2.5.2.), nel sistema della MiFID II compete al distributore verificare *ex ante* la coerenza in concreto del prodotto con l'effettivo *target market*, valutare l'adeguatezza di un determinato strumento finanziario alle caratteristiche del singolo investitore e riferire *ex post* al produttore le informazioni necessarie per la revisione periodica dei prodotti. Tale ruolo del distributore risponde a una logica di specializzazione produttiva e di distribuzione del rischio che presenta numerosi vantaggi rispetto a un'allocazione del risparmio realizzata "in serie" e con sistemi automatizzati. Da un lato, infatti, i limiti cognitivi degli investitori sembrano più adeguatamente "gestibili" responsabilizzando il distributore piuttosto che regolando il prodotto. Per altro verso, valorizzare la distribuzione come servizio consente di circoscrivere le esternalità negative di possibili errori, evitando il rischio sistemico che potrebbe caratterizzare un errore commesso dal produttore o dall'algoritmo preposto alla piattaforma di distribuzione.

2.6. *L'esecuzione degli ordini*

L'opzione della MiFID di liberalizzare il settore delle sedi per la negoziazione degli strumenti finanziari (*infra*, parte IV, cap. I, n. 2.1.) comporta come conseguenza la possibilità di scegliere tra molteplici strutture di *trading* nelle quali eseguire gli ordini ricevuti dai clienti. Di qui l'obbligo per gli intermediari di adottare le « misure sufficienti » per ottenere « il miglior risultato possibile per i loro clienti » (c.d. *best execution*), « avendo riguardo al prezzo, ai costi, alla rapidità e alla probabilità di esecuzione e di regolamento, alle dimensioni, alla natura dell'ordine o a qualsiasi altra considerazione pertinente ai fini della sua esecuzione » (art. 47, co. 1, Regolamento Intermediari). A tal fine gli intermediari sono tenuti a dotarsi di « una strategia di esecuzione degli ordini », della quale devono dare « informazioni appropriate ai propri clienti » (rispettivamente, artt. 47, co. 2, e 48, co. 1, lett. *a*, Regolamento Intermediari). Nel caso di ordini eseguiti per un cliente al dettaglio, la scelta delle modalità per la *best execution* è « condotta in ragione del corrispettivo totale, costituito dal prezzo dello strumento finanziario e dai costi relativi all'esecuzione » (art. 47, co. 3, lett. *a*, Regolamento Intermediari).

Le differenze nei costi e nell'efficacia di esecuzione tra le diverse strutture di *trading* sono, di regola, assai ridotte. L'incidenza della regola di *best execution* si apprezza, pertanto, più con riferimento ai complessivi volumi di negoziazione dell'intermediario che per la sua rilevanza sui costi del singolo investitore al dettaglio, per il quale la conseguenza economica dell'eventuale violazione del precetto può essere trascurabile. Da quest'angolo di visuale si comprende, pertanto, perché l'*enforcement* della norma sia prevalentemente attuato dall'intervento delle autorità di vigilanza o dai sistemi di controllo interno (*supra*, cap. I, n. 3.5.).

Nell'esecuzione degli ordini risulta, altresì, necessario un adeguato rispetto della parità di trattamento tra clienti. Per tale ragione, « gli intermediari che trattano ordini per conto dei clienti applicano misure che assicurino una trattazione rapida, corretta ed efficiente di tali ordini rispetto ad altri ordini di clienti e agli interessi di negoziazione dello stesso intermediario » (art. 51, co. 1, Regolamento Intermediari), secondo le regole di dettaglio analiticamente stabilite dalla disciplina secondaria (artt. 67, 68 e 69 Regolamento Delegato MiFID II, quali richiamati dall'art. 51, co. 4 e 5, Regolamento Intermediari).

2.7. *La disciplina dei conflitti di interesse*

Per le ragioni illustrate in precedenza (*supra*, n. 1), il rapporto tra intermediario e cliente presenta in modo paradigmatico i tratti di una *agency relationship* (*supra*, parte I, cap. I, n. 2.2.2.), con rischi di azzardo morale tanto più rilevanti quando i servizi di investimento vengano prestati da una "banca universale" (*supra*, parte I, cap. I, n. 3.2.1.) e, pertanto, maggiori siano gli interessi che l'intermediario può perseguire a discapito di quelli del cliente. Forieri di una allocazione delle risorse non efficiente per gli *agency cost* e le esternalità negative che possono determinare (*supra*, parte I, cap. II, n. 2.1.), i conflitti di interesse contraddicono, ulteriormente, elementari istanze di giustizia: che una parte approfitti della propria posizione di superiorità a scapito dell'altra viola la regola di proporzionalità nello scambio e attua un criterio non adeguato nella distribuzione delle risorse (*supra*, parte I, cap. II, n. 4.1.), secondo considerazioni *a fortiori* rilevanti in presenza di un rapporto fiduciario.

In conformità all'approccio introdotto dalla MiFID, il diritto vigente disciplina i conflitti di interesse con una previsione a cavallo tra le regole di comportamento e le norme di organizzazione (*supra*, cap. I, n. 3.5.) e che segna un deciso superamento dell'impostazione precedente. Poiché « la gamma sempre più ampia di attività che molte imprese di investimento esercitano simultaneamente ha aumentato la possibilità di insorgenza di conflitti tra tali diverse attività e gli interessi dei clienti » (così il considerando n. 56 della MiFID II), la disciplina europea è esplicita nel ritenere preferibile una strategia regolamentare prevalentemente fondata sui requisiti di organizzazione dell'intermediario, anziché su regole di trasparenza (art. 23 MiFID II). Più nel dettaglio, gli intermediari sono tenuti ad adottare « ogni misura idonea ad identificare e prevenire o gestire i conflitti di interesse che potrebbero insorgere » con i clienti o fra clienti (art. 21, co. 1-*bis*, lett. *a*, TUF), mediante « disposizioni organizzative e amministrative » ragionevolmente capaci di « evitare che i conflitti di interesse incidano negativamente sugli interessi dei loro clienti » (art. 21, co. 1-*bis*, lett. *b*, TUF). Un approccio di trasparenza ritorna solo quando simili misure « non sono sufficienti ad assicurare, con ragionevole certezza, che il rischio di nuocere gli interessi dei clienti sia evitato »: in tale ipotesi, infatti, gli intermediari « informano chiaramente i clienti, prima di agire per loro conto, della natura generale e/o delle fonti dei conflitti di interesse nonché delle misure adottate per mitigare i rischi connessi » (art. 21, co. 1-*bis*, lett. *c*, TUF). Pur lasciando all'autonomia dei singoli intermediari la determinazione delle soluzioni concrete proporzionate alla natura dell'attività svolta e alle dimensioni dell'impresa (art. 34, par. 1, Regolamento Delegato MiFID II), la disciplina secondaria richiede che « i soggetti rilevanti impegnati in varie attività professionali che implicano un conflitto di interesse » le svolgano « con un grado di indipendenza adeguato » (art. 34, par. 3, Regolamento Delegato MiFID II), ulteriormente fissando le condizioni necessarie per tale indipendenza. Così, per esempio, sono richieste « procedure efficaci » volte a: « impedire [o] controllare lo scambio di informazioni tra i soggetti rilevanti impegnati in attività che comportano un rischio di conflitto di interesse »; garantire « la vigilanza separata sui soggetti rilevanti le cui principali funzioni » coinvolgono interessi potenzialmente in conflitto; eliminare « ogni legame diretto tra la retribuzione dei soggetti rilevanti » che esercitano in modo prevalente attività idonee a generare tra loro situazioni di potenziale conflitto di interesse; « impedire [o] controllare la partecipazione simultanea » o successiva di un soggetto rilevante a distinti servizi di investimento o servizi accessori, « quando tale partecipazione può nuocere alla gestione corretta dei conflitti di interesse » (art. 34, par. 3, Regolamento Delegato MiFID II). Disposizioni particolari disciplinano la delicata materia dei conflitti di interesse relativi al collocamento e alla determinazione del prezzo di strumenti finanziari oggetto di offerta al pubblico (artt. 38-40 Regolamento Delegato MiFID II: sul punto *supra*, parte II, cap.

II, n. 1.2.), nonché al collocamento di strumenti finanziari propri (c.d. *self-placement*: art. 41 Regolamento Delegato MiFID II).

Una disciplina puntuale è dedicata a una particolare ipotesi di conflitto ricorrente quando il servizio di collocamento ha per oggetto quote di Oicr. Secondo una prassi corrente in Italia e in molti Stati membri dell'Unione europea, la distribuzione di quote di Oicr viene remunerata mediante la retrocessione — dal gestore al distributore — di una parte delle commissioni pagate dal cliente per l'attività di gestione. Fuori discussione la legittimità di un compenso per l'attività di distribuzione, assai più delicata risulta la modalità di tale remunerazione: la retrocessione parziale delle commissioni costituisce, infatti, un corrispettivo non trasparente, astrattamente capace di orientare la scelta del distributore verso l'Oicr che garantisce una maggiore remunerazione per l'intermediario, anziché il miglior servizio all'interesse del cliente. Per tale ragione, con una disposizione che pur presenta una portata assai più generale, la disciplina secondaria vieta agli intermediari di percepire compensi, anche non monetari, da soggetti diversi dal cliente (c.d. incentivi o *inducement*), salvo il ricorrere di una triplice condizione: la chiara comunicazione dell'*inducement* al cliente; la capacità dell'incentivo di « accrescere la qualità del servizio fornito al cliente »; la persistente possibilità per l'intermediario di adempiere all'obbligo « di agire in modo onesto, equo e professionale nel migliore interesse del cliente » nonostante la presenza dell'*inducement* (art. 52, co. 1 e 3, Regolamento Intermediari). All'evidenza esito di un compromesso tra l'esigenza di evitare conflitti di interesse e la volontà di salvaguardare il modello distributivo esistente in molti Stati membri dell'Unione, la disciplina in esame trova il suo punto di equilibrio nel collegamento tra incentivo e accrescimento della qualità del servizio fornito al cliente. Già ritenuto sussistente — in conformità all'indicazione del considerando n. 39 della Direttiva 2006/73/CE — nel ricorrere della contestuale prestazione del servizio di consulenza da parte del distributore, l'accrescimento della qualità del servizio è valutato con maggior rigore dalla disciplina MiFID II: la mancata riproposizione del considerando e il divieto di *inducement* nell'ipotesi di consulenza indipendente e gestione di portafogli (art. 24, par. 7, lett. *b*, e par. 8, MiFID II; artt. 24, co. 1-*bis*, e 24-*bis*, co. 2, lett. *b*, TUF) riduce la portata della deroga e comporta una più puntuale identificazione delle caratteristiche, per le quali può ritenersi che gli *inducement* siano « concepiti per migliorare la qualità del servizio reso al cliente », analiticamente regolate dalla disciplina secondaria (art. 53, co. 1, Regolamento Intermediari).

Alle disposizioni in materia di conflitti di interesse possono essere, infine, ricondotte anche le disposizioni per la salvaguardia dei « diritti dei clienti sui beni affidati » (art. 21, co. 1-*bis*, lett. *d*, TUF) e le regole in materia di separazione patrimoniale. Tale ultima disciplina individua « gli strumenti finanziari e le somme di denaro dei singoli clienti » come « patrimonio distinto a tutti gli effetti da quello dell'intermediario e da quello degli altri clienti » (art. 22, co. 1, TUF). Al pari delle conseguenze della separazione individuate dalla norma (nello specifico: autonomia patrimoniale perfetta del patrimonio dei clienti rispetto ai creditori dell'intermediario; legittimità delle azioni dei creditori dei singoli clienti nei limiti del patrimonio di proprietà di questi ultimi; salvo consenso scritto dei clienti, impossibilità per l'intermediario di utilizzare gli strumenti finanziari e il denaro di pertinenza dei clienti nell'interesse proprio o di terzi, a meno che, con riguardo al denaro, l'intermediario sia una banca e trovi, quindi, applicazione la disciplina del deposito bancario: art. 22, co. 1 e 3, TUF), la previsione è, per la verità, pleonastica, essendo un'elementare applicazione dei principi generali. Nondimeno, la disposizione consente di fondare, con maggiore immediatezza, la sanzione penalistica sulla confusione di patrimoni (art. 168 TUF) e la disciplina, esaminata in precedenza, dei riparti in sede di liquidazione coatta amministrativa (art. 91, co. 2 e 3, TUB richiamato dall'art. 57, co. 3, TUF). La concreta operatività della separazione patrimoniale è assicurata da analitiche disposizioni regolamentari (artt. 20-29 Regolamento Assetti Organizzativi).

2.8. *Le regole applicabili ai prodotti finanziari, bancari e assicurativi*

Le regole di comportamento nella prestazione dei servizi di investimento e la disciplina dei relativi contratti trovano applicazione anche « all'offerta e alla consulenza aventi ad oggetto depositi strutturati e prodotti finanziari, diversi dagli strumenti finanziari, emessi da banche » (art. 25-*bis*, co. 1, TUF). Già introdotta nel nostro ordinamento dalla l. 262/05 e oggi conforme alla decisione del legislatore europeo di estendere ai depositi strutturati l'applicazione delle regole di comportamento nella prestazione dei servizi di investimento (art. 1, par. 4, MiFID II), la previsione tende a "livellare il campo di gioco" tra strumenti finanziari e prodotti finanziari emessi dalle banche: sottratti alla disciplina dei servizi di investimento per il fatto di non essere riconducibili alla nozione di strumento finanziario, pur presentando le medesime caratteristiche sostanziali, i prodotti finanziari bancari godevano, infatti, di un vantaggio competitivo non giustificato. La disciplina di rango primario coordina l'estensione delle regole di comportamento con le regole sui controlli dell'autorità di vigilanza riconoscendo la competenza *ratione materiae* della Consob (art. 25-*bis*, co. 2, TUF). Le norme secondarie declinano le regole di comportamento mediante un ampio rinvio al regime dei servizi di investimento (artt. 129 e 130 Regolamento Intermediari).

Lo scenario risulta, invece, più articolato con riguardo alla disciplina che regola i prodotti finanziari emessi da imprese di assicurazione e la relativa attività di distribuzione. Benché le previsioni contenute nella Direttiva (UE) 2016/97 (d'ora in poi, "IDD") con riguardo ai prodotti di investimento assicurativi siano modellati sulle regole della MiFID II, le più recenti scelte del legislatore italiano hanno superato la precedente impostazione che equiparava i due regimi, estendendo *tout court* ai prodotti finanziari assicurativi le regole di condotta previste per i servizi di investimento. L'attuale disciplina di recepimento della IDD è, di contro, contenuta in disposizioni *ad hoc* (per esempio, gli artt. 121-*quater* ss., cod. ass., ai quali rinvia l'art. 25-*ter*, co. 1, TUF): che, pur essendo assai simili alle corrispondenti norme in materia di servizi di investimento, consentono possibili arbitraggi regolamentari, con riguardo, soprattutto, al regime di *inducement* (*supra*, n. 2.7), *product governance* (*supra*, n. 2.5) e informazione sui costi del servizio (*supra*, n. 2.3.), secondo un rilievo confermato dall'attribuzione alla Consob unicamente del potere di vigilanza sugli intermediari abilitati alla distribuzione assicurativa diversi dalle imprese di assicurazione e dagli intermediari assicurativi, oggetto, di contro, dell'esclusiva vigilanza da parte dell'IVASS (art. 25-*ter*, co. 2 e 2-*bis*, TUF; art. 4-*sexies*, co. 2 e 3, TUF con riferimento ai PRIIPs: *supra*, parte II, cap. II, n. 2.1.1.).

3. L'offerta fuori sede

L'evoluzione delle strategie commerciali degli intermediari ha favorito, negli ultimi decenni, un approccio alla prestazione dei servizi di investimento nel quale l'intermediario, anziché attendere la richiesta dei clienti, promuove i propri servizi direttamente presso l'investitore (c.d. *offerta fuori sede*). Per la particolare aggressività di tale strategia e la marcata vulnerabilità degli investitori, la possibilità di svolgere un'offerta fuori sede è bilanciata da una più intensa disciplina di protezione, che il diritto vigente affida a un duplice strumento: in conformità con l'accesso vincolato all'intermediazione nel mercato dei capitali, l'obbligo per l'intermediario di utilizzare professionisti iscritti in un apposito albo, tradizionalmente chiamati « promotori finanziari » e oggi denominati « *consulenti finanziari abilitati all'offerta fuori sede* » (art. 31, co. 1, TUF); in linea con la disciplina dei contratti conclusi dal consumatore fuori dai locali commerciali, il diritto per il cliente al dettaglio di recedere senza spese dal contratto entro sette giorni dalla sua conclusione (c.d. *ius poenitendi*: art. 30, co. 6, TUF). Analoghe disposizioni sono previste per la prestazione "fuori sede" del servizio di consulenza da parte di consulenti finanziari autonomi e società di consulenza finanziaria (art. 30-*bis* TUF).

Limitata ai soli clienti al dettaglio (art. 30, co. 2, lett. *a*, TUF), la disciplina speciale dell'offerta fuori sede presuppone « la promozione e il collocamento presso il pubblico » di strumenti finanziari o servizi di investimento « in luogo diverso dalla sede legale o dalle dipendenze » dell'emittente e dell'intermediario (art. 30, co. 1, TUF). Con riferimento agli strumenti finanziari e ai servizi di investimento prestati da altri intermediari, tale attività può essere svolta soltanto dagli intermediari autorizzati alla prestazione del servizio di collocamento (art. 30, co. 3, lett. *a*, e 4, TUF), che devono organizzarsi « in modo da assicurare il rispetto delle regole di condotta applicabili al servizio commercializzato », essendo responsabili « della completezza e dell'accuratezza delle informazioni trasmesse al soggetto che presta il servizio », il quale, a sua volta, è responsabile della relativa prestazione « sulla base delle informazioni trasmesse » (art. 128, Regolamento Intermediari). Fermo il rispetto delle condizioni per l'offerta fuori sede, nessun vincolo sussiste, di contro, alla possibilità per gli intermediari di offrire fuori sede i propri servizi (art. 30, co. 4, TUF).

La disciplina dei consulenti finanziari abilitati all'offerta fuori sede è affidata, in larga parte, alle norme regolamentari, limitandosi le disposizioni di rango primario a determinare l'architettura del sistema: un vincolo c.d. di monomandato, per il quale « l'attività di consulente finanziario abilitato all'offerta fuori sede è svolta esclusivamente nell'interesse di un solo soggetto » (art. 31, co. 2, TUF); l'attribuzione della vigilanza e della tenuta dell'albo a un organo di autogoverno « costituito dalle associazioni professionali rappresentative » della categoria e degli altri soggetti abilitati all'offerta fuori sede (art. 31, co. 4, TUF, precisato dall'art. 139 ss. Regolamento Intermediari), vigilato dalla Consob al fine di « verificare l'adeguatezza delle procedure interne adottate » per lo svolgimento dei propri compiti (art. 31-*bis* TUF); la soggezione dei consulenti abilitati all'offerta fuori sede a « regole di presentazione e di comportamento » nei rapporti con la clientela (art. 31, co. 6, lett. *g*, TUF, precisato dagli artt. 107 e 108 Regolamento Intermediari), di conservazione della « documentazione concernente l'attività svolta » (art. 31, co. 6, lett. *h*, TUF, precisato dall'art. 109 Regolamento Intermediari) e di aggiornamento professionale (art. 31, co. 6, lett. *l*, TUF, precisato dall'art. 105 Regolamento Intermediari). Particolarmente pervasivi risultano gli strumenti di *enforcement*. Accanto alla sanzione penale per l'esercizio dell'attività in assenza dell'iscrizione all'albo (art. 166, co. 2, TUF), un articolato sistema di sanzioni amministrative e provvedimenti cautelari presidia il rispetto di tutte le norme primarie e secondarie applicabili (rispettivamente, artt. 196 e 7-*septies* TUF). Sul versante dell'*enforcement* privato, la responsabilità vicaria dell'intermediario che conferisce l'incarico per i « danni arrecati a terzi dal consulente finanziario abilitato all'offerta fuori sede, anche se tali danni siano conseguenti a responsabilità accertata in sede penale » (art. 31, co. 3, TUF) assolve, nel contempo, una funzione di compensazione dell'investitore e di prevenzione generale, favorendo il controllo dell'intermediario sull'attività del consulente finanziario abilitato all'offerta fuori sede.

Originariamente limitato ai « contratti di collocamento di strumenti finanziari o di gestione di portafogli », il diritto di recesso dai contratti conclusi fuori sede è oggi esteso anche ai contratti « sottoscritti a decorrere dal 1° settembre 2013 » e conclusi nel contesto del servizio di negoziazione per conto proprio (art. 30, co. 6, TUF). La singolare previsione si spiega alla luce di una vicenda giurisprudenziale, al termine della quale la Corte di Cassazione a sezioni unite ha interpretato in senso ampio il riferimento della norma ai « contratti di collocamento », estendendolo anche agli altri servizi di investimento « ove ricorra » — queste le espressioni della sentenza — « la stessa esigenza di tutela ». In tal modo, ha trovato applicazione indiscriminata il regime dello *ius poenitendi* previsto dalla norma: obbligo di indicazione del diritto di recesso « nei moduli o formulari consegnati all'investitore » (art. 30, co. 6, TUF), con sanzione di nullità relativa del contratto in caso di omessa indicazione (art. 30, co. 7, TUF). Capace di comportare la nullità di tutti i contratti diversi dalla gestione di portafogli e dal collocamento di strumenti finanziari conclusi fuori sede nei dieci anni anteriori in ragione della mancata indicazione nel contratto quadro dello *ius poenitendi*, la decisione della corte di legittimità è stata "arginata" nella sua portata potenzialmente dirompente da un decreto d'urgenza del Governo emanato a ridosso del deposito della decisione con una evidente finalità di compromesso: da un lato, preservare la validità dei contratti conclusi prima della decisione della Corte di Cassazione, il cui testo non menzionava la facoltà di recesso se non nei casi di collocamento e gestione di portafogli in conformità all'interpretazione letterale della norma; dall'altro, rispettare la sentenza del giudice di legittimità, estendendo la portata della norma per il futuro. Se si considera la scarsissima capacità che la menzione in un formulario del diritto di recesso presenta per la tutela dell'investitore (*supra*, n. 1) e la sproporzione tra la sanzione della nullità e le regole di trasparenza (*supra*, n. 2.2.), l'intera vicenda appare, peraltro, particolarmente emblematica. Che una norma censurabile di irragionevolezza venga estesa nella sua portata invocando esigenze di tutela dell'investitore non realizzabili dalla disposizione in questione, fa comprendere, infatti, i possibili rischi connessi all'applicazione giurisprudenziale di una disciplina fortemente tecnica come il diritto del mercato dei capitali.

4. Le tecniche di comunicazione a distanza

La crescente diffusione di « tecniche di contatto con la clientela » che « non comportano la presenza fisica e simultanea del cliente » (art. 32, co. 1, TUF) — prima fra tutte: la comunicazione mediante *internet* — pone la questione della disciplina chiamata a regolare « la promozione e il collocamento mediante tecniche di comunicazione a distanza » di servizi di investimento e di prodotti finanziari (art. 32, co. 2, TUF).

Al problema rispondono i principi che presiedono all'offerta fuori sede e le disposizioni contenute nella Direttiva 2002/65/CE in materia di commercializzazione a distanza di servizi finanziari ai consumatori, oggi recepite nel codice del consumo (artt. 67-*bis* ss. cod. cons.) e che la Consob ha facoltà di declinare con norme regolamentari (art. 32, co. 2, TUF). In questa prospettiva, gli intermediari possono « procedere alla promozione e al collocamento mediante tecniche di comunicazione a distanza di prodotti finanziari » e di servizi di investimento propri e di terzi, alle medesime condizioni previste per l'offerta fuori sede (art. 125 Regolamento Intermediari) e nel rispetto delle regole di comportamento nella prestazione dei servizi di investimento (art. 127 Regolamento Intermediari). In conformità alle regole sulla commercializzazione a distanza di servizi finanziari, infine, « la promozione e il collocamento mediante tecniche di comunicazione a distanza non possono effettuarsi e, qualora intrapresi, devono essere immediatamente interrotti, nei confronti dei clienti che si dichiarino esplicitamente contrari al loro svolgimento o alla loro prosecuzione » (art. 126 Regolamento Intermediari).

Quando il cliente può essere qualificato come consumatore, a tali previsioni si aggiungono le norme del codice del consumo appena richiamate. Pertanto, grava sull'intermediario un'articolata serie di obblighi informativi (artt. 67-*quater* ss. cod. cons.) e il cliente può esercitare il diritto di recesso alle più favorevoli condizioni e con le tutele previste da tale disciplina (artt. 67-*duodecies* ss. cod. cons.). Problematica appare, per la verità, la previsione che — con la sola eccezione della gestione di portafogli non ancora eseguita — esclude il diritto di recesso per i servizi di investimento, « il cui prezzo dipende da fluttuazioni del mercato » che l'intermediario « non è in grado di controllare e che possono aver luogo durante il periodo di recesso » (art. 67-*duodecies*, co. 5, cod. cons.). Assai chiara nella sua *ratio* di voler prevenire un uso abusivo del diritto di recesso come strumento per "uscire" da un investimento sfortunato, la norma introduce, tuttavia, una disparità di trattamento nel confronto con la disciplina dell'offerta fuori sede (art. 30, co. 6, TUF): nella quale, di contro, il recesso è ampiamente praticabile (*supra*, n. 3), salvo l'utilizzo del principio di buona fede — talora prospettato in giurisprudenza — come rimedio nei confronti di eventuali condotte opportunistiche del consumatore.

5. L'*enforcement* delle regole di comportamento

Come avviene nella disciplina degli emittenti, il sistema delle regole di comportamento nella prestazione dei servizi di investimento è completato da una pluralità di misure di *enforcement* attestate sia sul versante pubblico che sul piano privatistico.

Mentre l'*enforcement* pubblico è puntualmente disciplinato dalla legge, i rimedi privatistici sono in gran parte di origine pretoria, trovando la loro fonte nella copiosissima produzione giurisprudenziale maturata nella stagione del "risparmio tradito" (*supra*, parte I, cap. II, n. 4.1.) e diretta a colmare una vistosa lacuna del diritto speciale del mercato dei capitali. Nelle direttive in materia di servizi di investimento sono, infatti, assenti previsioni armonizzate di tutela civilistica degli investitori, tradizionalmente ritenute rientrare nella competenza dei singoli Stati membri. Né l'ordinamento italiano ha ritenuto di dettare in materia un insieme organico di norme. Pur non mancando frammenti di disciplina relativi alla distribuzione dell'onere della prova nei « giudizi di risarcimento dei danni cagionati al cliente » (art. 23, co. 6, TUF), alla responsabilità vicaria per fatto dannoso del promotore finanziario (art. 31, co. 3, TUF: *supra*, n. 3) e alla distribuzione sistematica al mercato *retail* di prodotti finanziari oggetto di collocamento privato (art. 100-*bis*, co. 1 e 2, TUF: *supra*, parte II, cap. II, n. 2.3.2.), l'unico rimedio regolato in modo sufficientemente compiuto è, infatti, la nullità relativa, che la legge prevede in una pluralità eterogenea di ipotesi: la violazione della disciplina di trasparenza (artt. 23, co. 1 e 3; 30, co. 7, e 30-*bis*, co. 3, TUF: *supra*, nn. 2.2. e 3); il contrasto del contenuto del contratto con specifiche norme imperative (art. 23, co. 4-*bis*, in tema di « contratti di garanzia finanziaria con trasferimento del titolo di proprietà » conclusi tra intermediari e clienti al dettaglio « al fine di assicurare o coprire obbligazioni presenti o future, effettive o condizionate o potenziali dei clienti »; art. 24, co. 2, TUF, in materia di deroga pattizia alla disciplina della gestione di portafogli); l'elusione delle disposizioni in materia di collocamento privato (art. 100-*bis*, co. 1 e 2, TUF: *supra*, parte II, cap. II, n. 2.3.2.).

5.1. *La disciplina pubblicistica*

L'*enforcement* pubblico delle regole di comportamento è affidato a norme penali e amministrative.

Le sanzioni più gravi riguardano la materia dei conflitti di interesse, per la quale la legge prevede, accanto alla già ricordata fattispecie di confusione di patrimoni (art. 168 TUF: *supra*, n. 2.7.), il delitto di gestione infedele: salvo che il fatto costituisca reato più grave, il comportamento di chi, « in violazione delle disposizioni regolanti i conflitti di interesse, pone in essere operazioni che arrecano danno agli investitori, al fine di procurare a sé o ad altri un ingiusto profitto, è punito con l'arresto da sei mesi a tre anni e con l'ammenda » da euro 5.165 a euro 103.291 (art. 167 TUF).

Per ogni altra violazione di una qualsiasi delle disposizioni previste dalla disciplina primaria e secondaria trovano, invece, applicazione le sanzioni amministrative che la Consob ha il potere di irrogare nell'esercizio delle proprie prerogative di vigilanza (artt. 190, co. 1, e 190-*bis* TUF: *supra*, cap. I, n. 3.6.).

5.2. *I rimedi civilistici*

Nell'assenza di norme specifiche, la disciplina dei rimedi privatistici per la violazione delle regole di comportamento rimane affidata al diritto comune delle obbligazioni e dei contratti, nella cui applicazione la giurisprudenza civile — fortemente sollecitata dall'impatto endemico sui piccoli risparmiatori di scandali finanziari dalle dimensioni inedite (*supra*, parte I, cap. II, n. 4.1.) — ha spesso utilizzato soluzioni nelle quali l'esigenza di una pronta tutela dell'investitore e la preferenza per una gestione operativa il più semplice possibile hanno finito per prevalere sul rigore dogmatico della costruzione giuridica.

5.2.1. *La giurisprudenza sul "risparmio tradito"*. — Così, la prima stagione delle decisioni in materia ha conosciuto un diffuso ricorso alla sanzione di nullità per contrarietà a norme imperative *ex* art. 1418, co. 1, c.c.: argomentata dal carattere generale degli interessi tutelati dalle regole di comportamento (*supra*, n. 2.2.), una simile soluzione permetteva di collegare all'accertamento della condotta illecita dell'intermediario l'immediata attribuzione al cliente delle somme oggetto dell'investimento attraverso la disciplina delle restituzioni conseguenti all'accertamento della nullità. Dogmaticamente discutibile e foriera di risultati non equilibrati nella misura in cui determinava l'automatico ritorno allo *status quo ante* per il mero fatto della violazione della regola di comportamento, tale orientamento è stato presto superato dalla giurisprudenza della Corte di Cassazione in favore di una soluzione strutturata come regola di responsabilità: a fronte della violazione della regola di comportamento da parte dell'intermediario, la tutela del cliente richiede ulteriormente la sussistenza del rapporto di causalità con il danno lamentato dall'investitore. In questo modo, può rilevare la possibile condotta colposa dell'investitore e, soprattutto, la c.d. causalità alternativa ipotetica costituita dall'eventualità che il cliente, qualora la violazione della regola di condotta non fosse avvenuta, avrebbe comunque dato corso all'investimento risultato sfortunato.

Tale equilibrata soluzione lascia, peraltro, aperta la questione di una più puntuale identificazione del rimedio applicabile, prevalentemente risolta dalla giurisprudenza maggioritaria mediante il ricorso alla risoluzione del contratto in cui si attua la singola operazione di investimento: per massima ricorrente, qualora la violazione delle regole di comportamento presenti la gravità richiesta dall'art. 1455 c.c., il giudice può disporre lo scioglimento del vincolo contrattuale, con i conseguenti effetti restitutori che discendono dal venir meno del rapporto sinallagmatico. Pur presentando il vantaggio di una semplificazione nella determinazione delle somme dovute al cliente, una simile impostazione appare, tuttavia, difficilmente sostenibile dal punto di vista dogmatico. Salvo le rare ipotesi di obblighi di informazione post-contrattuale (*supra*, n. 2.3.), le regole di comportamento che possono comportare un inadempimento rilevante ai fini dell'art. 1455 c.c. riguardano, infatti, la fase che precede la conclusione del contratto; di qui il loro evidente carattere precontrattuale e, per conseguenza, l'impossibilità di fondare la risoluzione dell'accordo sulla violazione di obblighi che ne precedono la conclusione.

In questa prospettiva, il rimedio maggiormente adeguato appare essere il più semplice: una responsabilità precontrattuale da violazione di obblighi di comportamento gravanti *ex lege* sull'intermediario nella fase precedente la conclusione del contratto e facilmente riconducibili alla clausola generale di buona fede. Come riconosciuto dalla Corte di Cassazione e affermato in dottrina fin da tempi assai lontani, non esistono, infatti, ragioni forti per limitare la responsabilità precontrattuale all'ipotesi di recesso ingiustificato dalle trattative: nel consentire il ristoro del contraente raggirato rispetto alle peggiori condizioni contrattuali derivanti dal dolo incidente, la previsione dell'art. 1440 c.c. dimostra, infatti, la possibilità di una responsabilità precontrattuale, pur quando alla violazione della buona fede nelle trattative faccia seguito la valida conclusione del contratto. Né vale la tradizionale limitazione della responsabilità precontrattuale nei limiti dell'interesse che il contraente aveva a non iniziare una trattativa infruttuosa (c.d. interesse negativo): imponendo di riportare il danneggiato nella stessa posizione in cui si sarebbe trovato se il fatto generatore della responsabilità non si fosse verificato, i principi generali in materia di determinazione del danno risarcibile consentono, infatti, di commisurare il risarcimento in relazione alle specificità delle diverse fattispecie. La possibilità di ricondurre la responsabilità precontrattuale alla responsabilità da inadempimento — giusta la natura di obbligazione *ex lege* nei confronti del cliente dei precetti imposti all'intermediario dalla disciplina sui servizi di investimento — consente, infine, di beneficiare del termine ordinario di prescrizione, anziché del termine quinquennale previsto per la responsabilità aquiliana dall'art. 2947 c.c., secondo una soluzione recentemente accolta anche dalla Corte di Cassazione. Certo, l'utilizzo di un rimedio risarcitorio è meno immediato in punto di determinazione delle somme dovute al cliente e, pertanto, più esposto a errori da parte del giudice. Il criterio operativo è, nondimeno, facilmente identificabile: in applicazione dei principi generali, il danno risarcibile è, infatti, pari alla differenza tra (1) il capitale investito, maggiorato del rendimento dell'operazione che il cliente avrebbe ragionevolmente posto in essere in assenza della violazione della regole di comportamento da parte dell'intermediario, e (2) quanto è stato comunque conseguito a seguito dell'investimento, secondo il suo valore al momento della decisione (= il valore dello strumento finanziario secondo il prezzo di mercato corrente; eventuali rendimenti già corrisposti — ad es.: come cedole o dividendi — maggiorati degli interessi legali dal giorno del conseguimento).

Così discussi i profili dogmatici dei rimedi civilistici utilizzati dalla giurisprudenza, rimane da aggiungere come l'analisi empirica delle decisioni rese dalle Corti di merito nella stagione del "risparmio tradito" lasci emergere — pur nel frequente riferimento dell'argomentazione alle regole di trasparenza — una *ratio decidendi* orientata a preoccupazioni sostanziali di giustizia commutativa, particolarmente marcate in presenza di investitori vulnerabili. Pur non potendosi affermare un'immediata correlazione tra decisioni dei giudici e scelte gestionali degli intermediari nella prestazione dei servizi di investimento, non pare, tuttavia, dubbio che un simile approccio — amplificato dalla rapidissima circolazione delle soluzioni interpretative mediante siti *internet* specializzati e, quindi, capace di comportare rilevanti conseguenze di tipo patrimoniale e reputazionale — abbia *de facto* favorito lo spostamento del paradigma verso una più adeguata considerazione del carattere fiduciario che caratterizza il rapporto tra investitore e intermediario.

5.2.2. *Quale rimedio civilistico per le violazioni delle regole di* product governance?. — L'articolata disciplina in materia di *product governance* solleva ulteriori problemi.

Un primo ordine di questioni riguarda la natura del rimedio civilistico. Sulla scorta di recenti sentenze della Corte di Cassazione, strumenti finanziari caratterizzati da un forte squilibrio economico a detrimento dell'investitore e, come tali, contrastati con le regole di *product governance* applicabili al produttore (*supra*, n. 2.5.1.) potrebbero, infatti, essere considerati funzionali al perseguimento di interessi non meritevoli di tutela e, pertanto, nulli per violazione dell'art. 1322, co. 2, c.c. Al medesimo risultato si potrebbe, altresì, giungere valorizzando l'orientamento di legittimità che collega la valutazione di meritevolezza *ex* art. 1322, co. 2, c.c. al rispetto delle regole di comportamento, nel caso di specie tanto più rilevanti, in quanto dirette a regolare il processo di realizzazione e distribuzione dello strumento finanziario.

Nessuna delle due prospettive pare, tuttavia, risultare persuasiva. Il ricorso alla nullità come rimedio alla sproporzione economica tra le prestazioni appare contrario alle scelte di fondo del sistema: che prevede, in tal caso, altri istituti di carattere generale (nello specifico: la rescissione per lesione e la risoluzione per eccessiva onerosità sopravvenuta), disponendo la nullità solo in fattispecie tipiche (per esempio, la pattuizione di interessi usurari: art. 1815, co. 2, c.c.). Per altro verso, il collegamento tra regole di comportamento e giudizio di meritevolezza degli interessi non riesce a convincere: mentre le prime riguardano l'agire dell'impresa, il secondo attiene al contenuto del rapporto contrattuale tra produttore e investitore. Né sembra che la disciplina di *product governance* consenta al piano degli assetti organizzativi dell'impresa di reagire sul piano della validità del contratto: se certamente conformano il processo di produzione e distribuzione, per deliberata scelta del legislatore europeo le regole di *product governance* non giungono a disciplinare il contenuto dello strumento finanziario, come invece accade in altri ambiti (per esempio, in materia di fondi comuni di investimento: *infra*, cap. III, n. 2.2.).

In questa prospettiva e secondo quanto confermato dalla sistematica del legislatore nazionale, preferibile appare una soluzione che consideri le norme di *product governance* come regole di comportamento nella prestazione dei servizi di investimento, la cui violazione fonda in capo all'intermediario una responsabilità verso l'investitore. Un simile approccio si dimostra assai ragionevole anche in termini di efficienza e di giustizia commutativa. Gli intermediari sono, infatti, i soggetti nella posizione migliore per valutare la rischiosità dell'operazione: nell'espressione classica di Guido Calabresi, risultano, pertanto, il *cheapest cost avoider*, al quale è efficiente addossare il risarcimento del danno cagionato dallo strumento finanziario, secondo una scelta normativa che per il tramite del risarcimento consente, nel contempo, di recuperare l'equilibrio nello scambio.

Relativamente semplice appare fondare la responsabilità del distributore. In quanto tenuto al dovere di definire il *target market* in concreto e all'obbligo di valutare l'adeguatezza dell'investimento (*supra*, n. 2.5.2.), il distributore è il soggetto dal cui comportamento dipende direttamente il danno patito dall'investitore: qualora il distributore avesse rispettato la disciplina di legge, l'investitore non avrebbe subito il pregiudizio patrimoniale lamentato. Di qui la sua responsabilità, per la quale vale il regime appena descritto in termini generali (*supra* n. 5.2.1.). Né il distributore sembra potersi esimere da responsabilità invocando il proprio affidamento nelle informazioni ricevute dal produttore sullo strumento finanziario e sulle modalità per una sua corretta distribuzione (*supra*, n. 2.5.1.): il rapporto con il produttore ha, infatti, esclusiva rilevanza interna, consentendo, se del caso, un'azione di rivalsa del distributore nei confronti di quest'ultimo.

Più complessa appare la configurazione di una responsabilità del produttore nei confronti dell'investitore danneggiato. Salvo il caso di una coincidenza tra produttore e distributore, il rapporto del produttore con l'investitore finale è, infatti, sempre mediato dal servizio di investimento prestato dal distributore. Sulla scorta dei risultati raggiunti dalla discussione civilistica in materia di danno da prodotto, la responsabilità del produttore potrebbe essere, nondimeno, ricostruita come responsabilità aquiliana da attività di impresa, fondata sul principio di cui è espressione l'art. 2049 c.c. in materia di responsabilità di padroni e committenti. A questa stregua, il danno patito dai terzi per effetto di uno svolgimento dell'attività di impresa non conforme alla relativa disciplina si configura come una componente del rischio di impresa, che è ragionevole far gravare sull'imprenditore in quanto soggetto nella posizione migliore per evitarlo o gestirlo al meglio. Per ragioni analoghe a quelle discusse in precedenza con riferimento alla responsabilità per false informazioni al mercato secondario (*supra*, parte II, cap. II, n. 5.3.2.), il pregiudizio patrimoniale patito dall'investitore sembra presentare i tratti del « danno ingiusto » richiesti dalla disciplina della responsabilità aquiliana, potendosi aggiungere che, in ragione della riconduzione della responsabilità del produttore al principio espresso dall'art. 2049 c.c., il criterio di imputazione della responsabilità ha carattere oggettivo; pertanto, l'investitore danneggiato sarà tenuto soltanto a dimostrare il nesso causale tra la violazione del regime di *product governance* imputata al produttore e il pregiudizio patrimoniale patito. Dal canto suo l'intermediario potrà liberarsi dalla responsabilità dimostrando l'assenza dei requisiti di fattispecie: l'insussistenza della violazione allegata, la possibilità di imputare la perdita subita dall'investitore a fattori esterni rispetto a quelli presidiati nel processo di *product governance* (per esempio, un'oscillazione del mercato eccezionale rispetto ai rischi valutati con l'analisi di scenario: *supra*, n. 2.5.2.) ovvero la causalità alternativa ipotetica costituita dall'eventualità che l'investitore avrebbe comunque dato corso a un investimento analogo a quello risultato sfavorevole.

5.3. *La tutela processuale degli investitori*

Nel più ampio contesto degli interventi per il recepimento della Direttiva 2013/11/UE sulla risoluzione alternativa delle controversie dei consumatori, una generale disposizione del legislatore ordinario (art. 2, co. 5-*bis* e 5-*ter*, d. lgs. 8 ottobre 2007, n. 179, quale modificato dall'art. 1-*bis* d. lgs. 6 agosto 2015, n. 130), oggi sostituita dall'art. 32-*ter*, TUF, ha introdotto un sistema di risoluzione stragiudiziale delle controversie ad adesione obbligatoria da parte degli intermediari, denominato Arbitro per le Controversie Finanziarie (d'ora in poi, "ACF") e disciplinato nel dettaglio dalle norme secondarie (Regolamento Consob, 4 maggio 2016, n. 19602: d'ora in poi, "Regolamento ACF").

Organizzato sul modello dell'Arbitro Bancario Finanziario istituito presso la Banca d'Italia per la risoluzione delle controversie tra banche e clienti in materia di operazioni e servizi bancari (d'ora in poi, "ABF"), l'ACF sostituisce la Camera di conciliazione e arbitrato, costituita dal Regolamento Consob 18 luglio 2012, n. 18275 sulla scorta della generale indicazione contenuta nell'art. 27 l. 262/05, ma assai poco utilizzata dagli investitori, verosimilmente per la potenziale commistione tra funzione di vigilanza sulla prestazione dei servizi di investimento e quella di amministrazione delle procedure per la risoluzione stragiudiziale delle controversie.

L'ACF è costituito da un collegio di cinque membri, di cui tre nominati dalla Consob e uno ciascuno dalle associazioni di categoria di intermediari e consumatori (art. 5, co. 4, Regolamento ACF). La sua competenza comprende le controversie promosse dagli investitori al dettaglio, aventi per oggetto la violazione delle regole di comportamento nella prestazione dei servizi di investimento da parte di intermediari italiani e che « implicano la richiesta di somme di denaro per un importo » non superiore a euro cinquecentomila (art. 4, co. 1 e 2, Regolamento ACF).

Gratuito per il ricorrente (art. 18, co. 1, Regolamento ACF), il procedimento davanti all'ACF: è promosso « esclusivamente dall'investitore » (art. 10, co. 1, Regolamento ACF); è retto dal principio del contraddittorio (art. 11 Regolamento ACF); grava l'intermediario dell'onere di provare il proprio adempimento degli « obblighi di diligenza, correttezza, informazione e trasparenza nei confronti degli investitori » (art. 15, co. 2, Regolamento ACF); e si conclude ordinariamente nel termine di novanta giorni dal momento in cui la segreteria tecnica dell'ACF completa il fascicolo contente le deduzioni delle parti e la relativa documentazione (art. 14, co. 1 e 2, Regolamento ACF). Nel caso di accoglimento, totale o parziale, del ricorso dell'investitore, l'intermediario deve dare esecuzione alla decisione entro trenta giorni dal momento in cui ne riceve la comunicazione (art. 15, co. 3, Regolamento ACF); in caso contrario, « la mancata esecuzione, anche parziale, della decisione » viene « resa nota mediante pubblicazione sul sito *web* dell'Arbitro e, a cura e spese dell'intermediario inadempiente, su due quotidiani a diffusione nazionale, di cui uno economico », nonché « sulla pagina iniziale del sito *web* dell'intermediario per una durata di sei mesi » (art. 16, co. 3, Regolamento ACF). Per il suo carattere stragiudiziale, la decisione dell'ACF non pregiudica il diritto dell'investitore ad adire l'autorità giudiziaria ordinaria, anche per il riconoscimento del risarcimento del maggior danno subito in conseguenza della violazione contestata all'intermediario.

Accanto alle azioni individuali avanti all'ACF e alla autorità giudiziaria ordinaria, in conformità alla disciplina generale sulla tutela del consumatore il sistema di tutela dell'investitore è completato dalla previsione di rimedi collettivi. Per le associazioni dei consumatori rappresentative a livello nazionale inserite nell'apposito elenco di cui all'art. 137 cod. cons. sussiste, infatti, la legittimazione ad « agire per la tutela degli interessi collettivi degli investitori » connessi alla prestazione dei servizi di investimento, nelle forme dell'azione regolata dall'art. 140 cod. cons. (art. 32-*bis* TUF).

L'ACF consente decisioni rapide, assunte in modo competente e senza costi di accesso alla giustizia per i clienti. Le conseguenze sono assai rilevanti, sia con riguardo al singolo rapporto tra cliente e intermediario che a livello di sistema. Il cliente può agire senza l'ostacolo dei costi di transazione costituiti dalle spese legali e, in questo modo, può ottenere più facilmente il rispetto delle regole di comportamento. Per conseguenza, si riducono gli spazi di condotte opportunistiche da parte degli intermediari, tanto più se si considera la sanzione reputazionale costituita dalla pubblicazione della decisione. Sotto questo profilo, l'attività dell'ACF si configura come una forma intermedia tra *enforcement* privato e attività di vigilanza: riguarda singole controversie tra intermediari e clienti, ma comporta, nel contempo, rilevanti esternalità a beneficio del buon funzionamento del sistema finanziario.

Capitolo III
IL RISPARMIO GESTITO

1. La gestione collettiva del risparmio

Identificata dalla legge come « il servizio che si realizza attraverso la gestione di Oicr e dei relativi rischi » (art. 1, co. 1, lett. *n*, TUF), la gestione collettiva del risparmio trova una più puntuale definizione con riferimento alla nozione di Oicr. Come tale il diritto vigente identifica l'« organismo », il cui patrimonio: è « raccolto tra una pluralità di investitori mediante l'emissione e l'offerta di quote o azioni »; viene « gestito in monte nell'interesse degli investitori e in autonomia dai medesimi »; ed è, infine, « investito in strumenti finanziari, crediti ... partecipazioni o altri beni mobili o immobili, in base a una politica di investimento predeterminata » (art. 1, co. 1, lett. *k*, TUF). È dalla nozione di Oicr che emergono, così, i tratti caratterizzanti della gestione collettiva: la *gestione in monte* nell'interesse di una pluralità di investitori, in tal modo ponendosi la differenza rispetto alla gestione di portafogli (*supra*, cap. II, n. 1.1.); l'*autonomia della gestione*, in contrasto con i servizi di investimento "esecutivi" di ordini del cliente e con la stessa gestione di portafogli, che pur conserva l'inderogabile possibilità per il cliente di « impartire istruzioni vincolanti in ordine alle operazioni da compiere » (art. 24, co. 1, lett. *a*, TUF); l'investimento in una pluralità di beni e diritti (c.d. *asset class*), quale definito dalla politica prescelta dal gestore.

Come segnalato dalla tecnica legislativa utilizzata nella definizione, attività di gestione e strumento per la gestione sono, quindi, strettamente connessi. Si spiega facilmente, quindi, perché la prima disciplina italiana della gestione collettiva prevedesse specifici provvedimenti legislativi per ciascuna tipologia di Oicr. Con l'entrata in vigore del TUF, regole dell'attività e disciplina dello strumento sono state, tuttavia, separate, secondo una scelta sollecitata dalla disciplina europea, inizialmente concentrata sulla disciplina dello strumento [= gli « organismi di investimento collettivo in valori mobiliari » (OICVM) regolati dalla Direttiva UCITS], più che su quella dell'attività di gestione. Così, a regole generali relative all'attività di gestione si sono affiancate disposizioni specifiche per i singoli Oicr. Benché nel tempo sia emersa anche una disciplina armonizzata dell'attività di gestione, la distinzione tra attività e strumento ancora permane, soprattutto con riguardo agli Oicr disciplinati dalla AIFMD. La distinzione si riscontra, sia pur implicitamente, nelle previsioni che la disciplina degli emittenti dedica all'offerta al pubblico — identificata dalle norme secondarie con il termine « commercializzazione » (così, per esempio, la rubrica del Capo III, Titolo I, Parte II, Regolamento Emittenti) — di Oicr: tali norme hanno, infatti, significato solo con riguardo agli strumenti, nulla avendo a che fare, di contro, con la disciplina dell'attività di gestione.

Di qui l'opportunità di una trattazione separata, che ragioni di maggiore chiarezza espositiva consigliano far cominciare con l'analisi dei singoli strumenti.

2. I fondi comuni di investimento

Il fondo comune di investimento (d'ora in poi, "fondo") è « l'Oicr costituito in forma di patrimonio autonomo, suddiviso in quote, istituito e gestito da un gestore » (art. 1, co. 1, lett. *j*, TUF). Pur nella formulazione non felice, la definizione di legge consente di cogliere le caratteristiche proprie del fondo: partecipazione di una pluralità di investitori; separazione patrimoniale del fondo dal patrimonio dei singoli investitori e da altri fondi comuni amministrati dal medesimo gestore; suddivisione in quote; sussistenza di un rapporto tra investitore e gestore relativo all'istituzione e alla gestione del fondo.

Secondo le caratteristiche proprie della gestione collettiva del risparmio, il fondo costituisce, in primo luogo, uno strumento per consentire a una pluralità di unità in *surplus* un investimento delle proprie risorse monetarie a costi di transazione ridotti, con un rilevante superamento delle asimmetrie informative e, in molte occasioni, con l'ulteriore beneficio della diversificazione (*supra*, parte I, cap. I, nn. 3.2.1., 3.2.3. e 4.3.). Tale strumento implica necessariamente la presenza dell'intermediario che lo istituisce e lo gestisce. Il fondo ha, pertanto, una natura essenzialmente contrattuale: senza l'esistenza di un accordo tra gestore e investitore, il fondo non esisterebbe. Identificato dalla legge come « regolamento del fondo », tale contratto disciplina « il rapporto di partecipazione al fondo » (art. 36, co. 2, TUF), ne « definisce le caratteristiche » e ne regola « il funzionamento », stabilisce « la ripartizione dei compiti » tra i soggetti che partecipano al rapporto di gestione collettiva e disciplina, infine, « i rapporti intercorrenti tra » questi ultimi e « i partecipanti al fondo » (art. 37, co. 1, TUF). La considerazione del contratto come caratteristica essenziale del fondo consente di risolvere molte questioni che sono solitamente impostate, di contro, discutendo la natura dei diritti spettanti agli investitori rispetto ai beni compresi nel fondo o la possibilità di riconoscere il medesimo come soggetto di diritto. I diritti dei partecipanti al fondo trovano fondamento nelle previsioni del relativo regolamento, che, per esempio, prevede il diritto al rimborso della quota di fondo sottoscritta e ne disciplina termini e modalità. Allo stesso modo, è il regolamento del fondo a stabilire chi sia il soggetto legittimato a disporre dei beni e dei diritti che costituiscono il fondo o a prevedere i costi di gestione che debbano gravare sul medesimo. Naturalmente, il contratto spiega i propri effetti unicamente tra le parti e non è idoneo, pertanto, a garantire agli investitori una protezione delle loro prerogative anche nei confronti dei terzi, come avverrebbe nel ricorrere di un diritto reale. Ad assicurare tale protezione provvede la disciplina legale del fondo come « patrimonio autonomo »: con previsione assai più pregnante dell'equivalente disposizione in materia di servizi di investimento (art. 22, co. 1, TUF: *supra*, cap. II, n. 2.7.), « ciascun fondo » o « ciascun comparto di uno stesso fondo » costituiscono un « patrimonio autonomo, distinto a tutti gli effetti dal patrimonio » del gestore « e da quello di ciascun partecipante, nonché da ogni altro patrimonio gestito » dal medesimo intermediario. Pertanto, « su tale patrimonio non sono ammesse azioni dei creditori » della SGR o « nell'interesse della stessa » e il gestore « non può in alcun caso utilizzare, nell'interesse proprio o di terzi, i beni di pertinenza dei fondi gestiti » (art. 36, co. 4, TUF). Di qui la necessità che le formalità per l'intestazione dei beni (per esempio, immobili) consentano di identificarli come appartenenti al fondo.

La centralità del contratto nella ricostruzione dogmatica del fondo si colloca, tuttavia, in un contesto caratterizzato — come per i servizi di investimento (*supra*, cap. II, n. 1) — da una ricorrente asimmetria informativa e di potere tra il gestore e gli investitori. Al fine di tutelare questi ultimi, pertanto, la legge interviene in modo assai pervasivo: disciplinando il contenuto del regolamento del fondo (art. 37, co. 2, TUF), secondo « i criteri generali di redazione » e il « contenuto minimo » identificati dalla Banca d'Italia, sentita la Consob (art. 36, co. 2, TUF; Regolamento sulla gestione collettiva, Tit. V, capp. I e III) »; rimettendo al Ministero dell'economia e delle finanze la determinazione dei criteri generali a cui i fondi devono uniformarsi con riguardo, tra gli altri, all'oggetto di investimento, alle categorie di investitori ai quali offrire le quote, alla forma del fondo e alla sua durata (art. 39 TUF; D.M. 5 marzo 2015, n. 30: d'ora in poi, "D.M. 30/15"); disponendo la necessaria approvazione da parte di Banca d'Italia del regolamento dei fondi e delle sue modifiche (art. 37, co. 4, TUF; Regolamento sulla gestione collettiva, Tit. V, cap. II), se del caso mediante un procedimento semplificato (c.d. approvazione in via generale: art. 37, co. 5, TUF). La regola trova un'eccezione per i fondi comuni che sono riservati, come si vedrà (*infra*, n. 2.3.), a categorie di investitori particolarmente qualificati. In tal caso, la libertà contrattuale delle parti torna a prevalere sull'intervento eteronomo della legge, non essendo richiesti né il rispetto della disciplina secondaria della Banca d'Italia (art. 36, co. 2, TUF) né l'approvazione del regolamento o delle sue modifiche da parte dell'autorità di vigilanza (art. 37, co. 4, TUF).

La partecipazione al fondo è, da ultimo, suddivisa in quote, che possono essere « nominative o al portatore, secondo quanto previsto nel regolamento del fondo » (art. 36, co. 5, TUF) e in conformità alle previsioni delle norme secondarie della Banca d'Italia sulle « caratteristiche dei certificati » e sul « valore nominale unitario iniziale delle quote » (Regolamento sulla gestione collettiva, Tit. V, cap. VII). Sotto questo profilo, le quote di fondo sono titoli di credito. Salva la rilevante eccezione delle ipotesi in cui il regolamento del fondo specifichi che per le quote del fondo è prevista la negoziazione in un mercato regolamentato o in un sistema multilaterale di negoziazione (art. 5 D.M. 30/15; nel caso in cui le quote siano scambiate « per tutta la giornata in almeno una sede di negoziazione, nell'ambito della quale almeno un *market-maker* interviene per assicurare che il prezzo » non « si discosti in maniera significativa dal rispettivo valore netto di inventario », si parla di *exchange traded fund* o "*ETF*": art. 61, co. 1, lett. *b*, TUF), in concreto una circolazione cartolare o in regime di dematerializzazione delle quote di fondo è, tuttavia, piuttosto rara.

2.1. *Le tipologie di fondi*

Con il recepimento della AIFMD, il sistema dei fondi può essere ordinato distinguendo i fondi « rientranti nell'ambito di applicazione » della Direttiva UCITS (art. 1, co. 1, lett. *m*-bis, TUF: c.d. *fondi UCITS*) dai fondi che in tale ambito non rientrano e, pertanto, sono identificati come fondi comuni di investimento alternativi (c.d. *fondi alternativi* o "*FIA*").

I fondi UCITS sono concepiti dal legislatore europeo come i fondi di elezione per gli investitori *retail.* Vincolati nella destinazione degli investimenti, fortemente diversificati, strutturalmente aperti (= con possibilità per i partecipanti di conseguire il rimborso delle quote in conformità alle previsioni del regolamento del fondo, ma, salvo casi eccezionali, non oltre quindici giorni dalla richiesta: art. 1, co. 1, lett. *k*-bis, TUF; art. 9, co. 3, D.M. 30/15) e caratterizzati dalla libera circolazione nell'Unione europea, i fondi UCITS consentono: sul lato delle unità in *surplus*, investimenti con un grado di rischio proporzionato; e, sul versante delle unità in *deficit*, un'allocazione del risparmio a favore di emittenti ritenuti particolarmente adeguati (per esempio, società quotate e Stati sovrani).

I fondi alternativi sono, di contro, destinati a coprire tutta l'area residua dei possibili investimenti, secondo una marcata varietà di modelli e con un livello di rischio assai più elevato. Come tali sono tipicamente destinati agli investitori professionali, identificati dalla normativa secondaria mediante il rinvio alla nozione di cliente professionale adottata dalla disciplina dei servizi di investimento (art. 1, co. 1, lett. *p*, D.M. 30/15).

Sia i fondi UCITS che i fondi alternativi possono adottare le cc.dd. strutture *master-feeder*. In tal caso, il funzionamento del fondo è articolato su due livelli: il primo, rappresentato dal fondo *feeder*, al quale affluiscono le risorse degli investitori; il secondo, costituito dal fondo *master* nel quale uno o più fondi *feeder* « investono totalmente o in prevalenza le proprie attività » (art. 1, co. 1, lett. *m*-decies, TUF). Tradizionalmente utilizzato in contesti anglosassoni per ragioni di maggiore convenienza fiscale, un simile approccio (c.d. *asset pooling*) consente economie di scala e una più liquida gestione del fondo. Nel contempo, le strutture *master-feeder* pongono possibili rischi di opacità e di minore tutela degli investitori. Di qui la pervasiva disciplina prevista dalla legge (art. 40 TUF), analiticamente precisata in sede secondaria (Regolamento sulla gestione collettiva, Tit. V, cap. VI).

2.2. *I fondi UCITS*

In conformità alle previsioni della disciplina europea, i fondi UCITS sono fondi necessariamente aperti (art. 7, co. 2, D.M. 30/15), che si caratterizzano per un investimento vincolato a determinate *asset class*, liquido (= tale « da non compromettere l'obbligo » del fondo « di rimborsare le quote in qualunque momento secondo le modalità previste dal regolamento di gestione ») e nei quali, in generale, la « perdita potenziale massima » è limitata al « corrispettivo pagato » (Regolamento sulla gestione collettiva, Tit. V, cap. III, sez. II, n. 1).

Le tipologie di investimento ammissibili sono identificate con un grado di dettaglio assai elevato. In termini sintetici, rientrano tra le possibili *asset class*: gli strumenti finanziari e i derivati quotati in mercati liquidi e trasparenti; gli strumenti del mercato monetario emessi da soggetti di particolare *standing* (per esempio, una banca centrale di uno Stato membro dell'Unione europea); gli strumenti finanziari derivati *over the counter*, quando la controparte è un intermediario di elevato *standing* e lo strumento sia « oggetto quotidianamente di valutazioni affidabili e verificabili »; strumenti finanziari di capitale e di debito non quotati, che siano negoziabili e trasparenti; quote di fondi UCITS o di Sicav; quote di fondi alternativi (Regolamento sulla gestione collettiva, Tit. V, cap. III, sez. II, n. 1). Vincoli assai dettagliati tendono ad assicurare il contenimento e il frazionamento del rischio, vietando determinate strategie (per esempio, la vendita allo scoperto: Regolamento sulla gestione collettiva, Tit. V, cap. III, sez. II, n. 2) e, soprattutto, introducendo limiti agli investimenti di tipo sia quantitativo (per esempio, la regola generale che impedisce al fondo di investire più del 5% del suo patrimonio in strumenti finanziari di uno stesso emittente e più del 10% in strumenti finanziari non quotati) che qualitativo (per esempio, la regola che subordina l'investimento in fondi alternativi alla sussistenza di condizioni di liquidità, trasparenza e *standing* previste per le altre *asset class*: Regolamento sulla gestione collettiva, Tit. V, cap. III, sez. II, nn. 3, 4 e 5).

Secondo il consueto approccio fondato su armonizzazione della disciplina e mutuo riconoscimento, i fondi UCITS beneficiano del passaporto europeo: nelle parole dell'art. 5, par. 1, Direttiva UCITS, una volta approvata dall'autorità competente dello Stato membro l'istituzione e la gestione del fondo, l'« autorizzazione è valida in tutti gli Stati membri » e il fondo può, per conseguenza, essere commercializzato in tutta l'Unione europea. Un fondo UCITS può essere istituito anche in uno Stato membro diverso da quello di origine del gestore.

2.3. *I fondi alternativi*

Definiti dalla circostanza di non rientrare nell'ambito di applicazione della Direttiva UCITS, i fondi alternativi presentano caratteristiche assai eterogenee. All'interno della categoria rientrano tanto i fondi che si distinguono dai fondi UCITS soltanto per una relativa attenuazione dei limiti all'investimento, quanto, all'estremo opposto, i fondi che investono in immobili, crediti e ogni genere di altri « beni per i quali esiste un mercato e che abbiano un valore determinabile con certezza con una periodicità almeno semestrale » (art. 4, co. 1, lett. *f*, D.M. 30/15).

Più si distaccano dal modello UCITS, più i fondi alternativi tendono ad assumere una duplice caratteristica: l'adozione della forma chiusa (= la possibilità di richiedere il rimborso solo alla scadenza stabilita dal regolamento del fondo) e la partecipazione riservata a investitori professionali. Così, la possibilità di fondi alternativi aperti per investitori *retail* è limitata all'ipotesi di fondi che presentino le stesse caratteristiche del modello UCITS, ma possano investire in strumenti finanziari non quotati sino al limite del 20% (art. 8, co. 1, D.M. 30/15) e abbiano un tasso di concentrazione degli investimenti leggermente più elevato (Regolamento sulla gestione collettiva, Tit. V, cap. III, sez. III, n. 1). Di contro, per ogni altra tipologia di investimento il fondo deve essere costituito in forma chiusa (art. 10, co. 1, D.M. 15/30) e la possibilità della loro destinazione a investitori *retail* è subordinata al rispetto dei limiti alla concentrazione dei rischi e dei limiti all'« assunzione di prestiti » stabiliti dalla disciplina regolamentare (Regolamento sulla gestione collettiva, Tit. V, cap. III, sez. V).

Fermo « il rispetto dell'esigenza di assicurare un frazionamento degli investimenti coerente con gli obiettivi di ottimizzazione del portafoglio » e di generali criteri prudenziali nella definizione del « limite di leva finanziaria massimo » (Regolamento sulla gestione collettiva, Tit. V, cap. III, sez. VI, n. 1), l'assenza di specifici vincoli regolamentari all'autonomia delle parti e all'approvazione della Banca d'Italia vale soltanto per i *fondi riservati* a investitori professionali (art. 14, co. 1, D.M. 30/15); a questi la disciplina regolamentare equipara gli investitori non professionali, che sottoscrivano quote per un importo complessivo e non frazionabile pari almeno a cinquecentomila euro (art. 14, co. 2, D.M. 30/15), e alcune assai specifiche tipologie di investitori (per esempio, i componenti dell'organo di amministrazione e i dipendenti del gestore: art. 14, co. 4, D.M. 30/15). La forma del fondo riservato è assunta normalmente dai fondi che praticano strategie di investimento particolarmente aggressive (cc.dd. *hedge fund*) e dai fondi che investono in società non quotate (cc.dd. fondi di *private equity*).

La disciplina regolamentare prevede una specifica disciplina per alcune tipologie di fondi alternativi: i fondi che investono prevalentemente in beni immobili (cc.dd. *fondi immobiliari*: artt. 12 e 13 D.M. 30/15; Regolamento sulla gestione collettiva, Tit. V, cap. I, sez. II; cap. III, sez. I e V); i fondi che « garantiscono la restituzione del capitale investito ovvero il riconoscimento di un rendimento minimo » (cc.dd. *fondi garantiti*: art. 15 D.M. 30/15; Regolamento sulla gestione collettiva, Tit. V, cap. I, sez. I e II); i fondi europei di *venture capital* (cc.dd. *fondi EuVECA*: Regolamento (UE) n. 345/2013; art. 4-*quinquies* TUF; Regolamento sulla gestione collettiva, Tit. VII), i fondi europei per l'imprenditoria sociale (cc.dd. *EuSEF*: Regolamento (UE) n. 346/2013; art. 4-*quinquies* TUF; Regolamento sulla gestione collettiva, Tit. VII) e i fondi di investimento europeo a lungo termine (cc.dd. *ELTIF*: Regolamento (UE) n. 2015/760; art. 4-*quinquies*.1 TUF).

Nella prospettiva di favorire il finanziamento delle piccole e medie imprese, ai fondi alternativi è riconosciuta, da ultimo, la possibilità di investire mediante concessione diretta di credito a soggetti diversi dai consumatori (cc.dd. *fondi di credito*: art. 46-*bis* TUF e, con riferimento ai FIA UE, art. 46-*ter* TUF), così superando la tradizionale riserva in favore di banche e intermediari finanziari *ex* art. 106 TUB. Per l'equivalenza funzionale di tale investimento con l'esercizio del credito, il gestore del fondo è tenuto al rispetto delle disposizioni « sulla trasparenza delle condizioni contrattuali e dei rapporti con i clienti » previste dalla disciplina delle banche, risultando, altresì, soggetto alle relative sanzioni amministrative (art. 46-*quater* TUF). Per le medesime ragioni, i FIA che investono in crediti « partecipano alla Centrale dei Rischi della Banca d'Italia », nelle forme stabilite dalla medesima autorità di vigilanza (art. 8, co. 1-*bis*, TUF).

3. Sicav e Sicaf

Come ricordato in precedenza (*supra*, parte I, cap. I, n. 4.3.), la medesima funzione economica dei fondi è assolta dalle società di investimento a capitale variabile (Sicav) e dalle società di investimento a capitale variabile fisso (Sicaf): le prime assimilabili ai fondi aperti, le seconde ai fondi chiusi. Diversamente dai fondi, nelle Sicav e nelle Sicaf gestore e patrimonio oggetto di gestione collettiva coincidono; entrambi gli strumenti sono, infatti, società per azioni, che hanno « per oggetto esclusivo l'investimento collettivo del patrimonio raccolto mediante l'offerta di proprie azioni » (art. 1, co. 1, lett. *i* e *i-bis*, TUF). Tale oggetto sociale consente di distinguere, in punto di fattispecie, le Sicaf dalle *società di partecipazione finanziaria*. In quest'ultima ipotesi, infatti, le partecipazioni sono detenute principalmente « con lo scopo di realizzare strategie imprenditoriali per contribuire all'aumento del valore nel lungo termine », anziché « di generare utili per i propri investitori mediante disinvestimenti delle partecipazioni », con la conseguenza che non trova applicazione la disciplina sulla gestione collettiva del risparmio (art. 32-*quater*, co. 2, lett. *d*, TUF).

Dal punto di vista strutturale, Sicav e Sicaf sono gestori collettivi del risparmio partecipati dagli investitori. Per tale ragione, sono destinatarie di una disciplina comparabile a quella delle SGR (artt. 35-*bis* e 35-*ter* TUF) e, nel contempo, comportano per l'investitore la possibilità di incidere sulle strategie di gestione mediante l'esercizio del diritto di voto. Soprattutto per le Sicav, la specificità della funzione assolta comporta, tuttavia, numerose deroghe al diritto societario comune. Così, per esempio, in ragione della coincidenza tra capitale e patrimonio, non trova applicazione della disciplina sull'aumento e sulla riduzione del capitale (art. 35-*quater*, co. 2, TUF), valendo, piuttosto, nel caso di riduzione del capitale al di sotto della misura minima determinata dalla Banca d'Italia, uno speciale regime di liquidazione volontaria (art. 35-*octies* TUF). Allo stesso modo, dal carattere aperto dello strumento discende la deroga alle norme comuni in materia di categorie di azioni (art. 35-*quater*, co. 7, TUF), assai meno netta per le Sicaf, dove il carattere chiuso dello strumento e la tendenziale destinazione agli investitori professionali può giustificare soluzioni più sofisticate (art. 35-*quinquies*, co. 5, TUF).

L'identità funzionale di Sicav e Sicaf con i fondi comporta l'applicazione delle medesime previsioni prudenziali e di quelle a tutela degli investitori (per esempio, in materia di modifiche dello statuto: art. 35-*septies*, co. 1, TUF). Nella gran parte dei casi, il diritto vigente utilizza, a tal fine, la categoria di « Oicr italiani », che comprende « i fondi comuni di investimento, le Sicav e le Sicaf » (art. 1, co. 1, lett. *l*, TUF).

Come già accennato (*supra*, parte I, cap. I, n. 4.3.), il ricorso alle Sicav di diritto italiano è assai raro. Tradizionalmente, il mercato conosce Sicav di diritto lussemburghese, che delegano la propria gestione a un intermediario appartenente a uno Stato membro dell'Unione europea (sul modello oggi disciplinato dall'art. 38, co. 1, TUF), e rispetto alle quali il ruolo dell'investitore come socio è del tutto marginale. Altrettanto tradizionalmente, la scelta di una forma societaria, anziché di uno strumento contrattuale come il fondo, trova giustificazione in un più favorevole trattamento fiscale.

4. La disciplina della gestione del risparmio

In coerenza con l'approccio utilizzato per la disciplina dell'intermediario (*supra*, cap. II, n. 2), le regole che presiedono alla gestione collettiva del risparmio tendono a presentare — nel rispetto delle peculiarità della fattispecie — un contenuto sostanziale analogo a quello proprio delle norme sulla prestazione dei servizi di investimento. Nella consapevolezza della particolare rilevanza dell'*agency problem* (*supra*, parte I, cap. I, n. 2.2.2.) che sussiste tra investitori e gestori, la disciplina prevede, tuttavia, un ulteriore presidio costituito dalla necessaria presenza di un depositario, al quale « sono affidati i beni dell'Oicr » (art. 47, co. 1, TUF); a tale soggetto il diritto vigente assegna una pluralità di compiti « nell'interesse dei partecipanti all'Oicr » (art. 48, co. 1, TUF).

4.1. *Le regole di comportamento*

Superando l'originaria impostazione che privilegiava un approccio di *prudential regulation* (*supra*, cap. I, n. 1), il diritto vigente estende alla gestione collettiva del risparmio l'impianto delle regole di comportamento previste per la prestazione dei servizi di investimento.

SGR, Sicav e Sicaf sono tenute, in primo luogo, ad operare « con diligenza, correttezza e trasparenza nel miglior interesse degli Oicr gestiti, dei relativi partecipanti e dell'integrità del mercato » (art. 35-*decies*, co. 1, lett. *a*, TUF). Con riferimento a numerosi aspetti di dettaglio, tali *standard* sono precisati dalla disciplina europea di Livello 2 in materia di gestori di fondi alternativi, che la normativa secondaria italiana estende anche ai gestori di fondi UCITS. Così, per esempio, dal gestore è dovuto un « grado di diligenza elevato nella selezione e nel monitoraggio continuativo degli investimenti », sulla base di « politiche e procedure scritte » che devono essere « riesaminate e aggiornate periodicamente » (art. 18, parr. 1, 3 e 4, Regolamento Delegato AIFMD; art. 98, co. 1, Regolamento Intermediari) e che per i fondi alternativi devono conformarsi a criteri particolarmente stringenti (art. 19 Regolamento Delegato AIFMD). Del pari, nell'esecuzione e nella gestione degli ordini, l'intermediario « adotta tutte le misure ragionevoli per ottenere il migliore risultato possibile » (artt. 27, par. 2, e 28, par. 2, Regolamento Delegato AIFMD; artt. 99, co. 1, e 101, co. 1, Regolamento Intermediari). Particolare attenzione è riservata ai costi del servizio, gravando sui gestori l'obbligo di assicurare che ai fondi o ai loro partecipanti « non vengano imputati costi indebiti » (art. 17, par. 2, Regolamento Delegato AIFMD; art. 97, co. 3, Regolamento Intermediari).

Gli intermediari che prestano il servizio di gestione collettiva del risparmio sono, poi, tenuti ad organizzarsi « in modo tale da ridurre al minimo il rischio di conflitti di interesse anche tra i patrimoni gestiti e, in situazioni di conflitto », ad agire « in modo da assicurare comunque un equo trattamento degli Oicr gestiti » (art. 35-*decies*, co. 1, lett. *b*, TUF) e una « parità di trattamento nei confronti i tutti i partecipanti a uno stesso Oicr gestito » (art. 35-*decies*, co. 1, lett. *d*, TUF). Analogamente a quanto è previsto per i servizi di investimento (*supra*, cap. II, n. 2.7.), la disciplina secondaria individua, in termini generali, le possibili situazioni di conflitto (artt. 115, co. 1 e 2, Regolamento Intermediari, in parte mediante il rinvio all'art. 30 Regolamento Delegato AIFMD) e impone agli intermediari di identificare i conflitti in concreto e di gestirli « tramite idonee misure organizzative in modo da evitare che tali conflitti possano ledere gravemente uno o più OICR gestiti e i loro clienti » (art. 115, co. 3, Regolamento Intermediari). Qualora « i conflitti di interesse non possano essere gestiti tramite efficaci misure organizzative », vale una regola più rigorosa che nei servizi di investimento: in luogo della semplice *disclosure* al cliente, i vertici gestionali dell'intermediario sono informati prontamente, così da poter « adottare ogni decisione o misura necessaria per assicurare » che il gestore agisca « nel migliore interesse » dell'Oicr o dei suoi partecipanti (art. 115, co. 5, Regolamento Intermediari; art. 34 Regolamento Delegato AIFMD). Del tutto identica al regime dei servizi di investimento è la disciplina degli *inducement* (art. 24 Regolamento Delegato AIFMD, quale richiamato dall'art. 104 Regolamento Intermediari). Manca, invece, una disciplina di *product governance*: la gestione collettiva del risparmio esula, infatti, dall'ambito di applicazione della MiFID II e nessuna analoga previsione è contenuta nella Direttiva UCITS e nella AIFMD. La circostanza che molti fondi comuni di investimento — e, in particolare, i fondi UCITS — vengano distribuiti da banche e altri intermediari soggetti alla disciplina MiFID II comporta, nondimeno, che i gestori collettivi del risparmio rispettino *de facto* il regime di *product governance* del produttore. Poiché per assolvere i propri obblighi di *product governance* il distributore è tenuto effettuare un'adeguata verifica sugli strumenti finanziari realizzati da produttori non soggetti alla disciplina MiFID II (art. 74, co. 2 e 3, Regolamento Intermediari: *supra*, n. 2.5.2.), i gestori collettivi del risparmio tendono, infatti, a sottoporsi volontariamente alla disciplina MiFID II sulla *product governance* del produttore, così da facilitare l'attività del distributore e favorire, pertanto, la distribuzione dei propri Oicr.

Regole specifiche sono, infine, previste in considerazione delle peculiarità della gestione collettiva del risparmio. Tradizionale è, anzitutto, l'attribuzione al gestore dell'obbligo di provvedere, « nell'interesse dei partecipanti, all'esercizio dei diritti di voto inerenti agli strumenti finanziari di pertinenza degli Oicr gestiti » (art. 35-*decies*, co. 1, lett. *e*, TUF). Oltre a individuare con sicurezza il soggetto legittimato all'esercizio del diritto di voto, tale previsione pone, infatti, le condizioni per consentire ai gestori collettivi del risparmio l'efficace attuazione degli strumenti di *corporate governance* previsti dall'ordinamento per mitigare gli *agency problem* relativi agli emittenti che ricorrono al mercato dei capitali (*supra*, parte II, cap. I, n. 3.2.). Assai più recente è, invece, la previsione che — in ordine alla « valutazione del merito di credito dei beni in cui investono gli Oicr » — richiede ai gestori di adottare « sistemi e procedure che non prevedono l'affidamento esclusivo o meccanico alle valutazioni emesse da agenzie di *rating* del credito » (art. 35-*duodecies*, co. 1, TUF). Introdotta nel diritto vigente in attuazione della Direttiva 2013/14/UE, la norma segue le *débâcle* delle agenzie di *rating* che hanno caratterizzato la crisi finanziaria globale e, nel contempo, mira a tutelare i titoli del debito sovrano. Per lungo tempo, infatti, i giudizi sul merito di credito emessi da un'agenzia di *rating* hanno costituito il parametro sulla cui base valutare la possibilità di acquistare o di mantenere in portafoglio un determinato strumento di debito: con la conseguenza di acquistare una marcata capacità di influire sulla domanda di tale strumento — e, quindi, sul suo *pricing* —, che la norma intende depotenziare.

Parimenti specifica della gestione collettiva del risparmio è l'ampia deroga alle regole di comportamento e di organizzazione consentita dal diritto vigente con riferimento ai fondi alternativi riservati. Nel rispetto dell'AIFMD « e delle relative disposizioni attuative » sono consentiti, infatti, « trattamenti preferenziali nei confronti di uno o più investitori » (art. 35-*decies*, co. 1, lett. *d*, TUF; art. 97, co. 2, Regolamento Intermediari). In modo ancor più rilevante, la Banca d'Italia e la Consob, nell'ambito delle rispettive competenze, possono prevedere la disapplicazione delle disposizioni attuative delle regole generali in materia di stabilità e correttezza, quando il valore totale dei beni gestiti dal singolo intermediario « non supera i 100 milioni di euro ovvero 500 milioni se gli Oicr gestiti non fanno ricorso alla leva finanziaria e non consentono agli investitori di esercitare il diritto di rimborso per 5 anni dopo l'investimento iniziale » (cc.dd. *gestori "sotto soglia"*: art. 35-*undecies* TUF; Regolamento sulla gestione collettiva, Tit. II, cap. I, sez. VII, n. 1; Tit. III, cap. I, sez. III, n. 1). Ragioni di stabilità e urgenze di trasparenza rispetto a un finanziamento alle imprese potenzialmente opaco (c.d. *shadow banking*) giustificano, infine, i doveri di *disclosure* previsti per le SGR « i cui FIA acquisiscono partecipazioni rilevanti e di controllo di società non quotate e di emittenti » (artt. 45 e 46 TUF; artt. 28-*decies* — 28-*quaterdecies* Regolamento Emittenti).

4.2. *Le politiche di impegno e le strategie di investimento*

A fronte del crescente richiamo a considerare le conseguenze distributive degli investimenti con riguardo a tutti gli *stakeholder* coinvolti, (*supra*, parte I, cap. II, n. 4.1.), il legislatore europeo ha introdotto alcune ulteriori regole di condotta per i gestori collettivi del risparmio (e altri investitori istituzionali, in particolare, imprese di assicurazione e fondi pensioni) che investono in società quotate sui mercati regolamentati. Nella prospettiva di contrastare le « pressioni » esercitate sulle società per « ottenere risultati a breve termine », come tali forieri di rischi per « i risultati finanziari e non finanziari a lungo termine » e gli « investimenti, per esempio nel settore della ricerca e sviluppo » (così il considerando n. 15 della SHRD II), la SHRD II ha introdotto una serie di disposizioni finalizzate a favorire un duplice obiettivo: « il maggiore coinvolgimento degli azionisti nel governo societario », così da « contribuire a migliorare i risultati finanziari e non finanziari delle società, anche per quanto riguarda i fattori ambientali, sociali e di governo » (così il considerando n. 14 della SHRD II); e « un approccio a medio e lungo termine », considerato « fattore chiave della gestione responsabile degli attivi » (così il considerando n. 19 della SHRD).

Costruita secondo un modello di *comply or explain* (*supra*, parte II, cap. III, n. 1), la disciplina di recepimento della SHRD II richiede ai gestori collettivi del risparmio e ad altri investitori istituzionali (= assicurazioni e fondi pensione: art. 124-*quater*, co. 1, lett. *b*, TUF) in società con azioni « ammesse alla negoziazione in un mercato regolamentato italiano o di un altro Stato membro dell'Unione europea » (art. 124-*quater*, co. 2, TUF) di adottare e pubblicare una « politica di impegno » (*engagement policy*), che « descriva » — in conformità alla disciplina secondaria dettata dalla competente autorità di vigilanza (art. 124-*novies*, co. 2 e 3, lett. *a*, TUF) — le modalità con le quali: « monitorano le società partecipate su questioni rilevanti » (in particolare: strategia, risultati finanziari e non finanziari, rischi, governo societario, impatto sociale e ambientale); « dialogano con le società partecipate » e i relativi *stakeholder*; « esercitano il diritto di voto »; gestiscono i « conflitti di interesse in relazione al loro impegno » (art.

124-*quinquies*, co. 1, TUF). Le « modalità di attuazione di tale politica di impegno » sono pubblicate « su base annua » (art. 124-*quinquies*, co. 2, TUF) e l'« eventuale scelta di non adempiere » alle indicazioni normative è comunicata al pubblico in modo chiaro e motivato (art. 124-*quinquies*, co. 3, TUF).

Secondo il medesimo modello, imprese di assicurazione e fondi pensione sono tenuti a rendere noto al pubblico in che modo la strategia e le decisioni di investimento azionario — stabilite in proprio o affidate a un gestore del risparmio — sono coerenti « con il profilo e la durata delle loro passività », in particolare a lungo termine, e contribuiscono « al rendimento a medio e lungo termine dei loro attivi » (artt. 124-*sexies*, co. 1 e 2, e 124-*novies*, co. 3, lett. *b*, TUF). Dal canto loro, i gestori del risparmio, di cui imprese di assicurazione e fondi pensione si avvalgono, devono comunicare a questi ultimi « con frequenza annuale » in che modo « la loro strategia d'investimento e la relativa attuazione rispettano » l'incarico ricevuto e « contribuiscono al rendimento a medio e lungo termine degli attivi » (artt. 124-*septies*, co. 1 e 2, e 124-*novies*, co. 1, TUF).

Sulla scorta delle indicazioni della SHRD II, il quadro è completato dalla disciplina dei *consulenti in materia di voto* (*proxy advisor*): soggetti professionali, « che svolgono ricerche e forniscono consulenze » su come votare nelle assemblee delle società quotate e, pertanto, « possono avere un'influenza considerevole sul comportamento di voto degli investitori » istituzionali, soprattutto in presenza di « portafogli molto diversificati e con numerose partecipazioni estere » (così il considerando n. 25 della SHRD II; nello stesso senso la definizione contenuta nell'art. 124-*quater*, co. 1, lett. *c*, TUF). Al fine di contenere il rischio di un impatto negativo sull'*engagement* degli investitori istituzionali, le regole vigenti impongono ai *proxy advisor*, che hanno in Italia la sede legale o una sede secondaria, qualora la sede legale o principale sia in un paese terzo (art. 124-*quater*, co. 3, TUF), rilevanti doveri di trasparenza: verso il pubblico, « in relazione all'elaborazione delle loro ricerche, dei loro consigli e delle loro raccomandazioni di voto » (art. 124-*octies*, co. 1, TUF); verso i loro clienti, con riguardo a « qualsiasi conflitto di interesse » che possa influenzare la loro attività (art. 124-*octies*, co. 4, TUF). Nel contempo, la disciplina richiede a gestori del risparmio e investitori istituzionali di indicare e spiegare il « ricorso ai servizi dei consulenti in materia di voto » nelle comunicazioni poc'anzi esaminate (artt. 124-*quinquies*, co. 2, e 124-*septies*, co. 2, lett. *a*, TUF): così da assicurare una forma, pur blanda, di controllo sulla qualità delle raccomandazioni di voto.

A fronte delle modeste sanzioni amministrative previste per la violazione delle regole sulla trasparenza degli investitori istituzionali e dei consulenti di voto (« da euro duemilacinquecento a euro centocinquantamila »: art. 193-*bis*.1, co. 1, TUF), l'*enforcement* del regime risulta, nella sostanza, rimesso alla disciplina di mercato (*supra*, parte I, cap. II, n. 1). Solo il tempo consentirà, quindi, di verificare l'efficacia delle scelte adottate dal legislatore europeo.

4.3. *L'*enforcement *delle regole di comportamento*

Più regolata è, di contro, l'attuazione coattiva delle regole di comportamento per la gestione collettiva del risparmio, secondo un modello che coincide, in larga misura, con quello prevista per i servizi di investimento.

Identico nelle norme penali e amministrative rilevanti (rispettivamente, artt. 167 e 168 TUF; artt. 190 e 190-*bis* TUF: *supra*, cap. II, n. 5.1.), sul versante privato l'*enforcement* è disciplinato da un generale riferimento alle « responsabilità del mandatario » (art. 36, co. 3, TUF) e da una norma che, « nei fondi chiusi diversi dai FIA riservati », consente ai partecipanti di deliberare la sostituzione del gestore mediante « il voto favorevole della maggioranza assoluta delle quote degli intervenuti all'assemblea » specificamente convocata a questo fine (art. 37, co. 3, TUF).

Anche nella gestione collettiva del risparmio manca una specifica disciplina dei rimedi privatistici. Nel confronto con l'*enforcement* privato delle regole di comportamento in materia di servizi di investimento (*supra*, cap. II, nn. 5. e 5.2.), l'integrazione giurisprudenziale della disciplina rimediale privatistica è, tuttavia, assai più ridotta. La maggiore difficoltà nel provare la violazione delle regole di comportamento da parte del gestore e, per converso, la più agevole possibilità di agire contro l'intermediario che ha collocato la quota di Oicr, contribuiscono a spiegare tale differenza.

4.4. *Funzione e disciplina del depositario*

A ulteriore presidio della separazione tra Oicr e patrimonio del gestore, la disciplina della gestione collettiva del risparmio prevede tradizionalmente l'affidamento in custodia dei beni dell'Oicr a un terzo depositario. In tal modo, il rischio di un'indebita appropriazione dei beni dell'Oicr da parte del gestore viene radicalmente eliminato *ex ante*, così da risolvere il più grave tra gli *agency problem* che connotano il rapporto di gestione collettiva. Originalmente affidato a una banca, l'incarico di depositario può oggi essere assunto anche da « Sim e succursali italiane di imprese di investimento » (art. 47, co. 2, TUF).

Valorizzando la terzietà del depositario, il diritto vigente amplia tale originaria funzione mediante l'attribuzione al depositario di una pluralità di compiti ulteriori « nell'interesse dei partecipanti all'Oicr » (art. 48, co. 1, TUF). Connotati da un elevato contenuto tecnico, tali compiti riguardano la legittimità di alcuni momenti assai delicati nella gestione amministrativa del fondo e, in particolare: le operazioni di « vendita, emissione, riacquisto, rimborso e annullamento delle quote del fondo »; l'andamento dei « flussi di liquidità »; e, soprattutto, la « correttezza del calcolo del valore delle parti dell'Oicr » (c.d. *calcolo della quota*), al quale, nel caso di fondi UCITS, il depositario può provvedere direttamente (art. 48, co. 3, lett. *a, b* ed *e*, TUF; Regolamento sulla gestione collettiva, Tit. VIII, cap. III). La delicatezza di simili funzioni giustifica il necessario intervento della Banca d'Italia — che « autorizza l'esercizio delle funzioni di depositario e disciplina, sentita la Consob, le condizioni per l'assunzione dell'incarico » (art. 47, co. 3, TUF; Regolamento sulla gestione collettiva, Tit. VIII, cap. I) — e i doveri di informazione posti in capo agli organi di gestione e controllo del depositario « sulle irregolarità riscontrate nell'amministrazione del gestore e nella gestione degli Oicr » (art. 47, co. 4, TUF).

Oltre a esporre a una sanzione amministrativa secondo le regole generali (art. 190, co. 1, e 190-*bis*, TUF), la violazione della disciplina sui compiti del depositario comporta per quest'ultimo una duplice responsabilità — « nei confronti del gestore e dei partecipanti all'Oicr » — per « ogni pregiudizio » da questi « subito in conseguenza dell'inadempimento dei propri obblighi » (art. 49, co. 1 TUF). Mentre la responsabilità nei confronti del gestore è facilmente qualificabile come contrattuale per la sussistenza dell'incarico gestorio, la responsabilità nei confronti dei partecipanti all'Oicr è assai più discussa. Per le medesime ragioni indicate in precedenza con riferimento alla responsabilità dell'emittente per false informazioni al mercato secondario (*supra*, parte II, cap. II, n. 5.3.2), pare, tuttavia, ragionevole ricondurre una simile responsabilità all'ambito aquiliano.

In recepimento delle previsioni contenute nell'AIFMD, regole specifiche sono previste con riferimento alla « perdita di strumenti finanziari detenuti in custodia ». Salvo il limite dal caso fortuito e dalla forza maggiore, abitualmente previsto anche nel diritto comune quando il depositario sia un'impresa (per esempio, art. 1787 c.c. in materia di deposito nei magazzini generali e art. 1839 c.c. in materia di cassette di sicurezza), il depositario è tenuto a restituire « senza indebito ritardo strumenti finanziari della stessa specie o una somma di importo corrispondente, salva la responsabilità per ogni altra perdita subita dall'Oicr o dagli investitori » (art. 49, co. 2, TUF). Con norma eccezionale rispetto al diritto comune delle obbligazioni, qualora la perdita avvenga « da parte del terzo al quale è stata delegata la custodia », il depositario può andare esente da responsabilità in presenza di « accordi scritti tra il gestore, il depositario e il terzo al quale è stata delegata la custodia, volti a determinare l'assunzione in via esclusiva della responsabilità da parte del terzo » (art. 49, co. 3, TUF). Sulla scorta del Regolamento Delegato AIFMD, la disciplina secondaria stabilita dalla Banca d'Italia riduce, peraltro, di molto la portata della norma: limitata al depositario di fondi alternativi e condizionata alla sussistenza di una « ragione oggettiva per l'esonero dalla responsabilità » (Regolamento sulla gestione collettiva del risparmio, Titolo VIII, cap. IV, sez. III), che sia indicata nell'accordo scritto e risulti conforme alle indicazioni del diritto europeo (= dipenda da « circostanze precise e concrete che caratterizzano una data attività » e sia coerente « con le politiche e decisioni del depositario »: art. 102, par. 1, Regolamento Delegato AIFMD).

5. La commercializzazione di Oicr

Equivalente italiano dell'espressione inglese "*marketing*", il termine "commercializzazione" identifica « l'offerta, anche indiretta, su iniziativa o per conto del gestore », di quote di Oicr, che sia « rivolta a investitori residenti o aventi sede legale nel territorio dell'Unione europea » (art. 43, co. 1, TUF).

5.1. *Una pluralità di prospettive*

Una simile attività può essere guardata sotto molteplici angoli visuali. In quanto diretta alla sottoscrizione delle quote dell'Oicr da parte degli investitori, la commercializzazione costituisce, anzitutto, una forma di appello al pubblico risparmio; come tale, risulta, pertanto, destinataria delle regole collocate all'interno della disciplina relativa all'offerta al pubblico di strumenti finanziari, specificamente integrate, per gli Oicr alternativi, da un ulteriore complesso di previsioni contenute, invece, nella parte dedicata alla commercializzazione di Oicr.

Consentendo la distribuzione di strumenti finanziari tra gli investitori, la commercializzazione pone, in secondo luogo, problemi di protezione del sottoscrittore analoghi a quelli che solleva la prestazione di servizi di investimento; per tale ragione, nel caso di commercializzazione di Oicr propri da parte di un gestore o quando una SGR è autorizzata a commercializzare Oicr gestiti da terzi (art. 33, co. 2, lett. *f*, TUF: *supra*, cap. I, n. 2.2.), trovano applicazione le regole di comportamento previste per i servizi di investimento.

Da ultimo, il carattere armonizzato della disciplina comporta la presenza di norme dirette a regolare la commercializzazione in Italia di Oicr costituiti in un diverso Stato membro dell'Unione europea e di FIA italiani gestiti da un intermediario appartenente a un altro Stato membro. Tale disciplina è completata, in modo simmetrico, dalle norme sulla commercializzazione in un diverso Stato membro dell'Unione europea di Oicr costituiti in Italia.

5.2. *La disciplina applicabile*

La triplice prospettiva così delineata consente di ordinare l'articolato complesso normativo di fonte primaria e regolamentare.

Trovano applicazione, in primo luogo, le disposizioni di trasparenza che caratterizzano la disciplina dell'appello al pubblico risparmio. Così, nel caso di strumenti finanziari destinati anche agli investitori al dettaglio, tanto « l'offerta al pubblico di quote o azioni di Oicr aperti italiani, FIA UE e non UE » quanto « l'offerta al pubblico di quote o azioni di Oicr chiusi per le quali l'Italia è lo Stato membro d'origine » sono precedute da una comunicazione alla Consob (rispettivamente, artt. 98-*ter*, co. 1, e 98, co. 1, TUF), contenente il prospetto e, per gli Oicr regolati dalla Direttiva UCITS, il « documento contenente le informazioni chiave per gli investitori » (o KIID: *supra*, parte II, cap. II, n. 2.1.1.). Norme di secondo grado dettagliano con maggiore precisione il contenuto del prospetto e della comunicazione alla Consob (art. 98-*quater*, co. 1, lett. *a* e *a*-bis, TUF; artt. 15-18-*bis* Regolamento Emittenti, per gli Oicr regolati dalla Direttiva UCITS; art. 13-*bis* Regolamento Emittenti, per i FIA chiusi; art. 27 Regolamento Emittenti, per i FIA italiani e UE aperti; art. 28 Regolamento Emittenti per i FIA italiani riservati); mentre rimedi civilistici e sanzioni amministrative assicurano l'*enforcement* di tali disposizioni (rispettivamente, artt. 98-*ter*, co. 4, e 191, co. 1 e 2, TUF).

Mentre per gli Oicr disciplinati dalla Direttiva UCITS valgono le regole generali dell'art. 98-*ter* TUF (*supra*, parte II, cap. II, n. 3.1.1.), per gli Oicr alternativi la pubblicazione del prospetto e l'avvio della commercializzazione sono subordinate al completamento di uno specifico procedimento di approvazione avanti all'autorità di vigilanza (con riferimento alla pubblicazione del prospetto: art. 94, co. 3, TUF, per i FIA chiusi, e art. 98-*ter*, co. 5-*bis*, TUF, per i FIA aperti; con riguardo alla commercializzazione, art. 43, co. 4, TUF, per FIA riservati e art. 44, co. 3, TUF, per i FIA non riservati). Competenza, contenuto e termini del controllo da parte dell'autorità di vigilanza sono diversi a seconda della tipologia di Oicr. Per i FIA non riservati, la Consob è chiamata a verificare — « entro 10 giorni lavorativi dal ricevimento » dalla notifica del gestore — « la completezza, la coerenza e la comprensibilità delle informazioni contenute nella documentazione allegata » (art. 44, co. 3, TUF). La notifica è analiticamente disciplinata sia dal diritto di fonte primaria che dalle norme secondarie (art. 44, co. 2, TUF; artt. 28-*quinquies* e 28-*sexies* Regolamento Emittenti); mentre una norma specifica consente di evitare possibili duplicazioni nei controlli qualora alla fattispecie trovino contemporanea applicazione le norme generali sull'approvazione del prospetto (art. 44, co. 8, TUF). Il procedimento risulta più complesso nel caso di FIA riservati: per i possibili rischi sistemici connessi all'assenza di vincoli regolamentari alle strategie di investimento, il controllo è svolto da Consob — « entro 20 giorni lavorativi dal ricevimento della notifica » del gestore —

« d'intesa con la Banca d'Italia », chiamata, in particolare, a verificare l'« adeguatezza del gestore a gestire il FIA oggetto di notifica » (art. 43, co. 4 e 5, TUF; art. 28-*bis* Regolamento Emittenti).

Accanto al regime di trasparenza così descritto, la commercializzazione di Oicr è soggetta, poi, alle regole di comportamento previste per i servizi di investimento. A tal fine provvede la disciplina secondaria in materia di gestione collettiva del risparmio, con un analitico rinvio che estende le regole dettate per i servizi di investimento alla commercializzazione di Oicr propri e di terzi da parte di SGR (artt. 107, co. 1, e 109, co. 2, Regolamento Intermediari). La scelta del legislatore risponde a elementari esigenze di giustizia e di efficienza: "parificando il campo di gioco" viene rimossa un'asimmetria di disciplina priva di giustificazione, evitando, nel contempo, di attribuire ai gestori collettivi del risparmio un vantaggio competitivo rispetto ai prestatori di servizi di investimento derivante unicamente dalla diversità del regime giuridico applicabile ad attività — la commercializzazione di Oicr e il collocamento di strumenti finanziari — tra loro sostanzialmente comparabili per contenuto ed esigenze di tutela degli investitori.

Una pluralità di previsioni disciplina, infine, gli aspetti transfrontalieri della commercializzazione. Con riferimento agli Oicr regolati dalla Direttiva UCITS, vale il regime del c.d. passaporto del prodotto: una volta approvato dall'autorità dello Stato membro d'origine, l'Oicr armonizzato può essere commercializzato negli altri Stati membri dell'Unione, salva la previa notifica dall'autorità competente dello Stato membro di origine all'autorità competente dello Stato membro ospitante (artt. 91 e 93 Direttiva UCITS) e il rispetto delle regole stabilite dallo Stato membro ospitante « affinché siano facilitati i pagamenti ai detentori di quote, il riacquisto o il rimborso delle quote e la diffusione delle informazioni che [l'Oicr] deve fornire » (art. 92 Direttiva UCITS). Nell'ordinamento vigente, tale approccio è recepito a livello di normativa primaria (art. 42 TUF, in materia di commercializzazione in Italia di quote o azioni di OICVM UE) e, soprattutto, dalle norme regolamentari (artt. 19-*bis*-22, Regolamento Emittenti, con riferimento agli OICVM UE; Regolamento sulla gestione collettiva del risparmio, Tit. VI, cap. III, n. 1, quanto alla commercializzazione nell'Unione europea di OICVM italiani). Nessun regime di passaporto europeo è previsto, invece, per gli Oicr alternativi, con la conseguente permanenza di un potere di controllo da parte dell'autorità di vigilanza dello Stato membro ospitante, la cui intensità varia a seconda delle diverse tipologie di Oicr. Per gli Oicr riservati, la commercializzazione in uno Stato membro diverso da quello di origine richiede, di per sé, soltanto la previa notifica dall'autorità competente dello Stato membro di origine all'autorità competente dello Stato membro ospitante (art. 32 AIFMD; nel nostro ordinamento, art. 43, co. 3 e 8, TUF; artt. 28-*ter* e 28-*quater* Regolamento Emittenti), ma pervasivi poteri di intervento ingiuntivo da parte dell'autorità competente dello Stato membro ospitante presidiano il rispetto della disciplina applicabile di tale Stato membro e, in ogni caso, l'ordinato funzionamento dei mercati (artt. 45, parr. 3 ss. e 46, par. 4, AIFMD; nel nostro ordinamento, art. 54 TUF). Assai più rigoroso risulta, invece, il regime della commercializzazione di Oicr non riservati, essendo necessaria la previa autorizzazione dell'autorità competente dello Stato membro ospitante (nel nostro ordinamento art. 44, co. 5, TUF; artt. 28-*octies* e 28-*novies*, Regolamento Emittenti, in attuazione della più generica previsione dell'art. 43 AIFMD).

PARTE IV
LA DISCIPLINA DEI MERCATI

Capitolo I

IL MERCATO SECONDARIO

1. Circolazione del denaro e mercato secondario

La presenza di mercati secondari costituisce condizione imprescindibile per il buon funzionamento del mercato dei capitali. Come si è già discusso in termini generali (*supra*, parte I, cap. I, n. 3.2.3.), la possibilità per gli investitori di trasferire ad altri la posizione contrattuale "aperta" sul mercato primario consente di superare il problema della diversità delle preferenze temporali tra unità in *surplus* e unità in *deficit* e agevola la gestione delle asimmetrie informative tra investitori ed emittenti: sul primo fronte, consentendo alle unità in *surplus* di uscire dall'investimento prima del termine fissato nell'originario contratto con l'unità in *deficit*; sul secondo, determinando la formazione di prezzi in grado di segnalare la qualità dell'investimento.

La capacità del mercato secondario di assolvere alla sua funzione dipende dalla facilità con la quale vengono superati i costi di transazione inevitabilmente connessi alle dinamiche di scambio. Quanto più è semplice identificare la controparte, negoziare il contratto e assicurare il buon fine della sua esecuzione, tanto più il mercato secondario consente di entrare e uscire agevolmente dall'investimento ed è in grado di esprimere prezzi che riflettono le informazioni disponibili sulla qualità del medesimo. Come ricordato in precedenza (*supra*, rispettivamente, parte I, cap. I, n. 3.2.3. e parte II, cap. I, nn. 2.1. e 2.3.), liquidità e trasparenza sono — in altri termini — le caratteristiche essenziali di un mercato secondario efficiente.

La riduzione dei costi di transazione necessaria per assicurare liquidità e trasparenza è tradizionalmente realizzata mediante la creazione di "luoghi", in cui sono concentrati gli scambi del mercato secondario (c.d. strutture di *trading* o *trading venues*, che il diritto vigente chiama « *sedi di negoziazione* »: art. 1, co. 5-*octies*, lett. *c*, TUF), e l'istituzione di meccanismi capaci di garantire sicurezza e velocità nell'esecuzione dei relativi contratti (c.d. strutture di *post trading*). Un tempo identificate in luoghi fisici, tali infrastrutture di mercato sono oggi ambiti telematici virtuali, individuati con una terminologia assai variegata. Le *trading venue* hanno abbandonato l'antica denominazione di "borse valori" per diventare, a seconda della disciplina applicabile, « mercati regolamentati », « sistemi multilaterali di negoziazione » (*supra*, parte I, cap. I, n. 3.2.3) e « sistemi organizzati di negoziazione » (art. 1, co. 5-*octies*, lett. *b*, TUF). Le strutture di *post trading* sono, invece, articolate in strutture che prestano « servizi di compensazione » e strutture che prestano « attività di regolamento e gestione accentrata » (*supra*, parte I, cap. I, n. 3.2.3). Sedi di negoziazione e strutture di *post trading* sono sinteticamente identificate con l'espressione " infrastrutture di mercato".

La disciplina vigente regola le infrastrutture di mercato in modo assai pervasivo. Per un verso, la possibilità di rilevanti esternalità negative in termini di pregiudizio alla trasparenza e alla sicurezza degli scambi, nonché alla fiducia nell'integrità del mercato, giustifica le numerose norme di carattere pubblicistico che presiedono allo svolgimento dei relativi servizi. Sotto un diverso profilo, la possibilità che comportamenti opportunistici di alcuni operatori mettano a rischio la fiducia del pubblico nella correttezza nelle negoziazioni e nel meccanismo di formazione dei prezzi fonda la disciplina diretta a prevenire e reprimere i c.d. *abusi di mercato*, tradizionalmente identificati nell'abuso di informazioni privilegiate (*insider trading*) e nella manipolazione del mercato (*market manipulation*). Alla stessa logica risponde la regolamentazione dei soggetti — in particolare: le agenzie di *rating* — che professionalmente diffondono valutazioni sulla qualità di un determinato investimento: nelle parole del legislatore europeo, « i rating del credito hanno », infatti, « un impatto significativo sul funzionamento del mercato e sulla fiducia degli investitori » (così il considerando n. 1 del Regolamento (CE), n. 1060/2009).

2. Le infrastrutture di mercato

Secondo una ricorrente metafora, le strutture di *trading* e *post trading* costituiscono l'impianto idraulico del mercato dei capitali. Al pari delle tubature, sono poco percepibili nella loro presenza; senza di loro, però, il mercato dei capitali non potrebbe in concreto assolvere alla sua funzione.

Sino a un recente passato, l'ordinamento domestico si è limitato a disciplinare le borse valori e l'unica società italiana per la gestione accentrata, Monte Titoli s.p.a., istituita nel 1978 su iniziativa della Banca d'Italia. Nell'ultimo ventennio, la crescente integrazione dei mercati, l'innovazione finanziaria e le scelte di *policy* operate dall'Unione europea, prima con la ISD e successivamente con il FSAP (*supra*, parte I, cap. III, n. 4.2.), hanno, tuttavia, determinato un radicale mutamento di scenario: la modifica negli assetti proprietari delle infrastrutture di mercato, la moltiplicazione dei soggetti rilevanti e interventi regolamentari sempre più intensi sono i tratti caratterizzanti di un panorama che la crisi finanziaria globale del 2008 ha contribuito ad arricchire.

2.1. *Le sedi di negoziazione*

Originariamente organizzate come enti pubblici (in conformità al modello francese delle *bourse des valeurs*) ovvero come enti privati a prevalente carattere mutualistico (secondo il paradigma anglosassone dello *stock exchange*), le borse valori hanno di regola operato in regime di monopolio. In molti ordinamenti, tra i quali l'Italia, la previsione di un obbligo legale di concentrazione degli scambi in borsa, funzionale all'incremento di liquidità e trasparenza, ha ulteriormente rafforzato tale posizione monopolistica.

A partire dalla ISD, le borse valori sono mutate nel loro assetto proprietario, configurandosi come imprese private a carattere lucrativo, aventi per oggetto la gestione di mercati regolamentati. Nel contempo, la MiFID ha abolito l'obbligo di concentrazione degli scambi, consentendo l'esecuzione degli ordini su di una pluralità di *trading venue*: le borse valori, ora denominate « *mercati regolamentati* »; piattaforme alternative di *trading*, definite « *sistemi multilaterali di negoziazione* » (*multilateral trading facilities*, d'ora in poi "MTF"), di regola meno costose nei propri servizi; « *internalizzatori sistematici* », *id est* soggetti (in particolare: intermediari) « che in modo organizzato, frequente e sistematico negozia[no] per conto proprio eseguendo gli ordini dei clienti al di fuori di un mercato regolamentato » o di un MTF (art. 1, co. 5-*ter*, TUF). Giustificata dalla necessità di favorire la concorrenza tra sedi di negoziazione e pur tendenzialmente accompagnata dall'applicazione di una disciplina uniforme, tale scelta ha determinato una rilevante distribuzione delle operazioni tra le diverse *trading venue* (c.d. *frammentazione dagli scambi*), con possibili conseguenze in termini di liquidità e di efficienza informativa dei prezzi.

Per altro verso, la volontà di evitare le regole di trasparenza previste per le sedi di negoziazione disciplinate dalla legge ha comportato lo sviluppo di operazioni "fuori mercato", sia nella forma di sistemi multilaterali di negoziazione organizzati in modo da non rientrare nelle fattispecie legali, sia *sub specie* di operazioni private negoziate su base bilaterale, come tipicamente avvenuto per gli strumenti finanziari derivati conclusi *over the counter* (*supra*, parte I, cap. I, n. 4.2.2.). La necessità di evitare *trading venue* caratterizzate da sacche di opacità e l'urgenza di presidiare il rilevante rischio sistemico potenzialmente connesso al mercato *over the counter* sono all'origine della innovazioni introdotte dalla più recente disciplina europea: che individua una nuova struttura di *trading*, denominata « sistema organizzato di negoziazione » (*organized trading facility*, d'ora in poi, "OTF"), alla quale è stata estesa la disciplina prevista per mercati regolamentati e MTF; e che per le azioni e talune tipologie di strumenti finanziari derivati impone la negoziazione su strutture di *trading* disciplinate dalla legge (c.d. *trading obligation*), così escludendo la possibilità di operazioni *over the counter*.

2.2. *Le strutture di* post trading

Le strutture di *post trading* garantiscono sicurezza ed efficienza nell'esecuzione degli scambi conclusi sulle *trading venue* e in tal modo assicurano la fiducia del pubblico nel buon funzionamento del mercato secondario.

Al pari di ogni altro scambio, i contratti conclusi sul mercato sono connotati dal rischio che una delle parti si renda inadempiente (c.d. *rischio di controparte*), nonché dal rischio che, per qualsiasi ragione, non siano disponibili il denaro o gli strumenti finanziari necessari all'adempimento (c.d. *rischio operativo*). Diversamente da quanto normalmente accade per gli altri scambi, nei contratti del mercato secondario rischio di controparte e rischio operativo possono, tuttavia, determinare esternalità negative di rilevante portata sistemica. In ragione della crescente interconnessione tra gli operatori, il mancato buon fine di un'operazione può, infatti, incidere sulla capacità del contraente *in bonis* di eseguire i contratti conclusi con altri operatori, innescando una sorta di "reazione a catena" potenzialmente idonea a colpire l'intero sistema. Per altro verso, la percezione dell'insicurezza negli scambi può far venir meno la fiducia nell'integrità del mercato secondario, così da ridurne la liquidità e, nei casi più gravi, bloccarne l'operatività. Di qui la necessità di un rigoroso presidio del rischio di controparte e del rischio operativo, tradizionalmente affidato ai sistemi di compensazione (*clearing*), ai servizi di regolamento (*settlement*) e alla gestione accentrata di strumenti finanziari.

Nei *sistemi di compensazione* un soggetto terzo — definito « controparte centrale » dal diritto vigente (art. 1, co. 1, lett. *w*-quinquies, TUF) e tradizionalmente identificato con le espressioni inglesi *clearing house* o *central counterparty* (d'ora in poi, "CCP") — si interpone tra le parti dello scambio e assume in proprio le loro posizioni contrattuali: nei confronti del venditore agisce come acquirente e nei confronti dell'acquirente agisce come venditore. Organizzata così da essere sempre solvibile, in tal modo la CCP garantisce il buon fine dei contratti e l'anonimato delle operazioni, favorendo per questa via la liquidità del mercato e la fiducia del pubblico nel suo efficiente funzionamento. I *servizi di regolamento* gestiscono gli scambi di strumenti finanziari e di denaro su base netta: compensando le diverse posizioni in dare e avere tra i singoli partecipanti al mercato e la CCP, limitano al massimo le operazioni di trasferimento degli strumenti finanziari e del contante, così diminuendo l'incidenza quantitativa dei rischi operativi. Analoga funzione assolve, con riferimento agli strumenti finanziari, la *gestione accentrata di strumenti finanziari*, esercitata da un soggetto che è definito dal diritto vigente come « depositario centrale » (art. 1, co. 1, lett. *w*-septies, TUF) e viene tradizionalmente identificato con l'espressione inglese *central securities depository* (d'ora in poi, "CSD"): anche in tal caso il *settlement* dell'operazione avviene su base netta, con l'ulteriore vantaggio di un trasferimento mediante mere annotazioni contabili, qualora gli strumenti finanziari siano dematerializzati.

2.3. *La regolamentazione delle infrastrutture di mercato*

Per localizzazione e legge applicabile, le infrastrutture di mercato presentano storicamente un carattere assai frammentato, con la conseguenza di una notevole barriera agli scambi internazionali. Il problema è da tempo oggetto di attenzione da parte dell'Unione europea, che è intervenuta con una pluralità di misure: alcuni *reports* realizzati da un apposito gruppo di studio (il primo rapporto Giovannini, nel 2001; il secondo rapporto Giovannini, nel 2003); un iniziale tentativo di disciplina armonizzata dei CSD, con il Regolamento (UE) n. 909/2014 (d'ora in poi, "CSDR"); e, soprattutto, la realizzazione di una piattaforma pan-europea per il *settlement* di strumenti finanziari, denominata TARGET2 — Securities (d'ora in poi, "T2S").

Sotto un diverso profilo, la gestione delle infrastrutture di mercato è caratterizzata da un'elevata complessità tecnica, che opera come barriera all'ingresso e, nel contempo, rende difficile il controllo da parte degli *outsiders*. La presenza delle condizioni per un oligopolio naturale e la particolare redditività dell'attività determinano, ulteriormente, questioni distributive particolarmente marcate. In un simile contesto, l'elaborazione delle norme è assai delicata. Da un lato, sono richieste competenze tecniche molto specifiche, destinate a interagire, in ragione del ruolo essenziale svolto dalle infrastrutture di mercato, con le scelte di *policy* fondamentali adottate con riguardo al mercato dei capitali. Per altro verso, il carattere oligopolistico del mercato e la sua rilevante redditività rendono il processo politico di formazione delle norme particolarmente esposto all'azione dei gruppi di interesse (*supra*, parte I, cap. II, n. 3.1.): da una parte, i maggiori *player* del settore, oggi definitivamente configurati nelle forme di imprese private con finalità lucrative; dall'altra, banche e imprese di investimento, che, nella loro qualità di clienti delle strutture di *trading* e *post trading*, si oppongono a una regolamentazione capace di consentire ai gestori rendite di posizione ritenute non accettabili.

3. La tutela della fiducia nell'integrità del mercato

Insieme alle infrastrutture di mercato, un mercato secondario efficiente richiede strumenti che proteggano la fiducia degli investitori nella sua integrità.

Poiché tale fiducia riposa, in ultima analisi, sulla sicurezza nel corretto comportamento di chi partecipa alle negoziazioni, tutelare la fiducia degli investitori equivale, in primo luogo, a contrastare condotte non conformi ai canoni della correttezza. Il legislatore europeo denomina queste condotte con l'espressione « abusi di mercato », così volendo indicare la difformità del comportamento censurato rispetto a dinamiche di domanda e offerta che si formino sulla base di un *set* informativo disponibile a tutti i partecipanti al mercato.

L'integrità del mercato dipende, nel contempo, dalla correttezza delle valutazioni diffuse da chi elabora le informazioni pubbliche relative agli emittenti sotto forma di giudizi sintetici (*rating*) o analisi più estese. Di qui la previsione di specifiche norme che disciplinano l'attività delle società di *rating* e le raccomandazioni degli analisti finanziari.

3.1. *La repressione degli abusi di mercato*

Le negoziazioni sul mercato secondario sono state da sempre considerate come uno strumento per guadagnare "indovinando" il futuro andamento del prezzo degli strumenti finanziari. In parole diverse, la speculazione è una costante del mercato secondario, tradizionalmente tollerata per la sua capacità di incrementare la liquidità degli scambi e di contribuire all'efficienza informativa del mercato dei capitali (*supra*, parte II, cap. I, n. 2.3.).

Per ragioni di efficienza economica e — più profondamente — di giustizia distributiva, è, tuttavia, convinzione tradizionale che anche la speculazione debba rispettare elementari regole di meritevolezza del guadagno conseguito. Così, il profitto è considerato lecito quando l'aspettativa sull'andamento dei prezzi è fondata su informazioni disponibili a tutti i partecipanti al mercato o, all'estremo opposto, quando il beneficio patrimoniale dipende puramente dal caso. Non accettabile è ritenuto, invece, il guadagno che deriva da informazioni riservate, alle quali sia possibile accedere in virtù del proprio *status*, e, ancor meno, quello che consegue a una manipolazione delle dinamiche informative e operative del mercato. Di qui la ricorrente impostazione che punisce le condotte di utilizzo di informazioni privilegiate e di manipolazione del mercato, abitualmente invocando la necessità di tutelare il regolare funzionamento del mercato secondario e la fiducia del pubblico nella sua integrità. Un contesto, nel quale fosse possibile guadagnare per il mero fatto di avere un'informazione che gli altri non hanno o addirittura alterando il normale andamento delle negoziazioni, sarebbe un mercato che premia i furbi e da cui, pertanto, tenersi lontani. In termini più formali, un mercato che elevasse a criterio di giustizia distributiva (*supra*, parte I, cap. II, n. 4.1.) la disponibilità di informazioni privilegiate, se non addirittura l'azzardo morale (*supra*, parte I, cap. I, n. 2.2.1.), finirebbe per patire fenomeni di selezione avversa (*supra*, parte I, cap. I, n. 2.2.3.) per effetto del venir meno della fiducia nel suo corretto funzionamento.

Tali ragioni giustificano la diffusa scelta di reprimere *insider trading* e *market manipulation* utilizzando il diritto penale. Oltre alla nota funzione di deterrenza, il precetto penale ha, infatti, una forte valenza simbolica, capace di segnalare al pubblico il disvalore della condotta sanzionata e, nel contempo, l'impegno dell'ordinamento a tutela della fiducia nell'integrità del mercato. Le norme penali hanno, tuttavia, costi di applicazione particolarmente elevati, per le garanzie processuali che presidiano l'esercizio della potestà punitiva e per i costi amministrativi che accompagnano l'azione penale. In questa logica e in linea con il tradizionale insegnamento di *law and economics* (*supra*, parte II, cap. II, n. 3.3.1.), si comprendono facilmente le ragioni della strategia normativa — adottata, per esempio, dal legislatore europeo con la MAD (*supra*, parte I, cap. III, n. 4.2.) — che affida la repressione degli abusi di mercato alle sanzioni amministrative. Per il diverso atteggiarsi del criterio di imputazione, delle garanzie processuali e dell'onere della prova, le sanzioni amministrative sono, infatti, meno costose da applicare, pur realizzando il medesimo effetto di deterrenza che caratterizza le sanzioni penali: sul presupposto che i criminali economici comparino costi e benefici del reato, prevedere una sanzione pecuniaria parametrata al guadagno illecito introduce un costo del reato che compensa o eccede il relativo beneficio, così da escludere la convenienza della condotta vietata. Come dimostrato dalla scelta dell'Unione europea — che con la MAD II (*supra*, parte I, cap. III, n. 4.3.) ha imposto agli Stati membri una disciplina penale del *market abuse* in aggiunta all'apparato sanzionatorio amministrativo —, le sanzioni amministrative non sono, tuttavia, del tutto fungibili con quelle penali, dimostrando queste ultime « una forma più forte di disapprovazione sociale » (così il considerando n. 6 della MAD II). Nel contempo, la simultanea presenza di un regime penale e di uno amministrativo si scontra con la necessità di rispettare il principio del *ne bis in idem* sostanziale: come già ricordato (*supra*, parte II, cap. II, n. 3.3.1.), la rilevante carica afflittiva che connota le sanzioni amministrative ne giustifica l'equiparazione alle sanzioni penali, così da rendere difficilmente compatibile con le garanzie processuali assicurate dalla Convenzione europea dei diritti dell'uomo e, soprattutto, dalla Carta dei diritti fondamentali dell'Unione europea un approccio — come quello attualmente adottato dall'ordinamento italiano — che preveda entrambe le sanzioni per il medesimo comportamento. Recenti sentenze della Corte di Giustizia confermano tale impostazione.

3.2. *La disciplina delle agenzie di* rating *e degli analisti finanziari*

Le agenzie di *rating* sono enti privati che esprimono giudizi sintetici (*rating*) sulla capacità di un emittente di pagare i propri debiti (c.d. *merito di credito*). Grazie all'uso di un indicatore facilmente comprensibile e ritenuto affidabile in virtù della reputazione di chi lo formula, le valutazioni delle agenzie di *rating* contribuiscono a superare l'asimmetria informativa tra investitori ed emittenti, secondo un meccanismo che coniuga dinamiche fiduciarie e semplificazioni cognitive. In questa prospettiva, « i *rating* del credito hanno un impatto significativo sul funzionamento del mercato e sulla fiducia degli investitori ». Di qui la necessità che le attività delle agenzie di *rating* « siano condotte nel rispetto dei principi di integrità, trasparenza, responsabilità e correttezza gestionale », in modo da consentire giudizi sul merito di credito « indipendenti, oggettivi e di qualità adeguata » (così il considerando n. 1 del Regolamento CRA).

Per lungo tempo il rischio di perdere la propria reputazione è stato considerato sufficiente ad assicurare indipendenza e qualità del *rating*, nonostante la diffusione di un modello di *business* nel quale le agenzie di *rating* sono remunerate dagli stessi emittenti (c.d. modello *issuer pays*): poiché il valore di un *rating* dipende dalla credibilità di chi lo formula, una valutazione del merito di credito non corrispondente alla realtà avrebbe comportato per le agenzie di *rating* un costo ben maggiore dell'eventuale beneficio. Gli scandali finanziari di inizio millennio e la crisi finanziaria globale del 2008 hanno, tuttavia, vistosamente dimostrato i limiti di una simile impostazione. Il carattere oligopolistico del mercato del *rating* (*supra*, parte I, cap. I, n. 2.1.2.), il conflitto di interesse strutturalmente inerente al modello *issuer pays* e la rilevanza dei limiti cognitivi anche con riguardo agli investitori professionali, comportano, infatti, un imperfetto funzionamento della disciplina di mercato (*supra*, parte I, cap. II, n. 1) e possono, per conseguenza, determinare il "fallimento" di un modello esclusivamente incentrato su dinamiche reputazionali.

Per rispondere a tale *market failure*, il Regolamento CRA ha imposto alle agenzie di *rating* di: adottare un sistema di *governance*, capace di « garantire che l'emissione di un *rating* » non sia « influenzata da alcun conflitto di interesse esistente o potenziale » tra l'emittente, l'agenzia di *rating* e i suoi dipendenti (art. 6, par. 1, Regolamento CRA); comunicare « al pubblico le metodologie, i modelli e le ipotesi principali utilizzati nelle sue attività di *rating* » (art. 8, par. 1, Regolamento CRA); e assicurare che i *rating* « siano basati su un'analisi accurata di tutte le informazioni » disponibili e tali informazioni « siano di qualità sufficiente e provengano da fonti affidabili » (art. 8, par. 2, Regolamento CRA). Articolato anche il sistema di *enforcement*, comprensivo tanto di un complesso sistema di controlli pubblici governato dall'ESMA, quanto di una fattispecie speciale di responsabilità civile (art. 35-*bis* Regolamento CRA).

Che un simile regime sia adeguato al problema cui intende rispondere rimane, peraltro, dubbio. Se, da un lato, le regole di *corporate governance* non sono sempre in grado di prevenire possibili conflitti di interesse, per altro verso gli obblighi di trasparenza previsti dal Regolamento CRA pongono problemi di compatibilità con la disciplina della proprietà intellettuale e rischiano di pregiudicare gli investimenti in innovazione. Né particolarmente efficace pare il regime di responsabilità civile introdotto dalla disciplina uniforme: richiedere all'investitore di provare « elementi informativi precisi e dettagliati » in ordine alle violazioni delle norme regolamentari e al relativo « impatto sul *rating* emesso » (art. 35-*bis*, par. 2, Regolamento CRA), nonché di « aver ragionevolmente riposto affidamento » sul *rating* nella propria decisione di investimento (art. 35-*bis*, par. 1, Regolamento CRA), equivale a gravare l'investitore di un costo della prova così elevato da vanificare l'effettiva portata precettiva della norma.

Assai più persuasiva appare, di contro, la scelta recentemente adottata dal legislatore europeo di ridurre la rilevanza dei *rating* a fini regolamentari. Come si è accennato in precedenza (*supra*, parte III, cap. III, n. 4.1.), per lungo tempo i *rating* hanno assolto una sorta di funzione disciplinare conseguente alla scelta del legislatore di imporre agli investitori istituzionali un regime di maggiore rigore (per esempio: nei requisiti patrimoniali o nelle possibilità di investimento) in presenza di strumenti finanziari con un *rating* "basso". In tale contesto, le agenzie di *rating* si sono "trasformate" da informatori del mercato a soggetti abilitati al rilascio di "licenze regolamentari", con la conseguente possibilità di rilevanti distorsioni: che, invece, la nuova disciplina tende a prevenire in radice, escludendo « ogni effetto automatico derivante » dai *rating* e richiedendo alle banche e agli investitori istituzionali l'introduzione di « procedure interne volte a effettuare valutazioni interne del rischio di credito » (art. 5-*bis* Regolamento CRA, quale modificato dal Regolamento (UE) n. 462/2013).

Una funzione simile a quella delle agenzie di *rating* è svolta dagli analisti finanziari. Al pari delle valutazioni sul merito di credito, le raccomandazioni di investimento predisposte dagli analisti finanziari sintetizzano, infatti, in un giudizio semplificato ("acquista", "vendi" o "mantieni": *buy, sell* o *hold*) le informazioni pubblicamente disponibili con riguardo a un determinato emittente e ai suoi strumenti finanziari. Se, pertanto, contribuisce all'efficienza informativa del mercato dei capitali (*supra*, parte II, cap. I, n. 2.3.), l'attività degli analisti finanziari pone, nel contempo, un evidente problema di tutela della fiducia degli investitori. Per tale ragione, l'ordinamento richiede che l'attività degli analisti finanziari rispetti criteri di correttezza sostanziale delle raccomandazioni fornite al pubblico e di trasparenza sulla sussistenza di « eventuali conflitti di interesse » (art. 20, par. 1, MAR). In particolare, gli analisti finanziari devono garantire che i fatti siano « tenuti chiaramente distinti dalle interpretazioni, dalle stime, dalle opinioni o da altri tipi di informazioni non fattuali » e che tutte le fonti siano affidabili, indicando chiaramente gli eventuali dubbi sulla loro attendibilità (art. 3, par. 1, Regolamento Delegato (UE) 2016/958: d'ora in poi, "Regolamento Delegato MAR"). La presenza di interessi in qualunque modo capaci di compromettere la « correttezza » della raccomandazione deve essere segnalata (art. 5, par. 1, Regolamento Delegato MAR), al pari di una pluralità di altre informazioni che riguardano possibili interessi dell'analista nei confronti dell'emittente al quale la raccomandazione si riferisce (per l'elenco di dettaglio, art. 6 Regolamento Delegato MAR). Al fine di contemperare la tutela degli investitori e dell'integrità del mercato con la libertà di stampa, la diffusione delle raccomandazioni elaborate « ai fini dell'attività giornalistica » è valutata tenendo conto delle norme che la disciplinano (art. 21 MAR).

Capitolo II
LE INFRASTRUTTURE DI MERCATO

1. Le operazioni sul mercato secondario

Il processo di funzionamento del mercato secondario è articolato in quattro fasi: la proposta di negoziazione, la conclusione del contratto (*trading*), la compensazione dell'operazione (*clearing*) e, infine, il suo regolamento (*settlement*).

Nella sua forma più elementare, la proposta di negoziazione si concreta nell'immissione di un ordine di acquisto o di vendita su una piattaforma elettronica da parte dell'intermediario ammesso alle negoziazioni, avente per oggetto una certa quantità di strumenti finanziari a un determinato prezzo. La proposta può indicare con precisione quantità e prezzo, offrire di acquistare o vendere al miglior prezzo disponibile in quel momento (c.d. *ordine al meglio*) oppure indicare un limite di prezzo (c.d. *ordine limite*). Pur con gli adattamenti richiesti dalle specificità della fattispecie contrattuale, analoghe caratteristiche hanno le proposte di negoziazioni di strumenti finanziari derivati.

La conclusione del contratto interviene quando sulla piattaforma di negoziazione si incontrano un ordine di acquisto e un ordine di vendita con le stesse caratteristiche di prezzo e quantità (c.d. *matching*). Non diversamente da quanto accade per la compravendita di diritto comune, con la conclusione del contratto sorge per il venditore l'obbligo di consegnare gli strumenti finanziari oggetto del contratto e per il compratore l'obbligo di pagare il prezzo. Analogamente, con l'incontro tra due ordini di segno opposto in strumenti finanziari derivati sorgono per le parti gli obblighi caratteristici dello specifico contratto derivato.

Poiché tra la conclusione del contratto e la sua esecuzione intercorre sempre un intervallo temporale, particolarmente considerevole nel caso di strumenti finanziari derivati, entrambi i contraenti sono esposti al rischio di controparte. Al fine di neutralizzare il più possibile l'incidenza di tale rischio, contestualmente alla sua conclusione il contratto viene, pertanto, scomposto in due contratti uguali e opposti tra ciascuna delle parti e una CCP, secondo un meccanismo abitualmente indicato come *clearing*: il compratore risulta obbligato al pagamento del prezzo nei confronti della CCP e ha diritto a ricevere da quest'ultima gli strumenti finanziari oggetto del contratto; simmetricamente, il venditore risulta obbligato alla consegna degli strumenti finanziari alla CCP e ha diritto di ricevere da quest'ultima il prezzo dedotto nel contratto. Un analogo fenomeno si verifica con riguardo agli strumenti finanziari derivati: intervenuta la conclusione del contratto, ha luogo automaticamente l'interposizione della CCP, che assume nei confronti di ciascun contraente la posizione contrattuale dell'altro. Dal momento che l'investitore finale partecipa al mercato per il tramite dell'intermediario a cui ha impartito l'ordine (*supra*, parte III, cap. II, n. 1.1.), il *clearing* interviene tra quest'ultimo e la CCP.

Come fase conclusiva dell'operazione, ha luogo, infine, l'esecuzione del contratto, che il gergo economico identifica come "regolamento". Nel caso normale di strumenti finanziari depositati presso un gestore accentrato, il *settlement* avviene presso quest'ultimo: gli strumenti finanziari oggetto del contratto passano dal conto di deposito del venditore a quello del compratore. Simmetricamente, il conto del venditore — presso il medesimo gestore accentrato o presso la banca centrale di riferimento — viene accreditato di un importo corrispondente al prezzo dedotto nel contratto. Al pari di quanto accade nella fase di *clearing*, tale liquidazione avviene con riferimento alle posizioni degli intermediari partecipanti al sistema, che, a loro volta, regolano l'operazione sul conto intrattenuto con l'investitore finale. Forme specifiche assume, invece, la liquidazione degli strumenti finanziari derivati: in luogo dell'esecuzione della prestazione dedotta nel contratto, il *settlement* avviene di regola mediante la conclusione con la CCP di un'operazione di segno opposto a quella da liquidare, con successivo regolamento in denaro delle differenze, che l'intermediario provvede, a sua volta, ad addebitare o accreditare all'investitore finale.

2. La disciplina delle sedi di negoziazione

Per la soggettività privatistica del loro gestore (*supra*, cap. I, n.

2.1.), le *trading venue* operano sulla base di contratti di diritto privato conclusi con gli intermediari partecipanti al mercato e con gli emittenti degli strumenti finanziari oggetto di negoziazione. Nel contempo, le rilevanti esternalità negative che potenzialmente sono connesse allo svolgimento dei servizi di *trading* (*supra*, cap. I, n. I) giustificano la vistosa presenza di norme imperative di carattere pubblicistico che incidono su ogni aspetto della gestione e dello svolgimento del servizio.

2.1. *I mercati regolamentati*

Replicando fedelmente la definizione contenuta nell'art. 4, par. 1, n. 21, MiFID II, l'art. 1, co. 1, lett. *w*-ter, TUF identifica il mercato regolamentato come il « sistema multilaterale amministrato e/o gestito da un gestore del mercato, che consente o facilita l'incontro, al suo interno ed in base alle sue regole non discrezionali, di interessi multipli di acquisto e di vendita di terzi relativi a strumenti finanziari, in modo da dar luogo a contratti relativi a strumenti finanziari ammessi alla negoziazione conformemente alle sue regole ». Con una vistosa commistione tra fattispecie e disciplina, la norma prosegue prevedendo che tale mercato « è autorizzato e funziona regolarmente ».

Pur nella scarsa eleganza del dettato normativo, la definizione legale contiene *in nuce* i profili essenziali del discorso sui mercati regolamentati.

2.1.1. *Il regolamento del mercato.* — Come chiarito dal legislatore europeo, definire un mercato regolamentato come « sistema » equivale, anzitutto, a identificare il suo elemento costitutivo in « una serie di regole che disciplinano aspetti relativi all'acquisizione della qualità di membri, all'ammissione di strumenti alla negoziazione, alla negoziazione tra membri, agli obblighi di notifica e, se del caso, di trasparenza » (così il considerando n. 7 del MiFIR), che il diritto vigente chiama « regolamento del mercato » (art. 64-*quater*, co. 3, lett. *b*, TUF). In conformità al carattere privatistico dell'attività di gestione delle *trading venue*, tale regolamento è un atto di autonomia privata deliberato dal competente organo della società di gestione (art. 64-*quater*, co. 5, TUF), che vincola i partecipanti al mercato secondo le regole dei contratti per adesione. Il suo contenuto essenziale si conforma alle indicazioni europee e, pertanto, in ogni caso determina: le condizioni e le modalità di ammissione, di esclusione e di sospensione degli operatori; le condizioni e le modalità di ammissione, esclusione e sospensione degli strumenti finanziari da quotazione e negoziazioni; « le condizioni e le modalità per lo svolgimento delle negoziazioni e gli eventuali obblighi degli operatori e degli emittenti »; « le modalità di accertamento, pubblicazione e diffusione dei prezzi »; « i tipi di contratti ammessi alle negoziazioni, nonché i criteri per la determinazione dei quantitativi minimi negoziabili »; « le condizioni e le modalità per la compensazione e il regolamento delle operazioni concluse sui mercati » (art. 64-*quater*, co. 4, TUF).

Per il rilievo pubblicistico delle *trading venue*, le scelte del gestore del mercato regolamentato non sono, tuttavia, completamente libere. Il regolamento deve, infatti, prevedere: « regole trasparenti e non discriminatorie » per l'accesso degli operatori al mercato, « basate su criteri oggettivi » (art. 67, co. 1, TUF) e rispettose della disciplina prevista per l'accesso alle sedi di negoziazione (art. 67 TUF); « regole e procedure trasparenti e non discrezionali » capaci di garantire « un processo di negoziazione corretto e ordinato » (art. 65, co. 1, lett. *d*, TUF); « criteri obiettivi » che consentano « l'esecuzione efficiente degli ordini » (art. 65, co. 1, lett. *d*, TUF). La Consob « vigila affinché la regolamentazione » sia idonea «ad assicurare l'effettivo conseguimento della trasparenza del mercato, l'ordinato svolgimento delle negoziazioni e la tutela degli investitori »; in questa prospettiva, può richiedere al gestore del mercato regolamentato di modificare il regolamento, così da « eliminare le disfunzioni riscontrate » (art. 62, co. 2, TUF).

2.1.2. *L'ammissione a quotazione e il* delisting. — Tra le materie necessariamente disciplinate dal regolamento, una rilevanza del tutto particolare assumono le condizioni e le modalità per l'ammissione degli strumenti finanziari alle negoziazioni. L'ammissione alle negoziazioni in un mercato regolamentato è, infatti, il presupposto per l'applicazione della disciplina in materia di società con azioni quotate (art. 119 TUF: *supra*, parte II, cap. III, n. 1), di offerte pubbliche di acquisto aventi per oggetto titoli di società quotate italiane (art. 101-*bis*, co. 1, TUF: *supra*, parte II, cap. III, n. 5) e di offerte pubbliche di acquisto obbligatorie (art. 105, co. 1, TUF: *supra*, parte II, cap. III, n. 5.2.).

Oltre che al rispetto delle previsioni contenute nel regolamento del mercato, secondo la tradizionale impostazione europea, l'ammissione a quotazione è condizionata alla pubblicazione di un prospetto, al quale si applicano la gran parte delle norme previste per il prospetto regolato dalla disciplina in materia di offerta al pubblico di strumenti finanziari (art. 3, par. 3, Regolamento Prospetti; art. 113 TUF; artt. 52 s. Regolamento Emittenti). Poiché la richiesta di ammissione alla quotazione è normalmente preceduta da un'offerta al pubblico di strumenti finanziari, un'apposita disciplina provvede a coordinare gli adempimenti dovuti, al fine di evitare inutili duplicazioni di costi (art. 63 Regolamento Emittenti). Analogo regime vale per l'ammissione alle negoziazioni in un mercato regolamentato di quote o azioni di Oicr aperti (art. 113-*bis* TUF; artt. 59 s. Regolamento Emittenti). In conformità al carattere privatistico che connota le *trading venue*, l'ammissione alle negoziazioni è disposta dal gestore del mercato regolamentato (art. 64, co. 2, lett. *c*, TUF). La Consob è titolare, nondimeno, di penetranti poteri informativi e interdittivi, al fine di assicurare la trasparenza, l'ordinato funzionamento del mercato e la tutela degli investitori (art. 113, co. 2, TUF).

Pur essendo di segno esattamente opposto, l'esclusione di strumenti finanziari dalle negoziazioni nel mercato regolamentato (*delisting*) risulta regolata secondo la medesima impostazione dell'ammissione: è disposta dal gestore del mercato regolamentato in conformità al regolamento (art. 64, co. 2, lett. *c*, TUF), ma l'esecuzione della relativa decisione può essere impedita dalla Consob qualora ritenuta contraria alla finalità di assicurare la trasparenza, l'ordinato svolgimento delle negoziazioni e la tutela degli investitori (art. 66-*ter*, co. 6, lett. *b*, TUF). Il *delisting* è vicenda assai importante anche in una prospettiva societaria: il venir meno delle negoziazioni nel mercato regolamentato incide sulla liquidità dell'investimento, con effetti particolarmente rilevanti soprattutto per i soci di minoranza. Per tale ragione l'art. 2347-*quinquies* c.c. riconosce il diritto di recedere « ai soci che non hanno concorso alla deliberazione che comporta l'esclusione dalla quotazione », potendosi escludere tale diritto di recesso soltanto nel caso di « società italiane con azioni quotate nei mercato regolamentari italiani » per le quali il *delisting* sia contestuale all'« ammissione su altro mercato regolamentato italiano o di altro paese dell'Unione europea », in cui « sia garantita una tutela equivalente degli investitori » (art. 133 TUF; art. 144 Regolamento Emittenti).

2.1.3. *Il gestore del mercato regolamentato.* — Disponendo che « l'attività di organizzazione e gestione dei mercati regolamentati è esercitata da una società per azioni, anche senza scopo di lucro », l'art. 64, co. 1, TUF fissa lo *status quo* del paradigma che regge l'odierno regime delle sedi di negoziazione: natura privatistica dell'attività, in luogo dell'originaria configurazione come servizio pubblico; esercizio dell'attività da parte di una società lucrativa, ferma la possibile alternativa del modello mutualistico. In questa logica — e pur nel rispetto dei presidi necessari a prevenire eventuali conflitti di interesse -, è possibile arrivare sino alla quotazione delle azioni del gestore del mercato regolamentato in un mercato regolamentato, anche gestito dal medesimo (art. 66-*quinquies* TUF).

Per le rilevanti esternalità negative che possono derivare dallo svolgimento dei servizi di *trading* (*supra*, cap. I, n. I), la disciplina del gestore del mercato regolamentato presenta, nondimeno, la diffusa presenza di norme pubblicistiche. Sul modello adottato per l'autorizzazione alla prestazione dei servizi di investimento (*supra*, parte III, cap. I, n. 2), sono richiesti: oggetto sociale tendenzialmente esclusivo e adeguate risorse finanziarie (art. 64, co. 4, TUF; artt. 3 e 4 Regolamento Consob, 28 dicembre 2017, n. 20249: d'ora in poi, "Regolamento Mercati"); requisiti di onorabilità, professionalità e indipendenza per gli esponenti aziendali (art. 64-*ter*, co. 1 e 2, TUF); requisiti di onorabilità per « le persone che sono in grado di esercitare, direttamente o indirettamente, un'influenza significativa sulla gestione del mercato regolamentato » (art. 64-*bis*, co. 1, TUF), determinata in ragione della « partecipazione, in modo diretto o indiretto, al capitale ordinario con diritto di voto in misura uguale o superiore al 5% » (art. 5 Regolamento Mercati); adeguati assetti organizzativi (art. 64-*ter*, co. 3-6, TUF; con specifico riferimento al comitato nomine, art. 7 Regolamento Mercati). Parimenti regolati sono il trasferimento delle partecipazioni e le variazioni significative della partecipazione (art. 64-*bis* TUF; art. 23 Regolamento Mercati). Entro novanta giorni dalla comunicazione ricevuta dalle parti, la Consob può opporsi al trasferimento di una partecipazione di controllo « quando vi siano ragioni obiettive e dimostrabili per ritenere che tali cambiamenti mettono a repentaglio la gestione sana e prudente del mercato » (art. 64-*bis*, co. 5, TUF).

La vigilanza sul gestore del mercato regolamentato compete, in via generale, alla Consob, che a tal fine dispone di penetranti poteri informativi, ispettivi e di intervento (rispettivamente, artt. 62-*octies*, 62-*novies* e 62-*decies* TUF). In caso di gravi irregolarità, la Consob può proporre al Ministero dell'economia e delle finanze lo scioglimento degli organi amministrativi e di controllo. In tal caso, i relativi poteri sono attribuiti a un commissario, che li esercita sulla base delle direttive e sotto il controllo della Consob (art. 64-*quinquies*, co. 2, TUF). La Consob può, altresì, revocare l'autorizzazione all'esercizio dei mercati nei casi previsti dalla legge (art. 64-*quinquies*, co. 1, TUF) e, in tutti i casi di crisi, « promuove gli accordi necessari ad assicurare la continuità delle negoziazioni » (art. 64-*quinquies*, co. 5, TUF). Per i gestori dei mercati all'ingrosso dei titoli di Stato (= per MTS s.p.a., unico gestore al momento presente in Italia), la competenza spetta alla Banca d'Italia (art. 62-*ter*, co. 1, TUF), che la esercita con i medesimi poteri di vigilanza attribuiti alla Consob (artt. 62-*octies*, 62-*novies*, 62-*decies* TUF).

2.1.4. *L'autorizzazione dei mercati regolamentati e l'attività di vigilanza.* — La rilevanza dell'intervento eteronomo è confermata anche a livello di *enforcement.*

Per l'esercizio dei mercati regolamentati è, infatti, necessaria l'autorizzazione dell'autorità di vigilanza, che la legge subordina a una triplice verifica: sulla sussistenza dei requisiti previsti per il gestore del mercato regolamentato (art. 64-*quater*, co. 3, lett. *a*, TUF); sulla presenza di un « programma », che « illustri i tipi di attività previsti e la struttura organizzativa » del gestore del mercato regolamentato (art. 64-*quater*, co. 8, TUF); sulla conformità del regolamento alla disciplina europea e sulla sua capacità di « assicurare la trasparenza del mercato, l'ordinato svolgimento delle negoziazioni e la tutela degli investitori » (art. 64-*quater*, co. 3, lett. *b*, TUF). All'evidenza, il ricorso a *standard* nella definizione dei presupposti per l'autorizzazione amplia significativamente il tasso di discrezionalità riconosciuto all'autorità di vigilanza (*supra*, parte I, cap. II, n. 2.2.). La competenza per l'autorizzazione all'esercizio dei mercati regolamentati spetta, in via generale, alla Consob (art. 64-*quater*, co. 1, TUF), che la esercita sentita la Banca d'Italia per i mercati in cui sono negoziati all'ingrosso titoli obbligazionari privati e pubblici, diversi dai titoli di Stato, nonché per i mercati nei quali sono negoziati strumenti del mercato monetario o strumenti finanziari derivati su titoli pubblici, tassi di interesse e valute (62-*quater*, co. 3, TUF). Anche in tal caso fa eccezione il mercato all'ingrosso dei titoli di Stato, la cui autorizzazione è rimessa al Ministero dell'economia e delle finanze, sentite la Banca d'Italia e la Consob (art. 62-*quater*, co. 2, lett. *b*, TUF). I mercati regolamentati autorizzati sono iscritti in un apposito elenco tenuto dalla Consob (art. 64-*quater*, co. 2, TUF). Disposizioni analoghe a quelle previste per la prestazione dei servizi di investimento disciplinano l'operatività transfrontaliera dei mercati regolamentati all'interno e all'esterno dell'Unione europea (rispettivamente, artt. 67, co. 8-12, e 70 TUF).

La combinazione di autonomia ed eteronomia contraddistingue anche la disciplina della vigilanza sul funzionamento dei mercati. In via generale, il gestore « adotta tutti gli atti necessari per l'ordinato funzionamento del mercato regolamentato » — tra i quali le « decisioni di ammissione, esclusione e sospensione degli operatori » (art. 67-*bis*, co. 1, TUF), nonché « le disposizioni e gli atti necessari a prevenire e identificare abusi di informazioni privilegiate e manipolazioni del mercato » (art. 64, co. 2, lett. *d* ed *e*, TUF) — e garantisce la sussistenza degli assetti organizzativi e operativi richiesti dalla legge (artt. 65 e 65-*sexies* TUF). Nel contempo, le autorità di vigilanza dispongono di vastissimi poteri suppletivi di *enforcement*. Al fine di assicurare la trasparenza, l'ordinato svolgimento delle negoziazioni e la tutela degli investitori, la Consob può sempre esercitare poteri informativi, ispettivi e di intervento (rispettivamente, artt. 62-*octies*, 62-*novies* e 62-*decies* TUF); in caso di necessità e urgenza, può adottare « i provvedimenti necessari, anche sostituendosi al gestore del mercato regolamentato » (art. 62, co. 3, TUF; con specifico riferimento al mantenimento di ordinate condizioni di negoziazione, art. 62-*decies*, co. 2, TUF). Tali provvedimenti « possono essere adottati dal Presidente della Consob » e sono immediatamente esecutivi, salva la necessaria ratifica degli altri commissari entro cinque giorni (art. 62, co. 4, TUF). Con riguardo al mercato all'ingrosso dei titoli di Stato, identici poteri di vigilanza e intervento spettano alla Banca d'Italia (artt. 62-*octies*, 62-*novies*, 62-*decies* TUF).

2.2. *Le sedi di negoziazione alternative*

I rilevanti costi di *compliance* che derivano per gli emittenti dall'ammissione dei propri strumenti finanziari alla negoziazione in un mercato regolamentato, la scelta del legislatore europeo di superare la regola della concentrazione degli scambi (*supra*, n. 1) e la volontà di evitare il regime di trasparenza previsto per le sedi di negoziazione regolamentate, ha comportato, a partire dal recepimento della MiFID, lo sviluppo di strutture di *trading* ulteriori rispetto al modello "classico" dei mercati regolamentati.

2.2.1. *I sistemi multilaterali di negoziazione.* — Nella prospettiva di favorire la concorrenza tra *trading venue*, la MiFID ha introdotto il modello alternativo degli MTF.

Gli MTF sono sistemi multilaterali che, al pari dei mercati regolamentati, consentono l'incontro, al loro interno e in base a regole non discrezionali, di proposte dirette alla conclusione di contratti aventi per oggetto qualsiasi strumento finanziario (art. 1, co. 5-*octies*, lett. *a*, TUF). Per tale ragione e al fine di evitare possibili arbitraggi regolamentari, valgono per gli MTF il regime di trasparenza previsto dal MiFIR per i mercati regolamentati (*supra*, n. 2.1.1.), nonché — qualora la negoziazione su di un MTF sia stata richiesta o autorizzata dall'emittente — la disciplina sull'informazione continua (art. 17, par. 1, MAR; art. 114, co. 12, lett. *b*, TUF: *supra*, parte II, cap. II, n. 4.1.). Le regole europee sugli abusi di mercato assimilano completamente le due fattispecie, prevedendo senza deroghe la soggezione delle negoziazioni su MTF alle relative disposizioni (art. 2, par. 1, lett. *b*, MAR). Come per i mercati regolamentati, al buon funzionamento degli MTF presiedono in via generale i gestori, sulla base dei requisiti stabiliti dalla legge (artt. 65-*bis*, 65-*ter* e 67 TUF). Spettano, nondimeno, alla Consob — o alla Banca d'Italia, quando si tratti di MTF dove sono negoziati all'ingrosso titoli di Stato — specifici poteri di vigilanza, identici a quelli previsti per i mercati regolamentati (artt. 62, co. 1; 62-*ter*, co. 1 e 2; 62-*octies*, 62-*novies* e 62-*decies* TUF).

Gli elementi di distinzione degli MTF rispetto ai mercati regolamentati riguardano la titolarità della gestione e alcuni aspetti di disciplina. Sotto il primo profilo, gli MTF sono gestiti da intermediari specificamente autorizzati (= le banche, le SIM, e i gestori di mercati regolamentati: artt. 18, co. 1, e 64, co. 7, TUF), in conformità alla disciplina dei servizi di investimento (*supra*, parte III, cap. 3, n. 1.1.) e al relativo regime di vigilanza. In ragione del carattere non discrezionale dell'incontro tra proposte di contratto che caratterizza gli MTF, nel rapporto tra gestori di MTF e partecipanti ai medesimi non rilevano, tuttavia, le regole di comportamento nella prestazione dei servizi di investimento (art. 65-*ter*, co. 2, TUF) e, in particolare, la disciplina in materia di *best execution*. Quanto alla disciplina applicabile, non valgono per gli MTF le regole sull'ammissione alla quotazione: con la conseguenza che gli emittenti, i cui strumenti finanziari sono negoziati su un MTF, non sono soggetti alla disciplina prevista per la società quotata e per le offerte pubbliche di acquisto relative a titoli ammessi alla negoziazione in mercati regolamentati (*supra*, n. 2.1.2).

Gli MTF che siano specificamente dedicati alle piccole e medie imprese possono chiedere di essere registrati come « *mercati di crescita per le PMI* » qualora rispettino le condizioni previste dalla legge (art. 69 TUF). Nelle intenzioni del legislatore europeo, l'attribuzione di tale "etichetta di qualità" dovrebbe, infatti, favorire l'emersione di *trading venue* specializzate e, in tal modo, incrementare l'accesso delle piccole medie imprese al mercato dei capitali.

2.2.2. *I sistemi organizzati di negoziazione*. — La MiFID II ha introdotto gli OTF come una nuova categoria di *trading venue*, capace di comprendere i sistemi multilaterali di negoziazione aventi per oggetto « obbligazioni, strumenti finanziari strutturati, quote di emissione e strumenti derivati » e nei quali, diversamente da mercati regolamentati e MTF, il gestore ha un potere discrezionale in ordine all'esecuzione degli ordini immessi nel sistema (art. 4, par. 1, n. 23, MiFID II, testualmente riprodotto dall'art. 1, co. 5-*octies*, lett. *b*, TUF). La previsione di tale nuova fattispecie consente di limitare gli spazi di possibili arbitraggi regolamentari: agli OTF si applica, infatti, il regime di trasparenza previsto per i mercati regolamentati (*supra*, n. 2.1.1.) e la disciplina sugli abusi di mercato (art. 2, par. 1, lett. *c*, MAR), da cui tali *trading venue* erano in precedenza escluse, prevedendo regole discrezionali di incontro degli ordini e, pertanto, esulando dalla fattispecie legale di mercato regolamento e MTF.

La disciplina vigente configura la gestione di un OTF come un servizio di investimento (art. 1, co. 5, lett. *g*-bis, TUF), la cui prestazione è, tuttavia, estesa, come per gli MTF, ai gestori di mercati regolamentati (art. 65-*quater*, co. 5, TUF). Accanto alle norme generali sulle sedi di negoziazione, nello svolgimento dell'attività di gestione trovano applicazione le norme sulla prestazione dei servizi di investimento, comprese le regole di comportamento (art. 65-*quater*, co. 6,

TUF): poiché gli OTF si caratterizzano per l'attribuzione di un potere discrezionale del gestore in ordine all'esecuzione degli ordini, non sarebbe giustificata la deroga prevista per gli MTF (*supra*, n. 2.2.1.) e, in particolare, l'esenzione dalla regola di *best execution*, che presuppone, di contro, un meccanismo non discrezionale di incontro tra gli ordini immessi nel sistema.

2.3. *Gli internalizzatori sistematici*

Al medesimo fine di favorire la concorrenza nell'esecuzione degli ordini sul mercato secondario, insieme alla categoria degli MTF la MiFID ha introdotto l'ulteriore fattispecie di *internalizzatore sistematico*, secondo una scelta confermata anche dalla MiFID II.

Diversamente da MTF e OTF, che sono sistemi multilaterali, l'internalizzatore sistematico è un « soggetto che in modo organizzato, frequente, sistematico e sostanziale negozia per contro proprio eseguendo gli ordini dei clienti » su base bilaterale (art. 1, co. 5-*ter*, TUF). Poiché tale attività si configura come negoziazione per conto proprio, il suo svolgimento costituisce un servizio di investimento, come tale soggetto alla relativa disciplina. La sistematicità nell'esecuzione degli ordini avvicina, tuttavia, l'attività all'ambito delle sedi di negoziazione, giustificandosi, pertanto: l'obbligo per l'intermediario di una comunicazione alla Consob quando ricorrano i criteri oggettivi per la valutazione della sussistenza di un'attività di internalizzazione sistematica previsti dalla disciplina europea (art. 71, co. 1, TUF; artt. 12 ss. Regolamento Delegato MiFID II); il potere per la Consob di imporre agli internalizzatori sistematici la sospensione o l'esclusione degli scambi sugli strumenti finanziari nei casi previsti dalla legge (art. 66-*quater*, co. 2 e 3, TUF); gli obblighi di trasparenza e in materia di esecuzione di ordini previsti dalla disciplina europea con specifico riguardo ad azioni, certificati di deposito, *ETF*, *certificates* a altri strumenti finanziari analoghi (artt. 14 e 15 MiFIR).

2.4. *La disciplina di trasparenza e gli obblighi di negoziazione*

Nel funzionamento delle *trading venue* un carattere di decisiva delicatezza riveste il *regime di trasparenza* delle negoziazioni, con riguardo sia alla fase precedente la conclusione del contratto (c.d. trasparenza *pre-trade*) che al momento successivo (c.d. trasparenza *post-trade*). La comunicazione pubblica degli ordini, dei prezzi e dei volumi di scambio contribuisce, infatti, in modo decisivo all'efficienza del processo per la formazione dei prezzi (*supra*, parte II, cap. II, nn. 2 e 2.1.); nel contempo, però, la trasparenza può ridurre gli spazi per le strategie di *trading* e, per conseguenza, la presenza dei *market makers* (*supra*, parte III, cap. II, n. 1.1), così comportando un pregiudizio alla liquidità dei mercati, soprattutto quando questi siano organizzate intorno alla presenza di intermediari che negoziano in proprio (*supra*, parte III, cap. II, n. 1.1.), come tipicamente avviene per gli strumenti di debito.

Tale dialettica tra efficienza del *pricing* e liquidità del mercato caratterizza le norme vigenti e le regole di trasparenza introdotte dalla più recente disciplina europea. Nell'impostazione della MiFID un regime di trasparenza era obbligatoriamente previsto soltanto per le operazioni aventi per oggetto azioni; agli Stati membri era, invece, lasciata la facoltà di estendere le relative norme anche alle operazioni aventi per oggetto strumenti diversi dalle azioni (e, in particolare: obbligazioni), secondo un'opzione che nell'Unione europea era stata esercitata unicamente dall'Italia. La disciplina europea vigente è orientata, di contro, nel senso della trasparenza: il vincolo originariamente previsto per le azioni viene esteso anche alle operazioni aventi per oggetto *certificates* (art. 2, par. 1, n. 27, MiFIR), *ETF* (*supra*, parte III, cap. III, n. 2) e altri strumenti di capitale analoghi (art. 3 MiFIR), nonché obbligazioni, strumenti finanziari strutturati e derivati (art. 8 MiFIR). Non mancano, peraltro, deroghe giustificate dalla prevalenza del rischio di una ridotta liquidità del mercato o di un impatto anomalo sull'andamento dei prezzi rispetto al possibile pregiudizio all'efficienza nella formazione dei prezzi: classico il caso degli ordini di entità elevata rispetto alle normali dimensioni del mercato (cc.dd. ordini *large in scale* o *block trades*: artt. 4, par. 1, e 9, par. 1, MiFIR). In tal caso, le esenzioni dai requisiti di trasparenza o la temporanea sospensione dei relativi obblighi sono disposte dalla Consob (artt. 74, 75 e 77 TUF).

Al fine di incrementare la trasparenza delle negoziazioni e la qualità dei dati di mercato, regole specifiche sono, altresì, dedicate alle attività professionali di raccolta e pubblicazione dei dati "complessivi" relativi alle negoziazioni dei singoli strumenti finanziari (c.d. *servizi di comunicazione dati*). In particolare, la disciplina vigente prevede che siano autorizzati e sottoposti alla vigilanza della Consob (artt. 79 - 79-*ter*.1 TUF) i soggetti che gestiscono: un « dispositivo di pubblicazione autorizzato » (in inglese: *approved publication arrangement* o "*APA*"), funzionale a rendere pubblici i dati relativi alle negoziazioni poste in essere da banche e imprese di investimento al di fuori di una sede di negoziazione (*over the counter*: art. 1, co. 6-*undecies*, lett. *a*, TUF); un « sistema consolidato di pubblicazione » (in inglese: *consolidated tape provider* o "*CTP*"), destinato a raccogliere le informazioni sulle negoziazioni concluse nelle diverse sedi di negoziazione e *over the counter*, consolidandole « in un flusso elettronico di dati attualizzati in continuo, in grado di fornire informazioni sui prezzi e sul volume per ciascuno strumento finanziario » (art. 1, co. 6-*undecies*, lett. *b*, TUF); un « meccanismo di segnalazione autorizzato » (in inglese: *approved reporting mechanism* o "*ARM*"), funzionale a segnalare nel dettaglio alle competenti autorità di vigilanza le informazioni sulle operazioni « per conto delle imprese di investimento » (art. 1, co. 6-*undecies*, lett. *c*, TUF).

L'esigenza di limitare le negoziazioni *over the counter* da parte di banche e intermediari, unitamente alla necessità di presidiare attività di *trading* capaci di determinare un rilevante rischio sistemico, giustificano, in taluni casi, interventi di maggiore radicalità. Secondo una scelta che sembra segnare un ritorno — pur limitato — alla regola di concentrazione degli scambi, la disciplina vigente impone un generale *obbligo di negoziazione* su di una *trading venue* per le azioni (art. 23 MiFIR) e, soprattutto, per gli strumenti finanziari derivati caratterizzati, nel contempo, da una sufficiente liquidità e un carattere standardizzato capace di consentirne l'ammissione a una sede di negoziazione (artt. 28 e 32 MiFIR).

2.5. High frequency trading *e* short selling

L'evoluzione tecnologica e le possibilità di arbitraggio offerte dalla frammentazione degli scambi hanno comportato, in tempi recenti, lo sviluppo di tecniche di *trading* caratterizzate dall'utilizzo di algoritmi informatici nell'immissione e nella gestione degli ordini (*algorithmic trading*). Una variante particolarmente diffusa dell'*algorithmic trading* è costituita dal *trading* ad alta frequenza (*high frequency trading*), nel quale « un sistema di negoziazione analizza dati o segnali del mercato a velocità elevata per poi inviare o aggiornare un gran numero di ordini entro un tempo brevissimo in risposta all'analisi » (così il considerando

n. 61 della MiFID II), utilizzando « infrastrutture volte a ridurre al minimo le latenze di rete e di altro genere », in quanto collocate nelle vicinanze delle sedi di negoziazione (c.d. strutture di co-ubicazione) o tali da garantire un « accesso elettronico diretto a velocità elevata » (art. 1, co. 6-*septies*, lett. *a*, TUF). Utilizzata, di regola, con finalità di *market making* o arbitraggio, tale forma di negoziazione algoritmica ha una crescente diffusione sia in Italia che a livello internazionale.

Come emerso con evidenza nel clamoroso tracollo del mercato borsistico statunitense (il c.d. *flash crash* del 6 maggio 2010), l'*high frequency trading* può alterare l'ordinato funzionamento dei mercati, comportando costi per il sistema che possono eccedere i benefici conseguenti all'aumento dei volumi e, quindi, a un incremento di liquidità. Né mancano timori di un utilizzo dell'*high frequency trading* per la realizzazione di abusi di mercato. Per tale ragione, la disciplina vigente: impone alle SIM e alle banche italiane « che svolgono negoziazione algoritmica » l'adozione di « controlli dei sistemi e del rischio efficaci e idonei » al fine di prevenire un disordinato funzionamento del mercato o comportamenti di *market abuse* (art. 67-*ter*, co. 1, TUF), secondo le prescrizioni di dettaglio di Livello 2 (Regolamento delegato (UE) 2017/589) e con particolare attenzione alla negoziazione algoritmica effettuata con finalità di *market making* (art. 67-*ter*, co. 6, lett. *d*, TUF); prevede per le sedi di negoziazione specifici requisiti di carattere operativo (art. 65-*sexies*, co. 2, lett. *a* e *b*, TUF); riconosce alla Consob penetranti poteri di vigilanza informativa sull'intermediario che effettua negoziazioni algoritmiche (art. 67-*ter*, co. 3, TUF).

Un analogo bilanciamento tra i benefici apportati alla liquidità del mercato — soprattutto quando connessa all'attività di *market making* — e i potenziali rischi per l'ordinato funzionamento del sistema fonda la disciplina della vendita a termine di strumenti finanziari non posseduti dal venditore al momento della conclusione del contratto (c.d. vendita allo scoperto o *short selling*). Lo *short selling* è una strategia di investimento che consente di conseguire un profitto dalla discesa dei prezzi di mercato: il venditore, infatti, incassa il prezzo al momento della conclusione del contratto e, in ragione dell'andamento ribassista, paga un prezzo minore per comprare lo strumento finanziario da consegnare al compratore, così conseguendo un profitto pari alla differenza.

Le vendite allo scoperto sono state tradizionalmente approvate per la loro capacità di favorire la liquidità del mercato e una più accurata formazione dei prezzi. Dopo la crisi finanziaria globale del 2008, sono emerse, tuttavia, anche le implicazioni sfavorevoli di una simile strategia: il rischio di condotte manipolative del mercato; una possibile spirale negativa dei prezzi, particolarmente rilevante qualora l'emittente sia uno Stato sovrano o una società di particolare importanza (per es.: una banca); e, infine, un rischio sistemico connesso al *settlement* delle operazioni, quando il venditore non sia in grado di reperire sul mercato gli strumenti finanziari necessari per l'adempimento del contratto. Al presidio di tali rischi è orientato il Regolamento (UE) n. 236/2012 (c.d. Regolamento Short Selling: d'ora in poi, "SSR"). Al fine di evitare manipolazioni del mercato e rischi sistemici, la disciplina uniforme prevede, anzitutto, obblighi di trasparenza nei confronti delle autorità di vigilanza e del mercato, tutti riferiti a posizioni nette, ma diversamente articolati a seconda che la vendita allo scoperto riguardi azioni o titoli del debito sovrano (artt. 5, 6 e 7 SSR). Per altro verso, sono vietate vendite allo scoperto su azioni e titoli del debito sovrano, rispetto alle quali il venditore non abbia posto in essere accordi capaci di consentire il *settlement* dell'operazione alla scadenza prevista (c.d. divieto di *naked short selling*: artt. 12 e 13 SSR). Esenzioni sono, tuttavia, previste quando « la sede principale di negoziazione dei titoli si trova in un paese terzo » rispetto all'Unione europea (art. 16, co. 1, SSR) e, soprattutto, con riferimento all'attività di *market making* (art. 17 SSR). Per evitare una spirale negativa dei prezzi, le autorità di vigilanza nazionali possono, infine, intervenire sull'attività di *short selling*, vietando o restringendo le vendite allo scoperto: per una durata massima di sei mesi, qualora sussista una « grave minaccia alla stabilità finanziaria o alla fiducia del mercato » e la misura adottata comporta « un effetto negativo sull'efficienza dei mercati finanziari » proporzionata « rispetto ai benefici » (artt. 20 e 24 SSR); ovvero per una durata massima di tre giorni, « quando il prezzo di uno strumento finanziario in una sede di negoziazione ha subito una diminuzione significativa durante un solo giorno di negoziazione rispetto al prezzo di chiusura in tale sede del giorno di negoziazione precedente » (art. 23, par. 1 e 2, SSR).

3. Le strutture di *post trading*

3.1. *I sistemi di compensazione*

Come accennato in precedenza (*supra*, cap. I, n. 2.2.; cap. II, n. 1), i sistemi di compensazione assicurano l'adempimento del contratto concluso in una struttura di *trading* per il tramite di una CCP che si interpone necessariamente tra le parti e assume in proprio le relative posizioni contrattuali.

La capacità dei sistemi di compensazione di svolgere la propria funzione dipende da una pluralità di elementi. Il più tradizionale è costituito dal meccanismo per il quale, nel periodo compreso tra la conclusione e l'esecuzione del contratto, ciascun partecipante al sistema è chiamato a prestare, su base giornaliera, una garanzia di importo pari al costo necessario per chiudere anticipatamente la propria posizione nello scenario di mercato più sfavorevole, ma ragionevolmente possibile (c.d. *margine*). Nel caso di mancata prestazione del margine, la CCP è autorizzata a chiudere d'ufficio la posizione della controparte: in tal modo, l'impatto dell'eventuale inadempimento è, quindi, limitato alla differenza tra l'ultimo margine corrisposto e quello non prestato. Come è facile intuire, per poter assolvere al suo compito, la CCP deve sempre mantenere i margini nella sua disponibilità. Di qui la vistosa deroga al diritto comune introdotta dalla disciplina europea, non senza rilevanti effetti distributivi in favore dei partecipanti al sistema: i margini « non possono essere soggetti ad azioni esecutive o cautelari da parte dei creditori del singolo partecipante », neppure nel « caso di apertura di procedure concorsuali » (art. 79-*septies*, co. 1, TUF). Al buon funzionamento dei sistemi di compensazione e garanzia contribuisce, in secondo luogo, la solidità patrimoniale richiesta ai soggetti che vi partecipano: alle CCP e a quanti operano con una CCP (= imprese di investimento e banche autorizzate alla prestazione dei servizi di investimento: art. 67-*ter*, co. 9, TUF) sono, infatti, richiesti specifici requisiti patrimoniali (rispettivamente, artt. 16, par. 1, e 37, par. 1, EMIR), così da poter far fronte con risorse proprie all'eventuale inadempimento dell'investitore finale.

I sistemi di compensazione e garanzia sono gestiti da una società privata (= nel nostro Paese, Cassa Compensazione e Garanzia s.p.a., unica società di gestione al momento esistente), autorizzata dalla Banca d'Italia in conformità alle previsioni dell'EMIR (art. 79-*sexies*, co. 1, TUF) e soggetta alla vigilanza di quest'ultima, quanto « alla stabilità e al contenimento del rischio sistemico », nonché della Consob, con riguardo « alla trasparenza e alla tutela degli investitori » (art. 79-*sexies*, co. 3, TUF). I vasti poteri di vigilanza attribuiti alle due autorità sono disciplinati in parte direttamente (art. 79-*sexies*, co. 3 e 4, TUF), in parte mediante un rinvio all'EMIR (art. 79-*sexies*, co. 5, TUF).

Oggetto di *clearing* sono, tradizionalmente, i valori mobiliari e gli strumenti finanziari derivati negoziati su mercati regolamentati. La disciplina introdotta a seguito della crisi finanziaria globale del 2008 ha, tuttavia, esteso l'obbligo di *clearing* anche ai contratti derivati OTC sufficientemente standardizzati, conclusi tra intermediari finanziari o con controparti non finanziarie che hanno assunto posizioni in derivati OTC di rilevante ammontare (art. 4, par. 1, EMIR; art. 11 Regolamento Delegato (UE) n. 149/2013). Tale interposizione obbligatoria della CCP consente di mitigare il rischio di controparte in modo assai più adeguato dei tradizionali strumenti contrattuali su base bilaterale (c.d. accordi di *close-out netting*) e appare, pertanto, capace di superare le possibili criticità sistemiche drammaticamente emerse nella crisi finanziarie globale del 2008 (*supra*, parte I, cap. I, n. 4.2.2.). Nel contempo, la soluzione non è esente da rischi: i conflitti di interesse che possono sorgere quando la società di gestione della CCP è controllata dai partecipanti al sistema di *clearing* e, soprattutto, la possibilità che la CCP divenga "troppo grande per fallire", suggeriscono particolare cautela nella relativa valutazione.

3.2. *I servizi di regolamento*

I servizi di liquidazione consentono di gestire in modo efficiente i rischi operativi connessi all'esecuzione delle operazioni concluse sulle strutture di *trading* e oggetto di *clearing* da parte della CCP. Come già ricordato (*supra*, cap. I, n. 2.2.; cap. II, n. 1), tali servizi compensano le diverse posizioni in dare e avere tra la CCP e i singoli partecipanti al sistema; in tal modo, il trasferimento del contante risulta effettuato su base netta, venendo così a diminuire l'incidenza quantitativa dei rischi operativi.

In considerazione delle relative caratteristiche strutturali, il *settlement* degli strumenti finanziari derivati e di quelli non derivati avviene con modalità diverse. Nel primo caso, le posizioni in dare e avere sono tipicamente in denaro e, pertanto, la liquidazione si risolve in un trasferimento di contante, che intercorre direttamente tra la CCP e i partecipanti al sistema. In presenza di strumenti finanziari non derivati, invece, le posizioni reciproche tra CCP e partecipanti al sistema possono avere per oggetto sia denaro che strumenti finanziari, sicché si rende necessario l'intervento di uno specifico gestore del servizio di *settlement*. Per evidenti economie di scala, tale soggetto è tradizionalmente coinciso con il prestatore del servizio di gestione accentrata di strumenti finanziari, secondo uno scenario oggi superato dall'introduzione del sistema T2S (*supra*, cap. I, n. 2.3.) e reso più efficiente mediante l'introduzione della regola che prevede, per le operazioni in valori mobiliari (*supra*, parte I, cap. 1, n. 4.4.) eseguite in una sede di negoziazione, una data di regolamento non « successiva al secondo giorno lavorativo dopo la negoziazione » (c.d. "T+2": art. 5, par. 2, CSDR).

Ragioni di stabilità analoghe a quelle appena discusse con riferimento al *clearing* rendono necessario che le operazioni di *settlement* abbiano carattere definitivo, anche nel caso di insolvenza di uno dei partecipanti al sistema. Nelle parole delle norme di recepimento della Direttiva 98/26/CE: « gli ordini di trasferimento, la compensazione e i conseguenti pagamenti e trasferimenti sono vincolanti tra i partecipanti a un sistema »; nel caso di apertura di una procedura d'insolvenza nei confronti di un partecipante, possono essere opposti ai terzi, qualora gli ordini siano stati « immessi nel sistema prima del momento di apertura della procedura d'insolvenza »; ovvero, se immessi successivamente, quando « l'operatore del sistema provi che al momento dell'immissione non era a conoscenza dell'apertura della procedura di insolvenza né avrebbe dovuto esserlo » (art. 2, co. 1, d. lgs. 12 aprile 2001, n. 210).

3.3. *La gestione accentrata di strumenti finanziari*

Concentrando in un unico "luogo" gli strumenti finanziari oggetto di *trading* e, pertanto, evitando la necessità di una movimentazione fisica, il servizio di gestione accentrata permette di contenere i rischi operativi relativi alle operazioni sul mercato secondario e di assicurare una maggiore efficienza allo scambio. La gestione accentrata, infatti, elimina i rischi connessi allo spostamento fisico degli strumenti finanziari (per es.: furto, deterioramento, falsificazione) e riduce il tempo intercorrente tra la conclusione e l'esecuzione del contratto.

Tale funzione è ulteriormente favorita dalla sostituzione del documento cartaceo con una registrazione elettronica (c.d. dematerializzazione), in virtù della quale il trasferimento degli strumenti finanziari viene a essere realizzato mediante una mera annotazione contabile.

3.3.1. *La disciplina del depositario centrale.* — In origine oggetto di un monopolio pubblico, l'attività di gestione accentrata è oggi esercitata da un soggetto che la disciplina europea definisce « depositario centrale » (art. 2, par, 1, n. 1, CSDR), soggetto all'autorizzazione della Consob, d'intesa con la Banca d'Italia (art. 79-*undecies*, co. 2, TUF). L'autorizzazione è rilasciata nel ricorrere delle condizioni « necessarie per garantire il rispetto degli obblighi stabiliti » dal CSDR, quali precisate da norme tecniche di regolamentazione predisposte su progetto dell'ESMA (art. 17, parr. 2 e 9, CSDR).

La prestazione del servizio di gestione accentrata è oggetto di disciplina uniforme, analiticamente dettagliata dalle norme europee, con riguardo, in particolare, ai requisiti organizzativi e alle regole di comportamento del depositario centrale (rispettivamente, artt. 26 ss. e 32 ss. CSDR), alle procedure per la gestione dei rischi propri del servizio (artt. 36 ss.) e agli altri requisiti prudenziali (artt. 42 ss. CSDR). Secondo un modello analogo a quelli previsto per i mercati regolamentati (*supra* n. 2.1.1.), « i depositari centrali disciplinano con regolamento i servizi da essi prestati, le relative modalità di svolgimento e i criteri di ammissione dei partecipanti » (art. 79-*quinquiesdecies*, co. 1, TUF). Tale regolamento — al pari di ogni successiva modifica — è approvato dalla Consob, d'intesa con la Banca d'Italia; l'autorità di vigilanza può, altresì, « richiedere di apportare le modificazioni idonee a eliminare le disfunzioni riscontrate nei servizi prestati » (art. 79-*quinquiesdecies*, co. 2, TUF).

La vigilanza sui depositari centrali è esercitata, come di consueto, per funzioni: « dalla Consob, avendo riguardo alla trasparenza, all'ordinata prestazione dei servizi svolti dai depositari centrali, all'integrità dei mercati e alla tutela degli investitori, e dalla Banca d'Italia, avendo riguardo alla stabilità e al contenimento del rischio sistemico » (art. 79-*quaterdecies*, co. 1, TUF). Analogamente a quanto previsto per gli intermediari (*supra*, parte III, cap. I. n. 4), « nel caso di accertate gravi irregolarità, il Ministero dell'Economia e delle finanze, su proposta della Consob o della Banca d'Italia, può disporre lo scioglimento degli organi amministrativi » del CSD, affidando l'amministrazione straordinaria della società a uno o più commissari (art. 79-*vicies*, co. 1, TUF). Qualora sia « stato dichiarato lo stato di insolvenza », la Consob può disporre, d'intesa con la Banca d'Italia, la revoca dell'autorizzazione ai sensi del CSDR, alla quale segue la liquidazione coatta amministrativa disposta con decreto dal Ministero dell'Economia e della finanza (art. 79-*vicies*, co. 1, TUF).

3.3.2. *Dematerializzazione e regime della gestione accentrata.* — Eliminando il documento cartaceo e sostituendolo con una annotazione contabile, la dematerializzazione degli strumenti finanziari in gestione accentrata riduce ulteriormente i rischi operativi e favorisce una più rapida esecuzione del contratto.

Grazie al tramite di un'annotazione elettronica, il rischio connesso allo spostamento fisico degli strumenti finanziari viene a essere completamente eliminato, nel contempo risultando il loro trasferimento più veloce e gestibile. Tali benefici sono tanto maggiori quanto più frequenti sono gli scambi sul mercato secondario. Per questa ragione, il legislatore ha reso obbligatoria la dematerializzazione per i « valori mobiliari regolati dalla legge italiana ammessi alla negoziazione o negoziati in una sede di negoziazione italiana di un altro Paese dell'Unione europea con il consenso dell'emittente » (art. 83-*bis*, co. 1, TUF), rimettendo, invece, la scelta all'autorità di vigilanza o all'emittente in ogni altro caso (art. 83-*bis*, co. 2 e 3, TUF).

La sostituzione dell'annotazione contabile al supporto cartaceo rende indispensabile un sistema di conti destinato a registrare le vicende traslative degli strumenti finanziari dematerializzati. Di qui un complesso impianto organizzativo, strutturato su di un duplice livello: da un lato, all'interno del sistema di gestione accentrata, i conti aperti a nome dell'emittente e i conti dei singoli intermediari aderenti al sistema (d'ora in poi, "conti centralizzati": art. 3, par. 1, CSDR; art. 83-*quater*, co. 2, TUF); dall'altro, all'esterno del sistema, i conti aperti presso questi ultimi intermediari dai singoli investitori ovvero da altri intermediari, presso i quali, a loro volta, i singoli investitori sono titolari di un conto (d'ora in poi, "conti finali": art. 83-*quater*, co. 3, TUF). A questa stregua, la "creazione" di strumenti finanziari avviene mediante l'apertura di un conto centralizzato da parte dell'emittente, con l'indicazione dell'ammontare globale dell'emissione di strumenti finanziari, del suo frazionamento e di ogni ulteriore caratteristica stabilita dal depositario centrale. Il trasferimento degli strumenti finanziari così emessi, nonché l'esercizio dei relativi diritti patrimoniali, avvengono

« soltanto tramite gli intermediari » presso i quali i singoli investitori hanno aperto i conti finali (art. 83-*quater*, co. 1, TUF). Più in particolare, tali intermediari registrano sui conti finali gli strumenti finanziari di pertinenza dei singoli investitori, « nonché il trasferimento, gli atti di esercizio e i vincoli » che su tali strumenti finanziari sono « disposti dal titolare o a carico del medesimo » (art. 83-*quater*, co. 3, TUF). Tali registrazioni sono poi riprodotte, in forma aggregata, sui conti centralizzati aperti dagli intermediari e destinati a registrare « i movimenti degli strumenti finanziari disposti » per il loro tramite (art. 83-*quater*, co. 2, TUF). Al termine di ogni giornata, viene effettuata la quadratura dei conti per ogni singolo strumento finanziario immesso nel sistema: il depositario centrale verifica che la somma dei saldi dei conti centralizzati degli intermediari coincida con il saldo di ciascuna emissione (art. 37, par. 1, CSDR). A loro volta, gli intermediari verificano che il saldo del conto centralizzato coincida con la somma dei saldi dei conti finali intestati ai propri clienti.

Sotto un profilo più strettamente giuridico, la registrazione effettuata dall'intermediario sul conto finale intestato all'investitore fonda la legittimazione di quest'ultimo all'esercizio pieno ed esclusivo dei diritti relativi allo strumento finanziario oggetto di registrazione (art. 83-*quinquies*, co. 1, TUF). In questa prospettiva, la registrazione sul conto finale costituisce l'equivalente funzionale di quello che nella teoria tradizionale dei titoli di credito è il documento. Così, per esempio, come in quest'ultimo caso i vincoli « non hanno effetto se non si attuano sul titolo » (art. 1997 c.c.), allo stesso modo, in presenza di strumenti finanziari dematerializzati, i vincoli divengono efficaci « unicamente con le registrazioni in apposito conto tenuto dall'intermediario » (art. 83-*octies*, co. 1, TUF). Analoghe osservazioni valgono per gli acquisti *a non domino*: come « chi ha acquistato in buona fede il possesso di un titolo di credito in conformità delle norme che ne disciplino la circolazione, non è soggetto a rivendicazione » (art. 1994 c.c.), così chi « ha ottenuto la registrazione in suo favore, in base a titolo idoneo e in buona fede, non è soggetto a pretese o azioni da parte di precedenti titolari » (art. 83-*quinquies*, co. 2, TUF).

Nel sistema così delineato, l'intermediario svolge un cruciale ruolo di raccordo tra l'investitore e l'emittente, soprattutto con riferimento all'esercizio dei diritti patrimoniali e amministrativi inerenti ai singoli strumenti finanziari dematerializzati (art. 83-*novies* TUF). Come già ricordato (*supra* parte II, cap. III, n. 3.1.), una speciale disposizione regola l'esercizio del diritto di intervento in assemblea e del diritto di voto: nelle parole della disciplina di recepimento della SHRD, la relativa legittimazione « è attestata da una comunicazione all'emittente, effettuata dall'intermediario, in conformità alle proprie scritture contabili, in favore del soggetto a cui spetta il diritto di voto » (art. 83-*sexies*, co. 1, TUF). L'importanza dei compiti assegnati all'intermediario per il funzionamento del sistema ne giustifica la responsabilità nei confronti dell'emittente e dell'investitore titolare del conto per i danni derivanti dall'inadempimento degli obblighi derivanti dalle funzioni che gli sono assegnate dalla legge e dal contratto (art. 83-*decies* TUF).

Capitolo III
LA DISCIPLINA DEGLI ABUSI DI MERCATO

1. Il sistema per la repressione del *market abuse*

Con l'entrata in vigore del MAR, la repressione degli abusi di mercato è affidata al diritto uniforme dell'Unione europea, attuato negli aspetti di dettaglio dai *technical standard* predisposti dall'ESMA e dalle norme domestiche di adeguamento. Rimane al legislatore nazionale la competenza sulla disciplina penale, che la MAD II ha ritenuto essenziale « almeno per le forme gravi di abusi di mercato », al fine di « garantire l'attuazione efficace della politica dell'Unione in materia » (così, rispettivamente, i considerando nn. 6 e 8 della MAD II).

La nuova architettura normativa espande l'ambito di applicazione della disciplina, coordinando le disposizioni sugli abusi di mercato con le regole in materia di sedi di negoziazione, aggiornando le norme alle evoluzioni del mercato e provvedendo a colmare le lacune emerse nel vigore della MAD. Così, sono oggetto della disciplina: gli strumenti finanziari negoziati su mercati regolamentati, MTF e OTF; i derivati *over the counter* collegati a strumenti finanziari negoziati su *trading venue*; nonché, infine, « qualsiasi operazione, ordine o altra condotta » avente per oggetto strumenti finanziari negoziati su *trading venue* o derivati, anche se posta in essere fuori da una sede di negoziazione (art. 2, parr. 1 e 3, MAR; nello stesso senso, allargando la nozione di strumento finanziario, art. 180, co. 1, lett. *a*, TUF). La disciplina è, altresì, estesa alle quote di emissioni negoziate su una piattaforma d'asta (art. 2, par. 1, MAR; art. 182, co 2-*bis*, TUF) e, limitatamente alla manipolazione del mercato, ai contratti a pronti su merci collegati a strumenti finanziari negoziati su *trading venue* o a derivati, nonché alle condotte relative agli indici (*benchmark*) utilizzati come parametri di riferimento (per le sanzioni amministrative, art. 2, parr. 2 e 3, MAR; con riferimento alle norme penali, art. 185, co. 2-*ter*, TUF).

Al fine di evitare un possibile eccesso di inclusività (*supra*, parte I, cap. III, n. 2.2.), l'ambito di applicazione della disciplina è precisato da due tradizionali esenzioni. Per comprensibili ragioni di politica monetaria e gestione del debito pubblico, il regime degli abusi di mercato non rileva, anzitutto, per le operazioni poste in essere a tal fine dagli Stati membri dell'Unione, dalle istituzioni dell'Unione e dalle relative articolazioni (art. 6, parr. 1 e 2, MAR; art. 183, co. 1, lett. *a*, TUF). Analoghe previsioni valgono per l'attività « relativa alle quote di emissione e intrapresa nella condotta della politica climatica dell'Unione » (art. 6, par. 3, MAR; art. 183, co. 1, lett. *a*, TUF). Parimenti esenti sono, in secondo luogo, i « programmi di riacquisto di azioni proprie » e le pratiche di « stabilizzazione » poste in essere dai singoli emittenti in occasione di un'offerta al pubblico di sottoscrizione e vendita (*supra*, parte II, cap. II, n. 1.1.). In tal caso, la salvaguardia delle legittime esigenze degli emittenti concorre, tuttavia, con la necessità di preservare l'integrità del mercato e la parità di trattamento degli investitori; di qui numerosi vincoli di fattispecie e durata, unitamente a obblighi di *disclosure* nei confronti dell'autorità di vigilanza e del mercato (art. 5 MAR; art. 183, co. 1, lett. *b*, TUF; Regolamento delegato (UE) 2016/1052).

Sul versante dell'*enforcement*, una pluralità di criteri presiede, infine, all'identificazione della legge applicabile. Accanto al tradizionale criterio di collegamento costituito dal territorio in cui è stato posto in essere l'abuso di mercato, con riferimento alle sanzioni amministrative vale l'ulteriore riferimento al territorio in cui si trova la *trading venue* collegata all'abuso di mercato, indipendentemente dal luogo in cui sia stata posta in essere l'attività rilevante (art. 22 MAR), secondo un approccio che la disciplina italiana estende anche alle norme penali. Pertanto, « i reati e gli illeciti previsti » dal TUF che siano collegati a sedi di negoziazioni italiane « sono puniti secondo la legge italiana anche se commessi all'estero » (art. 182, co. 1, TUF), applicandosi, altresì, le regole domestiche nel caso di fatti commessi in Italia, ma collegati a un mercato regolamentato di un altro Paese dell'Unione europea (art. 182, co. 2, TUF).

2. L'abuso di informazioni privilegiate

La disciplina per la repressione dell'abuso di informazioni privilegiate risulta incentrata su tre elementi di fattispecie: le informazioni privilegiate, le condotte vietate e i destinatari del divieto. Il primo elemento è già stato diffusamente esaminato nel contesto dell'obbligo di informazione continua che grava sugli emittenti di strumenti finanziari negoziati su mercati regolamentati, MTF e OTF (*supra*, parte II, cap. II, n. 4.1.). In questa sede basta, pertanto, ricordare come l'ambito delle informazioni privilegiate rilevante per l'abuso sia più ampio di quello che viene in considerazione per l'obbligo di informazione continua: mentre quest'ultimo ha per oggetto soltanto le informazioni che « riguardano direttamente » l'emittente (*corporate information*: art. 17, par. 1, MAR), ai fini della disciplina dell'abuso rilevano anche le informazioni che lo riguardano indirettamente (*market information*: artt. 8, parr. 1 e 2, e 10 MAR; nello stesso senso, identificando la nozione rilevante di informazione privilegiata con quella prevista dall'art. 7 MAR, art. 180, co, 1, lett. *b*-ter, TUF). Nel novero delle informazioni privilegiate che possono formare oggetto di abuso rientrano, infine, anche le informazioni relative a ordini su strumenti finanziari (art. 7, par. 1, lett. *d*, MAR): come è facile intuire, gli ordini di ingenti dimensioni sono, infatti, capaci di influire sul prezzo del relativo strumento finanziario, rendendo pertanto *price sensitive* la relativa informazione e aprendo uno spazio per possibili condotte abusive da parte dell'intermediario incaricato dell'ordine (c.d. *front running*).

2.1. *Le condotte vietate*

In conformità a una tradizionale impostazione, la disciplina vigente identifica come abuso di informazioni privilegiate un triplice ordine di condotte: il compimento di operazioni su strumenti finanziari sulla base di informazioni privilegiate (artt. 8, par. 1, e 14, lett. *a*, MAR; artt. 184, co. 1., lett. *a*, e 187-*bis*, co. 1, TUF: c.d. *insider trading*); la raccomandazione o l'induzione al compimento di un'operazione su strumenti finanziari sulla base di informazioni privilegiate (artt. 8, par. 2, lett. *a*, e 14, lett. *b*, MAR; art. 184, co. 1, lett. *c*, e 187-*bis*, co. 1, TUF: c.d. *tuyautage*); la comunicazione a terzi di un'informazione privilegiata, « al di fuori del normale esercizio di un lavoro, della professione, della funzione o dell'ufficio » (artt. 10 e 14, lett. *c*, MAR; artt. 184, co. 1, lett. *b*, e 187-*bis*, co. 1, TUF: c.d. *tipping*), che la disciplina europea considera separatamente in una prospettiva di minore gravità penale (art. 7, par. 3, MAD II). Ferma la regola penale di diritto comune sul delitto tentato (art. 56 c.p.), in sede amministrativa « il tentativo è equiparato alla consumazione » (così art. 187-*bis*, co. 6, TUF, estendendo la portata della norma europea che risulta limitata al solo *insider trading*: art. 14 MAR).

Le fattispecie sono disegnate dal legislatore europeo con un'evidente preoccupazione di inclusività. Così, sono ricondotte all'abuso di informazioni privilegiate anche l'annullamento o la modifica di un « ordine concernente uno strumento finanziario al quale le informazioni si riferiscono, quando tale ordine è stato inoltrato prima che la persona interessata » ne avesse la disponibilità (art. 3, par. 4, MAD II; art. 8, par. 1, MAR), nonché la relativa raccomandazione (art. 3, par. 6, lett. *b*, MAD II; art. 8, par. 2, lett. *b*, MAR). Del pari, rientra nella fattispecie di *tipping* anche la comunicazione a terzi delle raccomandazioni ricevute da altri sulla base di informazioni privilegiate (art. 4, par. 4, MAD II; art. 10, par. 2, MAR).

In considerazione delle incertezze emerse nell'applicazione delle norme previgenti in punto di nesso causale ed elemento psicologico, all'interno della fattispecie di abuso di informazioni privilegiate la nuova disciplina europea identifica una serie di condotte legittime, esenti da censure salvo che l'autorità di vigilanza competente accerti « un motivo illegittimo » alla base di tali condotte (art. 9, par. 6, MAR). Per esempio, un'operazione su strumenti finanziari posta in essere da un soggetto che disponga di informazioni privilegiate non si considera abusiva: quando l'intermediario svolga per tale strumento la funzione di *market maker* e l'operazione sia « effettuata nel normale esercizio » di tale funzione (art. 9, par. 2, MAR); quando il soggetto compia l'operazione « per ottemperare un obbligo giunto a scadenza » e in buona fede (art. 9, par. 3, MAR); ovvero, con riguardo alla responsabilità delle persone giuridiche, quando sussistano « procedure interne adeguate ed efficaci » che garantiscano la separazione tra la persona fisica titolare dell'informazione privilegiata e quella che ha deciso l'operazione (art. 9, par. 1, MAR). Particolarmente importante, dal momento che contraddice alcune note decisioni giurisprudenziali, è la condotta legittima relativa al c.d. *insider* di se stesso: « non costituisce di per sé utilizzo di informazioni privilegiate » il « semplice fatto che una persona utilizzi la propria cognizione di aver deciso di acquisire o cedere strumenti finanziari » per la relativa acquisizione o cessione (art. 9, par. 5, MAR). Esclusi dal divieto di *tipping* sono, infine, i « sondaggi di mercato » finalizzati a « valutare l'interesse dei potenziali investitori per una possibile operazione » e realizzati nel rispetto della relativa disciplina (art. 11 MAR; art. 184, co. 1, lett. *b*, TUF; Regolamento delegato (UE) 2016/960; Regolamento delegato (UE) 2016/959).

2.2. *Gli* insider

L'abuso di informazioni privilegiate è abitualmente configurato nei termini di una condotta sanzionata in quanto realizzata da soggetti qualificati. L'ipotesi più tradizionale è costituita da operazioni poste in essere da membri degli organi amministrativi, di direzione o di controllo dell'emittente. Appunto, un *insider trading*. Nella prospettiva di proteggere il regolare funzionamento del mercato e la fiducia del pubblico nella sua integrità, la disciplina europea amplia, tuttavia, il novero dei soggetti qualificati, fino al punto di trasformare l'abuso di informazione privilegiata in una condotta sostanzialmente comune. Oltre agli *insider* poc'anzi menzionati, disposizioni assai lasche nella configurazione della fattispecie identificano, infatti, come soggetti qualificati: i titolari di « una partecipazione al capitale dell'emittente »; coloro che hanno accesso alle informazioni privilegiate « nell'esercizio di una occupazione, di una professione o di una funzione »; chi « è coinvolto in attività criminali »; e, soprattutto, « qualsiasi persona che », per altre ragioni, « possieda informazioni privilegiate », qualora sappia o debba « sapere che si tratta di informazioni privilegiate » (c.d. *insider secondario*: art. 8, par. 4, MAR). Con la sola eccezione di quest'ultima ipotesi e, quindi, disattendendo all'indicazione europea (art. 3, par. 3, MAD II), un'analoga previsione è contenuta nella norma penale italiana (art. 184, co. 1 e 2, TUF). Nel caso di condotta posta in essere da una persona giuridica, ai fini delle sanzioni amministrative sono soggetti qualificati anche le « persone fisiche che partecipano alla decisione » di porre in essere la condotta rilevante (art. 8, par. 5, MAR).

3. La manipolazione del mercato

Il divieto di « effettuare » o « tentare » manipolazioni di mercato introdotto dalla disciplina europea (art. 15 MAR) risulta assai difficile da configurare in modo adeguato. Da un lato, infatti, un approccio per *rule*, che elenchi in modo dettagliato le condotte vietate, è esposto al rischio di scarsa inclusività e rapida obsolescenza (*supra*, parte I, cap. III, n. 2.2.), potendo, altresì, indurre comportamenti opportunistici diretti a sfruttare le lacune della disciplina. Per altro verso, affidare a uno *standard* inclusivo il compito di individuare le condotte manipolative pone seri problemi di certezza della disciplina applicabile (*supra*, parte I, cap. III, n. 2.2.), tanto più gravi con riguardo alle norme penali, per il possibile contrasto con il principio di tassatività della fattispecie incriminatrice.

La soluzione offerta dal legislatore europeo tenta di contemperare le esigenze concorrenti, articolando la disciplina intorno a una nozione ampia di manipolazione del mercato (art. 5, par. 2, MAD II; art. 12, parr. 1 e 2, MAR), declinata in un « elenco non tassativo di indicatori » contenuto in un apposito allegato (art. 12, par. 3, MAR) e destinato a essere ulteriormente specificato dalla Commissione (art. 12, par. 5, MAR). Agli operatori è, altresì, offerta la possibilità di sottrarsi alla disciplina della manipolazione quando le condotte sono giustificate da « legittimi motivi » e « conformi a una pratica di mercato ammessa », istituita dalla competente autorità di vigilanza nel rispetto della disciplina regolamentare (art. 13 MAR; artt. 185, co. 1-*bis*, e 187-*ter*, co. 4, TUF; Regolamento delegato (UE) 2016/908).

3.1. *La manipolazione informativa*

Le dinamiche di mercato possono essere, in primo luogo, manipolate mediante la diffusione di informazioni che forniscano « segnali falsi o fuorvianti in merito all'offerta, alla domanda o al prezzo di uno strumento finanziario » (art. 12, par. 1, lett. *c*, MAR), ovvero consentano « di fissare il prezzo di mercato di uno o più strumenti finanziari » a un « livello anormale o artificiale » (art. 12, par. 1, lett. *c*, MAR). A livello europeo, la fattispecie rilevante non è, tuttavia, identica: da un lato, infatti, la disciplina penale richiede, come ulteriore elemento, che dalla condotta rilevante consegua un « vantaggio o profitto per colui che ha divulgato le informazioni ovvero per altri » (art. 5, par. 2, lett. *c*, MAD II); dall'altro, la previsione amministrativa ricomprende nell'ambito della manipolazione anche le informazioni « che siano idonee a fornire segnali falsi e fuorvianti », nonché la « diffusione di voci » (art. 12, par. 1, lett. *c*, MAR). Una significativa discrasia sussiste anche tra la fattispecie penale europea e la corrispondente previsione italiana: per la quale non occorre che la manipolazione comporti un « vantaggio o profitto per colui che ha divulgato le informazioni ovvero per altri » (così, invece, art. 5, par. 2, lett. *c*, MAD II), rilevando, invece, come elemento costitutivo del reato l'idoneità a « provocare una sensibile alterazione del prezzo » degli strumenti finanziari interessati (art. 185, co. 1, TUF).

A seguito degli scandali connessi alla manipolazione dell'indice relativo ai tassi di interesse del mercato interbancario (c.d. *Libor*), le nuove regole sanzionano la « trasmissione di informazioni false o fuorvianti » e la « comunicazione di dati falsi o fuorvianti in relazione a un indice di riferimento » (art. 12, par. 1, lett. *d*, MAR; analogamente, con riguardo alla sanzione penale, art. 185, co. 2-*ter*, lett. *c*, TUF). Il tenore letterale delle norme europee lascia, infine, intendere, senza margine di dubbio, l'impossibilità di configurare una manipolazione informativa realizzata mediante condotte meramente omissive, così confermando l'opinione più diffusa in dottrina e giurisprudenza. Ciò non significa, tuttavia, che l'omissione sia del tutto irrilevante: la diffusione di informazioni parziali può, infatti, costituire manipolazione del mercato, qualora l'omissione distorca l'informazione positivamente resa.

3.2. *La manipolazione operativa*

Mentre la regola penale italiana si limita a reiterare il tradizionale riferimento a « operazioni simulate o altri artifizi » (art. 185, co. 1, TUF), per la manipolazione operativa la disciplina amministrativa europea prevede una fattispecie assai articolata.

Un primo ordine di comportamenti rilevanti è costituito dalle condotte che, « anche attraverso mezzi elettronici, come le strategie di negoziazione algoritmiche e ad alta frequenza » (art. 12, par. 2, lett. *c*, MAR): inviano « segnali falsi o fuorvianti in merito all'offerta, alla domanda o al prezzo di uno strumento finanziario » (art. 12, par. 1, lett. *a* (*i*), MAR); determinano la fissazione del prezzo di uno strumento finanziario « a un livello anormale o artificiale » (art. 12, par. 1, lett. *a* (*ii*), MAR: c.d. *price positioning*); ovvero alterano il prezzo di uno strumento finanziario « utilizzando artifici o qualsiasi altra forma di raggiro o espediente » (art. 12, par. 1, lett. *b*, MAR). Così, per esempio: invia segnali fuorvianti la conclusione di operazioni tra due parti che, di comune accordo, negoziano uno strumento finanziario al fine di favorire un'artificiale determinazione del relativo prezzo (c.d. *painting the tape*); fissa il prezzo a un livello artificiale la condotta dell'investitore che vende a se stesso un rilevante ammontare di strumenti finanziari al fine di abbassarne il prezzo e conseguire un profitto dall'esercizio di un'opzione (*supra*, parte I, cap. I, n. 4.2.2.), il cui prezzo di esercizio è superiore al prezzo di mercato determinato tramite la manipolazione; altera, infine, il prezzo di uno strumento tramite un artificio colui che invia milioni di *email* suggerendo l'acquisto di azioni poco liquide emesse da piccole società e, nel contempo, acquistandone una quantità sufficiente per fare lievitare il loro prezzo e così indurre i destinatari delle *mail* ad acquistarli a loro volta (c.d. *pump and dump*).

Integrano, altresì, l'ipotesi di manipolazione operativa le condotte che: determinino una « posizione dominante sull'offerta o sulla domanda di uno strumento finanziario », con la conseguenza di « condizioni commerciali non corrette » (art. 12, par. 2, lett. *a*, MAR: c.d. *abusive squeeze*); ovvero comportano « l'acquisto o la vendita di strumenti finanziari all'apertura o alla chiusura del mercato », in modo da « fuorviare gli investitori », che agiscono sulla base dei prezzi di apertura o di chiusura (art. 12, par. 2, lett. *b*, MAR: c.d. *market open/close abuse*). Così, per esempio, realizza un *abusive squeeze* il comportamento dell'investitore che, avendo comprato a termine *bond* di un piccolo emittente, ne acquista una grande quantità sul mercato secondario prima della scadenza del termine, così da costringere le sue controparti a comprare da lui — e, quindi, a condizioni "monopolistiche" — i *bond* necessari per adempiere il loro obbligo nei suoi confronti (c.d. *cornering the market*). Del pari, è fuorviante per gli investitori che agiscono sulla base dei prezzi di chiusura la condotta di chi immette un ordine appena prima del termine delle contrattazioni, così da alterare il prezzo di chiusura e, quindi, influire sugli ordini che devono essere eseguiti in conformità a tale prezzo (c.d. *marking the close*).

La rilevante varietà dei comportamenti rilevanti giustifica la domanda sulla possibile esistenza di un elemento caratterizzante la manipolazione operativa, che consenta di separare le condotte legittime dagli abusi. Poco significativo risulta, in proposito, il riferimento all'alterazione del prezzo o all'intento dell'agente. Se, infatti, non è chiaro quale possa essere il parametro oggettivo capace di identificare il prezzo anomalo, il ricorso al criterio dell'intento risulta in evidente contrasto con il divieto costituzionale di punire la mera intenzione. Preferibile pare, piuttosto, il riferimento alle caratteristiche della condotta: la manipolazione operativa si caratterizza per la presenza di fattori artificiosi che si inseriscono nel meccanismo di formazione dei prezzi e che possono essere identificati "per contrasto" con il normale funzionamento del mercato o — più nello specifico - con le prassi di mercato ammesse (*supra*, n. 3).

4. Il sistema di *enforcement*

Come già ricordato in precedenza (*supra*, cap. I, n. 3.1.), l'*enforcement* della disciplina sugli abusi di mercato risulta informato a un duplice criterio. Da un lato, l'esigenza di una efficiente gestione del problema suggerisce il ricorso a strumenti — sanzionatori e preventivi — di carattere amministrativo, parimenti efficaci, ma tendenzialmente meno costosi, di quelli penali. Per altro verso, la portata simbolica della sanzione penale induce la necessaria previsione delle fattispecie di *market abuse* come reato « almeno nei casi gravi » e quando i relativi comportamenti « siano commessi con dolo » (artt. 3, par. 1; 4, par. 1; 5, par. 1, MAD II), con estensione della previsione anche a « induzione », « favoreggiamento », concorso e tentativo (art. 6, parr. 1 e 2, MAD II).

Alle tradizionali sanzioni *ex post* si accompagnano forme di *enforcement* di tipo preventivo, già conosciute dalla disciplina previgente: il più volte ricordato dovere di comunicare al pubblico le informazioni privilegiate (artt. 17 MAR e art. 114, co. 1, TUF: parte II, cap. II, nn. 4.1. e 4.1.2); l'obbligatoria tenuta di un registro delle « persone aventi accesso a informazioni privilegiate » (art.18 MAR); la necessaria segnalazione delle « operazioni effettuate da persone che esercitano funzioni di amministrazione, di controllo e di direzione » eccedenti l'importo complessivo annuo di euro 20.000 (c.d. *internal dealing*: artt. 19 MAR e 152-*quinquies*.1 ss. Regolamento Emittenti), secondo una regola estesa dalla disciplina domestica anche a « chiunque detenga azioni in misura pari al dieci per cento del capitale sociale » e a « ogni altro soggetto che controlla l'emittente quotato » in un mercato regolamentato (art. 114, co. 7, quale precisato dall'art. 1, co. 1, lett. *w*, TUF, e con esclusione, quindi, degli strumenti finanziari negoziati su un MTF); il dovere per gli intermediari e per i gestori del mercato di adottare « sistemi e procedure efficaci al fine di prevenire e individuare » gli abusi di mercato, anche nella prospettiva di segnalare all'autorità di vigilanza ordini e operazioni sospette (art. 16 MAR; Regolamento delegato (UE) 2016/957); e, infine, la previsione di forme di responsabilità amministrativa delle persone giuridiche, funzionali a favorire l'adozione di sistemi per la prevenzione degli illeciti commessi dagli organi apicali a vantaggio della persona giuridica (art. 8, par. 1 e 2, MAD II; nel nostro ordinamento, art. 25-*sexies* d. lgs. 8 giugno 2001, n. 231 e art. 187-*quinquies*, TUF: *supra*, parte II, cap. II, n. 5.2.). Specifiche regole disciplinano l'accuratezza e l'integrità degli indici di riferimento (Regolamento (UE), 2016/1011; artt. 4-*septies*.1 e 190-*bis*.1 TUF).

Nell'*enforcement* della disciplina l'autorità di vigilanza svolge un ruolo di particolare importanza, disponendo di ampi poteri di indagine e di interdizione (art. 23, par. 2, MAR; art. 187-*octies*, TUF) e operando in collaborazione con le autorità di vigilanza straniere, l'ESMA e le competenti autorità giudiziarie (artt. 23, par. 1, 24, 25 e 26, MAR; art. 187-*decies*, TUF).

4.1. *Le sanzioni amministrative*

Nella prospettiva di superare la frammentazione nel regime di *enforcement* all'interno dei singoli Stati membri, la nuova disciplina europea contiene una specifica indicazione non solo delle fattispecie oggetto di sanzione amministrativa, ma anche delle tipologie di provvedimenti applicabili e dei massimi edittali delle sanzioni pecuniarie, attribuendo il relativo potere di attuazione a un'unica autorità amministrativa designata da ciascuno Stato membro (artt. 30-32 MAR).

In attuazione di tali indicazioni, nel caso di abuso di informazioni privilegiate e manipolazione del mercato la disciplina vigente prevede: per le persone fisiche, « una sanzione amministrativa pecuniaria da ventimila euro a cinque milioni di euro » (artt. 187-*bis*, co. 1, e 187-*ter*, co. 1, TUF); e, per le persone giuridiche nel cui interesse o vantaggio l'illecito è commesso, una sanzione amministrativa « da ventimila euro a quindici milioni di euro ovvero fino al quindici per cento del fatturato, quando tale importo è superiore a quindici milioni di euro e il fatturato è determinabile » (art. 187-*quinquies*, co, 1, TUF). In entrambi i casi, gli importi possono essere maggiorati: per le persone fisiche, sino al triplo quando le sanzioni ordinarie « appaiono inadeguate anche se applicate nel massimo » (artt. 187-*bis*, co. 5, e 187-*ter*, co. 2, TUF); per le persone fisiche e giuridiche, sino a « dieci volte il profitto conseguito ovvero le perdite evitate », quando le sanzioni ordinarie appaiono inadeguate o, rispettivamente, « il prodotto o il profitto conseguito dall'ente è di rilevante entità » (artt. 187-*bis*, co. 5; 187-*ter*, co. 2; e 187-*quinquies*, co. 2, TUF). Sanzioni pecuniarie - comprese tra cinquemila e due milioni cinquecentomila euro, nonché elevabili, per le persone giuridiche, sino al due per cento del fatturato determinabile e, per le persone fisiche e giuridiche, sino al triplo del vantaggio ottenuto, quando questo è superiore ai massimi edittali — sono previste per la mancata osservanza delle disposizioni in materia di comunicazione al pubblico delle informazioni privilegiate ovvero delle altre norme di natura organizzativa dirette a prevenire il compimento di abusi di mercato (art. 187-*ter*.1, co. 1-7, TUF). Di contro, « quando le infrazioni sono connotate da scarsa offensività o pericolosità » è possibile applicare, in luogo delle sanzioni pecuniarie, « un ordine di eliminare le infrazioni contestate » o una « dichiarazione pubblica avente per oggetto la violazione contestata e il soggetto responsabile » (art. 187-*ter*.1, co. 9, TUF).

Alle sanzioni pecuniarie si accompagnano altre misure amministrative: ora di natura interdittiva (nella specie: l'interdizione temporanea o permanente dallo svolgimento di funzioni di amministrazione, direzione o controllo; l'interdizione temporanea dalla conclusione di operazioni o dall'immissione di ordini; la sospensione da albi professionali; la perdita temporanea dei requisiti di onorabilità per la partecipazione al capitale di intermediari finanziari: art. 187-*quater* TUF) ora nelle forme della confisca, in natura o per equivalente, « del prodotto o del profitto dell'illecito » (art. 187-*sexies*, co. 1 e 2, TUF). Nello « stabilire il tipo e il livello di sanzioni amministrative » (art. 31, par. 1, MAR), l'autorità di vigilanza è tenuta al rispetto del principio di proporzionalità, secondo un'istanza di giustizia commutativa (*supra*, parte I, cap. II, n. 4.1.) analiticamente dettagliata da una pluralità di criteri [in particolare: la gravità e la durata della violazione, l'ammontare dei profitti realizzati, il grado di responsabilità, la capacità finanziaria del responsabile, il suo livello di cooperazione con le autorità di vigilanza, le precedenti violazioni e le misure adottate dall'autore della violazione per evitarne il ripetersi (art. 31, par. 1, MAR; art. 194-*bis* TUF)]. Tutte le decisioni che impongono una sanzione o un'altra misura amministrativa sono pubblicate dall'autorità di vigilanza sul proprio sito *internet*, salva la possibilità di deroga qualora la pubblicazione sia « sproporzionata » ovvero possa compromettere « un'indagine in corso o la stabilità dei mercati » (art. 34, par. 1, MAR; art. 195-*bis* TUF).

Il procedimento sanzionatorio e l'eventuale fase di opposizione sono disciplinati dall'art. 187-*septies* TUF sul modello generale di cui all'art. 195 TUF (*supra*, parte III, cap. I, n. 3.6.). Al riguardo, alcune importanti sentenze — sia domestiche che internazionali - hanno ritenuto tale procedimento non conforme alle regole sul contraddittorio e sull'imparzialità dell'organo decisorio, quali previste, rispettivamente, dall'art. 24 l. 262/05 e dall'art. 6, co. 1, della Convenzione europea dei diritti dell'uomo. Nel contempo, tali limiti del procedimento amministrativo sono stati considerati superabili in presenza di una successiva fase di impugnazione pubblica avanti a un giudice dotato di pieni poteri giurisdizionali, secondo quanto previsto dalla disciplina vigente (art- 187-*septies*, co. 4-6-*ter*, TUF). Caratterizzato da un evidente natura di compromesso, tale orientamento giurisprudenziale presenta un duplice profilo di criticità. In una prospettiva sistematica, appare, infatti, dubbia la possibilità di attribuire funzione sanante a un'impugnazione che ha carattere propriamente caducatorio; mentre, in concreto, la fase giurisdizionale non risulta in grado di assicurare un processo equo ogni qual volta il giudice — a fronte dell'elevato tasso di competenza tecnica richiesto — si limiti a far proprio l'accertamento operato dall'autorità di vigilanza. Nell'attesa di un ripensamento complessivo del problema — anticipato, almeno in parte, dal recente inserimento da una più intensa tutela del contraddittorio nel procedimento amministrativo (art. 8, co. 1 e 2, Regolamento Consob 19 dicembre 2013, n 18750, quale modificato dalla Delibera Consob, 29 maggio 2015, n. 19158) -, *de iure condito* la necessità di rispettare i principi del processo equo impone, pertanto, un affinamento della soluzione raggiunta dalla giurisprudenza. Più in particolare, soprattutto in considerazione del tasso di imparzialità, potenzialmente ridotto, che caratterizza la decisione in sede amministrativa, pare ragionevole suggerire che in sede di impugnazione il soggetto sanzionato possa beneficiare delle caratteristiche proprie di una fase giurisdizionale piena: l'attribuzione all'autorità di vigilanza dell'onere di provare le circostanze essenziali poste a fondamento della responsabilità, così che nel dubbio la sanzione debba essere annullata; e, in secondo luogo, la possibilità di un effettivo esercizio del diritto di difesa mediante la produzione di documenti e la formulazione di istanze istruttorie, che il giudice sia tenuto a considerare nella prospettiva di un esame analitico, in fatto e in diritto, della controversia.

4.2. *I poteri dell'autorità di vigilanza*

Fatte « salve le competenze delle autorità giudiziarie », nell'ordinamento italiano l'attività di *enforcement* della disciplina uniforme sul *market abuse* è affidata alla Consob (art. 187-*octies*, co. 1, TUF), chiamata ad assicurare che le norme europee « siano applicate a tutte le attività svolte sul proprio territorio », nonché alle attività svolte all'estero, ma relative a strumenti negoziati su mercati regolamentati, MTF e OTF nazionali.

A tal fine la disciplina vigente prevede poteri assai pervasivi, in conformità all'indicazione europea di attribuire all'autorità competente « tutti i poteri di vigilanza e di indagine necessari allo svolgimento » dei suoi compiti (art. 23, par. 3, MAR). Più nel dettaglio, la Consob può: richiedere a « chiunque possa essere informato sui fatti » notizie, « dati o documenti sotto qualsiasi forma »; ottenere « registrazioni esistenti relative a conversazioni telefoniche, comunicazioni elettroniche e allo scambio di dati »; procedere ad « audizione personale », al « sequestro dei beni che possono formare oggetto di confisca », a ispezioni e a perquisizioni (art. 187-*octies*, co. 3, TUF). In deroga alle disposizioni sulla tutela dei dati personali, l'autorità di vigilanza può, altresì, accedere alle informazioni contenute nei sistemi informativi dell'anagrafe tributaria e dei gestori di servizi telefonici e dati, nell'anagrafe dei conti e dei depositi, nonché nella Centrale dei rischi della Banca d'Italia (art. 187-*octies*, co. 4, TUF). Nel caso di conflitto con diritti fondamentali di libertà, trovano applicazione le garanzie costituzionali previste dall'ordinamento (art. 187-*octies*, co. 5, TUF). La Consob dispone, altresì, di numerosi poteri di natura cautelare, finalizzati a tutelare con tempestività il corretto funzionamento del mercato, potendo, in particolare: « ordinare la cessazione temporanea o permanente di qualunque pratica o condotta » che reputi abusiva e « adottare tutte le misure necessarie a garantire che il pubblico sia correttamente informato con riguardo, tra l'altro, alla correzione di informazioni false o fuorvianti precedentemente divulgate » (art. 187-*octies*, co. 6, TUF). L'effettivo esercizio dei poteri riconosciuti dall'autorità di vigilanza è presidiato dalle sanzioni penali a tutela della sua attività (art. 2638 c.c.; artt. 170-*bis* e 187-*quinquiesdecies* TUF).

4.3. *Le disposizioni penali*

Per le ragioni di politica criminale discusse in precedenza (*supra*, cap. I, n. 3.1.), la MAD II ha imposto agli Stati membri di introdurre sanzioni penali per l'abuso di informazioni privilegiate e la manipolazione del mercato « almeno nei casi gravi e allorquando siano commessi con dolo » (artt. 3, par. 1; 4, par. 1; 5, par. 1, MAD II). Nella convinzione che le fattispecie previste dalla direttiva fossero già "coperte" dalle disposizioni penali previste dal TUF, in sede di recepimento il legislatore italiano si è limitato a introdurre poche integrazioni alle norme esistenti, senza alterarne l'impianto fondamentale. Per la maggiore articolazione della disciplina armonizzata rispetto alle previgenti regole domestiche, all'esito del recepimento le norme italiane non risultano del tutto conformate alle regole europee. Così, per esempio, manca una sanzione penale per l'*insider* secondario, richiesta, invece, dalla corrispondente norma armonizzata (art. 3, par. 3, MAD II: *supra*, n. 2.2.); il *tipping* è punito come le altre ipotesi di abuso di informazioni privilegiate (art. 184, co. 1, TUF), quando, di contro, la regola europea considera la fattispecie come di minore gravità (art. 7, co. 3, MAD II: *supra*, n. 2.1.); gli abusi di mercato collegati a MTF e OTF sono sanzionati come contravvenzioni, anziché come delitti (artt. 184, co. 3-*bis* e 185, co. 2-*bis*, TUF), quando la MAD II non opera, di contro, tale distinzione (art. 1, par. 2, MAD II).

Particolarmente delicato risulta il profilo della conformità del diritto italiano all'indicazione della MAD II di rispettare, in sede di attuazione, « i principi sanciti dalla Carta dei diritti fondamentali dell'Unione europea » (così il considerando n. 27 della MAD II) e di assicurare che « l'irrogazione di sanzioni penali per i reati » previsti dalla MAD II e « di sanzioni amministrative ai sensi » del MAR non violi « il principio del *ne bis in idem* » (così il considerando n. 23 della MAD II). In sede di recepimento il problema della compatibilità del "doppio binario" sanzionatorio con tale ultimo principio non è stato, nella sostanza, considerato, limitandosi il legislatore a prevedere: l'impossibilità di sospendere il procedimento relativo alla sanzione amministrativa per la contemporanea pendenza del procedimento penale (art. 187-*duodecies* TUF); e la necessità che l'autorità giudiziaria o la Consob tengano « conto, al momento delle sanzioni di propria competenza, delle misure punitive già irrogate » (art. 187-*terdecies*, co. 1, lett. *a*, TUF) e circoscrivano « l'esazione della pena pecuniaria, della sanzione pecuniaria dipendente da reato ovvero della sanzione pecuniaria amministrativa » alla « parte eccedente quella riscossa, rispettivamente, dall'autorità amministrativa ovvero da quella giudiziaria » (art. 187-*terdecies*, co. 1, lett. *b*, TUF). Come dimostrano recenti decisioni della Corte di Giustizia e della Corte Costituzionale, la questione rimane, di contro, aperta. La rilevante carica afflittiva delle sanzioni amministrative e la conseguente possibilità di una loro equiparazione alle sanzioni penali (*supra*, cap. I, n. 3.1.) impediscono, infatti, una piana applicazione del "doppio binario", suggerendo un approfondito ripensamento del problema, anche a livello europeo. La necessaria presenza di norme penali applicate in sede giurisdizionale comporta, in particolare, uno spostamento del potere sanzionatorio dalle autorità di vigilanza al sistema della giustizia penale, così favorendo un *enforcement* della disciplina decentrato a livello dei singoli Stati membri, in contrasto con le più recenti tendenze verso un accentramento a livello europeo della vigilanza sul sistema finanziario.

INDICE ANALITICO